A NOVA CONTABILIDADE SOCIAL

UMA INTRODUÇÃO À MACROECONOMIA

CB021640

LEDA MARIA PAULANI MÁRCIO BOBIK BRAGA

A NOVA CONTABILIDADE SOCIAL

UMA INTRODUÇÃO À MACROECONOMIA

5ª EDIÇÃO
REVISTA E ATUALIZADA

APRESENTA AS NOVAS ORIENTAÇÕES DO
SNA 08 PARA AS CONTAS NACIONAIS E DO
BPM 6 PARA O BALANÇO DE PAGAMENTOS

saraiva *uni*

saraiva | EDUCAÇÃO | **saraiva** uni

Avenida Paulista, n. 901, Edifício CYK, 3º andar
Bela Vista – SP – CEP: 01310-100

SAC | Dúvidas referentes a conteúdo editorial,
material de apoio e reclamações:
sac.sets@saraivaeducacao.com.br

Direção executiva	Flávia Alves Bravin
Direção editorial	Renata Pascual Müller
Gerência editorial	Rita de Cássia S. Puoço
Aquisições	Rosana Ap. Alves dos Santos
Edição	Neto Bach
Produção editorial	Daniela Nogueira Secondo

Preparação	Elaine Cristina
Revisão	Vero Verbo Serviços Editoriais
Revisão técnica	Guilherme Veiga Arthen
Diagramação	Join Bureau
Capa	Deborah Mattos
Impressão e acabamento	Gráfica Paym

ERP | 350.623.005.002

Dados Internacionais de Catalogação na Publicação (CIP)
Angélica Ilacqua CRB-8/7057

Paulani, Leda Maria
    A nova contabilidade social: uma introdução à macroeconomia / Leda Maria Paulani, Márcio Bobik Braga. – 5. ed. – São Paulo: Saraiva Educação, 2020.
    472 p.

    Bibliografia
    ISBN 978-85-7144-110-1

    1. Contabilidade social 2. Contabilidade social – Brasil 3. Contas nacionais – Brasil I. Título II. Braga, Márcio Bobik

20-1792 | CDD 339.981
| CDU 330.534(81)

Índice para catálogo sistemático:
1. Contabilidade social

5ª edição
2ª tiragem: 2020
3ª tiragem: 2021
4ª tiragem: 2021
5ª tiragem: 2022

COD. OBRA | 2229 | CL | 651888 | CAE | 728187

Sobre os autores

Leda Maria Paulani

Graduada em Economia (FEA-USP) e Comunicação Social com habilitação em Jornalismo (ECA-USP), doutora e livre-docente em teoria econômica pela Faculdade de Economia, Administração e Contabilidade da Universidade de São Paulo (FEA-USP), Leda Maria Paulani é professora titular (sênior) do Departamento de Economia da FEA-USP e do curso de pós-graduação em Economia do IPE-USP. Entre 2017 e 2019, foi professora visitante sênior no Núcleo de Estudos Estratégicos em Democracia, Desenvolvimento e Sustentabilidade (NEEDDS) da Universidade Federal do ABC.

Pesquisadora do Conselho Nacional de Pesquisa Científica e Tecnológica (CNPq) e da Fundação Instituto de Pesquisas Econômicas (Fipe), já desenvolveu pesquisas para o PNPE (IPEA), a Fundação de Amparo à Pesquisa do Estado de São Paulo (FAPESP) e para o *United Nations Research Institute for Social Development* (UNRISD), em Genebra, atuando como consultora científica de várias instituições de fomento e como membro do conselho editorial de várias das principais revistas acadêmicas de economia nacionais e internacionais.

Com artigos publicados em importantes revistas da área, como *Cambridge Journal of Economics*, *Review of Radical Political Economics*, *European Journal of Social Theory*, *Revista de Economia Política*, *Estudos Econômicos* (IPE-USP), *Economia ANPEC*, *Estudos Avançados* (IEA-USP), entre outras, a autora ganhou, em 1993, o Prêmio USP de Excelência Acadêmica, por sua tese de doutoramento *Do conceito de dinheiro e do dinheiro como conceito*; em 2005, foi indicada ao prêmio Jabuti pelo livro *Modernidade e discurso econômico* (Boitempo Editorial); em 2011, recebeu, do Conselho Regional de Economia de São Paulo, a comenda Prof. Mário Henrique Simonsen, conferida aos profissionais de destaque na área, no ano em que os economistas comemoraram os 60 anos da regularização da profissão no país; e, ao final de 2019, foi agraciada com o título de sócia benemérita da Associação Brasileira de Economistas pela Democracia (ABED).

Entre 2001 e 2003, foi assessora-chefe do gabinete da Secretaria de Finanças da Prefeitura do Município de São Paulo (gestão João Sayad); entre 2004 e 2008, foi presidente da Sociedade Brasileira de Economia Política (SEP) e de janeiro de 2013 a março de 2015, foi secretária de Planejamento, Orçamento e Gestão da Prefeitura de São Paulo (gestão Fernando Haddad).

Márcio Bobik Braga

Doutor em Economia pela Universidade de São Paulo. Desde 1996, ministra disciplinas de Teoria Econômica, História e Pensamento Econômico do Brasil na Faculdade de Economia da USP do *campus* de Ribeirão Preto (FEA/RP-USP). Obteve, em 2007, o título de livre-docente, quando defendeu tese sobre o pensamento econômico latino-americano. Exerce as atividades de pesquisa e orientação no Programa de Pós-Graduação em Integração da América Latina (PROLAM/USP) sobre pensamento econômico brasileiro e da América Espanhola no século XIX. Na pesquisa, dedica-se a estudos sobre a relação entre a Literatura e a História, tendo publicado artigos sobre o tema em revistas científicas. Além desses artigos, é autor de livros com destaque para *Integração e desenvolvimento econômico da América Latina: as contribuições de Raul Prebisch e da CEPAL*, publicado pela editora AnnaBlume, e *Princípios de Economia: abordagem didática e multidisciplinar*, publicado pela Atlas/Gen. Além da FEA-RP, tem, nos últimos anos, ministrado disciplinas de Economia Brasileira na Faculdade de Direito da USP, *campus* de Ribeirão Preto.

Apresentação

A elaboração deste livro deve-se em grande parte à experiência dos autores nos cursos de Contabilidade Social ministrados na Faculdade de Economia, Administração e Contabilidade da Universidade de São Paulo (FEA-USP) nos *campi* de São Paulo e Ribeirão Preto. Desde a sua primeira edição, no ano de 2000, buscou-se escrever um livro com destacada ênfase no aspecto didático, sem abrir mão, porém, do rigor científico na apresentação dos conceitos e das diferentes visões teóricas. Na segunda e terceira edições, foram feitos ajustes marginais, com algum acréscimo de conteúdo e adequação terminológica. A quarta edição, que veio a público em 2013, trouxe grandes mudanças decorrentes da percepção dos autores quanto à necessidade de fazer uma completa revisão do livro e mesmo reestruturá-lo.

Esta quinta edição também traz mudanças substantivas. Elas decorrem da necessidade de atualizar os conteúdos dos principais temas tratados no livro tendo em vista:

a) as mudanças promovidas pela Fundação Instituto Brasileiro de Geografia e Estatística (IBGE), em 2015, no sistema de contas nacionais do Brasil em função de alterações metodológicas determinadas pelo *System of National Accounts* da ONU (SNA 08);

b) a completa reestruturação promovida pelo Banco Central do Brasil (Bacen), também em 2015, no Balanço de Pagamentos do país por força da adoção da 6ª edição do *Balance of Payments and International Investments Position Manual* (BPM6), publicado pelo FMI; e

c) as alterações promovidas pelo Banco Central, em 2018, na metodologia de classificação dos agregados monetários por várias razões, mas principalmente em função da publicação, pelo FMI, de uma nova versão do *Monetary and Financial Manual and Compilation Guide* (MFSM).

As mudanças na classificação dos agregados monetários, que só vieram a público no final de 2018, também foram inclusas nesta edição. Agora, portanto, o livro está atualizadíssimo e conta ainda com um Apêndice Estatístico, disponível no Material de Apoio *on-line*.

É o resultado desse árduo trabalho que os leitores têm agora em mãos. Tal como antes, o livro continua apto a atender não apenas os cursos de Contabilidade Social e Macroeconomia, mas também os demais cursos de conteúdo econômico ministrados em outras áreas das Ciências Sociais ou mesmo em cursos de extensão para não economistas.

O conteúdo do livro continua dividido em dez capítulos complementados por um conjunto de anexos com estatísticas sobre a economia brasileira. Os cinco primeiros dedicam-se à Contabilidade Nacional propriamente dita. No **Capítulo 1**, realizamos uma breve introdução acerca dos principais conceitos macroeconômicos (produto, renda e dispêndio), bem como uma análise do chamado "fluxo circular da renda".

No **Capítulo 2**, dois pontos importantes são apresentados. Na primeira parte do capítulo, apresenta-se a estrutura das contas nacionais, sob a ótica de sua fundamentação teórica, partindo-se de uma economia simplificada, isto é, fechada e sem governo, e chegando-se a uma economia mais complexa e próxima da realidade (ou seja, aberta e com governo). Esse último desenho guarda grande similitude com aquele indicado pelo *System of National Accounts* de 1968 (SNA 68), conjunto de orientações metodológicas emitidas pelo SNA-ONU que vigorou um largo período de tempo. Na segunda parte, precedido de um pequeno histórico das contas nacionais em nosso país, apresentamos o sistema de contas tal como vigorou no Brasil até 1996 e que seguia muito de perto as determinações do SNA 68, ou seja, os dados macroeconômicos eram apresentados por meio de um sistema de quatro contas, mais uma conta complementar encarregada de mostrar os números da administração pública. Ainda neste capítulo, o leitor encontrará um anexo sobre a matriz insumo-produto, instrumento de mensuração distinto do sistema contábil, mas que vai ter lugar central no sistema que passará a vigorar no país a partir de 1996 e que seguirá as determinações do SNA 93.

O **Capítulo 3** traz precisões teóricas sobre a relação entre identidades e teoria e, por conseguinte, entre a Contabilidade Nacional e a Macroeconomia. Partindo-se da constatação de que a estruturação do sistema de contas só se tornou possível depois do advento da teoria de John Maynard Keynes, mas, ao mesmo tempo, considerando que as fundações dos sistemas de contas estão nas chamadas *identidades macroeconômicas básicas*, o capítulo visa, em primeiro lugar, esclarecer a intrincada relação que existe entre identidade e teoria, além de fazer uma apresentação bastante breve da teoria da determinação da renda de Keynes. Em segundo lugar, retoma-se a discussão sobre as identidades, apresentando-se novas identidades e novos agregados que estarão presentes no novo sistema de contas.

No **Capítulo 4**, apresenta-se o sistema atualmente vigente no Brasil, cuja metodologia de elaboração é de responsabilidade do IBGE, seguindo as orientações do SNA 93, com as alterações introduzidas pelo SNA de 2008 (SNA 08). Essa metodologia, apesar de guardar os fundamentos apresentados nos Capítulos 1 e 2, difere significativamente no que diz respeito à forma tradicional de apresentação do sistema. O capítulo apresenta detalhadamente, da forma mais didática possível e a partir de um exemplo numérico, os elementos básicos do novo sistema, a saber: a tabela de recursos e usos (TRU), os saldos e agregados das contas econômicas integradas (CEI), a discriminação das CEI por setores institucionais e a classificação cruzada setor institucional/atividade econômica. Apesar da grande complexidade que o sistema agora apresenta, acreditamos que o exemplo numérico ajuda a dirimir as dúvidas que possam surgir.

O **Capítulo 5** é inteiramente dedicado à análise dos problemas de mensuração. Assim, são apresentadas as dificuldades técnicas, as dificuldades operacionais e as dificuldades conceituais enfrentadas pelos sistemas de contas que as recorrentes revisões metodológicas levadas a efeito pelo *System of National Accounts* e o próprio IBGE procuram justamente minorar. Graças a tais discussões, o capítulo acaba passando por temas tão variados quanto importantes na reflexão sobre a importância, utilidade e funcionalidade desses sistemas, como a contabilidade real, a nominal e os índices de preços, as comparações entre países e as contas trimestrais, a economia informal e as questões relacionadas ao meio ambiente.

Os quatro capítulos seguintes foram elaborados partindo-se da ideia de que a contabilidade social constitui um instrumento de aferição macroscópica do movimento econômico de uma nação, devendo ser entendida, portanto, não apenas como o estudo do sistema de contas nacionais, mas também como o estudo do conjunto dos agregados macroeconômicos, incluindo-se nesse universo o setor externo e o sistema monetário. O **Capítulo 6** apresenta a estrutura do *Balanço de Pagamentos* (BP) tal como é atualmente elaborado pelo Banco Central do Brasil, ou seja, seguindo as orientações metodológicas e a nova dinâmica contábil do BPM6 elaborado pelo FMI. Trata-se, com essa mudança, de alterações de monta, seja na mecânica dos lançamentos, seja na terminologia, seja na interpretação dos resultados. Agora, por exemplo, não se fala mais em lançamentos a *débito* ou a *crédito*, mas em lançamentos relacionados a *despesas* e *receitas*, e a *ativos* e *passivos*, que podem aumentar ou diminuir. Outra mudança importante é que agora não mais aparece um resultado final do balanço de pagamentos, mas apenas um resultado indireto, perceptível no movimento dos ativos de reserva. São mudanças substantivas, depois de um período de quase 70 anos em que se elaborou o balanço de pagamentos de forma distinta. Bem alinhado ao espírito da nova metodologia (BPM6), o capítulo apresenta também a *Posição Internacional de Investimentos* (PII), igualmente elaborada pelo Bacen. A PII dá conta das variáveis que aparecem na conta financeira do BP, considerando-as, porém, do ponto de vista dos estoques, e não dos fluxos, o que é importante para a discussão sobre dívida externa, passivo externo e nível de reservas. O capítulo discute ainda as questões ligadas à política cambial e ao ajuste das contas externas, e traz um anexo em que são apresentadas algumas reflexões sobre a comentada questão da internacionalização financeira.

Os **Capítulos 7, 8** e **9** são dedicados à moeda e ao sistema monetário. O **Capítulo 7** trata da moeda de um ponto de vista conceitual, mostrando sua importância na sociedade moderna e suas funções. Esse capítulo traz também um anexo que descreve a trajetória do conceito de moeda ao longo da história do pensamento econômico. Em relação às edições anteriores, esse capítulo traz adicionalmente algumas reflexões sobre a moeda eletrônica e as criptomoedas. O **Capítulo 8** descreve em detalhes a estrutura e a forma de funcionamento do sistema monetário, dando ênfase ao papel dos bancos comerciais como produtores de moeda escritural, às funções do Bacen e aos instrumentos de controle da oferta de moeda. Incluímos também a discussão sobre a classificação dos diferentes agregados monetários, discussão, como já adiantamos, atualizada pela adoção, pelo Bacen, a partir de 2018, da nova versão do *Monetary and Financial Manual and Compilation Guide* (MFSM), publicado pelo FMI. Traz ainda um anexo que mostra um pouco da história dos bancos centrais e de seu ambíguo papel no sistema monetário. O **Capítulo 9** traz algumas reflexões sobre as relações entre moeda, sistema monetário, nível de atividade, inflação e déficit público, incluindo a discussão sobre o chamado *regime de metas de inflação* e um breve retrospecto sobre a questão inflacionária no Brasil. Traz também, adicionalmente às edições anteriores, uma pequena reflexão sobre a assim chamada *Modern Monetary Theory*, bastante comentada atualmente.

Enfim, o último capítulo é dedicado à questão dos indicadores sociais, sem o que o adjetivo "social", que qualifica o termo "contabilidade", não estaria sendo contemplado em sua verdadeira dimensão e significado. Nesse capítulo, é apresentado um conjunto de indicadores sociais, que consideramos indispensáveis na avaliação do desenvolvimento de um país. Sem abrir mão da importância indiscutível do crescimento econômico, particularmente para países que se encontram em níveis ainda muito reduzidos de geração de produto e renda, parte-se aqui da ideia de que o desenvolvimento deve ser entendido como um processo bem mais complexo que o mero crescimento da renda, ainda que se tome essa última em sua versão *per capita*. Assim, uma série de indicadores sociais é analisada, dando-se especial destaque ao índice de Gini (que avalia os parâmetros distributivos) e ao Índice de Desenvolvimento Humano (IDH), estimado pela ONU, o qual procura levar em conta, junto com a renda, outros indicadores de desempenho social, particularmente aqueles associados à saúde e à educação, diretamente responsáveis pela qualidade de vida. O capítulo traz, além disso, as últimas alterações metodológicas introduzidas pelo Programa das Nações Unidas para o Desenvolvimento da ONU (PNUD) no cálculo do IDH, bem como indicadores qualificadores de seus resultados como o IDH ajustado à desigualdade e o Índice de Pobreza Multidimensional.

Esperando que a 5ª edição de *A nova contabilidade social* seja ainda mais bem-sucedida que as anteriores em seus propósitos, cabe-nos agradecer à enorme quantidade de alunos e professores que vêm utilizando o livro em todo o Brasil e às dezenas de comentários e sugestões que recebemos desses leitores que nos ajudaram a aprimorá-lo, torná-lo mais preciso e, esperamos, ainda mais didático. Agradecemos por fim, pelo trabalho dedicado e cuidadoso, ao economista Guilherme Veiga Arthen, responsável pela atualização do Apêndice Estatístico, e ao economista Dario Rodrigues da Silva, pela revisão técnica e pela atualização de dados do **Capítulo 10**.

Leda Paulani
Márcio Bobik Braga

Prefácio

Vivemos numa sociedade de quantidades, de números, que imagina que conhece ou pode conhecer tudo, rigorosa e exatamente. Quanto mede, quanto pesa, quanto custa e quanto vale são as perguntas mais importantes.

A melhor resposta pretende sempre ser a chamada resposta "racional": qual a melhor alternativa para plantar batatas, educar crianças ou abrir estradas? Qual a forma mais eficiente, isto é, que produz mais com o menor custo? "Racional" acaba por ser sempre a "razão" entre dois números – a receita e o custo.

Para muitas perguntas não existe resposta única. Mas a decisão e os argumentos são pesados e avaliados pela força dos números. A opinião oposta é acusada de "irracional", "ineficiente" ou muito cara.

A contabilidade é a língua usada nessa discussão sobre quase tudo. Os dados contábeis, o "resultado abaixo da linha", os lucros são a resposta final, o "cala-boca" irretorquível, contra o qual parece não haver argumentos.

Mas as coisas não são assim. Em contabilidade, assim como em matemática, estamos apenas organizando e interpretando coisas, decisões, empresas, administrações públicas e privadas, e fazemos isso sempre a partir de um ponto de vista inicial, de hipóteses escolhidas entre diferentes alternativas.

Isso acontece na empresa privada, na auditoria, nas contas públicas. Vejam a contabilidade dos bancos brasileiros que acabaram sendo fechados ou vendidos depois das intervenções do Banco Central nas décadas de 1980 e 1990. Em muitos casos, houve fraude, impossibilidade de revelar a "verdade". Mas também existem casos de interpretações alternativas: qual é o crédito que realmente não vai ser pago? Quanto vale, de fato, aquela posição de ações?

Se existem interpretações alternativas na contabilidade privada, imagine-se quando estamos medindo as variáveis econômicas agregadas de um país? Inflação, produto nacional, desequilíbrio no balanço de pagamentos, déficit público.

Basta lembrar que, nas diversas negociações do Brasil com o FMI, as autoridades brasileiras tiveram de se engajar em duras discussões, não sobre as metas a serem atingidas, mas sobre os critérios a serem adotados na mensuração das variáveis envolvidas nessas metas. Em 1981, conseguimos excluir a correção monetária do crescimento da dívida pública. Em 1995, não conseguimos incluir as receitas da privatização de estatais como receita e assim reduzir o tamanho do déficit. A Argentina, na mesma época, conseguiu. Além disso, na Argentina, o cálculo do déficit público não incluía estados e municípios, e no Brasil, sim. Por quê? O que é mesmo déficit público?

Assim, contabilidade social não é um assunto chato, árido ou distante das polêmicas mais vivas sobre a economia nacional, a política e os destinos de nosso país. Nem pode ser estudada independentemente de um sólido conhecimento de macroeconomia e política econômica.

Isso tudo pode ser visto com clareza neste livro da professora Leda Paulani e do professor Márcio Bobik. Nesta obra, eles conseguem tratar a contabilidade social como ela deve ser tratada. Em primeiro lugar, entendendo-a como algo que vai além do sistema de contas nacionais e que tem necessariamente de levar em consideração, por exemplo, os indicadores sociais, como o IDH ou o índice de Gini. Em segundo lugar, oferecendo aos leitores e alunos o arcabouço teórico que está por trás de cada conta, de cada critério de agregação, de cada conceito. E eles fazem tudo isso guardando o rigor e a clareza que sempre marcaram seus trabalhos.

A contabilidade social aqui apresentada é viva, interessante e associada às discussões dos problemas macroeconômicos. O leitor deste livro de contabilidade social deixará de ver o assunto como apenas introdutório e meio maçante, uma espécie de calvário que precisa ser ultrapassado antes que se possa chegar aos temas mais quentes e vivos da macroeconomia.

Ao contrário, o livro vai até os fundamentos de cada conceito para que possamos concordar ou discordar profundamente de quase todos os assuntos que enchem as páginas de todos os jornais, particularmente os brasileiros, sempre lotados de discussões sobre déficit público, reformas da previdência, inflação, contas externas...

Apresenta tratamento bastante cuidadoso e extenso sobre questões bastante atuais, por exemplo, a questão do meio ambiente. Na mensuração do produto nacional, devemos ou não levar em conta a degradação que a produção e o consumo impõem ao meio ambiente, como a exaustão de recursos exauríveis, a poluição das águas e a destruição das florestas? Qual é o verdadeiro valor do PIB dos países mais ricos do mundo, se esses países também são os principais produtores de poluição atmosférica e das águas e são os principais causadores de destruição da camada de ozônio? Se tudo isso for incorporado às contas, será que esses países são tão produtivos como parecem ou são, na realidade, predadores planetários?

Será possível incorporar o bilhão e meio de chineses ao padrão de consumo dos países ricos, com um automóvel para cada seis habitantes? Esta também é uma questão de números e de contabilidade. Tenho certeza de que chineses, brasileiros e americanos farão "balanços diferentes" de cada uma dessas questões, apesar de todos usarem o método das partidas dobradas.

Para discutir e entender esses problemas, é preciso saber por que esta ou aquela medida é selecionada, por que é mensurada deste ou daquele jeito e quais as implicações de cada alternativa. Este livro apresenta com clareza os conceitos básicos, as interpretações e os fundamentos da contabilidade social de forma interessante, viva e, principalmente, relevante.

João Sayad

Sumário

Material de apoio *on-line* (acesse http://somos.in/ANC5)

Apêndice estatístico

1 – Contas nacionais

2 – Contas externas

3 – Meios de pagamentos

4 – Indicadores sociais

Capítulo 1

Contabilidade social e contas nacionais: introdução e conceitos básicos

1.1 Introdução

Há várias maneiras de indicar, no primeiro contato com o tema, qual é o sentido do que se convencionou chamar de contabilidade social. A mais usual delas é lembrar que a contabilidade social congrega instrumentos de mensuração capazes de aferir o movimento da economia de um país em determinado período: quanto se produziu, quanto se consumiu, quanto se investiu, quanto se vendeu para o exterior, quanto se comprou do exterior etc. Contudo, pode-se, com razão, questionar: Mas por que medir tudo isso sob a forma de contas? Por que fazer uma "contabilidade"? Não é esse um instrumento mais adequado para lidar com a vida econômica de uma empresa do que de um país? Não foi para isso que nasceu, afinal, a contabilidade?[1]

A resposta a essas questões passa inescapavelmente pela própria história do pensamento econômico, particularmente pela evolução daquilo que os economistas vieram a denominar **macroeconomia**. Como indica o próprio nome, a macroeconomia trabalha numa dimensão macroscópica, de modo que suas variáveis são sempre variáveis **agregadas**, como o consumo agregado, o investimento agregado, o produto nacional e a renda nacional.

Como se sabe, a ciência econômica teve origem, no final do século XVIII, sob a égide da preocupação com o crescimento econômico e a repartição do produto social. Adam Smith (1723-1790),[2] David Ricardo (1772-1823)[3] e John Stuart Mill (1806-1873),[4] os autores mais importantes da chamada escola clássica, debruçaram-se sobre tais questões de modo que, quando investigavam as leis de funcionamento da economia, era na dimensão agregada de seus resultados que eles estavam interessados. Além disso, trabalhos como o do francês Jean Baptiste Say (1767-1832) já revelavam preocupação com os aspectos de simultaneidade, interdependência e relação de identidades entre determinadas relações econômicas.

---

1   O método de "partidas dobradas" na contabilidade foi inventado pelo italiano Luca Pacciolo em 1494.

2   Pensador escocês, tido por muitos como o pai da ciência econômica, publicou em 1776 sua obra mais conhecida, *Investigação sobre a natureza e as causas da riqueza das nações*.

3   Autor de *Princípios de economia política e tributação*, publicado em 1817, este grande homem de negócios inglês é considerado o teórico mais rigoroso dentre os economistas clássicos.

4   Conciliando David Ricardo e Jeremy Bentham (1748-1832), Stuart Mill promoveu a última grande tentativa de integrar a teoria do valor-trabalho (perspectiva teórica inaugurada por Smith e Ricardo) à perspectiva utilitarista (que, ao final do século XIX, viria a constituir o referencial filosófico de uma nova perspectiva teórica). Autor de muitas obras clássicas, entre as quais, *Princípios de economia política*, de 1848.

Antes dos economistas clássicos, os fisiocratas,[5] precursores de uma ciência específica dos fenômenos econômicos, haviam demonstrado preocupação semelhante ao tentar articular, num arcabouço lógico coerente, o conjunto das relações econômicas observáveis em determinado período. Eles protagonizaram, assim, o primeiro esforço sistemático de entender e medir esse complexo de relações. Contudo, sua fragilidade conceitual – imposta pela própria imaturidade histórica do capitalismo – impediu que esses estupendos esforços tivessem resultados mais efetivos do ponto de vista da constituição de um sistema capaz de dar conta do conjunto das transações econômicas.

Com a chamada **revolução marginalista**,[6] que teve início no final do século XIX, essa tendência de preocupação com o nível agregado perdeu força e passou a ser predominante a dimensão *microeconômica*, ou seja, o comportamento dos agentes econômicos em geral (consumidores e empresas). Nesse contexto, a preocupação com o nível agregado sobrevivia amparada na ideia do **equilíbrio geral**, desenvolvida por León Walras, e na teoria monetária neoclássica com sua equação quantitativa da moeda.[7] Porém, tanto em um quanto em outro caso, essa sobrevivência se dava numa chave distinta daquela que despertara a atenção dos pais da ciência econômica (Adam Smith e David Ricardo). No esquema de Walras, a preocupação com a dimensão agregada dos fenômenos econômicos ganhava contornos inteiramente abstratos: o equilíbrio geral aparecia tão somente como um resultado logicamente necessário das premissas assumidas como representativas do comportamento dos agentes econômicos e carecia, assim, de concretude. A teoria neoclássica, de seu lado, apesar de comungar princípios caros aos próprios economistas clássicos, acabava construindo um mundo dividido em dois lados, o *real* e o *monetário*, e terminava por se afastar da preocupação efetiva com o crescimento da riqueza e a divisão do produto, para cuja análise tornam-se fundamentais a existência de variáveis agregadas e a possibilidade de sua mensuração. Além disso, com a consolidação dessa teoria, já no início do século XX, a ciência econômica ficou marcada pela ideia de **equilíbrio parcial**, por conta da grande influência de Alfred Marshall (1842-1924).[8]

---

5 Os fisiocratas constituíam um grupo de reformadores sociais franceses que exerceu influência imediata sobre os assuntos econômicos e políticos da França durante a segunda metade do século XVIII. Sua figura mais conhecida foi François Quesnay (1694-1774).

6 Nome pelo qual ficou conhecida a guinada no pensamento econômico propiciada pelos trabalhos dos economistas William Stanley Jevons (1835-1882), Carl Menger (1840-1921) e Léon Walras (1834-1910).

7 No **Capítulo 9**, veremos com mais detalhes do que trata essa equação e quais suas implicações do ponto de vista da interpretação do funcionamento do sistema econômico.

8 Cumpre ressalvar, porém, que o próprio Marshall não esteve alheio à necessidade de se considerar agregativamente as relações econômicas. Tomando a produção como um processo de criação de "utilidades" (ele já trabalhava nos marcos do marginalismo), Marshall, em seus *Principles of economics*, de 1920, refere-se, por exemplo, à produção agregativa dessas utilidades, bem como às deduções que deveriam ser feitas nesse produto bruto para compensar os efeitos do desgaste do capital. Não foi por considerações como essas, porém, que ele se tornou uma referência para toda uma geração de economistas, e sim por suas considerações sobre o nível microeconômico.

Nesses marcos, surge, em 1936, como crítica à dominância do pensamento marginalista, a *Teoria geral do emprego, do juro e da moeda*, de John Maynard Keynes (1883-1946), e é aí que a macroeconomia encontra seu berço.[9]

> É com a teoria geral de Keynes que ganham contornos definitivos os conceitos fundamentais da contabilidade social, bem como as identidades no nível macro e a relação entre os diferentes agregados.

Assim, a partir da obra teórica de Keynes, os economistas passaram a saber *o que* medir em nível agregado e *como* fazê-lo. A difícil situação enfrentada pela economia mundial na década de 1930, depois do colapso de 1929 e da recessão e do nível desemprego dele resultantes, vinha, por sua vez, demonstrando por que era cada vez mais importante medir agregadamente as transações econômicas. Assim, a **revolução keynesiana**, como costuma ser chamada a intervenção de Keynes no debate acadêmico, conferiu aos economistas a capacidade de verificar o comportamento e a evolução da economia de um país numa dimensão *sistêmica*, ou seja, não só medindo produção, renda e consumo, mas fazendo isso de modo que se perceba exatamente a relação entre esses agregados e a lógica do sistema econômico como um todo.

Com os primeiros esforços para fechar logicamente o sistema de contas nacionais, a teoria macroeconômica e a contabilidade social experimentaram desenvolvimento conjunto, beneficiando-se mutuamente. Além disso, a evolução prática da contabilidade social rumo à produção de estatísticas sistematizadas sobre variáveis agregadas foi tornando possível a verificação empírica das proposições teóricas derivadas da macroeconomia, seja no que tange a leis fundamentais, seja no que diz respeito a modelos específicos.

Por razões que ficarão claras mais à frente, a contabilidade empresarial, com seu **princípio das partidas dobradas** – a um lançamento a débito deve sempre corresponder outro de mesmo valor a crédito – e com sua exigência de **equilíbrio interno** – devem ser iguais os valores do débito e o do crédito em cada uma das contas – e de **equilíbrio externo** – deve existir equilíbrio entre todas as contas do sistema (consequência do método das partidas dobradas) –, mostrou-se um instrumento bastante adequado para dar conta da tarefa de mensurar sistêmica e logicamente a evolução dos agregados econômicos.

---

9   KEYNES, J. M. *A teoria geral do emprego, do juro e do dinheiro*. São Paulo: Abril Cultural, 1936-1984. (Coleção Os Economistas). Atualmente, a macroeconomia, na discussão teórica, parece estar fazendo o movimento contrário àquele que lhe deu origem, uma vez que está em busca dos chamados microfundamentos das relações macroeconômicas. Isso, todavia, não afetou – nem deve afetar – a existência nem o formato geral das contas nacionais, visto que sua utilidade concreta, para efeito da aferição do desempenho das economias reais, continua intacta, sejam quais forem os caminhos trilhados pelas discussões teóricas.

· ·

O princípio das partidas dobradas reza que a um lançamento a débito deve sempre
corresponder um outro de mesmo valor a crédito. O equilíbrio interno refere-se à
exigência de igualdade entre o valor do débito e o do crédito em cada
uma das contas, enquanto o externo implica a necessidade de equilíbrio
entre todas as contas do sistema.

· ·

Diante de outros tipos de mensuração sistêmica, como a matriz insumo-produto,[10] o sistema de contas nacionais apresenta ainda a vantagem da maior facilidade de apuração estatística das variáveis.[11]

Escolhida a contabilidade como o instrumento de aferição macroscópica do movimento econômico por excelência, tudo se passa, então, como se a economia de todo um país pudesse ser vista como a de uma única grande empresa: os resultados de seu funcionamento durante determinado período – convencionalmente um ano – são apresentados pelas contas integrantes do sistema de contas nacionais.

Contudo, o que se convencionou chamar contabilidade social não se reduz ao sistema de contas nacionais,[12] cujas apresentação e discussão teóricas faremos nos próximos quatro capítulos. Outras peças-chave também integram esse conjunto, por exemplo, o *balanço de pagamentos* e as *contas do sistema monetário*, que serão vistas nos Capítulos 6 e 8, respectivamente. Por isso, a analogia da contabilidade social com a contabilidade empresarial deve resumir-se tão somente à forma – como contas, balancetes e lançamentos contábeis. Sua substância e seus objetivos são inteiramente distintos.

Na medida em que a contabilidade de que estamos falando é social, toda a "trabalheira" estatística de mensuração dos agregados e de fechamento das contas tem de servir para que as autoridades governamentais, aqueles que estão em postos de comando no setor privado e a sociedade civil possam ter uma ideia mais clara dos rumos de um país e possam, assim, intervir nesses rumos, quando for o caso. Segundo essa visão, também fazem parte da contabilidade social, por exemplo, os indicadores de distribuição de renda, o Índice de Desenvolvimento Humano (IDH) e a comparação desses indicadores entre diferentes países (assuntos que abordaremos no **Capítulo 10**).

---

10 A matriz insumo-produto é tratada em detalhes no anexo do **Capítulo 2**.

11 Atualmente, os sistemas de contas nacionais, porém, vêm sendo desenhados para compatibilizar as informações por eles geradas com aquelas produzidas pelas matrizes de insumo e produto. Mais à frente, no **Capítulo 4**, quando estudarmos o formato atual das contas nacionais no Brasil, veremos como se dá concretamente essa junção.

12 Nesse uso diferenciado dos adjetivos nacional e social, estamos seguindo, entre outros, o grande economista inglês Sir John Hicks. Em seu *The social framework*, Hicks utiliza o termo **social** quando se refere genericamente aos agregados e a sua mensuração, reservando o adjetivo **nacional** para o sistema de contas.

Quanto à contabilidade nacional propriamente dita, como veremos, sua metodologia tem se alterado ao longo do tempo em decorrência da crescente complexidade das relações econômicas nacionais e internacionais. Encontrar sua origem requer um percurso pela história do pensamento econômico mais denso do que podemos fazer aqui. Mas não parece haver dúvida de que os trabalhos de John Maynard Keynes e de seu assistente John Richard Nicholas Stone foram fundamentais para os primeiros passos.[13] No aprimoramento metodológico e na divulgação das contas, deve-se destacar os trabalhos da Organização das Nações Unidas a partir da década de 1940, que ainda hoje é responsável, por meio do *System of National Accounts*, por divulgar os procedimentos metodológicas a serem seguidos pelos países-membros.

No Brasil, os esforços para a apresentação de várias informações que viriam a integrar o sistema de contas também datam da década de 1940. Nosso sistema de contas foi elaborado inicialmente pela Fundação Getulio Vargas do Rio de Janeiro, passando, em 1986, para a Fundação Instituto Brasileiro de Geografia e Estatística (Fundação IBGE). Sempre seguindo as orientações da ONU, o sistema brasileiro de contas nacionais passou por várias alterações em termos de forma de apresentação e quantidade de informações disponibilizadas. Até 1997, o sistema era relativamente simples e seguia as normas da contabilidade tradicional, orientando-se pelos lançamentos a débito e crédito de acordo da regra das partidas dobradas. A partir de 1998, ocorreram mudanças estruturais significativas, tornando a análise mais complexa. No próximo capítulo, apresentaremos um breve histórico do desenvolvimento das contas nacionais no Brasil e, no **Capítulo 4**, discutiremos o formato que elas têm atualmente.

1.2 Conceitos básicos: produto, renda, despesa agregada e fluxo circular da renda

1.2.1 Considerações iniciais

A partir das considerações sobre os objetivos da contabilidade social, apresentadas na introdução deste capítulo, abordaremos os conceitos básicos que tornam possível

---

13 Além de Stone, os economistas que se destacaram na tarefa de estruturar o sistema de contas nacionais foram Simon Kusnetz e o sueco Erik Lindahl. Coube a R. Stone o desenho "final" do sistema, que daria a base para o *System of National Accounts*, adotado pela ONU, e que se constitui, até hoje, como referência básica dos sistemas de contas nacionais de vários países, inclusive do Brasil.

a estruturação do sistema de contas nacionais como um todo, bem como de cada conta em particular.

Como assinalamos na **Seção 1.1**, a preocupação com a sistematização e a mensuração das transações econômicas constitui, de certa forma, parte bastante significativa da própria história da ciência econômica. Medir a infinidade de transações ocorridas na economia de um país em determinado período sem ter ideia de como essas diversas operações se relacionam entre si é praticamente inviabilizar a mensuração. Mesmo que, nessas condições, ela fosse possível, seria pouco eficiente, uma vez que não se saberia como interpretar os resultados numéricos obtidos. Desse modo, como já apontamos, é que a teoria keynesiana deu o grande empurrão que faltava para que se desenhasse analiticamente o sistema de contas nacionais.

A primeira característica a destacar numa avaliação sistêmica do conjunto de transações realizadas pela economia de um país é a semelhança de identidade entre determinados tipos de operação. Nesta seção, discutiremos as *identidades básicas do sistema econômico* e como se constitui o que se chama de *fluxo circular da renda*.

Antes disso, porém, é preciso esclarecer um ponto de fundamental importância para a compreensão mais precisa das identidades. Todos sabemos que as transações econômicas envolvem uma enorme gama de bens e serviços de diferentes qualidades, ou seja, que servem para finalidades inteiramente distintas; além disso, num determinado momento, podem encontrar-se nos mais variados estágios de produção. Como agregaríamos, por exemplo, toneladas de bananas, metros de tecido, toneladas de fios, unidades de camisas, unidades de aparelhos de TV, unidades de automóveis, cabeças de boi, unidades de apartamentos, toneladas de aço, toneladas de fertilizantes, pés de alface, litros de leite, quilowatts de energia, dúzias de ovos, horas de aula, horas de serviços médicos, horas de serviços de segurança, horas de serviços de telefonia e horas de trabalho de atores de teatro? A resposta evidente é: avaliando-se isso tudo por meio de uma única unidade de medida – a **moeda**, ou o **dinheiro**.[14]

Mas o que é moeda? Como veremos mais adiante, particularmente no anexo do **Capítulo 7**, este é um conceito extremamente complexo do ponto de vista teórico, que provoca divergências profundas e até hoje insolúveis entre economistas filiados a correntes teóricas distintas. No entanto, para nossos propósitos no presente capítulo, a única coisa que precisamos saber é que:

---

14 Apesar de constantemente utilizados como sinônimos, para algumas correntes teóricas, como a marxista, os termos *dinheiro* e *moeda* podem ter significados diferentes. Neste livro, excetuada explícita menção em contrário, os dois termos serão usados indistintamente.

....

No sistema econômico em que vivemos, tudo pode ser avaliado monetariamente,
de modo que toda a imensa gama de diferentes bens e serviços que uma economia
é capaz de produzir pode ser transformada em algo de mesma substância,
ou seja, moeda ou dinheiro.

....

Com isso, torna-se possível agregar e mensurar toda uma infinidade de diferentes transações e, assim, obter informações como a quantidade total, monetariamente avaliada, dos bens e serviços produzidos por um país durante um ano, a magnitude da renda monetária disponível nesse mesmo período, e assim por diante. Mais importante que isso, esses resultados permitem avaliar a evolução da economia: se, por exemplo, de um período a outro, o produto cresceu ou reduziu, a que taxa, como a economia está sendo financiada etc.

Retomemos, então, a questão das identidades. Quando falamos em identidades nas transações econômicas, a primeira relação que nos vem à cabeça é: venda = compra. Como é evidente, ninguém pode comprar o que quer que seja – por exemplo, uma camisa por $ 10, se não houver, do outro lado do balcão, alguém vendendo tal item por esse valor. Trata-se de uma troca: o vendedor, que tinha a camisa, fica com os $ 10, mas tem de abrir mão da camisa, e o comprador, que tinha os $ 10, fica com a camisa, mas tem de abrir mão dos $ 10.

....

A troca implica, portanto, duas operações inversas entre si – o comprador troca $ 10
por uma camisa e o vendedor troca uma camisa por $ 10 –, mas que, do ponto de
vista analítico, conformam uma identidade, *visto que uma não pode existir sem a outra.*

....

Apesar de bastante simples e mesmo intuitiva, é essa ideia básica que preside a constituição de identidades no plano macroeconômico, ainda que elas não sejam tão óbvias nem tão visíveis. Essa semelhança, é preciso lembrar, não é casual: o sistema capitalista tem na troca seu mecanismo básico de funcionamento. A troca, portanto, constitui a forma por excelência de organização da vida material do homem na sociedade moderna. Logo, torna-se sempre possível identificar, por trás de qualquer transação e de modo imediato, uma troca.

Por exemplo, uma pessoa que aplicou dinheiro em uma caderneta de poupança, ainda que saia, num primeiro momento, sem nada na mão, trocou, efetivamente, a posse de seu dinheiro pela promessa de ganho futuro, promessa essa que, para ela, assume concretamente a figura de um documento. Nada garante que ela receberá de fato tal ganho em função de ter aberto mão de sua disponibilidade monetária – por exemplo, o banco em que aplicou o dinheiro pode quebrar ou pode haver moratória. Mas, sem o papel ou o registro eletrônico garantindo direito a esse rendimento futuro, ela simplesmente não entregaria seu dinheiro.

Raciocínios semelhantes podem ser seguidos para o caso de pessoas que compram apartamentos na planta – elas não recebem o apartamento, mas uma promessa futura de entrega, que assume a forma concreta de um contrato, e de instituições financeiras que adiantam capital de giro ou financiam projetos de empresas do setor produtivo. É essa homogeneidade das operações – todas elas são trocas – que garante, também, a funcionalidade do método das partidas dobradas e da exigência de equilíbrio interno e externo das contas para a avaliação do desempenho econômico de um país em determinado período.

Assim, tentaremos demonstrar que, da mesma forma que não pode ocorrer uma compra sem que haja uma venda, também não pode haver uma produção que não constitua um dispêndio e, simultaneamente, geração de renda. Similarmente, poupança implica necessariamente investimento, e investimento não pode ser entendido sem que o consideremos, em contrapartida, como poupança. É da identidade *produto* ≡ *dispêndio* ≡ *renda* que se deriva o **fluxo circular da renda**, e a melhor forma de analisar e compreender essas identidades individualmente, bem como esse fluxo, é por meio de um exemplo.

Antes dele, no entanto, cumpre esclarecer um último ponto que provoca normalmente muitos mal-entendidos quanto ao verdadeiro significado das identidades. Não é raro que se enxergue, numa identidade, mais do que ela de fato expressa. Quando se diz, por exemplo, que *poupança = investimento*, existe uma tentação muito grande de se ler tal expressão como se ela estivesse dizendo *a poupança precede o investimento*, ou *sem poupança não há investimento* ou *a poupança explica o investimento*. Tais afirmações envolvem *relações de causa e efeito* que não podem ser legitimamente extraídas da expressão *poupança = investimento*; ela significa apenas a existência de uma **identidade contábil** entre os dois elementos. Por isso, a forma mais adequada para expressar as identidades é a utilização do símbolo de identidade (≡) em vez do símbolo de igualdade (=).

Quanto às afirmações anteriores, o próprio Keynes discorda de todas elas. Para ele, o investimento é que precede a poupança; a renda adicional criada pelo investimento produz, *a posteriori*, a poupança exigida. Logo, pode haver investimento sem poupança –

por exemplo, via criação de crédito[15] – e, por conseguinte, não é a poupança que explica o investimento, e sim um conjunto de outras variáveis, como a preferência pela liquidez, a *eficiência marginal do capital* e a taxa de juros.[16] Nem por isso, contudo, Keynes deixava de reconhecer a identidade contábil existente entre poupança e investimento.

Concluindo, temos então que:

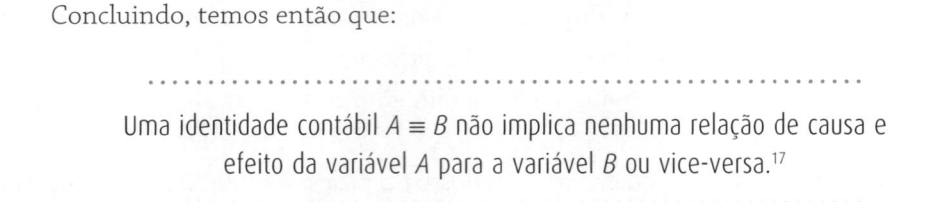

Uma identidade contábil $A \equiv B$ não implica nenhuma relação de causa e efeito da variável A para a variável B ou vice-versa.[17]

1.2.2   A identidade produto ≡ dispêndio ≡ renda

Voltemos, então, à identidade produto ≡ dispêndio ≡ renda e tentemos compreendê-la por meio de um exemplo. Vamos imaginar uma economia hipotética H, em que não exista governo e não haja transação alguma com o exterior, ou seja, com outros países. Imaginemos também que nessa economia existam apenas quatro setores, cada um deles com uma empresa: o de produção de sementes (setor 1), o de produção de trigo (setor 2), o de produção de farinha de trigo (setor 3) e o de produção de pão (setor 4). Consideremos, assim, a seguinte situação (que, para nós, será a situação 1): ao final do ano X, contaram-se entre esses setores as transações mostradas no Quadro 1.1.

Quadro 1.1 – Transações ocorridas na economia H no ano X – situação 1

A empresa do setor 1 produziu sementes no valor de $ 500 e vendeu-as à empresa do setor 2.
A empresa do setor 2 produziu trigo no valor de $ 1.500 e vendeu-o à empresa do setor 3.
A empresa do setor 3 produziu farinha de trigo no valor de $ 2.100 e vendeu-a à empresa do setor 4.
A empresa do setor 4 produziu pães no valor de $ 2.520 e vendeu-os aos consumidores finais.

Fonte: elaborado pelos autores.

---

15 Como sugere também outro economista extremamente reputado, Joseph Schumpeter (1883-1950), que, aliás, confere enorme importância a esse tipo de fenômeno na explicação do desenvolvimento.

16 Não é este o lugar adequado para discutirmos, em detalhes, a teoria keynesiana, particularmente o que se refere a investimento. Todavia, no **Capítulo 3**, faremos uma exposição muito breve das principais contribuições dessa teoria, visando relacionar a macroeconomia à contabilidade nacional.

17 No **Capítulo 3**, discutiremos em detalhes essa questão e mostraremos como surgiram, da teoria keynesiana, os preceitos básicos da contabilidade nacional, instrumento esse, no entanto, que é constituído não por *igualdades* decorrentes de proposições teóricas que vinculam efeitos a causas, mas por *identidades*.

Como devemos proceder para descobrir qual foi o **produto** dessa economia no ano X? A primeira pergunta a que temos de responder é: O que foi que ela produziu nesse período? Essa resposta não é difícil e está na Tabela 1.1.

Tabela 1.1 – Produção da economia H no ano X – situação 1

Sementes no valor de	$ 500
Trigo no valor de	$ 1.500
Farinha de trigo no valor de	$ 2.100
Pães no valor de	$ 2.520
Valor total da produção	$ 6.620

Fonte: elaborada pelos autores.

De acordo com esse cálculo, o produto dessa economia no ano X teria sido uma coleção de bens no valor de $ 6.620. Contudo, se observarmos com cuidado, ao final do ano X essa economia *não tem* à sua disposição todos esses bens simultaneamente, ou seja, sementes no valor de $ 500, *mais* trigo no valor de $ 1.500, *mais* farinha de trigo no valor de $ 2.100 e *mais* pães no valor de $ 2.520. As sementes foram consumidas na produção do trigo, que foi consumido na produção da farinha, que, por sua vez, foi consumida na produção dos pães. O que se tem, portanto, são somente pães no valor de $ 2.520. Todos os demais bens foram produzidos para serem utilizados em diferentes estágios da cadeia produtiva – ou seja, como **insumos** – na produção dos próprios pães, os quais constituem, no final das contas, o produto efetivo de tal economia.

Essa, portanto, é a primeira distinção importante que temos de fazer para entender corretamente o que significa o produto de uma economia em dado período: aquilo que chamamos anteriormente de *valor total da produção* denomina-se, mais rigorosamente, de **valor bruto da produção** e indica o valor de tudo que foi produzido, inclusive daquilo que foi utilizado como insumo na produção de outros bens, ou seja, inclusive o chamado **consumo intermediário**, que no nosso caso são as sementes, o trigo e a farinha de trigo. Logo:

....

Para se chegar ao valor do produto da economia, ou produto agregado, é preciso deduzir do valor bruto da produção o valor do consumo intermediário.

....

A forma mais fácil e prática de se chegar ao valor do produto da economia é considerar apenas o valor dos bens finais produzidos, ou, no nosso exemplo, apenas o valor dos pães. Mas o que significa bens finais no caso específico da contabilidade nacional? Será que é somente a *natureza do bem* que determina se ele é intermediário ou final e, portanto, se o valor de sua produção deve ou não fazer parte do produto da economia? Será que, por exemplo, a produção de aço ou celulose, que nunca são vendidos diretamente a consumidores finais, jamais integrará, por isso, a lista de bens cujo valor é levado em consideração por ocasião do cômputo do produto da economia? Para responder a essa pergunta, retornemos a nosso exemplo.

Suponhamos que, por uma razão qualquer, a empresa do setor 2 não tenha vendido à empresa do setor 3 a totalidade do trigo que produziu, mas apenas uma parte, no valor de $ 1.000, ficando com uma quantidade de trigo no valor de $ 500. Sendo assim, a empresa do setor 3 só pôde produzir farinha de trigo no valor de $ 1.400, quantidade essa que foi vendida integralmente ao setor 4 para a fabricação de pães. Com essa menor quantidade de farinha, porém, a empresa do setor 4 só pôde produzir e vender aos consumidores finais pães no valor de $ 1.680. O Quadro 1.2 mostra o resumo das operações desta que chamaremos de situação 2.

Quadro 1.2 – Transações ocorridas na economia H no ano X – situação 2

A empresa do setor 1 produziu sementes no valor de $ 500 e vendeu-as à empresa do setor 2.
A empresa do setor 2 produziu trigo no valor de $ 1.500 e vendeu à empresa do setor 3 uma parcela equivalente a $ 1.000, ficando com uma quantidade de trigo no valor de $ 500.
A empresa do setor 3 produziu farinha de trigo no valor de $ 1.400 e vendeu-a à empresa do setor 4.
A empresa do setor 4 produziu pães no valor de $ 1.680 e vendeu-os aos consumidores finais.

Fonte: elaborado pelos autores.

Qual será, na situação 2, o valor do produto da economia H no período X? Se considerarmos que o que determina a classificação do bem como intermediário ou final é apenas sua natureza, diremos que o valor do produto dessa economia no período em questão é apenas $ 1.680, ou seja, o valor dos pães. Mas essa conclusão não está correta. Em tais circunstâncias, ao calcular o valor do produto, não devemos nos esquecer de que, além dos pães efetivamente vendidos aos consumidores finais, a economia produziu, no período X, também trigo, no valor de $ 500, que ainda não foi consumido e que, com certeza, vai se transformar em farinha e depois em pão no período X+1. Nesse caso, portanto, apesar de o trigo não ser um bem final, e sim um bem intermediário, pois não se vende trigo *in natura* diretamente aos consumidores finais, o valor de sua produção tem de ser contabilizado. Assim, o valor do produto dessa economia no período X será de $ 2.180, e não de $ 1.680, como à primeira vista poderia parecer.

Logo, não é a natureza do bem que determina, para efeitos da contabilidade social, se ele é intermediário ou final, e sim sua situação no momento em que se está apurando o valor do produto. Se, nesse momento, o trigo, apesar de ser um bem intermediário por definição, tiver sido produzido, mas não tiver sido ainda consumido na produção de outro bem, para efeitos da contabilidade nacional e do cálculo do valor do produto, ele é considerado um bem final. Assim:

> Todo bem que, por sua natureza, é final deve ter seu valor considerado no cálculo do valor do produto, mas nem todo bem cujo valor entra no cálculo do produto é um bem final por natureza.

Essa forma de enxergar o produto de uma economia, ou essa **ótica**, como se costuma dizer, privilegia o *dispêndio* da economia em determinado período e é conhecida como **ótica da despesa** ou **ótica do dispêndio**. É como se estivéssemos fazendo a seguinte pergunta: Para produzir quais tipos de bem a economia *despendeu* esforços, força de trabalho, recursos, capital material? No caso de estarmos considerando nossa economia H na situação 2, essa resposta será: a economia H, no período X, despendeu mão de obra e outros recursos na produção de pães, que alimentaram sua população nesse período, e na produção de trigo, que deverá ser consumido no período subsequente. Outra forma de dizer a mesma coisa é afirmar que, por razões as mais variadas, a economia H, no período X, *demandou* a produção de pães no valor de $ 1.680 e a produção de trigo no valor de $ 500. Concluindo, podemos então dizer que:

> A ótica da despesa ou ótica do dispêndio avalia o produto de uma economia, considerando a soma dos valores de todos os bens e serviços produzidos no período que *não foram destruídos* (*ou absorvidos como insumos*) na produção de outros bens e serviços.

No exemplo da situação 2, os $ 500 de farinha ainda não foram absorvidos como insumos (o serão no futuro) e os $ 1.680 de pão também não foram absorvidos como insumos em produção alguma, mas, sim, consumidos pelos consumidores finais.

Mas essa não é a única maneira ou a única *ótica* por meio da qual podemos averiguar e mensurar qual foi o produto de uma dada economia em determinado período. Existem ainda mais duas formas de fazer isso, mais duas *óticas*. É a consideração conjunta das três óticas possíveis que nos fará perceber a identidade *produto* ≡ *despesa* ≡ *renda*. Passemos, então, à segunda delas.

A ótica de que agora trataremos pode ser chamada de **ótica do produto** propriamente dito e considera aquilo que os economistas houveram por bem denominar **valor adicionado**. Para compreendermos o que isso significa, retornemos ao Quadro 1.1 e às transações verificadas na economia H, no período X, na situação 1.

Tentemos investigar agora o que foi que a economia H efetivamente produziu no período X, mas não olhando para seu resultado, e sim fazendo uma investigação *unidade produtiva por unidade produtiva*, que, em nosso caso, coincide com uma investigação *setor a setor*, pois cada setor possui apenas uma empresa.

O setor 1 produziu sementes no valor de $ 500. Como, nessa nossa economia hipotética, esse setor produziu as sementes sem a necessidade prévia de nenhum insumo (produziu, por assim dizer, "a partir do nada"), seu produto é realmente $ 500, concretizado nas sementes que esse setor vendeu ao setor 2. E o que foi que o setor 2 produziu, ou, dito de outra forma, qual foi o produto do setor 2 no período X? Nossa primeira e mais imediata resposta é: trigo, no valor de $ 1.500. Essa resposta é verdadeira do ponto de vista, digamos assim, "concreto" – de fato, ninguém poderá negar que o setor 2 produziu, no período X, determinada quantidade de trigo avaliada em $ 1.500 –, mas ela não é correta do ponto de vista da mensuração do produto.

Se repararmos bem, o setor 2 só pôde produzir trigo no valor de $ 1.500 porque tinha sementes, no valor de $ 500, que havia comprado do setor 1. Logo, estão incluídos no valor produzido pelo setor 2, durante o período X, os $ 500 que ele recebeu, sob a forma de sementes, do setor 1 e que, portanto, não foram por ele produzidos. Assim, o produto que pode e deve ser legitimamente creditado ao setor 2 é apenas $ 1.000, isto é, a diferença entre o valor de sua produção ($ 1.500) e o valor da produção que ele adquiriu do setor 1 ($ 500). Foi essa, efetivamente, a contribuição do setor 2 para a constituição do produto total da economia H, e não os $ 1.500, como somos levados a crer quando olhamos direta e exclusivamente para a produção do setor.

Na realidade, o setor 2, uma vez de posse dos $ 500 sob a forma de sementes, utilizou-os como insumo e, depois de determinado período, transformou-os em $ 1.500, que assumiram a forma de uma dada quantidade de trigo. Então, do ponto de vista da produção considerada em valor – e não em termos de bens –, o que o setor 2 fez foi *adicionar* $ 1.000 aos $ 500 que havia recebido do setor 1, operação essa que, concretamente, consistiu na transformação das sementes, no valor de $ 500, em trigo, no valor de $ 1.500. Se raciocinarmos da mesma forma em relação aos setores 3 e 4, teremos os resultados expostos na Tabela 1.2.

Tabela 1.2 – Produto da economia H no ano X – situação 1

Produto (ou valor adicionado) do setor 1	$ 500
Produto (ou valor adicionado) do setor 2: $ 1.500 – $ 500	$ 1.000
Produto (ou valor adicionado) do setor 3: $ 2.100 – $ 1.500	$ 600
Produto (ou valor adicionado) do setor 4: $ 2.520 – $ 2.100	$ 420
Produto total ou valor adicionado total	$ 2.520

Fonte: elaborada pelos autores.

O leitor atento já terá percebido que o valor obtido para o produto total da economia H, adotando-se a ótica do valor adicionado por unidade produtiva ou a **ótica do produto** propriamente dito, é idêntico ao valor obtido para o mesmo agregado adotando-se a **ótica da despesa** ou **do dispêndio**. E isso, claro, não é casual. Trata-se, na realidade, de enxergar e mensurar, por óticas diferentes, o mesmo agregado, ou seja, o produto da economia num dado período.

Se passarmos agora da situação 1 para a situação 2, na qual a empresa do setor 2 vende à empresa do setor 3 não a totalidade do trigo que produziu – uma quantidade equivalente a $ 1.500 –, mas apenas a parcela relativa a $ 1.000, fica fácil compreendermos por que, na situação 2, cai o produto total da economia, relativamente à situação 1: tendo recebido do setor 2 uma quantidade menor de trigo, reduziu-se proporcionalmente o valor que a empresa do setor 3 pôde adicionar a esse insumo, por meio de sua transformação em farinha de trigo; da mesma maneira, a empresa do setor 4, ao receber um valor mais reduzido do setor 3, viu também diminuída, na mesma proporção, sua capacidade de adicionar valor à farinha de trigo, por meio de sua transformação em pão. Assim, o produto total, que atinge $ 2.520 na situação 1, alcança apenas $ 2.180 na situação 2.

Conclui-se, então, que:

· ·

Pela ótica do produto, a avaliação do produto total da economia consiste na
consideração do valor efetivamente adicionado pelo processo de
produção em cada unidade produtiva.

· ·

Outra forma de dizer a mesma coisa é afirmar que, para obtermos o produto de dada economia em determinado período, precisamos deduzir do valor bruto da produção de cada unidade produtiva o valor de seu consumo intermediário, conclusão à qual já havíamos chegado anteriormente quando discutimos a diferença entre valor da produção e valor do produto.

Sob a ótica do produto, torna-se já bastante evidente a primeira "perna" da identidade que estamos investigando: produto ≡ dispêndio. Ela significa que, se quisermos avaliar o produto de uma economia, poderemos tanto calcular o valor dos bens finais produzidos quanto, alternativamente, estimar o valor adicionado em cada unidade produtiva e calcular seu somatório. Os resultados deverão ser idênticos, qualquer que seja o caminho escolhido.

Mas esclarecemos, com isso, apenas parte da identidade. Para compreendê-la integralmente, ou seja, compreender por que ela inclui também a renda, resta considerar a terceira ótica ou forma de enxergar o produto da economia, a saber: a ótica da renda. É também da perspectiva dela que vamos poder entender o funcionamento do fluxo circular da renda, do qual trataremos na próxima seção.

Para começarmos a compreender a identidade *produto* ≡ *renda*, a primeira coisa que temos de lembrar é que a produção do que quer que seja exige, além da matéria-prima e de outros insumos, o consumo daquilo que chamamos de **fatores de produção**. Tomemos novamente nossa economia H na situação 1. Para que, por exemplo, a empresa do setor 3 tenha podido transformar $ 1.500 na forma de trigo em $ 2.100 na forma de farinha de trigo, ela precisou dispor de máquinas[18] – máquinas de beneficiamento e outros tipos

---

18 Para que nosso exemplo fique correto do ponto de vista teórico, é preciso considerar as máquinas como *bens não econômicos*, ou seja, que não têm preço e cuja oferta é abundante. Caso contrário, nossa economia não poderia ser considerada uma economia que produz apenas pães (e seus insumos), uma vez que as máquinas também teriam de ser produzidas e, portanto, entrar no cômputo do valor do produto da economia H. Além disso, um pequeno valor destinado a contemplar a depreciação das máquinas utilizadas em cada etapa da produção dos pães teria também de aparecer no consumo intermediário de cada setor, pois esses bens também são insumos. Como a intenção aqui é explicar, da forma mais simples possível, a identidade econômica básica entre produto, dispêndio e renda, evitam-se todas essas complicações ao se considerar as máquinas e os equipamentos como bens não econômicos, tornando, assim, mais cristalino o argumento central que se quer demonstrar.

de equipamento que fazem parte de um moinho – e de mão de obra, ou seja, horas de trabalho dos operários do moinho.

Sem a colaboração desses dois fatores interagindo com o trigo comprado da empresa do setor 2 e constituindo aquilo que se chama **processo de produção**, a farinha de trigo jamais poderia ter sido produzida. O mesmo raciocínio pode ser estendido aos demais setores da economia.

Consideremos, pois, sob esse ângulo, todos os setores conjuntamente. O que percebemos? Percebemos que, para a produção dos $ 2.520 em valor, que tomaram concretamente a forma de pães, foram consumidas horas de trabalho e máquinas de vários tipos, como colheitadeiras, máquinas de beneficiamento e fornos. Para efeito de simplificação do raciocínio, vamos, por ora, deixar de lado o fato de que a terra também deveria ser considerada um fator de produção – sem ela, por exemplo, as sementes não se transformariam em trigo.[19]

Consideremos, então, que só existam dois fatores de produção, ou seja, **trabalho** e um outro a que daremos genericamente o nome de **capital** – concretamente esse último fato envolve, além das máquinas e dos demais equipamentos, todo o conjunto de elementos que conformam as condições objetivas sem as quais o processo de produção não pode acontecer, por exemplo, a padaria onde se faz o pão, o imóvel no qual está abrigado o moinho e os celeiros onde se estoca o trigo. É entre capital e trabalho, portanto, que deve ser repartido o produto gerado pela economia, pois foi sua participação no processo produtivo que garantiu a obtenção desse produto.

Na sociedade em que vivemos, a forma encontrada para distribuir o produto gerado pela economia entre os diferentes fatores de produção é atribuir a cada um deles uma **remuneração determinada monetariamente**. À remuneração do fator trabalho damos o nome de **salário** e à remuneração do fator capital damos o nome de **lucro**.

Assim, num dado período, as remunerações de ambos os fatores, conjuntamente consideradas, devem igualar, em valor, o produto obtido pela economia nesse mesmo

---

19 A terra, de fato, é fundamental à produção, tão importante que os fisiocratas, por exemplo, acreditavam que só poderia ser considerado trabalho aquele despendido na terra (na agricultura, por exemplo). Nada mais justo, portanto, que considerá-la um fator de produção. A terra, porém, diferentemente das máquinas, dos imóveis e da própria mão de obra, oferece seus serviços de modo, digamos, "gratuito", uma vez que é dada pela natureza. Contudo, em nossa sociedade, a terra tem sempre um dono, que exige uma renda para permitir sua utilização. A esse tipo de renda se dá o nome de aluguel, que seria a remuneração do fator de produção terra. Supusemos aqui, para simplificar, que as terras são livres, de modo que os fatores a serem remunerados são apenas dois: trabalho e capital. Caminhando um pouco mais no texto, o leitor poderá notar, contudo, que pouca coisa mudaria em nossa história se os aluguéis tivessem entrado no rol das remunerações. Teriam sido gerados o mesmo conjunto de bens, o mesmo produto total e a mesma renda total, ou seja, teria sido gerada a mesma identidade. A diferença seria simplesmente que a renda total gerada seria dividida também com os donos da terra, de modo que, certamente, seria reduzida a parcela destinada à remuneração do trabalho ou à remuneração do capital (ou a ambos).

período, visto que o primeiro elemento – as remunerações – nada mais é que a divisão do segundo – o produto – entre esses fatores.

As remunerações pagas constituem o que chamamos de **renda**. Não é preciso muito esforço para perceber que, com isso, consuma-se a identidade *produto* ≡ *dispêndio* ≡ *renda*. Retomemos, então, nossa economia H, na situação 1, e suponhamos que, com base nos valores adicionados em cada setor, as remunerações atribuídas aos fatores tenham sido as apresentadas na Tabela 1.3.

Tabela 1.3 – Renda da economia H no ano X – situação 1

Setor	Salário	Lucro	Renda nacional (salários + lucros)
Setor 1	$ 400	$ 100	
Setor 2	$ 800	$ 200	
Setor 3	$ 480	$ 120	
Setor 4	$ 336	$ 84	
Total	$ 2.016	$ 504	$ 2.520

Fonte: elaborada pelos autores.

Como fica claro, o total das remunerações atribuídas aos fatores de produção da economia H no período X é idêntico, em termos de valor, ao total do produto obtido pela economia H no mesmo período. Logo, o produto gerado por uma economia em determinado período é igual à renda gerada nesse mesmo período. Veja que, em nosso exemplo, a divisão estabelecida entre salários e lucros (80% para os salários, 20% para os lucros) é uma entre infinitas possíveis. A identidade entre produto e renda, contudo, mantém-se, qualquer que seja essa divisão, ou seja, ela é sempre verdadeira, independentemente da proporção segundo a qual a renda é dividida entre os dois fatores de produção.

Repare também que, para cada setor, a soma das remunerações se iguala precisamente ao produto, ou seja, o valor adicionado por esse setor à economia. Contudo, a avaliação e a mensuração do produto pela ótica da renda não exigem, como acontece com a ótica do produto, que se investigue unidade produtiva por unidade produtiva – o que, no nosso caso, coincide com a investigação setor por setor. Basta apenas que somemos, no agregado, as remunerações atribuídas aos diferentes fatores de produção, ou seja, o total dos salários pagos com o total dos lucros auferidos, como demonstra a última linha da Tabela 1.3. Portanto:

> Pela ótica da renda, podemos avaliar o produto gerado pela economia em determinado período, considerando o montante total das remunerações pagas a todos os fatores de produção nesse período.

Consideradas as três óticas conjuntamente, podemos, então, concluir que:

> A identidade *produto* ≡ *dispêndio* ≡ *renda* significa que, se quisermos avaliar o produto de uma economia em determinado período, podemos somar o valor de todos os bens finais produzidos (ótica do dispêndio) ou, alternativamente, somar os valores adicionados em cada unidade produtiva (ótica do produto) ou, ainda, somar as remunerações pagas a todos os fatores de produção (ótica da renda).

1.2.3 O fluxo circular da renda

Como demonstramos, a identidade *produto* ≡ *dispêndio* ≡ *renda* expressa, de fato, três maneiras diferentes de considerar, em dado período, os efeitos de um conjunto de atividades e transações responsáveis pelo aspecto material da vida em sociedade.

Para compreender melhor o que isso significa, esqueçamos, por um momento, que existe a coisa chamada dinheiro. Se colocarmos isso de lado, o que enxergamos como resultado de um dado período de atividades econômicas? Um determinado conjunto de bens e serviços. E para que eles servem e com que finalidade foram produzidos? Eles foram produzidos para serem consumidos pela própria sociedade que os originou e servem, portanto, para garantir a reprodução material dessa sociedade.

> Os membros que constituem a sociedade aparecem duas vezes no jogo de sua reprodução material e desempenham dois papéis distintos: em determinado momento, são produtores; em outro, surgem como consumidores daquilo que foi produzido.

Para que eles sejam consumidores, basta que sejam humanos. É nessa condição que eles vão demandar, por exemplo, alimentos, vestuário e moradia. E qual a condição para que sejam produtores? Bem, para desempenhar esse papel, precisam dispor de fatores de produção, ou seja, precisam ser **proprietários de fatores**. Excetuados teoricamente os idosos, as crianças e os doentes, todos são proprietários de fatores, visto que, no mínimo, cada um tem a força de trabalho como sua propriedade.

> Como produtores, os membros da sociedade organizam-se em conjuntos, aos quais se dá o nome de unidades produtivas ou empresas; na condição de consumidores, eles são membros de conjuntos de outra natureza, os quais denominamos famílias.

Nesses termos, diríamos que as empresas produzem para que as famílias possam consumir os bens e serviços produzidos. O que garante que esses bens e serviços se revertam para o consumo das famílias é o fato de os consumidores, ou seja, as famílias serem também os proprietários dos fatores de produção. As famílias "cedem" esses fatores às empresas para que eles possam ser utilizados na produção de bens e serviços e fazem isso justamente para obter, em troca, a garantia de sua participação na divisão do produto resultante. Em outras palavras:

> Além de desempenhar o papel de consumidores, as famílias detêm a condição de proprietárias dos fatores de produção e é nessa condição que elas garantem seu acesso aos bens e serviços produzidos pelas empresas.

Se lembrarmos agora das três óticas que dão origem à identidade *produto* $\equiv$ *dispêndio* $\equiv$ *renda*, torna-se fácil perceber que a *ótica do produto* se refere à atividade dos membros da sociedade como produtores, ou seja, à atividade das unidades produtivas ou empresas – recordemos que a ótica do produto é precisamente aquela que exige uma avaliação da perspectiva de cada unidade produtiva. De outro lado, a ótica do dispêndio (ou do gasto, ou da demanda) refere-se a sua atuação como consumidores, ou seja, como famílias. Não existindo ainda, por hipótese, o dinheiro, o fluxo a ser observado nessa economia seria apenas um fluxo de bens e serviços. Uma sequência possível seria:

1. as famílias transferem às empresas os fatores de produção de que são proprietárias (força de trabalho e capital material);
2. as empresas combinam esses fatores num processo denominado processo de produção e obtêm, como resultado, um conjunto de bens e serviços;
3. fechando o fluxo, as empresas transferem às famílias os bens e serviços produzidos;
4. as famílias consomem os bens e serviços.

A Figura 1.1 dá conta desse conjunto muito simples de transações; nessa economia muito simples, na qual, não custa repetir, ainda não existe o dinheiro.

Figura 1.1 – Fluxograma empresas-famílias I

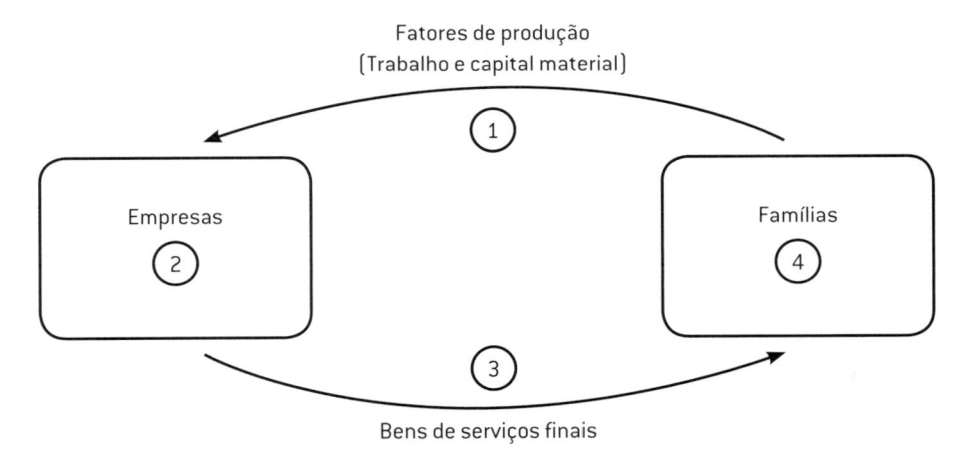

Fonte: elaborada pelos autores.

Reparemos que, apesar desses quatro passos, existem, no diagrama, apenas duas linhas – ou dois movimentos: aquele que leva os fatores de produção das famílias para as empresas e aquele que leva, posteriormente, das empresas até as famílias os bens e serviços produzidos. Isso ocorre porque, de fato, só dois daqueles passos, o 1 e o 3, constituem efetivamente transações, ou seja, trocas entre membros da sociedade. O passo 2, ao contrário, indica a realização de atividades internas às empresas, ou seja, trata-se da produção propriamente dita. Da mesma maneira, o consumo é uma atividade interna às famílias.

E a ótica da renda? Para que possamos considerá-la, é preciso abandonar nossa hipótese simplificadora e reintroduzir o dinheiro. Como se sabe, na economia em que vivemos as mercadorias não se trocam diretamente umas pelas outras. Todas as transações, ou seja, todas as trocas são *mediadas*, ou *intermediadas,* pelo dinheiro.

Assim, nosso esquema muito simples de transações, que só carrega de um lado para o outro bens e serviços concretos (horas de trabalho e capital material, primeiro, bens e serviços finais, depois), vai ficar um pouco mais complicado, porque vai se duplicar: a partir de agora, teremos, sempre, como contrapartida de um fluxo de bens e serviços concretos, também um **fluxo monetário**.

Dessa maneira, nosso esquema viraria alguma coisa do seguinte tipo:

1. as famílias cedem às empresas os fatores de produção de que são proprietárias e, em troca, recebem delas uma renda, ou seja, uma remuneração sob a forma de dinheiro;
2. as empresas combinam esses fatores num processo denominado processo de produção e obtêm como resultado um conjunto de bens e serviços;
3. com a renda recebida em troca da utilização, na produção, dos fatores de que são proprietárias, as famílias compram das empresas os bens e serviços por estas produzidos;
4. as famílias consomem os bens e serviços.

A Figura 1.2 apresenta essas transações utilizando linha cheia para os fluxos de bens e serviços concretos e linha pontilhada para os fluxos monetários.

Figura 1.2 – Fluxograma empresas-famílias II

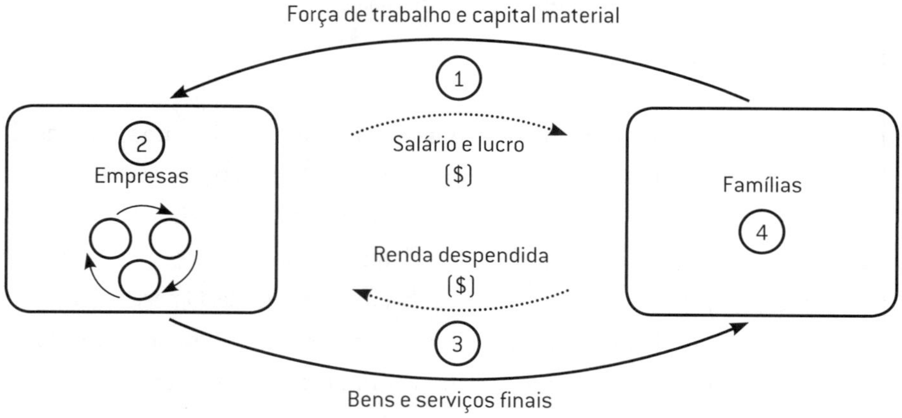

Fonte: elaborada pela autora.

A Figura 1.2 mostra o movimento dos bens e serviços concretos e o movimento do dinheiro. No passo 1, há um fluxo de bens e serviços concretos – fatores de produção, força de trabalho e capital material – das famílias em direção às empresas e um fluxo monetário das empresas em direção às famílias – a renda recebida, sob a forma de salários e lucros. No passo 3, a situação inverte-se: há um fluxo de bens e serviços concretos – os bens e serviços finais produzidos – das empresas em direção às famílias e um fluxo monetário das famílias em direção às empresas – a renda despendida. Os passos 2 e 4, tal como no esquema anterior, dão conta de atividades desenvolvidas internamente a cada um dos conjuntos – produção, pelas empresas, e consumo, pelas famílias – e não constituem, portanto, transações.

Acreditamos que já tenha ficado claro que a ótica da renda considera os membros da sociedade em sua condição de proprietários de fatores de produção. Com isso, podemos concluir que:

....

Na sociedade em que vivemos e que é, no aspecto material, inteiramente organizada pela troca, a ótica do produto considera a atividade dos indivíduos como produtores, ou seja, a atividade das unidades produtivas ou empresas. Já a ótica do dispêndio (ou do gasto, ou da demanda) refere-se a sua atuação como consumidores, ou seja, como famílias. Finalmente, a ótica da renda analisa os indivíduos em sua condição de proprietários de fatores de produção. As transações ocorrem entre famílias e empresas[20] e envolvem fluxos reciprocamente determinados de bens e serviços concretos, por um lado, e de dinheiro, por outro.

....

Assim, além da percepção de que há uma identidade entre produto, dispêndio e renda, outra forma de considerar o conjunto das atividades e transações efetuadas por uma economia é precisamente notar que o vaivém de bens e serviços concretos e de dinheiro orquestrado pelas trocas conforma um fluxo a que se dá o nome de **fluxo circular da renda**. Trata-se de fluxo porque expressa um movimento, ou seja, um trânsito, e é circular porque passa sempre, ainda que em momentos e condições diferentes, pelos mesmos pontos. Além disso, a ideia do fluxo circular está associada exclusivamente ao

---

20 Na realidade, as transações também podem ocorrer, e ocorrem muito frequentemente, entre empresas, como o demonstra, aliás, o conjunto das transações ocorridas no ano X em nossa hipotética economia H. Como deve se recordar, apenas a última dessas transações se dá entre empresas e famílias (a empresa do setor 4, de um lado, e os consumidores finais dos pães, de outro), sendo todas as demais transações que envolvem apenas empresas. É para indicar esse tipo de transação que se inseriu, no espaço das empresas da Figura 1.2, o pequeno desenho que envolve círculos e flechas.

lado monetário das transações, e por isso o fluxo é da renda, e não da despesa ou do produto. Não é difícil entender o porquê disso.

Em primeiro lugar, temos de lembrar que o **dinheiro** é "aquele algo" de mesma substância que nos permite somar (ou, em outras palavras, avaliar conjuntamente) bananas e laranjas, automóveis e cotonetes, computadores e horas de aula, pães e espetáculos de ópera.

Em segundo lugar, se repararmos bem, o que de fato circula é o dinheiro: o dinheiro que remunera os fatores de produção é o mesmo que reverte às empresas na compra dos bens e serviços finais. Isso não acontece com os bens e serviços concretos. Os fatores de produção – horas de trabalho e capital material como máquinas, equipamentos e edificações, por exemplo – fazem uma única viagem, das famílias às empresas. Quando retornam, já não são mais os mesmos bens e serviços – fatores de produção –, mas, sim, bens e serviços finais, que vão ser utilizados pelas famílias para seu sustento e reprodução. Da mesma maneira, os bens e serviços finais não circulam; eles fazem uma única viagem: das empresas às famílias, pelas quais são consumidos.

Mas por que precisamos dessa ideia de fluxo circular? Por que não ficamos apenas com as identidades? Bem, o que essa ideia nos possibilita é incorporar, ao mundo imóvel das identidades, uma dimensão extremamente importante na análise do sistema econômico: a de que o processo produtivo, as trocas e a reprodução material da sociedade como um todo desenrolam-se necessariamente no tempo.

Assim, a relação entre esses dois modos de enxergar as coisas – a identidade e o fluxo – reside no fato de que as diferentes óticas podem também ser encaradas como diferentes momentos do fluxo. Por exemplo, se o observamos por ocasião da entrada de recursos monetários nas empresas, provenientes das compras das famílias, estamos utilizando a ótica do dispêndio; se, ao contrário, o analisamos no momento da remuneração aos fatores de produção, estamos partindo da ótica da renda. Finalmente, a ótica do produto implica avaliar monetariamente a atividade das unidades produtivas no momento da produção.

Esse fluxo, porém, é contínuo, ainda que possa sofrer mudanças de intensidade ao longo do tempo. Portanto, as sequências que apresentamos, para efeitos de compreensão do movimento e da lógica desse fluxo, têm apenas função heurística, ou seja, servem somente para facilitar nosso entendimento.

Na economia verdadeira e real, o fluxo nunca começa em um ponto determinado e nunca começa porque, de fato, nunca para: ele flui sempre, tal qual o leito de um rio. Portanto, quando avaliamos o resultado desse movimento, ou seja, quando medimos quanto a economia produziu, despendeu ou consumiu, simplesmente escolhemos arbitrariamente um ponto no tempo (por exemplo, 31 de dezembro do ano X) e "paramos" analiticamente esse fluxo. Considerando outro ponto do tempo, anterior a este (por exemplo, 1º de janeiro do ano X), temos um período (o ano X) em relação ao qual podemos efetuar a mensuração.

Quanto maior for a intensidade do fluxo no período escolhido, maior será a produção, a renda e o dispêndio da economia. Assim, um *aumento do fluxo* em relação a um período anterior (por exemplo, o ano X-1) indica *crescimento econômico*: maior produção, maior emprego, maior renda, maior consumo. Uma redução do fluxo, ao contrário, indica exatamente a situação oposta. Evidentemente, do ponto de vista do país e da sociedade como um todo, é sempre preferível a primeira à segunda situação.[21]

Para terminar este capítulo, apresentamos a seguir o cálculo do produto da economia brasileira (PIB) no ano de 2016, segundo as três óticas aqui estudadas. Não nos preocupemos, por enquanto, em entender cada um dos agregados que aí aparecem, tampouco qual é o exato significado da sigla PIB. Trata-se aqui do cálculo efetivamente elaborado (pela Fundação IBGE) para uma economia real (a economia brasileira), num ano real (2016).

Uma economia real, em primeiro lugar, tem governo (e, portanto, gastos públicos e tributos, entre outras coisas). Em segundo lugar, ela não é fechada, ou seja, apresenta transações com outros países (exportação e importação, por exemplo). Em terceiro lugar, existe uma vasta gama de elementos intermediários que se interpõem entre as categorias básicas até aqui estudadas. Assim, por exemplo, entre o salário e o lucro, ou seja, entre os trabalhadores assalariados e os donos de empresas, existem as categorias dos profissionais liberais, daqueles que trabalham por conta própria, dos aposentados, entre outras, cujas remunerações não se enquadram adequadamente em nenhuma dessas duas categorias básicas de rendimento.

Todas essas operações e variáveis serão devidamente explicadas no momento adequado. Aqui, a intenção é apenas ilustrar, por exemplo, a apuração do produto (que, para nós, por enquanto, pode ser entendido como sinônimo de PIB) de uma economia de verdade, bem como a existência das três óticas possíveis para sua mensuração. De qualquer forma, os elementos até aqui apontados já são suficientes para que se percebam, por detrás dos detalhes, as estruturas básicas de cada uma dessas três óticas.

---

21 Não entraremos aqui, porque foge do escopo do presente capítulo, nos questionamentos que podem ser feitos com relação a esta última consideração do ponto de vista da necessidade, que se impõe de modo cada vez mais forte de se preservar o meio ambiente e os recursos naturais do planeta. No **Capítulo 5**, estudaremos essa questão.

Tabela 1.4 – Produto da economia brasileira (PIB) segundo as três óticas – 2016

Ótica do produto		Ótica do dispêndio		Ótica da renda	
Rubricas	Valores em reais (milhões correntes)	Rubricas	Valores em reais (milhões correntes)	Rubricas	Valores em reais (milhões correntes)
Valor bruto da produção	10.542.067	Consumo final	5.303.658	Remuneração de empregados	2.802.436
Impostos sobre produtos	855.109	Formação bruta de capital fixo	973.271	Excedente operacional bruto	2.026.051
(−) Subsídios a produtos	(−) 5.603	Variação de estoques	− 34.781	Rendimento de autônomos	528.348
(−) Consumo intermediário	(−) 5.124.368	Exportação de bens e serviços	781.577	Impostos sobre a produção	939.071
		(−) Importação de bens e serviços	(−) 756.520	(−) Subsídios à produção	(−) 28.701
PIB	6.267.205	PIB	6.267.205	PIB	6.267.205

Fonte: SISTEMA DE CONTAS NACIONAIS (SCN). In: FUNDAÇÃO IBGE. São Paulo: IBGE, 2017. Disponível em: https://www.ibge.gov.br/estatisticas/economicas/servicos/9052-sistema-de-contas-nacionais-brasil.html?=&t=resultados. Acesso em: 2 jan. 2020.

Resumo

A seguir, estão os principais pontos vistos neste capítulo.

1. É a teoria geral, publicada por John Maynard Keynes em 1936, que confere contornos definitivos aos conceitos fundamentais da contabilidade social, bem como é dela que são reveladas a existência de identidades no nível macroeconômico e a relação entre os diferentes agregados.

2. O princípio das partidas dobradas, que conforma logicamente o sistema de contas nacionais, reza que, a um lançamento a débito, deve sempre corresponder outro de mesmo valor a crédito. O **equilíbrio interno** refere-se à exigência de

igualdade entre o valor do débito e o do crédito em cada uma das contas, enquanto o **equilíbrio externo** implica a necessidade de equilíbrio entre todas as contas do sistema.

3. O que se convencionou chamar "contabilidade social" não se reduz ao sistema de contas nacionais, mas inclui outras peças-chave, como o **balanço de pagamentos**, as **contas do sistema monetário** e os indicadores sociais, como aqueles que indicam a distribuição de renda e o Índice de Desenvolvimento Humano (IDH).

4. No sistema econômico em que vivemos, tudo pode ser avaliado monetariamente. Assim, a imensa gama de bens e serviços que uma economia é capaz de produzir pode ser transformada numa coisa de mesma substância, ou seja, dinheiro. É isso que torna possível a mensuração dos agregados como o produto nacional e a renda nacional.

5. Uma das noções fundamentais da contabilidade social é a de **identidade** (por exemplo, produto $\equiv$ renda $\equiv$ dispêndio ou poupança $\equiv$ investimento). Mas não se pode esquecer que uma identidade contábil $A \equiv B$ não implica nenhuma relação de causa e efeito da variável A para a variável B ou vice-versa.

6. Para se chegar ao **produto agregado** da economia, é preciso deduzir, do **valor bruto da produção**, o valor do **consumo intermediário**.

7. Todo bem que, por sua natureza, é um **bem final** deve ter seu valor considerado no cálculo do valor do produto, mas nem todo bem cujo valor entra no cálculo do produto é um bem final por natureza.

8. A **ótica da despesa ou do dispêndio** avalia o produto de uma economia, considerando a soma dos valores de todos os bens e serviços produzidos no período que não foram destruídos, ou absorvidos como insumos, na produção de outros bens e serviços.

9. Pela **ótica do produto**, a avaliação do produto da economia consiste na consideração do valor efetivamente adicionado pelo processo de produção em cada unidade produtiva.

10. Pela **ótica da renda**, podemos avaliar o produto gerado pela economia em determinado período, considerando o montante das remunerações pagas a todos os **fatores de produção** nesse período.

11. A identidade **produto $\equiv$ dispêndio $\equiv$ renda** significa que, se quisermos avaliar o produto de uma economia em determinado período, podemos somar o valor de todos os bens finais produzidos – ótica do dispêndio – ou, alternativamente, somar os valores adicionados em cada unidade produtiva – ótica do

produto – ou, ainda, somar as remunerações pagas a todos os fatores de produção – ótica da renda.

12. Como produtores, os membros da sociedade organizam-se em conjuntos aos quais se dá o nome de unidades produtivas ou **empresas**; na condição de consumidores, eles são membros de conjuntos de outra natureza, os quais denominamos **famílias**.

13. Além de desempenhar o papel de consumidores, as famílias detêm a condição de proprietárias dos fatores de produção e é nessa condição que elas garantem seu acesso aos bens e serviços produzidos.

14. Na sociedade em que vivemos e que é, no aspecto material, inteiramente organizada pela troca, a ótica do produto considera a atividade dos indivíduos como produtores, ou seja, a atividade das unidades produtivas ou empresas. Já a ótica do dispêndio (ou do gasto, ou da demanda) refere-se a sua atuação como consumidores, ou seja, como famílias. Finalmente, a ótica da renda analisa os indivíduos em sua condição de proprietários de fatores de produção. As transações ocorrem entre famílias e empresas e envolvem fluxos reciprocamente determinados de bens e serviços concretos, por um lado, e de dinheiro, por outro.

15. O **fluxo circular da renda** deixa bem claro que o que de fato circula é o dinheiro: o dinheiro que remunera os fatores de produção é o mesmo que retorna às empresas na compra dos bens e serviços finais. Isso não acontece com os demais bens. Os fatores de produção fazem uma única viagem: das famílias às empresas; os bens e serviços finais também fazem uma única viagem: das empresas às famílias.

Questões para revisão

1. O que torna possível mensurar e agregar a infinidade de bens e serviços que uma economia é capaz de produzir?

2. Como devem ser entendidas as identidades macroeconômicas e qual é a relação entre troca e identidade contábil?

3. Qual é a diferença entre valor bruto da produção e produto?

4. Considerando a ótica do dispêndio, como se deve definir um bem final?

5. De que forma se avalia o produto agregado da economia quando utilizamos a ótica do produto?

6. Por que a soma das remunerações pagas aos diversos fatores de produção pode ser um caminho para a avaliação do produto da economia? De que ótica estamos falando?

7. Por que o produto, a renda e o dispêndio agregados conformam uma identidade?

8. Além de consumidores, em que outra condição as famílias aparecem no jogo da reprodução material da sociedade? Quais as consequências disso?

9. Por que, numa sociedade organizada materialmente pela troca, a relação entre famílias e empresas produz aquilo que chamamos de fluxo circular da renda?

10. Se o produto de determinada economia cresce, o que acontece com seu fluxo circular de renda?

Capítulo 2

Estrutura básica das contas nacionais: o SNA 68 e as contas nacionais do Brasil até 1996

2.1 Introdução

Com o esquema básico apresentado no **Capítulo 1**, já temos condição de começar a analisar a estrutura do sistema de contas nacionais (SCN). Antes, porém, é preciso esclarecer alguns pontos quanto à natureza e à adequabilidade desse esquema.

Como se sabe, a economia real é infinitamente mais complexa que aquela mostrada nos exemplos e fluxogramas anteriores. Por exemplo, há uma imensa quantidade de transações realizadas todos os dias; além disso, existe um elemento chamado governo, que altera expressivamente o funcionamento do sistema; e, finalmente, a economia de um país real nunca é inteiramente fechada, ou seja, sempre realiza transações (compras e vendas de bens e serviços, por exemplo) com as economias de outros países.

Além desses fatores, existem ainda alguns outros que devem ser lembrados quando se avalia a capacidade de explicação desse esquema simplificado: os aluguéis e juros também devem ser considerados remuneração de fatores e, portanto, de alguma maneira, precisam ser contemplados no conceito de renda; as empresas e as famílias também podem realizar transações entre si – como demonstram, na **Seção 1.2** (**Capítulo 1**), as transações 1, 2 e 3 de nossa economia H, tanto na situação 1 quanto na situação 2; as famílias não necessariamente despendem toda a renda que recebem, dando assim origem aos movimentos englobados nos conceitos de investimento e poupança.

Todavia, a despeito de todas essas complicações, o esquema simplificado até agora apresentado e as ideias de identidade e fluxo constituem a base por meio da qual é possível analisar uma economia real em toda sua complexidade. Essa base permite a incorporação paulatina de cada um dos elementos até agora deixados de lado.

Cabe, por fim, uma última observação concernente à relação entre as considerações teóricas, ou seja, a base conceitual que sustenta logicamente o sistema de contas nacionais, e a forma efetiva que essas contas adquirem em cada país. De fato, várias podem ser as maneiras de se apresentar as informações do sistema de contas nacionais sem que sejam desrespeitados os conceitos básicos que lhes dão origem. Em função disso, o formato concreto do sistema pode variar, e de fato varia, de país para país. Todavia, como veremos adiante, a necessidade de estabelecer comparações entre os diversos países tem feito com que a ONU – organismo internacional responsável pela elaboração do ***System of National Accounts*** (**SNA**) – divulgue, de tempos em tempos, um conjunto de recomendações, que a maior parte dos países procura seguir, a fim de tornar esse formato o mais homogêneo possível.

O SNA de 1968 (SNA 68)[1] vigorou por um longo período, sendo substituído pelo SNA de 1993 (SNA 93).[2] Este último sistema é bem mais complexo que o anterior que, como veremos, é um sistema de apenas quatro ou cinco contas que respeita os equilíbrios interno e externo. Como, porém, os princípios básicos do sistema não se alteram, vamos iniciar nossa investigação teórica sobre as contas nacionais utilizando a versão mais simples do sistema. Na sequência, depois de fazermos um breve retrospecto da história do sistema de contas nacionais no Brasil, veremos a estruturação desse sistema até 1997, quando obedecia às diretrizes do SNA 68. No **Capítulo 4**, veremos o SNA 93, já seguido pelo Brasil, e as últimas modificações metodológicas introduzidas pelo SNA 08, adotadas pelo Brasil em 2015.

2.2   As contas nacionais no sistema SNA 68

2.2.1 Economia fechada e sem governo

No **Capítulo 1**, dissemos que a contabilidade social congrega instrumentos de mensuração capazes de apresentar o movimento da economia de um país em determinado período. De outro lado, mostramos que existem três formas de mensurar o produto de determinada economia. Isso indica que, quando consideramos o movimento da economia como um todo, o produto, ou a produção, é a principal variável a ser enfocada: sem produção, não há renda nem pode obviamente haver dispêndio; além disso, se não há produção, não há o que transacionar, portanto, não há movimento.

Assim, a conta de produção (ou conta do produto) afigura-se a conta mais importante do sistema, pois é nela que todas as demais encontram sua razão de ser. É por ela, portanto, que devemos iniciar nossa análise do sistema de contas nacionais.

Nesta primeira etapa de nosso estudo, vamos considerá-la em uma situação ainda muito simples, ou seja, supondo que o *governo não existe* e que a economia em questão

---

1   UNITED NATIONS (UN). *A System of National Accounts* [SNA-68]. New York: UN, 1968. Disponível em: https://unstats.un.org/unsd/nationalaccount/docs/1993sna.pdf. Acesso em: 14 jan. 2020.

2   UNITED NATIONS (UN). *System of National Accounts 1993* [SNA-93]. New York: UN, 1993. Disponível em: https://unstats.un.org/unsd/nationalaccount/docs/1993sna.pdf. Acesso em: 14 jan. 2020.

não realiza nenhuma transação com outros países, ou seja, é uma *economia fechada*. Nessas condições, como se estruturaria o sistema?

Para responder a essa pergunta, a primeira coisa a fazer é recuperar o conceito de produto. Como vimos quando estudamos a ótica do dispêndio, tudo aquilo que é considerado bem final faz parte do produto, mas não apenas isso. Lembremos de que:

> Todo bem que, por sua natureza, é final deve ter seu valor considerado no cálculo do valor do produto, mas nem todo bem cujo valor entra no cálculo do valor do produto é um bem final por natureza.

Que bens são esses, cujo valor entra no cálculo do valor do produto, mas não são bens finais por natureza? Lembremo-nos, para tanto, de que a ótica da **despesa** ou do **dispêndio** avalia o **produto** de uma economia considerando a soma dos valores de todos os bens e serviços produzidos no período que *não foram destruídos (ou absorvidos como insumos)* na produção de outros bens e serviços.

Isso posto, retomemos nossa economia H, tal como apresentada na situação 2, **Capítulo 1**. Utilizando a ótica do dispêndio, concluiremos que o produto dessa economia foi constituído por pães no valor de $ 1.680 – os pães não foram absorvidos como insumos na produção de outros bens, mas consumidos pelas pessoas – e por trigo no valor de $ 500, que (ainda) não foi consumido na produção de outros bens.

Em outra situação, poderia também ter acontecido de, no momento em que se realiza a mensuração, terem sobrado, ou seja, não terem sido ainda consumidas na produção, por exemplo, farinha de trigo e sementes. Por fim, outra possibilidade é que nem todos os pães tivessem sido vendidos, de modo que se teria também, ao final do período X, uma quantidade ainda não consumida – em **estoque**, portanto – de pães.

Em uma situação como essa, todos esses bens serão, com certeza, consumidos no período seguinte (X + 1): a farinha de trigo e as sementes como insumos na produção de outros bens e os pães como objetos de consumo final por parte das famílias. Contudo, ao final do período X, eles ainda não foram consumidos, de modo que sua contabilização no produto da economia deve ser feita registrada.

Com esses elementos, temos uma pista da forma que deve ter a conta de produção. De um dos lados da conta, teremos o *produto*; de outro, sua utilização ou destino, ou seja, o **consumo pelas famílias** (ou *consumo pessoal*, ou *consumo privado*) e a **formação de**

estoques (em nosso exemplo, teríamos de somar o valor do estoque de sementes, o valor do estoque de trigo, o valor do estoque de farinha de trigo e o valor do estoque de pães).

Mas nos referimos à *formação* de estoques e assim o fizemos porque, em nosso hipotético exemplo, partimos também de um hipotético ponto zero do tempo, quando ainda não existia a economia H e, portanto, nada ainda havia sido produzido e nada poderia ter sobrado.

Nas economias reais, porém, não existe nenhum ponto zero do qual se possa partir e, portanto, quando se contabilizam as variáveis integrantes do sistema de contas, é preciso, em alguns casos, considerar o saldo que as contas, ou melhor, algumas de suas rubricas "carregam" de um período para o outro. É esse, precisamente, o caso da rubrica *estoques*.

Se não partimos de um ponto zero e desejamos contabilizar o valor dos bens produzidos no período X, mas ainda não consumidos – e que se encontram, pois, estocados para consumo ou absorção futuros –, não podemos pura e simplesmente fazer um inventário do valor desses estoques ao final do período X. E por que não podemos fazer isso? Porque, por exemplo, parte do valor desses estoques pode ter sido trazida do ano anterior.

Logo, para descobrir qual o valor dos bens produzidos na economia ao longo do período X mas ainda não consumidos, é preciso deduzir, do valor dos estoques ao final do período X, o valor dos estoques ao final do período X-1. Assim, o mais correto é falarmos em **variação de estoques**, a qual pode evidentemente ser tanto positiva, configurando crescimento dos estoques, quanto negativa, configurando redução nos estoques de um período a outro.

Retomando agora nossa **conta do produto**, diremos que, de um de seus lados, estará contabilizado o *produto* e, de outro, sua utilização ou destino, ou seja, *consumo pessoal* e *variação de estoques*. Será que, com isso, damos conta de tudo que se passa em uma economia, em determinado período, do ponto de vista da produção? O próprio fato de termos de contabilizar, de um dos lados da conta, junto ao consumo pessoal, também a variação de estoques já indica que não.

O que são os estoques, ou melhor, de que eles são constituídos? Eles são constituídos por mercadorias que representam *consumo futuro*. Ora, tudo aquilo que é produzido em um período, mas que não é consumido nesse período, significando (ou ensejando) consumo no futuro, chama-se **investimento**.

Será que a variação de estoques é a única forma de investimento? Suponhamos que nossa economia H tivesse produzido, em um período W qualquer, pães já vendidos e consumidos, pães ainda não vendidos e consumidos, farinha de trigo ainda não consumida (ou seja, ainda não utilizada na fabricação de pães) e fornos para assar pães[3] (que ainda não começaram a ser utilizados). Nessas condições, os fornos são bens de natureza muito semelhante à de todos os demais bens dessa lista, com exceção à dos pães já vendidos e consumidos. Tal como os pães ainda não consumidos e a farinha de trigo ainda não absorvida na produção de pães, os fornos possibilitam o consumo futuro de pães porque viabilizam a produção desses bens (ou melhor, sua continuidade) nos períodos subsequentes.

No entanto, há algumas diferenças importantes entre os fornos e as outras mercadorias. A primeira e mais óbvia delas é que os fornos poderão ser utilizados inúmeras vezes na produção de pães, tantas vezes quantas possíveis, até que eles se desgastem inteiramente e tenham de ser substituídos por fornos novos. Com os outros bens, isso não acontece. Uma vez consumidos, os pães desaparecem; da mesma maneira, a farinha de trigo, uma vez utilizada na produção de determinada quantidade de pães, também desaparece.

É fundamentalmente por essa razão que, apesar de todos esses bens serem considerados investimento (por possibilitarem ou ensejarem o consumo futuro), costuma-se separá-los em duas categorias distintas: **variação de estoques** e **formação de capital fixo**.[4] Podemos, assim, afirmar que:

· ·

O **investimento** costuma ser dividido em **variação de estoques**, que congrega os bens cujo consumo ou absorção futuros vão se dar de *uma única vez*, e **formação bruta de capital fixo**, que agrega os bens que *não desaparecem depois de uma única utilização* e possibilitam a produção (e, portanto, o consumo) de outros bens ao longo de determinado período, ou seja, possibilitam a produção futura de um **fluxo de bens e serviços**.

· ·

---

3   Contrariamente ao que se supôs no caso anterior (vide nota 18 do **Capítulo 1**), aqui os fornos estão sendo considerados *bens econômicos*, ou seja, bens que são produzidos, vendidos e comprados, tendo, portanto, um preço e não sendo mais abundantes.

4   Como se percebe, está associado à natureza do bem não consumido o critério que indica se sua produção ao longo de um período deve ser contabilizada como formação de capital fixo ou simplesmente como variação de estoques. Ainda que não se resuma a isso, a questão passa, portanto, pela distinção entre bem de consumo e bem de capital. No entanto, nem sempre essa distinção é tão simples. Os automóveis, por exemplo, devem ser considerados bens de capital ou bens de consumo? E a variação de seus estoques em determinado período deve ser assim encarada ou deve entrar na rubrica Formação de capital fixo? De certa forma, tal dúvida surge com todo um grupo de bens normalmente classificados no grupo dos *bens de consumo duráveis*. Por serem bens *de consumo*, sua produção, ao longo de determinado período, deveria ser considerada consumo privado (para o caso dos já vendidos) ou variação de estoques (para o caso dos ainda não vendidos). No entanto, por se tratar de bens *duráveis*, fica sempre a possibilidade de eles poderem ser considerados bens de capital e, portanto, há necessidade de se contabilizar sua produção na rubrica Formação de capital fixo. Normalmente, esses casos acabam se resolvendo "por convenção", ou seja, simplesmente convenciona-se que determinado bem será considerado dessa ou daquela maneira. No caso do Brasil, por exemplo, o tratamento que se dá aos automóveis depende da natureza do comprador: se forem famílias, eles serão considerados consumo privado; se forem empresas, serão considerados formação de capital fixo.

Outros exemplos de capital fixo são máquinas e equipamentos de qualquer natureza, moradias, estradas de ferro e rodovias. Todos esses bens, contrariamente aos incluídos na rubrica Variação de estoques, possibilitam a efetivação do consumo de bens e serviços em um período *bastante extenso*. Uma nova moradia, por exemplo, permite o consumo futuro de serviços de moradia ao longo de 40 ou 50 anos, período este que, uma vez findo, ensejará a necessidade de que ela seja inteiramente reformada ou mesmo reconstruída.

Essa característica é comum a todos os bens incluídos na rubrica Formação de capital fixo, ou seja, ainda que isto não ocorra de uma única vez, todos eles também se desgastam com o tempo, o que leva à criação de uma nova rubrica, a **depreciação**, e de dois conceitos diferentes de produto: **produto bruto** e **produto líquido**.

Antes que entremos nessa discussão, porém, é preciso considerar ainda uma segunda diferença entre os bens cuja produção é classificada como formação bruta de capital fixo e aqueles cuja produção não consumida é classificada na variação de estoques. A diferença é que, apesar de esses dois grupos deverem ser considerados investimento (pois possibilitam ou ensejam consumo futuro), a formação bruta de capital fixo é normalmente resultante de um *planejamento das empresas* (por exemplo, o aumento de uma planta industrial ou a substituição de máquinas antigas por máquinas novas e, provavelmente, mais produtivas), enquanto a variação de estoques é, ao menos em parte, resultante do comportamento de variáveis que escapam ao controle das empresas – como mudanças na moda, no clima, nos preços relativos e nas preferências –, sendo, desse modo, *não planejada*.

Se, por exemplo, em determinado ano, o linho entra na moda, de maneira inesperada, os estoques de linho, ao final desse ano, serão certamente menores do que normalmente seriam. Terá havido, nesse caso, uma variação negativa nos estoques de linho e, portanto, um desinvestimento, sem que isso tenha resultado de uma intenção deliberada dos fabricantes de linho, e sim de uma alteração inesperada em uma variável que não está inteiramente sob o controle das empresas.

Sabendo disso, voltemos à questão do desgaste do capital fixo (ou depreciação). Como já indicamos, os bens considerados sob a rubrica **Formação bruta de capital fixo** também se desgastam com o tempo e com o uso, de modo que, findo determinado período, seu valor terá sido inteiramente absorvido pelo fluxo de produção de bens (ou serviços) aí ocorrido. Vejamos um exemplo.

Suponha que um forno para assar pães tenha vida útil de dez anos, o que significa que, após esse período, ele terá de ser substituído por um novo. Suponha, ainda, que nossa economia H necessite, para viabilizar sua produção anual de pães, de dez fornos. Isso significa que, a cada ano, deverá ser produzido pelo menos um forno de assar pães para que se mantenha o estoque de capital fixo da economia. Se cada forno dura, em média, dez anos e se o estoque de capital é de dez fornos, a cada ano que passa, esse estoque de capital sofrerá, em média, uma depreciação de valor equivalente à de um forno. Portanto, se, ao final do ano X, a economia H tiver produzido, além de pães, também um forno novo, terá, com isso, simplesmente reposto as condições para a manutenção do mesmo nível de produção no período subsequente.

Assim, como considerar o valor do forno? Ele deve ou não ser contabilizado no valor do produto da economia H no ano X? Bem, as duas coisas podem ser feitas: ele deve obrigatoriamente ser contabilizado se estivermos considerando o **produto bruto**, mas não se quisermos saber qual foi o **produto líquido** da economia H nesse período.[5] Portanto, é preciso sempre lembrar que:

....

Para obter o valor do **produto líquido** de uma economia em determinado período, é preciso *deduzir*, do valor total produzido, ou seja, do valor do produto bruto, aquela parcela meramente destinada à reposição da parte desgastada do estoque de capital fixo da economia, a que se dá o nome de **depreciação**.

....

Temos agora, finalmente, todos os instrumentos para apresentar a estrutura da conta do produto, que, como já assinalamos, é a conta mais importante do sistema, uma vez que é dela que decorrem todas as demais. Relembrando, teremos então, de um lado, o produto líquido e a depreciação (portanto, o produto bruto) e, de outro, sua utilização ou destino, ou seja, consumo pessoal, variação de estoques e formação bruta de capital fixo. Sem nos preocuparmos, por ora, em compreender por que o produto fica do lado do débito e sua destinação do lado do crédito, podemos apresentar a *estrutura da conta de produção em uma economia fechada e sem governo*.

---

5   É por essa razão que se fala em formação bruta de capital fixo, ou seja, essa rubrica indica o valor total da formação de capital fixo na economia em determinado período, ignorando o fato de que parcela dessa produção, que atende pelo nome de depreciação, foi gerada simplesmente para repor a parte desgastada do estoque de capital fixo da economia.

Quadro 2.1 – Conta do produto – primeira versão

Débito	Crédito
A produto líquido **B** depreciação	**C** consumo pessoal **D** variação de estoques **E** formação bruta de capital fixo
Produto bruto	**Despesa bruta**

Fonte: elaborado pelos autores.

Como já deve ter ficado claro, o sentido da conta do produto é mostrar, por um lado (o lado do débito da conta), o resultado do esforço conjunto da economia de um país em determinado período (normalmente um ano) e, por outro (o lado do crédito da conta), qual foi o destino do produto assim gerado, ou seja, se foi gasto em consumo ou acumulado, isto é, convertido em investimento (o investimento, ou seja, o resultado da soma entre os valores da formação bruta de capital fixo e da variação de estoques é também chamado de *formação bruta de capital*) – daí a utilização do termo **despesa** na última linha do lado do crédito. É essa a lógica da conta e o que garante seu **equilíbrio interno**, ou, em outras palavras, é isso que garante a igualdade entre débito e crédito. Mas o método das partidas dobradas exige ainda outro tipo de equilíbrio, além do interno. Relembremo-nos do seguinte:

· ·

O **princípio das partidas dobradas** reza que, a um lançamento a débito, deve sempre corresponder outro de mesmo valor a crédito. O **equilíbrio interno** refere-se à exigência de igualdade entre o valor do débito e o do crédito *em cada uma* das contas, enquanto o **equilíbrio externo** implica a necessidade de equilíbrio entre *todas* as contas do sistema.

· ·

É necessário, portanto, que haja um equilíbrio entre todas as contas. Logo, isso implica a consideração das demais contas componentes desse modelo simplificado de uma economia fechada e sem governo, a saber: a **conta de apropriação** e a **conta de capital**. Como veremos, é nessas duas outras contas que se encontram os lançamentos a débito e a crédito inversamente correspondentes a cada uma das rubricas da conta do produto apresentadas, os quais garantem, assim, o equilíbrio externo do sistema.

Considerar essas duas outras contas implica, portanto, considerar o sistema como um todo, o que leva a perceber o segundo sentido da conta do produto. Se o primeiro desses sentidos é revelar o *produto como dispêndio* (a finalidade ou o destino da produção – se consumo ou investimento), o segundo é revelar a *produção em sua dimensão de elemento gerador de renda*. A renda, tanto quanto o produto e a despesa, é um agregado que pode ser tomado em duas versões: bruta ou líquida, ou seja, incluindo-se ou não em seu valor aquele relativo à depreciação sofrida pelo estoque de capital fixo da economia.

Podemos agora montar uma segunda versão dessa conta, em que o produto seja apresentado como somatório das diversas remunerações ocorridas na economia como contrapartida da cessão dos fatores de produção que, durante o período X, as famílias (suas proprietárias) fizeram às empresas. São essas variáveis (as remunerações) que vão aparecer na segunda conta do sistema: a *conta de apropriação*. É necessário observar igualmente que o pagamento referente a fatores de produção por parte das empresas às famílias ocorre para a totalidade do valor adicionado produzido, independentemente de esse valor estar apenas repondo o valor do desgaste do estoque de capital fixo da economia. Assim, também o valor adicionado que assume a forma de depreciação deve ser discriminado nos diversos tipos de remuneração a fatores de produção.

Como vimos, essas remunerações podem, em princípio, ser reduzidas a duas categorias: **salários** e **lucros**. Neste momento, contudo, por uma questão de fidelidade àquilo que de fato ocorre em uma economia de verdade, teremos de relaxar essa hipótese simplificadora e introduzir duas outras categorias de remuneração que, conjuntamente com os salários e os lucros, compõem o menu dos pagamentos a fatores de uma economia, a saber, os **aluguéis**, que remuneram os proprietários de imóveis de modo geral – como propriedades rurais, terrenos, casas e prédios de escritórios –, e os **juros**, que remuneram os proprietários de capital monetário.[6] O único cuidado adicional que deve ser tomado é *evitar a dupla contagem* que pode ocorrer se considerarmos nessas rubricas, além dos aluguéis e dos juros pagos às famílias, também aqueles pagos às empresas. Estes últimos

---

6   Como o leitor deve lembrar, consideramos inicialmente, para efeito de simplificação do raciocínio, apenas as remunerações do trabalho e do capital (salários e lucros), o que não afetou a compreensão necessária quanto à natureza da identidade produto ≡ renda. De outro lado, lembramos, na nota 19 do **Capítulo 1**, que a não consideração dos aluguéis não alterava em nada os resultados, ou seja, mesmo considerando-os, teriam sido gerados o mesmo conjunto de bens, o mesmo produto total e a mesma renda total. A diferença seria simplesmente que a renda total gerada seria dividida também com os donos da terra, de modo que, certamente, seria reduzida a parcela destinada à remuneração do trabalho ou à remuneração do capital (ou a ambos). O mesmo pode ser dito dos juros, que remuneram os proprietários do capital monetário adiantado à produção. Porém, explicar o porquê disso (ou seja, explicar por que isso ocorre com aluguéis e juros) implicaria adentrar a complexa questão da geração do valor. Além de escapar ao escopo deste livro, tal questão é matéria de muita controvérsia (cada corrente de pensamento tem dela uma compreensão particular), razão pela qual não a trataremos de modo mais profundo. Para nossos propósitos, basta que lembremos que, por tratar de identidades, a contabilidade nacional não sofre os efeitos do caráter controvertido da questão. Assim, por uma questão de fidelidade àquilo que de fato ocorre em uma economia real, temos agora a necessidade de considerar, no rol das remunerações a fatores, também os aluguéis e os juros pagos às famílias.

não devem ser considerados porque, como receitas, já participam dos demonstrativos de lucros e perdas das empresas e, portanto, já estão implicitamente computados na rubrica Lucros. A única exceção a essa regra é o setor financeiro. Dada a natureza da atividade desenvolvida por esse setor, torna-se necessário considerar a diferença entre juros recebidos e juros pagos, dado que ela é um indicador do valor adicionado pelo setor sob a forma de serviços de intermediação financeira (retomaremos esse ponto nos próximos capítulos). Vejamos, então, como fica a conta do produto nessa segunda versão.

Quadro 2.2 – Conta do produto – segunda versão

Débito	Crédito
a_1 salários	**C** consumo pessoal
a_2 lucros	**D** variação de estoques
a_3 aluguéis	**E** formação bruta de capital fixo
a_4 juros	
A renda ou produto nacional líquido $(A = a_1 + a_2 + a_3 + a_4)$	
b_1 salários	
b_2 lucros	
b_3 aluguéis	
b_4 juros	
B depreciação $(B = b_1 + b_2 + b_3 + b_4)$	
Renda ou produto nacional bruto	**Despesa nacional bruta**

Fonte: elaborado pelos autores.

Mais adiante entenderemos qual o sentido da colocação do termo **nacional** no valor total do lado do débito da conta. Por ora, observemos que essa segunda versão da conta de produção demonstra, por si só, a identidade produto ≡ renda ≡ dispêndio, que, de modo geral, norteia a lógica do sistema como um todo. Temos condição agora, portanto, de, ao considerar as duas outras contas desse modelo simplificado, demonstrar como o sistema atende à exigência de equilíbrio externo imposta pelo princípio das partidas dobradas. Por essa razão, a conta a ser agora investigada é a *conta de apropriação*. Por meio de tal investigação, não só começaremos a compreender com mais clareza a forma de fechamento do sistema como poderemos responder, com mais propriedade, a uma pergunta que ficou no ar, qual seja: Por que, na conta do produto, acontece essa situação (um tanto estranha à primeira vista) de a despesa ficar do lado do crédito, enquanto o produto (ou a renda) fica do lado do débito da conta?

O sentido lógico da conta de apropriação é mostrar de que maneira as famílias alocaram a renda que receberam pela cessão de seus fatores de produção. Trata-se de uma espécie de "conta-espelho" da conta do produto: se nesta os indivíduos e as famílias são considerados agentes envolvidos nas atividades produtivas (por meio das empresas), na conta de apropriação eles são tomados como unidades de dispêndio, a partir da renda recebida. Por isso, essa conta traz, do lado do débito, a rubrica Poupança bruta, que indica a parcela de renda que as famílias decidiram não consumir, e sim poupar. Em resumo, a finalidade dessa conta é mostrar qual foi o destino dado à renda (valor adicionado) gerado no período em questão, ou seja, que parcela foi consumida e que parcela foi poupada. Notemos que a poupança que vai aparecer do lado do débito é a poupança bruta, uma vez que a conta está sendo feita considerando-se a renda bruta, ou seja, incluindo-se aquela renda gerada pela produção de bens que se destinaram tão somente à reposição do desgaste do estoque de capital fixo já existente na economia. Caso a conta tivesse sido feita em sua versão líquida, a poupança que apareceria do lado do débito seria a poupança líquida (poupança bruta menos depreciação).

Quadro 2.3 – Conta de apropriação – primeira versão

Débito	Crédito
C consumo pessoal F poupança bruta	$a_1 + b_1$ salários $a_2 + b_2$ lucros $a_3 + b_3$ aluguéis $a_4 + b_4$ juros
Utilização da Renda Nacional Bruta (RNB)	**Renda Nacional Bruta (RNB)**

Fonte: elaborado pelos autores.

Apresentada a conta, tentemos responder à questão há pouco mencionada. Considerando o sentido dessa conta, ou seja, o de ser uma conta que demonstra de que maneira determinada renda foi utilizada, parece bastante razoável que as remunerações recebidas pelos proprietários dos fatores de produção (ou seja, as diferentes categorias de renda) sejam lançadas a crédito, vale dizer, indicando o montante de recursos, em termos de valor adicionado que esteve disponível no período em questão, enquanto, no débito, figuram os *usos e destinos* dessa renda (consumo e poupança).

A conta de apropriação, portanto, funciona como uma espécie de demonstrativo de lucros e perdas, com seus correspondentes significados de receitas e despesas. Os principais agentes por trás dessa conta são as famílias (ou indivíduos). São eles que se apropriam da renda gerada na economia e a alocam da forma que melhor lhes convém. Em função disso e da exigência de equilíbrio externo imposta pelo princípio das partidas dobradas, tais lançamentos a crédito na conta de apropriação aparecem como lançamentos a débito na conta de produção. Daí a sensação um tanto estranha que se tem quando se olha essa conta isoladamente: organizada dessa forma, a despesa bruta (ou dispêndio bruto) fica localizada no lado do crédito, o que é completamente contraintuitivo (nossa ideia inicial é sempre pensar que a despesa deve ficar do lado do débito, e não do lado do crédito de uma conta).

Mas a contabilização de tais lançamentos no débito da conta do produto não se explica apenas por essa exigência, digamos assim, mecânica. A ideia não é difícil de compreender. Se considerarmos que os agentes mais importantes por trás da conta do produto são as empresas (visto que é por meio delas que a produção se realiza), são também elas que consomem ou "gastam" os fatores de produção. Em função disso, a remuneração desses fatores aparece contabilizada do lado do débito da conta do produto (o que significa que quanto maiores os valores ali lançados, maior terá sido o consumo de fatores de produção e, portanto, maior o produto). De outro lado, porém, as empresas recebem um crédito em função dos bens que efetivamente produzem, bens que, considerado determinado período, ou já foram consumidos (consumo pessoal), ou ainda não (variação de estoques), ou são bens que servem para a produção de outros bens (formação de capital fixo). A conta do produto constrói-se, portanto, sob o ponto de vista do sistema produtivo. Daí o fato de a renda nacional ser lançada como um "débito" (ou seja, a apresentação daquilo que foi gasto de fatores de produção para se produzir determinado item), enquanto a despesa nacional aparece como um "crédito" do setor produtivo.

Ainda considerando a conta de apropriação, procuremos agora investigar mais de perto a forma de funcionamento do princípio das partidas dobradas. Assim fazendo, descobriremos também o que ainda está faltando para fechar esse sistema simplificado. Como já comentamos, o lado do crédito dessa conta contém os mesmos itens que os constantes no lado do débito da conta do produto, apenas dispostos em uma ordem diferente. Assim, cada um dos lançamentos a débito na conta do produto encontra seu par (um lançamento a crédito) na conta de apropriação. Do lado contrário, isto é, do lado do crédito da conta do produto, a rubrica *Consumo pessoal* também vai encontrar seu par na rubrica de mesmo nome lançada a débito na conta de apropriação. Isso posto, quais são os lançamentos que restaram sem contrapartida? Na conta do produto, os itens D e E, que requerem lançamentos a débito, e, na conta de apropriação, o item F, que requer um lançamento a crédito. Precisamos, pois, para fechar o sistema, de uma terceira conta que contemple exatamente esses lançamentos que faltam. Essa terceira conta é a *conta de capital* ou *conta de acumulação*.

Quadro 2.4 – Conta de capital – primeira versão

Débito	Crédito
D variação de estoques **E** formação bruta de capital fixo	**F** poupança bruta
Investimento bruto	**Poupança bruta**

Fonte: elaborado pelos autores.

A conta de capital, portanto, "fecha" o sistema, garantindo seu equilíbrio externo, uma vez que, com ela, temos todos os lançamentos necessários para completar os pares até então a descoberto. Mas, além de completar o sistema, a conta de capital demonstra a identidade *investimento* ≡ *poupança*, quase tão importante, para a lógica de seu funcionamento, quanto a identidade *produto* ≡ *renda* ≡ *despesa*. Na verdade, a identidade investimento ≡ poupança nada mais é que uma forma alternativa de representar a identidade produto ≡ renda ≡ despesa. E o que ela mostra? Ela mostra que, se a variação de estoques e a formação bruta de capital fixo devem ser considerados investimento, porque possibilitam, viabilizam ou ensejam consumo futuro, eles também devem ser considerados poupança, pois indicam que, dos esforços de produção da sociedade em determinado período de tempo, nem tudo foi consumido naquele período, mas parte foi guardado (poupado) para ser consumido no futuro. Como a poupança significa necessariamente um crédito (quem poupa tem um crédito relativamente ao consumo futuro), o investimento, concretizado no aumento de estoques – quando há – e na formação bruta de capital fixo, vai corresponder ao débito, indicando o investimento efetuado em contrapartida àquela poupança. Outra forma de entender essa conta é fazer uma analogia com a conta anterior, de apropriação. Assim como entendemos a renda nacional bruta como recurso e seu destino (consumo ou poupança) como uso, podemos entender a poupança bruta como recurso (estando, portanto, do lado do crédito) e o investimento como uso (estando, portanto, do lado do débito).

2.2.2 Economia aberta e sem governo

A estrutura de três contas até aqui apresentada configura a base sobre a qual pode ser construído um sistema mais complexo que admita, por exemplo, que a economia não é fechada e, portanto, realiza com o exterior uma série de transações. Vejamos, então, o que acontece com nosso sistema, mas sem considerar ainda a existência do governo.

Partindo do pressuposto de que cada uma das economias do planeta tem relações econômicas com as demais, a primeira e imediata constatação é que, considerada uma economia qualquer, parte de sua produção de bens, em determinado período, foi, com certeza, vendida ao **resto do mundo**, ou seja, **exportada**. Simultaneamente, temos também de admitir que parte do que foi consumido e/ou acumulado nesse mesmo período pode ter sido produzido fora do país e comprado, ou seja, **importado**, pela economia em questão.

O cotejo entre esses dois tipos de transação constitui um elemento muito importante, a chamada **balança comercial**, de uma peça também chave no mundo da contabilidade social, qual seja, o **balanço de pagamentos** (que estudaremos em detalhe no **Capítulo 6**). No entanto, exportações e importações não se referem apenas a bens (mercadorias tangíveis), mas também a serviços (mercadorias intangíveis), como frete, seguros e serviços de turismo, entre outros. As transações externas que envolvem serviços não são contabilizadas na balança comercial, mas em outra das peças do balanço de pagamentos, que é a **balança de serviços**. Mas existe ainda uma outra peça relativa às transações externas que também se relaciona com elementos intangíveis. É a **balança de rendas**, que considera os pagamentos e recebimentos relativos a *fatores de produção*, como lucros, juros, aluguéis e salários.[7] A distinção entre bens e serviços fatores e não fatores é um dos elementos mais importantes para as contas nacionais quando se trata de abrir a economia, ou seja, incluir no sistema as transações com outros países.

Expliquemos um pouco melhor essa distinção e quais são suas consequências relativas à estrutura do sistema e à forma de registro dos agregados. Separar as transações com o exterior nesses dois grupos implica considerar que as relações econômicas entre os países não se restringem à mera compra e venda de bens e serviços, ou seja, a relações

---

7   Muitos acreditam que a balança de rendas deveria trazer também o pagamento de *royalties. Royalty* é o nome da remuneração de um tipo de propriedade que não é imobiliária nem monetária, mas refere-se à tecnologia e outros tipos de "invisíveis". Se um *residente* utilizar, por exemplo, uma tecnologia, imagem ou marca de propriedade de um *não residente*, terá de pagar-lhe *royalties* por esse uso. Contudo, esse tipo de pagamento ainda faz parte da balança de serviços, ou seja, os *royalties* ainda são tratados, do ponto de vista do balanço de pagamentos, como uma mercadoria (intangível), objeto de uma relação comercial, e não como o pagamento a um fator de produção. Se fosse esta última a interpretação prevalecente, esses pagamentos deveriam estar contabilizados na balança de rendas.

comerciais, mas podem envolver, e na maioria das vezes envolvem, elementos mais complexos, como os fatores de produção.

Assim, por exemplo, parte da produção de uma economia em determinado período pode ter sido obtida graças à utilização de fatores de produção de propriedade de *não residentes* no país, como capital físico, trabalho e capital monetário. Nesse caso, parte da renda gerada por essa economia no período, ainda que tenha sido internamente gerada, não pode ser considerada do país, ou seja, não pode ser considerada **nacional**, uma vez que deve ser enviada aos países de residência dos proprietários desses fatores. Suponhamos um país como o Brasil, que tem uma série de empresas de propriedade de não residentes operando internamente em seu território, por exemplo, montadoras de automóveis cujos proprietários são americanos, franceses, alemães, italianos etc. Por conta disso, uma parcela do valor adicionado que é gerado internamente graças à produção dessas empresas acaba deixando nosso território e sendo enviada a seus proprietários, que residem fora do país (falamos aqui das remessas de lucros e dividendos ao exterior). Essa parcela, apesar de fazer parte do produto agregado no conceito **interno**, não compõe o produto (ou renda) agregado no conceito **nacional**.

Mas há também o outro lado da moeda, ou seja, fatores de produção de *residentes* podem estar sendo utilizados na produção e na geração de renda em outros países, criando-se assim o direito de a economia em questão receber essa renda. Continuando a utilizar o Brasil como exemplo, existe uma empresa do grupo Petrobras, a Braspetro, fundada em 1972, que trabalha exclusivamente no exterior. Ao enviar seus lucros ao Brasil, esses valores compõem a renda **nacional** (o proprietário desse capital é nacional, o Estado brasileiro), ainda que não tenham feito parte do produto internamente gerado.

Do ponto de vista agregado, o que importa para o cálculo tanto do produto interno quanto da renda nacional é o *saldo* das operações de envio e recebimento de rendas do exterior. O que significa, no caso das rendas de capital, um país enviar, liquidamente, recursos ao exterior? Significa que, no período em questão, o país utilizou mais capital estrangeiro (de não residentes) do que foi utilizado capital de seus residentes pelas economias de outros países. Nesse caso, seu produto (ou renda) **interno** vai apresentar valor maior que seu produto (ou renda) **nacional**. Por outro lado, se o país recebe liquidamente rendas de capital do exterior, seu produto (ou renda) interno terá valor menor que seu produto (ou renda) nacional.

Não chega a ser exatamente uma regra, mas, geralmente, os países mais avançados (mais desenvolvidos) encontram-se na segunda situação, enquanto os países menos desenvolvidos, como o Brasil, encontram-se na primeira. Não é difícil perceber a razão.

Os países mais desenvolvidos têm maior disponibilidade de capital. Assim, a probabilidade de eles serem exportadores líquidos de capital (e, portanto, de receberem liquidamente rendas de capital do exterior) é muito maior do que a de eles serem importadores líquidos (e, portanto, de enviarem liquidamente rendas de capital ao exterior). Obviamente, o inverso ocorre com os países menos desenvolvidos.

Note-se, no entanto, que, como já adiantado acima, trata-se de pagamentos a *fatores de produção de não residentes*, ou seja, além do fator de produção *capital*, o fator de produção *trabalho* também pode estar envolvido na questão. Por efeito da internacionalização e da abertura cada vez maior das economias nacionais, torna-se possível que uma empresa em operação em dado país contrate trabalhadores de outros países para executar alguma etapa de sua produção. Quando isso corre, esses trabalhadores (que são não residentes locais) têm de ser remunerados. Suponha que uma confecção ou editora brasileira que é registrada e opera em nosso país e aqui gera valor adicionado e paga seus impostos contrate trabalhadores do sudeste asiático para fazer o acabamento das roupas ou a impressão dos livros, respectivamente. Muitas vezes, do ponto de vista das empresas, apesar dos custos de transporte envolvidos no processo e de eventuais perdas por causa dos deslocamentos, pode ser interessante e mais lucrativo utilizar trabalhadores de fora do país do que locais. Nesse caso, parte do valor adicionado gerado por essas empresas acabará saindo do Brasil para remunerar os proprietários de força de trabalho residentes em países do sudeste asiático. Esses valores, portanto, farão parte dos agregados, se considerados do ponto de vista **interno**, mas não se forem considerados do ponto de vista **nacional**.

Vale notar que o movimento inverso também pode ocorrer: empresas que operam fora do país podem contratar trabalhadores locais e, nesse caso, uma parte do valor adicionado gerado por elas em outros países será repassado à economia desse país para o pagamento dos trabalhadores. Nesse caso, contrário ao anterior, tais valores não farão parte dos agregados na clivagem **interno** (as empresas que contrataram essa força de trabalho operam fora do país), e sim na clivagem **nacional** (os donos dessa força de trabalho são residentes do país). Esses tipos de transação com o fator de produção *força de trabalho* foram se tornando mais frequentes como efeito da abertura e da internacionalização crescente das economias nacionais, as quais começaram a ocorrer na década de 1980.

Considerando, então, a existência desses tipos de transação entre residentes e não residentes, do ponto de vista dos agregados, como ficamos? A primeira coisa a notar é que, no modelo anterior, no qual se supôs a economia fechada, essa distinção não era necessária, porque o nacional e o interno não se diferenciavam. Todos os agregados (produto, dispêndio ou renda) eram considerados do ponto de vista nacional, que era a única possibilidade, uma vez que não havia transações entre residentes e não residentes. Considerando, porém, a economia aberta, como ficamos? Qual deles é o melhor, ou mais adequado, ou mais correto: o **nacional** ou o **interno**? Não há resposta única a essa pergunta, mas, de acordo com o SNA 93, o atributo **interno** é mais recomendado quando se está falando de produto[8] e o atributo **nacional** quando se está falando de renda (a ideia por trás disso é que **nacional** é um atributo que se aplica apenas à renda gerada, pois está relacionado à nacionalidade dos proprietários de fatores de produção). Assim, uma boa forma de resumir a questão é dizer que:

> O valor do **Produto Interno Bruto (PIB)** reflete o **produto total produzido no território do país**, independentemente da origem dos fatores de produção responsáveis por ele. De outro lado, a **Renda Nacional Bruta (RNB)** considera **o valor adicionado gerado por fatores de produção de propriedade de residentes**, independentemente do território onde esse valor é gerado.

Voltemos agora à estrutura de nosso sistema. Além da clivagem interno/nacional, a modificação mais importante que ocorre em função da consideração do setor externo da economia é que o sistema passa a ter quatro, e não mais três contas, visto que, além das contas de produção, apropriação e capital, precisamos também de uma conta para registrar as transações com o *exterior* (chamado igualmente de *resto do mundo*). Sabemos também que, além das exportações e importações de bens e serviços não fatores, devem ainda aparecer, nas rubricas dessa nova conta, as transações que envolvem fatores de produção, ou seja, envio e recebimento de rendas de capital e envio e recebimento de remunerações da força de trabalho (salários).

Contudo, falta ainda um elemento para completar a estrutura da nova conta do sistema. A soma desses dois saldos (*exportações/importações de bens e serviços não fatores* e *remuneração de fatores de produção enviada/recebida do exterior*) é o próprio resultado do balanço de pagamentos em transações correntes (ou **balança de transações correntes**). Se esse resultado for positivo, teremos um superávit no balanço de pagamentos em transações correntes; se for negativo, teremos um déficit. É essa, portanto, a rubrica que completa a estrutura da conta do setor externo.

---

8 Daí, por exemplo, o fato de a maioria dos estudos utilizar, para fins de comparações internacionais, o Produto Interno Bruto (PIB), ou *Gross Domestic Product* (GDP, na sigla em inglês), e não o Produto Nacional Bruto (PNB).

Pensemos agora, retomando o princípio das partidas dobradas, de que modo serão feitos os lançamentos nessa nova conta. Para isso, o primeiro passo é lembrar que a conta do setor externo é feita *do ponto de vista do resto do mundo*. Assim, podemos perguntar: O que é que o resto do mundo pode considerar *crédito* em relação a um dado país, isto é, o que é que ele pode considerar *recursos* obtidos de suas transações com ele? A resposta é: as importações de bens e serviços não fatores (os bens e serviços que esse país compra do resto do mundo em dado período) e a renda gerada por fatores de produção de propriedade de não residentes (as remunerações de fatores de produção de propriedade de não residentes que o país em questão envia ao resto do mundo em dado período). E quais são os *débitos* que o resto do mundo deve considerar com relação a esse mesmo país, ou seja, que *uso* ele dá, em termos de transações com esse país, aos recursos que obtém em transações das quais participa? A resposta é: as exportações de bens e serviços não fatores (as compras de bens e serviços do país que o resto do mundo faz no período considerado) e a utilização de fatores de produção de propriedade de residentes no país (as remunerações de fatores de produção – trabalho e capital – que o país em questão recebe do resto do mundo no mesmo período). Vejamos, então, como fica a estrutura dessa conta.

Quadro 2.5 – Conta do setor externo – primeira versão

Débito	Crédito
G exportações de bens e serviços não fatores	**J** importações de bens e serviços não fatores
H renda de capital recebida do exterior	**K** renda de capital enviada ao exterior
I remuneração de empregados recebida do resto do mundo	**L** remuneração de empregados paga ao resto do mundo
M resultado do Balanço de Pagamentos (BP) em transações correntes	
Utilização da receita do setor externo	**Total da receita do setor externo**

Fonte: elaborado pelos autores.

Antes de analisar como ficam as demais contas do sistema com a introdução dessa quarta conta, cabe observar que a rubrica **M** pode ficar de fato em qualquer dos lados da conta do setor externo, desde que seu sinal esteja correto, garantindo-se o equilíbrio interno da conta. O que se utiliza mais, no entanto, é o formato tal como apresentado, ou seja, com o resultado do lado do débito (a ideia por trás disso é que o lado direito da conta traz os recursos obtidos pelo resto do mundo, enquanto o lado esquerdo mostra sua utilização; o primeiro valor menos o segundo dá o resultado do resto do mundo, que pode ser positivo ou negativo). Ficando onde está, ou seja, do lado esquerdo, ele deverá ter sinal positivo se o país em questão teve um déficit em transações correntes no período considerado e sinal negativo se o país teve superávit. Isso ocorre porque essa conta é construída do ponto de vista do resto do mundo, de modo que um resultado negativo em transações correntes dessa economia significa, para o resto do mundo, um superávit, o inverso ocorrendo se se tratar de um resultado positivo. Cabe também lembrar que, para a apuração dos agregados **nacionais**, o que importa é o resultado líquido do confronto entre as rubricas de recebimento e de envio de recursos relativos a pagamento de fatores de produção: soma-se o resultado ao produto interno se ele for positivo (recebimentos maiores que envios) e subtrai-se se ele for negativo (recebimentos menores que envios).

Vejamos como ficam as demais contas do sistema com a introdução dessa quarta conta. Como perceberemos, as contas que serão alteradas com a introdução da conta do setor externo serão a conta do produto e a conta de capital. Começando pela conta do produto e considerando que ela deverá agora apresentar em seu lado esquerdo o Produto **Interno** Bruto (PIB), ela terá de contemplar também o valor produzido com a utilização de fatores de propriedade de não residentes, líquido dos valores produzidos em outros países com a utilização de fatores de propriedade de residentes (porque estes últimos não são **internos**).

Mas a conta do produto deverá contemplar igualmente as transações comerciais – vale dizer as compras e vendas de bens e serviços efetuadas entre residentes e não residentes. Assim, teremos agora, do lado direito da conta, o dispêndio bruto da economia envolvendo também a chamada *demanda externa líquida*, ou seja, a demanda gerada pelo setor externo pelos bens e serviços produzidos na economia em questão (ou *exportações*, que funcionam como *injeções* de demanda na economia) líquida da demanda por residentes de bens e serviços produzidos em outros países (ou importações, que funcionam como *vazamentos* de demanda na economia).

Quadro 2.6 – Conta do produto – terceira versão

Débito	Crédito
(A+B) produto nacional bruto	**(G-J)** exportações menos importações de bens e serviços não fatores
$(A = a_1 + a_2 + a_3 + a_4)$	
$(B = b_1 + b_2 + b_3 + b_4)$	
K renda de capital enviada ao exterior	**C** consumo pessoal
(-) H renda de capital recebida do exterior	**D** variação de estoques
L remuneração de empregados paga ao resto do mundo	**E** formação bruta de capital fixo
(-) I remuneração de empregados recebida do resto do mundo	
Produto Interno Bruto (PIB)	**Dispêndio bruto associado ao PIB**

Fonte: elaborado pelos autores.

Com essa nova disposição da conta do produto, abrangemos a maior parte dos lançamentos inversos necessários para garantir o equilíbrio externo do sistema depois da introdução da conta do resto do mundo (note que as rubricas **J**, **H** e **I**, apesar de se encontrarem do mesmo lado em que se encontram na conta do setor externo – a primeira do lado do crédito e as duas últimas do lado do débito –, aparecem aí com o sinal negativo). Contudo, há ainda um lançamento novo, que surgiu com a introdução da conta do setor externo, para o qual não temos um lançamento inverso, a rubrica **M**. Assim, para completar o fechamento do sistema, é preciso encontrar um lançamento a crédito que compense esse lançamento a débito. É na conta de capital que vamos achá-lo. Vejamos.

Quadro 2.7 – Conta de capital – segunda versão

Débito	Crédito
D variação de estoques **E** formação bruta de capital fixo	**F** poupança bruta **M** resultado do BP em transações correntes
Investimento bruto total	**Poupança bruta total**

Fonte: elaborado pelos autores.

Mecanicamente, entendemos por que o item **M** é lançado a crédito na conta de capital. Mas o que isso representa em termos econômicos, lembrando que a conta de capital demonstra a identidade investimento $\equiv$ poupança? Se o valor atribuído à rubrica **M** for positivo, ou seja, se o país incorreu em um déficit na conta-corrente de seu Balanço de Pagamentos, isso indica que, no período em questão, parte do investimento efetuado na economia deveu-se à importação de capital, ou seja, necessitou de poupança externa. Como ficará mais claro no **Capítulo 6**, o déficit do balanço de pagamentos em transações correntes acaba sendo coberto por entrada de capitais externos, o que significa, exatamente, que a economia em questão, para fazer frente a sua absorção interna (dispêndio em consumo mais dispêndio em formação bruta de capital), está importando capital, ou seja, poupança. Se o valor atribuído à rubrica **M** for negativo, indicando um superávit em transações correntes, ela terá atuado, ao menos no período em tela, como exportadora líquida de capitais, ou seja, sua absorção interna, em face da sua produção, permitiu que exportasse capitais.

Fechamos com isso o sistema, visto que encontramos todos os lançamentos inversos necessários para compensar a entrada da quarta conta referente ao registro das transações com o setor externo. Notemos, por fim, que a conta de apropriação não sofre alteração com a consideração do resto do mundo, porque ela já está estruturada para mostrar os agregados em seu conceito **nacional**, de modo que permanece tal como a apresentamos na primeira versão.

2.2.3 Economia aberta e com governo

Com o modelo anterior, relaxamos uma de nossas hipóteses simplificadoras iniciais e admitimos que a economia realiza transações com o exterior. Para completarmos o modelo, é preciso agora abrir mão de uma segunda hipótese simplificadora e introduzir um elemento muito importante no funcionamento de qualquer economia e que até o momento não foi contemplado: o governo.

Como se sabe, o governo interfere significativamente na vida econômica de um país. Além de arrecadar impostos e consumir bens e serviços para poder fornecer à população outros bens e serviços – como segurança e educação –, ele também realiza transferências e subsidia determinados setores. Dependendo do tipo de imposto e dos subsídios que fornece, ele pode ainda interferir nos preços das mercadorias. Para dar conta de todas essas operações, tendo em vista sua especificidade, uma alternativa é introduzir no sistema uma quinta conta, chamada **conta do governo**. Nela, tal como ocorre com as contas de apropriação, do setor externo e de capital, o lado do crédito trará os recursos desse ente, ou seja, os impostos e outras receitas correntes do governo, enquanto o lado do débito elencará a utilização desses recursos, ou seja, o consumo do governo, as transferências que ele faz à sociedade e os subsídios que concede. Vejamos.

Quadro 2.8 – Conta do governo

Débito	Crédito
N consumo do governo	**Q** impostos diretos
O transferências	**R** impostos indiretos
P subsídios	**S** outras receitas correntes líquidas
T saldo do governo em conta-corrente	
Utilização da receita do governo	**Total da receita do governo**

Fonte: elaborado pelos autores.

A conta do governo é, em muitos sentidos, semelhante à conta de apropriação. Assim como esta busca mostrar qual é o destino que as famílias (ou indivíduos) dão às rendas que recebem pelo fato de serem proprietários de fatores de produção, a conta do governo busca mostrar:

a) qual foi o valor da receita total do governo em determinado período; e

b) como o governo a alocou ou, em outras palavras, o que fez com ela.

Quanto ao saldo do governo em conta-corrente, ele pode, em princípio, ser apresentado em qualquer dos lados da conta, desde que com os sinais corretos. Contudo, sua alocação no lado do débito mostra-se mais adequada, pois, dessa forma, fica imediatamente visível, no sinal que acompanha o lançamento, qual foi o resultado do governo, ou seja, se no período em questão ele produziu superávit (receita maior que despesa, portanto, sinal positivo no lançamento) ou se déficit (despesa maior que receita, portanto, sinal negativo no lançamento).

A estrutura da conta pode, então, ser entendida da seguinte forma: o governo dispõe, a cada período, de determinada quantidade de recursos monetários que chegam a ele sob a forma de impostos e outras receitas líquidas (por exemplo, taxas, contribuições, tarifas e aluguéis de imóveis). Com essa quantia, em primeiro lugar, o governo sustenta suas próprias atividades, ou seja, paga salários a seus funcionários e adquire bens e serviços do setor privado – como material de escritório, computadores, livros, remédios e alimentos para merenda escolar. Além disso, utiliza essa receita para fazer transferências ao setor privado (ou seja, com uma mão ele cobra impostos e arrecada recursos e, com a outra, devolve, em dinheiro, parcela desses mesmos recursos à sociedade). As duas categorias mais importantes de transferência são, por um lado, as pensões e aposentadorias e, por outro, os juros da dívida pública. Por último, ele pode utilizar a receita para conceder subsídios a determinados setores julgados importantes (algum setor cuja produção se queira estimular ou cujos preços se queira influenciar). Mais adiante retomaremos a discussão sobre as transferências e os subsídios para esclarecer melhor sua natureza e suas consequências.

Do cotejo entre a receita que o governo arrecada e os gastos que tem com salários, bens e serviços, transferências e subsídios, surge um saldo, que tanto pode ser positivo quanto negativo. Se for positivo, significa que, no período em questão, o governo arrecadou mais do que gastou, gerando uma **poupança do governo**; se for negativo, ou seja, se ele tiver um déficit, isso significa que ele gastou mais do que arrecadou e foi financiado por poupança do setor privado. Evidentemente, no caso de um déficit, o saldo deve aparecer registrado com sinal negativo. No **Capítulo 9**, discutiremos com mais detalhes a questão do déficit público e de seu significado.

Quais são as consequências que a introdução da conta do governo traz para a forma de registro dos agregados e para a estrutura das contas? Para responder a essa questão, é preciso, inicialmente, retomar alguns pontos já colocados. Dissemos anteriormente, e a conta do governo assim o demonstra, que o governo não só arrecada **impostos** e outros tipos de **tributos**[9] mas também devolve parte deles sob a forma de transferências e subsídios.

Os impostos que arrecada podem ser classificados em **impostos diretos** ou **impostos indiretos**. Os impostos diretos incidem sobre a renda ou a propriedade e são recolhidos e pagos como impostos. O exemplo mais importante dessa categoria é o Imposto de Renda, que, no Brasil, como em vários outros países, é um tributo federal. Mas há outros igualmente importantes, como o Imposto sobre a Propriedade Territorial Urbana (IPTU) e o Imposto sobre a Propriedade de Veículos Automotores (IPVA), ambos tributos municipais e que não incidem sobre a renda, e sim sobre a propriedade.

Já os impostos indiretos não são pagos como impostos, mas como parte do preço das mercadorias (daí serem indiretos). Os exemplos mais conhecidos no Brasil são o Imposto sobre Produtos Industrializados (IPI), que é um tributo federal, e o Imposto sobre Operações relativas à Circulação de Mercadorias e Prestação de Serviços de Transporte Interestadual e Intermunicipal e de Comunicação (ICMS), que é um tributo estadual. Por serem pagos indiretamente, ou seja, por meio dos preços dos bens e serviços, esses preços são alterados em relação a uma situação hipotética em que tais impostos não existissem.

Levando em conta essa distinção entre impostos diretos e indiretos, torna-se mais fácil compreender a natureza das *devoluções* que o governo faz. Tomemos inicialmente aquele grupo de devoluções englobadas na rubrica **Transferências**. O que é uma transferência? Teoricamente, considera-se transferência aquele tipo de operação que só tem um sentido: um dá e o outro recebe sem dar nada em troca. Desse modo, é relativamente fácil compreender por que as pensões do tipo auxílio-doença, auxílio-maternidade ou auxílio-velhice, ou programas como o Bolsa Família, são consideradas transferências. Realmente, nesses casos, há simplesmente uma transferência de recursos das mãos do governo para as dos beneficiários, sem nenhum tipo de contrapartida. No caso das

---

9 Tributo é a designação genérica de todo tipo de renda que o governo é capaz de arrecadar justamente por ser governo, ou seja, por deter o monopólio da operação de tributar. Os impostos (diretos e indiretos) são os tributos mais conhecidos, mas, além deles, existem as taxas (como a taxa do lixo), as contribuições de melhoria (decorrentes da realização de obras públicas) e outros tipos de contribuição (como a previdenciária, a de intervenção no domínio econômico etc.).

aposentadorias, já não é tão fácil de compreender, visto que se pode, com razão, alegar que quem recebe uma aposentadoria pode não estar dando nada em troca hoje, mas já o deu ao longo de sua vida economicamente ativa, quando pagou a contribuição previdenciária. De fato, as contribuições destinadas à previdência são computadas, para efeitos do sistema de contas nacionais, como tributos diretos. Contudo, como as operações são descasadas no tempo (paga-se em determinado período, recebe-se em outro) e as contas nacionais são apuradas considerando-se um dado período (normalmente um ano), o pagamento de aposentadorias mostra-se de fato como uma transferência. De certa forma, o mesmo pode ser dito quanto aos juros da dívida pública, uma vez que quem recebe esse tipo de transferência o faz porque, em algum momento, emprestou dinheiro ao governo. Por razões semelhantes, porém, o pagamento desses juros é igualmente considerado transferência.

Seja como for, com maior ou menor propriedade, todas essas operações assemelham-se no seguinte ponto: em todas elas há um efetivo deslocamento de recursos monetários das mãos do governo para as mãos dos beneficiários. O governo, assim, devolve ao setor privado parte daquilo que recolhe como tributos. Nessa medida, tais operações podem ser consideradas uma espécie de imposto direto com sinal trocado.

Tomemos agora os **subsídios**. Na maioria das vezes, os subsídios não significam propriamente a redistribuição de uma receita coletada por meio de impostos, mas simplesmente a abdicação, por parte do governo, de uma receita à qual ele teria direito. O governo pode, por exemplo, em função de objetivos sociais, querer reduzir o preço do leite aos consumidores finais e, para tanto, abrir mão da arrecadação do ICMS que incidiria sobre a comercialização do leite, ou, ainda, reduzir o IPI para estimular o consumo e minorar os efeitos de uma crise internacional. Assim, a concessão de subsídios mexe com os preços das mercadorias, mas no sentido inverso ao provocado pela incidência de impostos indiretos (ou seja, os subsídios reduzem o preço final dos bens em vez de elevá-los). Assim, eles podem ser considerados impostos indiretos com o sinal trocado.

Isso posto, a primeira consequência importante da existência do governo para a contabilidade social é que ela provoca uma nova dicotomia na forma de registro dos agregados. Como acabamos de comentar, a atuação do governo via impostos indiretos e subsídios altera os preços das mercadorias relativamente aos preços que seriam observados se tais operações não existissem. Assim, por um lado, as mercadorias têm seu valor aumentado pelos impostos indiretos compensados dos subsídios; por outro, esse acréscimo de valor não tem como contrapartida pagamentos a fatores de produção. Como registrar esse diferencial? Para resolver o problema, foram criados dois conceitos de produto: o **produto a preços de mercado** e o **produto a custo de fatores**.

· ·

O **produto a preços de mercado (Produto$_{pm}$)** inclui o valor dos impostos indiretos
compensados dos subsídios, e o **produto a custo de fatores (Produto$_{cf}$)**
não considera esse valor adicional.

· ·

Tanto quanto nos demais casos (o bruto e o líquido; o interno e o nacional), a existência dos dois conceitos, **produto a preços de mercado** e **produto a custo de fatores**,
é funcional, visto que, conforme o caso, ora um, ora outro se mostra mais adequado.
Cabe, dessa forma, observar que, quando a mídia falada ou escrita anuncia, por exemplo,
que o IBGE divulgou a taxa de crescimento do *produto* em determinado ano, é do **PIB$_{pm}$**
que se está falando. De fato, quando se quer ter uma ideia do resultado do esforço de
dada economia em determinado ano, faz sentido considerar a contribuição prestada pelos fatores de produção de propriedade de não residentes. Ao mesmo tempo, parece também bastante razoável tomar o produto bruto, e não o líquido, visto que a produção de
valores que vão apenas repor o capital fixo desgastado também demandou esforços, consumiu fatores de produção e gerou renda. Finalmente, a consideração do PIB em seu
conceito de *preços de mercado* justifica-se porque também é valor adicionado (renda gerada) aquilo que se arrecada sob a forma de impostos indiretos (líquidos de subsídios).

Feitas essas considerações, vejamos como fica a estrutura do sistema, agora que o
modelo está completo, ou seja, trata-se de uma economia aberta e com governo. Para
tanto, apresentaremos a seguir a versão final de cada uma das contas para, na sequência,
explicar como se dá o fechamento do sistema.

Quadro 2.9 – Conta do produto – quarta versão

Débito	Crédito
(A+B) produto nacional bruto a custo de fatores (A = produto nacional líquido = $a_1 + a_2 + a_3 + a_4$) (B = depreciação = $b_1 + b_2 + b_3 + b_4$) **K** renda de capital enviada ao exterior **(–) H** renda de capital recebida do exterior **L** salários pagos por residentes a não residentes **(–) I** salários pagos a residentes por não residentes **(R-P)** impostos indiretos líquidos de subsídios	**(G-J)** exportações menos importações de bens e serviços não fatores **C** consumo pessoal **N** consumo do governo **D** variação de estoques **E** formação bruta de capital fixo
Produto Interno Bruto a preços de mercado (PIB$_{pm}$)	**Dispêndio associado ao PIB$_{pm}$**

Fonte: elaborado pelos autores.

Quadro 2.10 – Conta de apropriação – segunda versão

Débito	Crédito
C consumo pessoal	$a_1 + b_1$ salários
Q-O impostos diretos líquidos de transferências	$a_2 + b_2$ lucros
S outras receitas correntes líquidas	$a_3 + b_3$ aluguéis
F poupança bruta privada	$a_4 + b_4$ juros
Utilização da RNB$_{cf}$	**RNB$_{cf}$**

Fonte: elaborado pelos autores.

Quadro 2.11 – Conta do governo

Débito	Crédito
N consumo do governo	**Q** impostos diretos
O transferências	**R** impostos indiretos
P subsídios	**S** outras receitas correntes líquidas
T saldo do governo em conta-corrente	
Utilização da receita do governo	**Total da receita do governo**

Fonte: elaborado pelos autores.

Quadro 2.12 – Conta do setor externo

Débito	Crédito
G exportações de bens e serviços não fatores	**J** importações de bens e serviços não fatores
H renda de capital recebida do exterior	**K** renda de capital enviada ao exterior
I salários pagos a residentes por não residentes	**L** salários pagos por residentes a não residentes
M resultado do BP em transações correntes	
Utilização da receita do setor externo	**Total da receita do setor externo**

Fonte: elaborado pelos autores.

Quadro 2.13 – Conta de capital – terceira versão

Débito	Crédito
D variação de estoques	**F** poupança bruta privada
E formação bruta de capital fixo	**M** resultado do BP em transações correntes (popança externa)
	T saldo do governo em conta-corrente (poupança do governo)
Investimento bruto total	**Poupança bruta total**

Fonte: elaborado pelos autores.

Apresentadas as cinco contas em sua versão final, tratemos de entender as modificações provocadas pela introdução da conta do governo. A conta do produto é o espaço no qual vamos encontrar a maior parte dos lançamentos compensatórios exigidos pela introdução da conta do governo. Relativamente à versão anterior, encontramos, do lado do débito dessa conta, o lançamento adicional **R-P**, que compensa igual lançamento a crédito na conta do governo.[10] Esse lançamento deve-se ao fato de o valor do produto incluir agora, além da remuneração dos fatores, uma parcela que é destinada ao governo. Em outras palavras, como a conta do produto tem de registrar o PIB a preços de mercado, é preciso lançar no lado do débito o valor dos impostos indiretos líquidos de subsídios. Em contrapartida, temos agora também de lançar do lado do crédito o consumo do governo (rubrica **N**), compensando assim o lançamento a débito na conta do governo. De fato, além de coletar tributos, o governo surge como um agente adicional de demanda. Assim, além daquelas fontes de demanda que já existiam, quais sejam, demanda por bens de consumo do setor privado (consumo pessoal), demanda por investimentos (formação bruta de capital fixo mais variação de estoques) e demanda externa líquida (exportações menos importações), temos de considerar a demanda do governo (consumo do governo).

Já a conta de apropriação, que, nesta nossa versão, apresenta a renda nacional bruta a custo de fatores, vai trazer do lado do débito os lançamentos adicionais **Q-O** e **S**. O primeiro justifica-se porque, de posse da renda, a decisão sobre consumir ou poupar não pode se dar sobre sua totalidade, mas tem de preservar a parte destinada ao pagamento dos impostos diretos (**Q**). Com o lançamento a débito de **Q**, compensa-se o lançamento a crédito dessa mesma rubrica na conta do governo. Contudo, o valor a ser preservado deve ser líquido das transferências (rubrica **O**), que, como vimos, funciona como um imposto direto com sinal negativo. Assim, apesar de estar lançada do mesmo lado em que aparece na conta do governo, a rubrica **O** garante o equilíbrio externo do sistema, pois aparece com sinal negativo. Finalmente, a rubrica **S** também tem de ser lançada no lado do débito da conta de apropriação (compensando lançamento idêntico a crédito na conta do governo), uma vez que os detentores de renda também fazem diretamente, além dos impostos diretos propriamente ditos, outros tipos de pagamento ao governo (como o pagamento de taxas, contribuições previdenciárias, multas ou aluguéis em função do uso de propriedades do Estado), os quais vêm a constituir as outras receitas do governo.

---

10 Na realidade, o lançamento a crédito é apenas de R, uma vez que os subsídios P, como despesa do governo que são, aparecem do lado do débito da conta do governo. Assim, o que aparece do lado do débito da conta de produção é o resultado líquido dessas duas rubricas, ou seja, o valor que efetivamente afeta o valor do produto (o PIB_{pm}).

O sistema se fecha por completo quando percebemos que o lançamento a débito na conta do governo da rubrica **T** (saldo em conta-corrente) vai encontrar um lançamento a crédito na conta de capital. Sua justificativa é simples: uma vez introduzido no sistema, o governo torna-se também uma fonte geradora de poupança e, portanto, de investimento. Assim, a identidade entre investimento e poupança fica garantida pelo fato de aparecerem, do lado direito da conta de capital, as três fontes geradoras de poupança (setor privado, setor externo e governo), enquanto do lado esquerdo aparece a formação bruta de capital, ou seja, o investimento total, que envolve a formação bruta de capital fixo e a variação de estoques. Evidentemente, se o resultado da conta-corrente do governo for negativo, ou seja, se houver um déficit do governo em vez de um saldo positivo, esse registro deve ser efetuado com o sinal negativo (o mesmo é válido para as duas outras fontes geradoras de poupança).

Fechamos com isso o sistema, pois o item **T** era o último a demandar um lançamento inverso que o compensasse. O equilíbrio interno das contas está, supostamente, garantido, e procuramos mostrar que o equilíbrio externo também o está. Uma forma de conferirmos isso é somarmos o lado do débito de todas as cinco contas e deduzirmos disso o somatório do lado do crédito de todas as contas. Se o sistema de fato estiver equilibrado externamente (ou seja, como um todo), o resultado dessa operação deverá ser zero (todas as rubricas devem se cancelar, ou seja, encontrar um lançamento inverso). Deixamos para o leitor esse exercício.

2.3 A história do sistema de contas nacionais no Brasil: um pequeno retrospecto

Como já adiantamos, o sistema de contas nacionais, estudado na seção anterior, constitui, na verdade, apenas uma metodologia de referência para a construção dos sistemas de cada país. Quando se estuda determinado país, deve-se levar em consideração, além das especificidades nas estruturas econômica e social, a disponibilidade e a qualidade dos dados, os métodos de pesquisa, a tipologia censitária etc. Em outras palavras, não há um padrão único de contas para todos os países, com uma estrutura absolutamente idêntica àquela derivada da metodologia de referência. Entretanto, alguma homogeneidade é necessária para que se torne possível a realização de comparações entre os vários países.

Por conta disso, a ONU tem envidado esforços para padronizar os sistemas de contas nacionais. Como já adiantado, o *System of National Accounts* (SNA) elaborado por essa organização multilateral é a peça de referência para todos os países. O **SNA 93** introduziu algumas mudanças significativas relativas à versão então vigente, que, excetuadas pequenas alterações, respeitava as recomendações do **SNA 68**. O Brasil adaptou-se a esse novo sistema apenas em 1997. Divulgada ao final desse ano, a nova série de contas apresenta dados que são retroagidos inicialmente até o ano de 1995 e, mais à frente, até 1990 (as contas no sistema anterior só ficaram registradas até o ano de 1996). Recuperemos brevemente essa história, antes de apresentarmos as contas brasileiras no formato anterior ao atualmente vigente, ou seja, no formato correspondente às recomendações do SNA 68 e que seguem de perto a metodologia de referência apresentada na seção anterior.

No Brasil, os esforços que desembocariam na criação do primeiro sistema de contas nacionais datam de 1947, a partir da criação do Núcleo de Economia na já existente Fundação Getulio Vargas do Rio de Janeiro (FGV-RJ). Seu propósito inicial era empreender um acompanhamento sistemático da evolução dos preços, além da elaboração do balanço de pagamentos e do cálculo da renda nacional. Por essa época, ainda estava em estudo, no plano internacional, o desenho conceitual do sistema. O primeiro esforço sistemático de mensuração de agregados nacionais baseado na utilização do método das partidas dobradas foi desenvolvido nos Estados Unidos, em 1947, por uma equipe liderada pelo economista Richard Stone (Prêmio Nobel em 1984). Uma versão mais bem-acabada desse sistema, graças novamente ao trabalho de Richard Stone e sua equipe, só viria em 1953. É nesse ano que as Nações Unidas divulgam o **SNA 53**, a primeira proposta de desenho do sistema, com recomendações metodológicas que visavam padronizar os cálculos e homogeneizar as estimativas. Assim, só em 1956 o Brasil disporia, pela primeira vez, de um balanço geral da atividade econômica do país, com a adaptação, ao SNA 53, das estimativas da renda nacional a custo de fatores já elaboradas pela FGV para o período 1948-1955.

Nessa época, já existia o Instituto Brasileiro de Economia (Ibre), da FGV, e as atividades relacionadas à mensuração e ao cálculo dos agregados componentes do sistema de contas nacionais já estavam a cargo do Centro de Contas Nacionais do Ibre. A equipe responsável por essa tarefa divulgou, desde então, substanciais séries de dados, não apenas relativos às contas nacionais propriamente ditas, mas também a uma série de outras informações e estimativas necessárias para uma visão mais precisa do desempenho da economia. Não custa lembrar que a obtenção de tais séries e a elaboração do sistema de contas nacionais no Brasil significaram um enorme avanço. Dadas a precariedade das estatísticas existentes e a falta de tradição nesse tipo de trabalho, o fato de nosso país ter conseguido àquela época elaborar o sistema de contas nacionais e produzir uma série significativa delas colocou-o na dianteira, particularmente se considerado o grupo dos países menos desenvolvidos, a maior parte dos quais estava muito longe de dispor de qualquer tipo de instrumento desse gênero.

Até 1986, foi o Centro de Contas Nacionais do Ibre-FGV que se responsabilizou pelo cálculo e a elaboração das contas nacionais do Brasil, procurando, na medida do possível, adaptar-se às determinações internacionais expressas nas edições do SNA. Como já antecipamos, até o início dos anos 1990, era o SNA 68 que vigia e presidia o cálculo das contas. Em 1977 e 1984, o Centro de Contas Nacionais editou publicações que davam conta das sucessivas revisões metodológicas empreendidas para adequar cada vez mais o sistema brasileiro ao padrão traçado pelo SNA 68. Entrementes, a Fundação IBGE tratava de desenhar e mensurar as variáveis necessárias para a construção da matriz insumo-produto do país.

A partir de 1986, a Fundação IBGE passa a se responsabilizar pela elaboração das contas nacionais. Na época em que assume esse encargo, essa instituição elabora também uma profunda revisão metodológica e opera, ainda, substanciais mudanças na estrutura do sistema de contas. A alteração mais significativa foi a substituição do antigo **sistema de cinco contas**, de estrutura bastante similar àquela estudada na seção anterior, por um **sistema de quatro contas**. No novo desenho, as atividades do governo não aparecem destacadas em uma conta própria, mas diluem-se nas contas restantes. Cria-se simultaneamente, mas como instrumento à parte do sistema de contas, a conta-corrente das administrações públicas, visando detalhar as operações do governo. Finalmente, em 1993, surge uma nova proposta do *System of National Accounts*, recomendando um novo formato que apresenta relevantes alterações em relação ao anterior. O SNA 93 leva a Fundação IBGE a modificar mais uma vez o sistema brasileiro, visando adaptá-lo a essas novas recomendações.

Feito esse retrospecto, vamos apresentar a seguir o sistema brasileiro de contas nacionais tal como vigorou até 1996 e que, como adiantamos, segue bem de perto o formato de referência estudado na seção anterior. No **Capítulo 4**, depois de termos estudado (no **Capítulo 3**) a questão das identidades contábeis e a relação entre a contabilidade nacional e a macroeconomia, apresentaremos o novo sistema tanto teoricamente quanto em sua versão brasileira.

2.4 O sistema de contas nacionais no Brasil até 1996

O sistema de contas nacionais do Brasil, até 1986, guardava grande semelhança com o sistema apresentado na **Seção 2.2** deste capítulo, caracterizado pelo conjunto de cinco contas:

1. conta do produto;
2. conta de apropriação;
3. conta-corrente do governo;
4. conta consolidada de capital; e
5. conta das transações com o resto do mundo.

Como já adiantamos, com a passagem do cálculo da FGV para o IBGE, o sistema de contas passou a ser apresentado, a partir de 1987, sob a forma de quatro contas, a saber:

1. conta produto interno bruto (referente à conta do produto);
2. conta renda nacional disponível bruta (referente à conta de apropriação);
3. conta de capital; e
4. conta das transações correntes com o resto do mundo.

Esse sistema exclui, portanto, a conta do governo, cujas operações são apresentadas à parte na **conta-corrente das administrações públicas**. O fluxo de renda que passa pelo governo, entretanto, está implícito nas demais contas. Os quadros a seguir apresentam as quatro contas componentes do sistema vigente até 1996. Os números em parênteses correspondem à contrapartida do lançamento do item em outra conta.

Quadro 2.14 – Conta Produto Interno Bruto (PIB)

Débito	Crédito
1.1 Produto Interno Bruto a custo de fatores (**2.4**)	1.4 Consumo final das famílias (**2.1**)
1.1.1 Remuneração dos empregados (**2.4.1**)	1.5 Consumo final das administrações públicas (**2.2**)
1.1.2 Excedente operacional bruto (**2.4.2**)	1.6 Formação bruta de capital fixo (**4.1**)
1.2 Tributos indiretos (**2.8**)	1.7 Variação de estoques (**4.2**)
1.3 (−) Subsídios (**2.9**)	1.8 Exportações de bens e serviços não fatores (**3.1**)
	1.9 (−) Importações de bens e serviços não fatores (**3.5**)
Produto Interno Bruto a preços de mercado (PIB$_{pm}$)	**Dispêndio correspondente ao PIB**

Fonte: elaborado pelos autores.

Quadro 2.15 – Conta Renda Nacional Disponível Bruta (RDB)

Débito	Crédito

2.1 Consumo final das famílias (**1.4**)
 2.2 Consumo final das administrações públicas (**1.5**)
 2.3 Poupança bruta (**4.3**)
	2.4 Produto Interno Bruto a custo de fatores (**1.1**)
	   2.4.1 Remuneração dos empregados (**1.1.1**)
	   2.4.2 Excedente operacional bruto (**1.1.2**)
	 2.5 Remuneração de empregados líquida recebida do resto do mundo (**3.2** – **3.6**)
	 2.6 Outros rendimentos líquidos recebidos do resto do mundo (**3.3** – **3.7**)
	 2.7 Transferências unilaterais líquidas recebidas do resto do mundo (**3.4** – **3.8**)
	 2.8 Tributos indiretos (**1.2**)
	 2.9 (–) Subsídios (**1.3**)

Utilização da Renda Nacional Disponível Bruta (RDB)	**Apropriação da Renda Nacional Disponível Bruta (RDB)**

Fonte: elaborado pelos autores.

Quadro 2.16 – Conta transações correntes com o resto do mundo

Débito	Crédito
3.1 Exportações de bens e serviços não fatores (**1.8**)* **3.2** Remuneração de empregados recebida do resto do mundo (**2.5** + **3.6**) **3.3** Outros rendimentos recebidos do resto do mundo (**2.6** + **3.7**) **3.4** Transferências unilaterais recebidas do resto do mundo (**2.7** + **3.8**)	**3.5** Importações de bens e serviços não fatores (**1.9**)* **3.6** Remuneração de empregados paga ao resto do mundo (**3.2** – **2.5**) **3.7** Outros rendimentos pagos ao resto do mundo (**3.3** – **2.6**) **3.8** Transferências unilaterais pagas ao resto do mundo (**3.4** – **2.7**) **3.9** Saldo das transações correntes com o resto do mundo (**4.4**)
Utilização dos recebimentos correntes	**Recebimentos correntes**

(*) As importações e exportações de bens tangíveis têm seus valores computados a preços *Free on Board* (FOB), ou seja, de acordo com o valor de embarque da mercadoria. Trataremos dessa questão com mais detalhes no **Capítulo 6**.

Fonte: elaborado pelos autores.

Quadro 2.17 – Conta de capital

Débito	Crédito

4.1 Formação bruta de capital fixo (**1.6**)
    4.1.1 Construção
        4.1.1.1 Administrações públicas
        4.1.1.2 Empresas e famílias
    4.1.2 Máquinas e equipamentos
        4.1.1.1 Administrações públicas
        4.1.1.2 Empresas e famílias
    4.1.3 Outros
4.2 Variação de estoques (**1.7**)
	4.3 Poupança bruta (**2.3**)
	4.4 (−) Saldo das transações correntes com o resto do mundo (**3.9**)

Total da formação bruta de capital	**Financiamento da formação bruta de capital**

Fonte: elaborado pelos autores.

Como o leitor pode perceber, exceção feita ao fato de que não existe uma conta específica para o governo dentro do sistema, as quatro contas apresentadas guardam um parentesco muito grande com as contas apresentadas na **Seção 2.2** deste capítulo em sua versão final. A **conta produto interno bruto** corresponde à conta do produto. As principais diferenças vão estar do lado do débito da conta. Nessa versão, não aparece o produto *nacional* e, na sequência, os ajustes relativos às transações com o resto do mundo que o transformam em produto *interno*. O produto que inicialmente aparece já está em seu conceito *interno*. Da mesma forma, a *depreciação* também não está discriminada, pois o produto já aparece como produto *bruto*. Contudo, tal como na última versão apresentada no modelo de referência, também aqui o produto interno bruto está inicialmente em sua versão *a custo de fatores* e discriminado nas categorias de rendimento que essa produção gerou, ou seja, a remuneração dos empregados e a remuneração do capital. Neste último caso, porém, ao invés de lucros, juros e aluguéis, aparece o *excedente operacional bruto*, rubrica que engloba todos os diferentes tipos de remuneração do capital.[11] O acréscimo do valor dos impostos indiretos líquidos de subsídios vai transformar, tal como no modelo de referência, o produto interno bruto *a custo de fatores* em produto interno bruto *a preços de mercado*.

Do lado do crédito, não há diferença entre o formato das contas brasileiras até 1996 e o modelo de referência que apresentamos. Vale, no entanto, relembrar que, apesar do título do lado direito (dispêndio associado ao produto interno bruto), esse lado da conta

---

11 A junção dessas três diferentes formas de remuneração do capital decorre de não haver uma mensuração direta dessas remunerações, sendo o excedente operacional bruto determinado por diferença.

mostra, em sua integridade, aquilo que chamamos macroeconomicamente de *demanda agregada*, que consiste no somatório de todas as fontes de demanda, a saber: a demanda por bens de consumo das famílias e do governo, a demanda por formação bruta de capital e a demanda (líquida) do setor externo.[12] Assim, a conta pode ser lida como aquela que mostra o valor adicionado bruto gerado pela economia a preços de mercado, discriminado nas categorias de rendimento que esse valor gerou no período em questão (lado esquerdo da conta), e também as diferentes origens da demanda que impeliu a economia a tal produção.

A **conta renda nacional disponível bruta** corresponde, com algumas diferenças, à conta de apropriação apresentada no modelo de referência. Uma primeira diferença é que, nesse formato, apresenta-se a renda nacional *a preços de mercado*, e não *a custo de fatores*, de onde deriva a necessidade de se incluir, no lado do crédito, o valor dos tributos indiretos líquidos de subsídios. Constitui-se, com isso, a contrapartida de igual lançamento no lado do débito da conta PIB, que era feito, no modelo de referência, na conta do governo, que aqui não existe. A segunda diferença é que vão aparecer, no lado do débito, as informações relativas à transformação dos agregados do conceito *interno* para o conceito *nacional* (rubricas 2.5 e 2.6), informações que, no modelo de referência, aparecem na conta do produto com os sinais invertidos, pois trata-se da operação inversa. A terceira diferença, agora do lado do débito da conta, é o aparecimento do consumo do governo (lançamento 2.2), denominado aqui **consumo das administrações públicas**. Esse lançamento é a contrapartida do lançamento 1.5, que aparece do lado do crédito da conta PIB. No modelo de referência, essa contrapartida aparecia na conta do governo, que aí existia.

Finalmente, o item 2.7 dá conta do resultado líquido das transferências entre nosso país e o resto do mundo. As transferências constituem pagamentos e recebimentos, sem contrapartida, que ocorrem entre as economias. Eles podem ser constituídos por moeda ou bens e derivam de vários fatores, como ajuda humanitária em situações de calamidade, envio de recursos que imigrantes que trabalham em outros países fazem aos residentes, entre outros. Este último item é necessário porque a renda efetivamente disponível aos residentes de um país em determinado período envolve também os recursos recebidos por conta de transferências (líquidos dos recursos enviados a não residentes pelos mesmos motivos). No **Capítulo 4**, discutiremos mais detidamente o conceito de Renda Nacional Disponível Bruta. No **Capítulo 6**, serão estudadas com mais detalhes as operações de transferência de renda realizadas entre os países.

---

12 No próximo capítulo, discutiremos a relação entre esse termo e a visão keynesiana do funcionamento da economia, que foi, afinal, aquela que possibilitou, desde o início, a estruturação de um sistema de contas nacionais.

A **conta de transações correntes com o resto do mundo** desse sistema também corresponde, em grande medida, à conta do setor externo apresentada na **Seção 2.2** deste capítulo. A única diferença que existe não altera a essência da conta. Ela diz respeito ao lado em que se encontra lançada a rubrica relativa ao resultado das transações correntes do Brasil com o resto do mundo. No nosso modelo de referência, tal rubrica encontrava-se no lado do débito, enquanto nessa versão encontra-se no lado do crédito, com a denominação alterada para saldo das transações correntes com o resto do mundo. Fica aí mais claro que, se o valor apresentado for negativo, terá havido um déficit nas contas-correntes externas do Brasil, ao passo que, se o valor for positivo, terá havido um superávit. No formato anterior, como esse item ficava do lado do débito, ele tinha sinal positivo se o país tivesse tido um déficit em transações correntes e sinal negativo se o país tivesse tido um superávit. O que ocorre é que, como já sabemos, a conta das transações com o resto do mundo é construída *do ponto de vista do resto do mundo*. O saldo dessa conta indica, portanto, qual foi o resultado líquido, para o resto do mundo, das transações correntes com o país em questão no período a que se referem as contas. Se o valor total do lado do crédito (que indica o montante dos créditos do resto do mundo contra o país) for maior que o valor total do lado do débito (que indica o montante dos débitos do resto do mundo para com esse país), então, para que seja respeitado o equilíbrio interno da conta, o saldo dessa conta, que fica do lado do crédito, terá de ser lançado com sinal negativo. Isso significa que o país em questão acumulou no período mais débitos para com o resto do mundo do que créditos contra ele, ou seja, ele foi um "importador" de poupança externa. Esse resultado, como veremos, vai aparecer de modo positivo na conta de capital (lançamento 4.4), pois, nesse caso, a poupança externa somou-se à interna para ser compatível com a formação bruta de capital dessa economia no período em questão.

A **conta de capital** dessa versão do sistema é bastante semelhante à versão final da conta de capital apresentada na **Seção 2.2**, com pequenas diferenças que não alteram a natureza e o espírito da conta. A primeira diferença deve-se, mais uma vez, à inexistência da conta do governo, que faz com que, em vez de se encontrarem discriminados, no lado do crédito da conta, o saldo em conta-corrente do governo e a poupança bruta do setor privado, encontre-se apenas a rubrica **poupança bruta,** também chamada de **poupança doméstica**, que engloba as duas rubricas anteriores e faz referência à poupança bruta total do país no período considerado. Há ainda duas outras diferenças, que não são, porém, de conteúdo. A primeira é de nomenclatura. Em vez de se lançar a rubrica *Resultado do balanço de pagamentos em transações correntes*, como na versão apresentada na **Seção 2.2**, optou-se por colocar **saldo em transações correntes com o resto do mundo**, mas o conteúdo e o significado da rubrica são exatamente os mesmos. O termo **menos** que antecede o item deve-se ao fato de o lançamento que faz contrapartida a este (o lançamento 3.9) estar também lançado a crédito em sua conta de origem, que é a conta de transações correntes com o resto do mundo. Mas qual é o significado econômico disso? Essa poupança externa veio a somar-se à poupança interna (rubrica 4.3) para ser compatível com a formação bruta de capital do país no período em tela. Mas, para que esse valor apareça com sinal positivo na conta de capital, o sinal dele em sua conta de origem tem de ser invertido. Análise idêntica, porém com sentido inverso, pode ser feita em caso contrário. A segunda diferença revela, de fato, uma vantagem desse formato perante o apresentado na **Seção 2.2**, uma vez que ele traz discriminada, no lado do débito da conta de capital, a participação dos setores público e privado na formação bruta de capital fixo.

Para concluir nossa análise do sistema anteriormente vigente, resta investigar a **conta-corrente das administrações públicas,** que tem por objetivo detalhar a atividade do governo, implícita nas quatro contas que acabamos de estudar. Essa conta, que não guarda qualquer contrapartida contábil com as demais, apresenta os componentes dos gastos correntes do governo (incluindo os juros sobre a dívida), bem como a composição de sua receita corrente (tributos e outras receitas) e o saldo desses fluxos no período em questão. O cálculo do montante final de cada um desses itens é efetuado com a consolidação dos balanços da União, dos estados e dos municípios. Quando esses documentos não estão disponíveis, o que é mais comum para o caso dos municípios, utilizam-se as informações da lei orçamentária.

Quadro 2.18 – Conta complementar – Conta-corrente das administrações públicas

Débito	Crédito
A Consumo final das administrações públicas	**F** Tributos indiretos
a.1 Salários e encargos	**G** Tributos diretos
a.2 Outras compras de bens e serviços	**H** Outras receitas correntes líquidas
B Subsídios	**h.1** Outras receitas correntes brutas
C Transferências de assistência e previdência	**h.2** (menos) Outras despesas de transferência
D Juros da dívida pública interna	**h.2.1** Transferências intragovernamentais
E Poupança em conta-corrente	**h.2.2** Transferências intergovernamentais
	h.2.1 Transferências ao setor privado
	h.2.1 Transferências ao exterior
Utilização da receita corrente	**Total da receita corrente**

Fonte: elaborado pelos autores.

Como se percebe, nessa conta complementar aparecem discriminados os gastos do governo em quatro rubricas: o **consumo final** (subdividido em **i) gastos com salários e encargos** e **ii) compras de bens e serviços**), os gastos com **subsídios**, os gastos com **transferências de assistência e previdência** e os gastos relativos ao pagamento dos **juros da dívida interna**. Cumpre notar aqui uma diferença no que diz respeito à forma de considerar este último item. Como vimos na **Seção 2.2**, os gastos do governo relativos ao pagamento dos juros de sua dívida eram considerados, na conta-corrente do governo (que era então parte constitutiva do sistema), *transferências* e englobados, portanto, nessa rubrica. Contudo, certamente em função da importância cada vez maior que esse item foi assumindo nos gastos correntes do governo, optou-se por apresentá-lo à parte, o que, sem dúvida, facilita a análise do comportamento estatal no que diz respeito ao financiamento de suas atividades.

Já a receita aparece discriminada em **tributos diretos** e **indiretos** e **outras receitas correntes líquidas**. Este último item aparece aberto para demonstrar de que modo se chega a seu valor final. Como essa conta resulta da consolidação dos fluxos experimentados no período em questão pelas três esferas de governo (federal, estadual e municipal), torna-se necessário, para evitar dupla contagem, deduzir, de seu valor bruto, as transferências inter e intragovernamentais, além, evidentemente, das transferências ao setor privado e ao exterior. O saldo líquido desses fluxos (receita menos gastos ou crédito menos débito), necessário para respeitar o princípio das partidas dobradas que exige o equilíbrio interno da conta, aparece na rubrica **Poupança em conta-corrente**. Se o valor desse item for negativo no período em questão, o setor governo, globalmente considerado, terá registrado um déficit em suas operações correntes, que pode ter sido financiado de várias maneiras, como pela emissão de moeda, aumento da dívida interna ou venda de patrimônio. No entanto, as informações que nos permitiriam saber de que forma esse déficit foi financiado não são apresentadas no sistema de contas nacionais. No **Capítulo 9**, discutiremos essa questão de modo mais detalhado.

Resumo

A seguir, estão os principais pontos vistos neste capítulo.

1. O **investimento** divide-se em **formação de capital fixo** e **variação de estoques**, visto que, em ambos os casos, possibilita-se ou enseja-se o *consumo futuro* de bens e serviços.

2. Os **estoques** congregam os bens cujo consumo ou a absorção futura se dá de uma *única vez*, enquanto o **capital fixo** diz respeito aos bens que não desaparecem depois de uma única utilização e que possibilitam a produção (e, portanto, o consumo) ao longo de determinado *período*.

3. A formação de capital fixo é normalmente resultante de um **planejamento das empresas** (ou do governo), enquanto a variação de estoques é, ao menos em parte, **não planejada**.

4. O desgaste do capital fixo chama-se **depreciação**. Para obter o valor do **produto líquido** de uma economia em determinado período, é preciso deduzir, do valor total produzido, ou seja, do valor do **produto bruto**, a parcela destinada à reposição do estoque de capital da economia, ou seja, a depreciação.

5. Os aluguéis e os juros pagos às empresas não devem ser considerados por ocasião da mensuração do valor do produto pela ótica da renda, uma vez que já estão implicitamente considerados na rubrica Lucros. A única exceção é o setor financeiro. Nesse caso, deve-se considerar a diferença entre juros pagos e juros recebidos.

6. A **conta do produto** mostra a identidade entre **renda e dispêndio**, enquanto a **conta de apropriação** mostra de que maneira as famílias alocam as rendas recebidas pela cessão de seus fatores de produção às empresas.

   A **conta de capital** mostra a **identidade investimento ≡ poupança**, que nada mais é que uma forma alternativa de representar a identidade produto ≡ renda ≡ dispêndio.

7. As transações econômicas entre os países não se reduzem à **mera** compra e venda de bens e serviços; elas envolvem também fatores de produção. Surge daí a necessidade de se distinguir **produto interno** de **produto nacional**.

8. Para se obter o **produto nacional** de uma economia, é preciso somar a seu produto interno as rendas de capital recebidas do exterior e as remunerações do fator trabalho pagas por não residentes a residentes, além de deduzir de seu produto interno as rendas de capital enviadas ao exterior e as remunerações do fator trabalho pagas por residentes a não residentes.

9. Na maior parte dos casos, os países mais desenvolvidos são exportadores líquidos de capital e, portanto, recebem liquidamente rendas de capital do exterior. Nesses casos, o produto nacional tende a ser maior que o produto interno. Ocorre o inverso com os países menos desenvolvidos.

10. A **conta do setor externo** não é nada mais que a **conta do balanço de pagamentos em transações correntes** com os lançamentos invertidos.

11. O governo arrecada **impostos diretos** (que incidem sobre a renda ou o patrimônio) e **indiretos** (que incidem sobre os preços). **Transferências** são impostos diretos com o sinal negativo; **subsídios** são impostos indiretos com o sinal negativo.

12. O **produto a preços de mercado** inclui o valor dos impostos indiretos compensados dos subsídios; o **produto a custo de fatores** não considera esse valor e indica apenas o valor adicionado produzido internamente que assumiu a forma de remunerações do trabalho, de rendimento de autônomos e de excedente operacional bruto.

13. A primeira estimativa da renda nacional no Brasil foi elaborada pela **FGV-RJ** em fins dos anos 1940. Mas foi só em 1956 que o país dispôs, pela primeira vez, de um conjunto integrado de estatísticas que, seguindo as determinações do *System of National Accounts* (SNA) da ONU, de 1953, apresenta as contas nacionais do Brasil para o período 1948-1955.

14. Desde então, é o Instituto Brasileiro de Economia (Ibre), mais particularmente o Centro de Contas Nacionais da FGV-RJ, que se encarrega da elaboração dessas estimativas. O Centro de Contas Nacionais procurou sempre se adequar aos padrões metodológicos e formais recomendados pelo SNA.

15. O Centro de Contas Nacionais da FGV permaneceu, até 1986, como a instituição responsável pela elaboração e divulgação das contas, ocasião em que tal tarefa tornou-se incumbência da **Fundação IBGE**, que se encarregava, então, da elaboração da matriz insumo-produto do Brasil.

16. Até 1986, o sistema de contas nacionais do Brasil tinha uma estrutura bastante similar à das cinco contas discutidas na **Seção 2.2**. Quando o IBGE assumiu esse encargo, elaborou também uma profunda revisão metodológica e operou substanciais mudanças no sistema. A alteração mais significativa foi a substituição do antigo modelo de cinco contas por um de quatro.

17. Assim, a partir de 1987, a conta do governo deixou de constar do sistema de contas nacionais do Brasil. As atividades do governo não apareciam destacadas em uma conta própria, mas diluíam-se nas contas restantes. Criou-se simultaneamente, mas como instrumento à parte do sistema de contas, ou seja, não integrada nele a **conta-corrente das administrações públicas**, formato este que seguia as determinações do **SNA 68**.

Questões para revisão

1. Quais são as duas formas possíveis de investimento?
2. Defina investimento não planejado e dê um exemplo.
3. De que maneira a conta do produto mostra a identidade entre renda e dispêndio?
4. Explique de que maneira a conta de capital mostra a identidade investimento ≡ poupança.
5. Por que razão, no caso dos países menos desenvolvidos, o produto nacional tende a ser menor que o interno?
6. Quais as mudanças mais significativas da passagem do cálculo e da elaboração das contas nacionais do Brasil para a Fundação IBGE?
7. Explique a conta-corrente das administrações públicas do sistema que vigorou até 1996.
8. Nas afirmações abaixo, indique verdadeiro ou falso, justificando sua resposta.
   a) O produto líquido é necessariamente menor que o produto bruto.
   b) O produto a custo de fatores é necessariamente maior que o produto a preços de mercado.
   c) O produto nacional é necessariamente maior que o produto interno.

Anexo: A matriz insumo-produto

Quando formos estudar, no **Capítulo 4**, o sistema de contas nacionais tal como é atualmente elaborado, veremos que uma de suas peças básicas é o conjunto constituído pelas Tabelas de Recursos e Usos (TRU). Essas tabelas conformam um conjunto de seis matrizes, quais sejam: matriz de oferta, matriz de produção, matriz de importação, matriz de consumo intermediário, matriz de demanda final e matriz de componentes do valor adicionado. Sendo assim, o presente anexo pretende apresentar as noções básicas necessárias para a compreensão de uma matriz insumo-produto, com o que se facilitará o entendimento do novo sistema. Optamos por sua apresentação neste capítulo, em que já fizemos referência à sua existência e à sua relação com o sistema de contas nacionais, porque o próximo capítulo será inteiramente dedicado à discussão que envolve, por um lado, as identidades macroeconômicas básicas, contempladas pela contabilidade social e, por outro, as relações de causa e efeito entre as variáveis agregadas, que é objeto de estudo da macroeconomia.

A matriz insumo-produto, cujo desenvolvimento está ligado ao ganhador do Prêmio Nobel em Economia Wassily W. Leontief (1906-1999), tem por objetivo proporcionar uma análise das relações intersetoriais na produção, podendo ser vista como um instrumento alternativo ao sistema de contas nacionais. De extrema utilidade para a definição de políticas setoriais e para as atividades de planejamento de modo geral, a matriz insumo-produto, porém, é bastante complexa no que tange a sua elaboração. Por isso, o sistema de contas de natureza contábil, por sua maior agilidade e facilidade de apuração estatística, acabou por ter a primazia como sistema de mensuração do comportamento do sistema econômico.

Contudo, a despeito dessas dificuldades, desde meados da década de 1930, quando surgiu a ideia pelas mãos de Leontief, até o presente momento, muito foi feito e muitos recursos foram aplicados em vários países visando elaborar e aprimorar as matrizes de insumo-produto. Nos anos 1960, a matriz insumo-produto era utilizada por mais de quarenta países e teve um grande impulso por conta das necessidades advindas das economias centralmente planificadas do leste europeu. O Brasil também possui relevante experiência na elaboração desse tipo de matriz, particularmente no que tange à matriz de relações interindustriais, esforço esse desenvolvido por institutos oficiais de pesquisa como Ipea, IBGE e órgãos ligados a alguns governos estaduais. Conforme já adiantamos, em função dos avanços experimentados nessa área, o próprio sistema de contas nacionais já se encontra atualmente apresentado em um formato que inclui a matriz insumo--produto como uma de suas peças.

Tecnicamente, a matriz insumo-produto implica a desagregação, por ramo de atividade, de vários dos agregados presentes em um sistema usual de contas nacionais, particularmente aqueles que aparecem na conta do produto. Mas, além do valor adicionado e da demanda final, a desagregação atinge também a demanda intermediária (ou consumo intermediário). A partir de uma matriz insumo-produto, pode-se, por exemplo, estimar qual é o impacto sobre o nível de produção e emprego e sobre as demandas setoriais, de um aumento ou uma retração na produção de determinado ramo (um tipo de informação que um sistema convencional de contas nacionais não é capaz de fornecer).

Um exemplo bem simples pode ser útil para compreender a ideia da matriz insumo--produto, bem como sua forma de funcionamento e utilidade. Consideremos uma economia hipotética com apenas três setores – digamos 1, 2 e 3 – que estabelecem transações econômicas entre si. Se X_{ij} representa as vendas do setor i para o setor j, podemos construir a matriz da Tabela 2.1.

Tabela 2.1 – Compras e vendas setoriais em uma economia de três setores

Compras setoriais vendas setoriais		Setores			Demanda final	Produção bruta
		1	2	3		
Setores	1	X_{11}	X_{12}	X_{13}	Y_1	X_1
	2	X_{21}	X_{22}	X_{23}	Y_2	X_2
	3	X_{31}	X_{32}	X_{33}	Y_3	X_3
Valor adicionado		V_1	V_2	V_3	–	–
Produção bruta		X_1	X_2	X_3	–	–

Fonte: elaborada pelos autores.

Podemos considerar as vendas do setor i para o setor j uma proporção constante do valor da produção do setor j, ou seja:

$$X_{ij} = a_{ij} X_j$$

Sendo $a_{ij} = X_{ij}/X_j$, podemos construir o que se denomina **matriz de coeficientes técnicos**, mostrada na Tabela 2.2.

Tabela 2.2 – Matriz de coeficientes técnicos

	1	2	3
1	a_{11}	a_{12}	a_{13}
2	a_{21}	a_{22}	a_{23}
3	a_{31}	a_{32}	a_{33}

Fonte: elaborada pelos autores.

Como Xij = aij Xj, temos o seguinte sistema de equações:

$$a_{11}X_1 + a_{12}X_2 + a_{13}X_3 + Y_1 = X_1$$
$$a_{21}X_1 + a_{22}X_2 + a_{23}X_3 + Y_2 = X_2$$
$$a_{31}X_1 + a_{32}X_2 + a_{33}X_3 + Y_3 = X_3$$

Utilizando notação matricial, esse sistema pode ser reescrito como:

$$AX + Y = X \tag{2.1}$$

Neste ponto, podemos levantar uma questão muito importante: qual deverá ser a produção bruta de cada setor necessária para atender a determinada configuração da demanda final? Para responder a ela, temos de realizar algumas manipulações algébricas a partir da expressão 2.1:

$$(I - A) X = Y \tag{2.1a}$$
$$X = (I - A)^{-1} Y \tag{2.1b}$$

em que a matriz $(I - A)^{-1}$ é a chamada **matriz de Leontief** e I é a **matriz identidade**. Assim, nosso interesse está em calcular $(I - A)^{-1}$ a partir da matriz de coeficientes técnicos e verificar, então, para cada setor, qual é o volume de produção necessário para atender a determinada configuração de demanda. Como exemplo, consideremos a matriz de compras e vendas intersetoriais apresentada na Tabela 2.3, que conta com valores numéricos.

Tabela 2.3 – Matriz de compras e vendas intersetoriais

Compras setoriais vendas setoriais		Setores			Demanda final	Produção bruta
		1	2	3		
Setores	1	45	240	15	200	500
	2	90	600	210	2.000	2.900
	3	0	144	0	1.808	1.952
Valor adicionado		365	1.916	1.727	4.008	–
Produção bruta		500	2.900	1.952	–	5.352

Fonte: elaborada pelos autores.

Dadas as informações da Tabela 2.3, podemos, então, deduzir, para essa economia, a matriz de coeficientes técnicos, apresentada na Tabela 2.4:

Tabela 2.4 – Matriz de coeficientes técnicos

	1	2	3
1	0,09	0,08	0,01
2	0,18	0,21	0,11
3	0,00	0,05	0,00

Fonte: elaborada pelos autores.

Essa tabela resulta no seguinte sistema:

$$0,09X_1 + 0,08X_2 + 0,01X_3 + Y_1 = X_1$$
$$0,18X_1 + 0,21X_2 + 0,11X_3 + Y_2 = X_2 \qquad \text{ou} \qquad AX + Y = X$$
$$0,00X_1 + 0,05X_2 + 0,00X_3 + Y_3 = X_3$$

Calculando agora $(I - A)^{-1}$, obtemos os seguintes resultados:

	1,12233	0,11845	0,02137
$(I - A)^{-1} =$	0,25645	1,29649	0,14145
	0,01273	0,06438	1,00702

Esses resultados produzem o seguinte sistema:

$$X_1 = 1,12233Y_1 + 0,11845Y_2 + 0,02137Y_3$$
$$X_2 = 0,25645Y_1 + 1,29649Y_2 + 0,14145Y_3$$
$$X_3 = 0,01273Y_1 + 0,06438Y_2 + 1,00702Y_3$$

Esse sistema, construído com base nos resultados apresentados pela matriz de Leontief, fornece a produção dos setores 1, 2 e 3, necessária para atender às demandas Y_1, Y_2 e Y_3.

Como se percebe, a ideia em si é bastante simples e extremamente útil. Contudo, são enormes as dificuldades enfrentadas por ocasião da elaboração de matrizes como essa para as economias reais, com sua infinidade de setores produtivos. O maior problema parece estar na diferença de velocidade entre, de um lado, a capacidade técnica de se construir a matriz de coeficientes e, de outro, a própria evolução econômica e as alterações operadas pela evolução tecnológica, que se dão em um ritmo cada vez mais acelerado. Assim, na maioria das vezes, quando se consegue finalizar uma matriz, já não se tem mais muita certeza da correção dos coeficientes ali registrados, dado que mudanças tecnológicas já podem tê-los alterado de forma significativa. Apesar disso, dada a extrema utilidade de um instrumental como esse, continuam sendo envidados esforços em vários países do mundo, incluindo o Brasil, para desenvolver as matrizes insumo-produto e para, na medida do possível, contornar os problemas envolvidos em sua elaboração. Esses esforços têm sido bem-sucedidos principalmente porque o grande desenvolvimento das chamadas tecnologias da informação, que têm por base a informática, tem se mostrado instrumento extremamente útil para levar adiante esse trabalho.

O leitor encontrará um bom material para consulta sobre matriz insumo-produto aplicada às contas nacionais em: FINAMORE, E. B. *As contas nacionais e os multiplicadores de impacto de insumo-produto:* mensurando o desenvolvimento brasileiro. Curitiba: Appris, 2018.

Capítulo 3

Contas nacionais e macroeconomia: identidades e teoria

Até agora, vimos os princípios básicos que devem ser obedecidos pelos sistemas de contas nacionais e sua estrutura básica, de quatro ou cinco contas, que foi a que vigorou no plano internacional até 1993 e no Brasil até 1996. Vimos também que essa estrutura básica se assenta na identidade produto ≡ dispêndio ≡ renda, por isso chamada de *identidade macroeconômica básica*. O objetivo do presente capítulo é discutir justamente qual a relação da contabilidade nacional com a macroeconomia, o substantivo a partir do qual se adjetiva essa identidade (visto que essa identidade, básica, é macroeconômica). Já antecipamos essa discussão no primeiro capítulo do livro. Nosso objetivo no momento é aprofundar essa questão, seja apresentando brevemente a teoria keynesiana, por meio da qual se tornou possível o desenho do sistema de contas nacionais, seja estendendo a discussão até aqui feita das identidades macroeconômicas.

3.1 Da contabilidade nacional à macroeconomia: revisitando Keynes

Já comentamos, no início do **Capítulo 1**, a importância que teve, para a definição do formato e do conteúdo do sistema de contas nacionais, a *Teoria geral do emprego, do juro e da moeda*, de John Maynard Keynes. Foi, como vimos, com base na teoria macroeconômica – que teve origem com a publicação dessa obra em 1936 – que foram envidados todos os esforços para a construção de um sistema por meio do qual pudesse ser observada a evolução dos agregados que são de fundamental importância na avaliação da *performance* econômica de um país. Portanto, da macroeconomia chegou-se às contas nacionais.

Fazendo o caminho inverso, mostraremos de que maneira as contas nacionais denunciam as relações sistêmicas (derivadas da teoria keynesiana) que lhes deram origem, as quais, de uma maneira ou de outra, ainda presidem, se não os desenvolvimentos teóricos contemporâneos na área de macroeconomia, seguramente as análises quanto a crescimento, formação bruta de capital fixo, relações externas e outras tantas variáveis determinantes na análise evolutiva das economias reais.

Essas considerações são importantes não apenas por conta do necessário registro histórico mas também em função de uma questão metodológica. No **Capítulo 1**, afirmamos que uma identidade contábil não implica nenhuma relação de causa e efeito entre as variáveis que a constituem. Poderia, portanto, parecer contraditório pretender agora derivar relações de causalidade com base nas identidades expressas nas contas nacionais.

Contudo, é preciso lembrar que o objetivo maior de Keynes, ao escrever sua *teoria geral*, foi contrapor-se à teoria econômica então dominante (a teoria neoclássica,[1] de orientação marginalista). Por essa abordagem, chegava-se, entre outras, à conclusão de que a economia capitalista portava uma espécie de regulador automático que impedia as crises e o desemprego. Todo o desemprego então existente era tomado como desemprego *voluntário*, ou seja, considerava-se que as pessoas que eventualmente não estavam trabalhando encontravam-se em tal situação porque não se dispunham a ofertar sua força de trabalho aos salários vigentes. Em outras palavras, não trabalhavam porque não queriam.[2]

A enorme crise dos anos 1930 mostrara a clara inadequação dessa teoria para explicar a realidade. Keynes, portanto, tentou demonstrar que não existia o tal regulador automático e que, por conseguinte, a maior parte do desemprego era *involuntário*, vale dizer, decorrente de uma demanda por força de trabalho diminuta e, assim, incapaz de empregar toda a oferta existente. Para conseguir demonstrar essa situação, ele teve de fazer uma verdadeira revolução nas ideias econômicas e jogar por terra vários dos postulados que constituíam a espinha dorsal da teoria então dominante.

Embrenhado nesse caminho, porém, Keynes não apenas questionou relações de causa e efeito tomadas como líquidas e certas até então mas também apontou para relações distintas e muitas vezes opostas àquelas, forjou novos conceitos (como o de incerteza, o de preferência pela liquidez, o de custo de uso) e *revelou identidades*. Ao considerar a demanda agregada como determinante do nível de atividade macroeconômica (em oposição à abordagem neoclássica), a revolução keynesiana trouxe uma importante contribuição teórica para o estudo da macroeconomia, permitindo o desenvolvimento da contabilidade social com base nas identidades estudadas.

Assim, "fazendo o carro de Keynes andar de marcha à ré", mostraremos alguns dos resultados mais importantes de sua teoria, seja no nível mesmo das identidades, seja no que diz respeito às relações de causa e efeito por meio das quais elas foram reveladas.

---

1 Na verdade, quando Keynes se insurgiu contra tal teoria, na década de 1930, ela ainda era conhecida como economia "clássica". Só mais tarde é que se consagrou, para essa corrente, a denominação "neoclássica", de fato mais apropriada: a nova escola já tinha abandonado a teoria do valor-trabalho da economia clássica original, de Smith e Ricardo, e a havia substituído pela teoria do valor-utilidade; além disso, as classes sociais (trabalhadores, capitalistas, donos de terra) haviam desaparecido do cenário teórico como personagens importantes para a compreensão do funcionamento do sistema, tendo sido substituídas pelo conceito genérico de "agentes econômicos".

2 Cumpre esclarecer que não há divergência entre Keynes e os economistas neoclássicos no que tange ao conceito de "desemprego friccional", ou seja, aquele desemprego que deriva do fato de as pessoas mudarem de emprego (ou então de cidade) e de haver um lapso de tempo entre a saída do antigo emprego e a entrada no novo. Evidentemente, a discussão não se dá em cima dessa parcela de desemprego. O desemprego friccional está, portanto, excluído tanto do conceito de desemprego voluntário dos neoclássicos quanto do conceito de desemprego involuntário de Keynes.

Evidentemente, não pretendemos aqui, visto não ser este o objetivo do livro, dar conta de todos os aspectos da teoria keynesiana, mas simplesmente mostrar a ligação entre essas duas áreas da ciência econômica – a contabilidade social e a macroeconomia –, reforçando a distinção entre as **identidades** (típicas da contabilidade nacional) e as **igualdades**, que expressam relações de causa e efeito de natureza teórica.

3.1.1 A determinação da renda

Tomemos a conta do produto considerando uma economia fechada e sem governo, tal como apresentada no capítulo anterior.

Quadro 3.1 – Conta do produto – economia fechada e sem governo

Débito	Crédito
a_1 salários	**C** consumo pessoal
a_2 lucros	**D** variação de estoques
a_3 aluguéis	**E** formação bruta de capital fixo
a_4 juros	
A renda ou produto líquido	
$(A = a_1 + a_2 + a_3 + a_4)$	
b_1 salários	
b_2 lucros	
b_3 aluguéis	
b_4 juros	
B depreciação	
$(B = b_1 + b_2 + b_3 + b_4)$	
Renda ou Produto Nacional Bruto	**Despesa Nacional Bruta**

Fonte: elaborado pelos autores.

Como se vê, temos, do lado do débito da conta, a renda ou o produto nacional bruto e, do lado do crédito, a indicação da forma concreta tomada por essa renda, ou seja, quanto foi consumo e quanto foi investimento (variação de estoques mais formação bruta de capital fixo). Assim, se chamarmos a renda de Y, o consumo de C e o investimento de I, podemos escrever que:

$$Y = C + I \qquad (3.1)$$

Essa expressão nos indica que, em cada momento dessa economia que ainda é fechada e não tem governo, a renda gerada é resultado da quantidade produzida de bens e serviços, ou seja, da quantidade produzida de bens de consumo somada à quantidade produzida de bens de investimento (estoques aí incluídos). Não por acaso, o lado do débito da conta do produto vai se transformar justamente no lado do crédito da conta de apropriação, indicando que este agregado constitui o somatório das remunerações pagas aos diversos fatores de produção, montante esse apropriado pelas famílias (que são as proprietárias desses fatores).

Suponhamos agora que o nível em que se encontra Y seja muito baixo relativamente ao potencial dessa economia, de modo que existam fatores de produção não utilizados (uma elevada taxa de desemprego da força de trabalho e capacidade ociosa nas empresas). Em outras palavras, estamos supondo que essa economia poderia estar operando num nível bem mais elevado de produto e renda (e de emprego, portanto), uma vez que dispõe de recursos (fatores de produção) para isso, mas, por alguma razão, não está se comportando assim. Para saber qual é a causa desse fenômeno, temos de descobrir o que determina C e o que determina I.

Keynes demonstrou que o principal fator a determinar o nível de C é justamente a renda, ou seja, Y. Segundo sua teoria, portanto, o consumo das famílias varia com o nível de renda: quanto maior é a renda, maior é o consumo e vice-versa. No entanto, dado um aumento na renda, o aumento do consumo é menos do que proporcional àquele, uma vez que existe aquilo que Keynes chamou de **propensão a consumir**, a qual deriva de algo que ele denominou **lei psicológica fundamental**. Em outras palavras, constatou algo mais ou menos evidente (e, por isso, ele chamou de "lei"): dado determinado nível de renda, as famílias consomem boa parte dela, mas também poupam uma parte. Assim, se uma família tiver um aumento em sua renda (porque, por exemplo, um de seus integrantes ganhou uma promoção no emprego e um aumento de salário), essa família certamente elevará seu nível de consumo, mas também poupará mais do que antes, ou começará a poupar, se antes não o fazia. Obviamente, a propensão a consumir é muito maior nas famílias de baixa renda (no limite, as famílias de renda extremamente baixa não poupam nada de sua renda, consumindo-a integralmente) e muito maior nas famílias de renda mais elevada. Na média da economia, portanto, existe uma propensão ao consumo, que podemos chamar de **c**, em que $0 < \mathbf{c} < 1$. Formalmente, portanto, podemos escrever que:

$$C = f(Y) \tag{3.2}$$

Existe também uma parcela do consumo que não varia com o nível de renda (por exemplo, um consumo das famílias que seja possível em função de uma poupança monetária previamente existente) e que podemos chamar de consumo autônomo, indicado por Ca. Portanto,

$$C = Ca + cY \qquad (3.3)$$

Assim, podemos reescrever a expressão 3.1 da seguinte forma:

$$Y = Ca + cY + I \qquad (3.4)$$

Quanto ao investimento, Keynes constatou que ele depende de *variáveis* extremamente *sujeitas a flutuações*, por causa das sempre presentes incertezas em relação ao futuro. Essas variáveis são a **preferência pela liquidez** (ou preferência pela segurança que o dinheiro traz e que, segundo o economista inglês, está na base da determinação da **taxa de juros** da economia) e as expectativas quanto ao rendimento futuro esperado dos bens de capital – que determinam aquilo que Keynes chama de **eficiência marginal do capital (EmgK)**. Assim, se chamarmos a taxa de juros de **r**, podemos escrever que:

$$I = f\ (r,\ EmgK) \qquad (3.5)$$

Assim, o investimento é, para Keynes, uma variável extremamente instável e que pode explicar por que, em determinados momentos, a economia opera num nível de produção que não é suficiente para empregar todos os fatores de produção disponíveis. Como a teoria keynesiana dos determinantes do investimento é extremamente complexa, explicá-la em detalhes demandaria talvez vários capítulos, o que, com certeza, foge ao escopo deste livro. O assunto voltará a ser enfocado com um pouco mais de detalhes no **Capítulo 9**, mas, para nossos propósitos aqui, basta enfatizar que a determinação do nível de renda e produto é, para Keynes, intimamente dependente do comportamento do investimento e que este é bastante sujeito a flutuações. Assim, com o que temos, já podemos mostrar algumas importantes conclusões quanto à determinação do nível de produto e renda em que opera a economia.

Se retomarmos a expressão 3.4, perceberemos facilmente que podemos reordenar seus termos do seguinte modo:

$$Y\ (1 - c) = Ca + I$$

e, logo,

$$Y = \frac{Ca + I}{(1 - c)} \qquad (3.6)$$

Keynes chamou o termo **1/(1 – c)** de **multiplicador**. Ele indica a magnitude do aumento que ocorrerá no nível de renda e produto (Y) em decorrência de um aumento em Ca ou de um aumento em I.[3] Ele indica também que, quanto maior a propensão da economia a consumir, maior é o efeito multiplicador de uma elevação em Ca ou I. Por exemplo, se c for igual a 0,9 (ou seja, na média, as famílias consomem 90% de sua renda), o multiplicador será 10, de modo que, se houver um aumento de $ 100 no investimento, o aumento na renda será de $ 1.000. Se, em outra hipótese, tivermos c igual a 0,5, o multiplicador será 2, de modo que o mesmo aumento de $ 100 no investimento provocará uma elevação na renda de apenas $ 200.

Supondo, como parece razoável, que Ca é uma variável bastante estável, a atuação positiva do efeito multiplicador sobre o nível de renda fica na inteira dependência do comportamento de I. Como essa variável está sujeita, pelas razões já expostas, a intensas flutuações, os momentos em que I decresce provocam um efeito sobre o nível de renda e produto que é magnificado pelo efeito multiplicador (que evidentemente também opera no sentido inverso). Nesses momentos, mesmo dispondo de fatores de produção para trabalhar em um nível mais elevado, a economia permanece operando em nível insuficiente para empregar toda a força de trabalho e toda a capacidade instalada.

É importante perceber, em todo esse raciocínio, a manutenção da identidade entre produto e renda, ao mesmo tempo que ele também nos permite identificar os determinantes do nível de renda no qual opera a economia. É por conta deste último elemento que pudemos substituir o sinal indicador de identidade (≡) pelo sinal de igualdade (=) nas equações anteriores.

É possível ainda ampliar a análise keynesiana com a identidade Y = C + I + G + X – M. Partindo do princípio de Keynes de que o importante é compreender as razões que movem o comportamento da demanda agregada, mostramos, nesta seção, que o consumo pode ser considerado uma função da renda (função consumo keynesiana). Mas podemos pensar em outras variáveis que possam estimular o consumo, como o crédito, por

---

3 O leitor pode tomar as derivadas parciais do produto relativamente aos componentes, ao consumo autônomo e ao investimento, e verificar que são iguais ao próprio multiplicador.

exemplo, ou um aumento súbito da riqueza. Ou seja, além da função consumo keynesiana, é possível considerar outras possibilidades. O mesmo pode ser dito dos investimentos. Aqui indicamos, junto com Keynes, que os investimentos podem depender da taxa de juros e da eficiência marginal do capital, a qual depende, por sua vez, das expectativas dos empresários. Mas também podemos pensar que a estabilidade institucional seja uma variável importante na decisão de investir. É possível ainda considerar as exportações como função da taxa de câmbio (que será estudada no **Capítulo 6**) e da renda externa, e as importações como função também da taxa de câmbio e da renda interna. Essas possibilidades podem ampliar a análise keynesiana com inúmeras aplicações práticas. A Figura 3.1 mostra essas e outras possibilidades de análise.

Figura 3.1 – Variáveis que podem influenciar o comportamento da demanda agregada

Consumo	+	Investimentos	+	Gastos do governo	+	Exportações	–	Importações

Renda	Taxa de juros	Programa do governo	Taxa de câmbio	Taxa de câmbio
Riqueza	Expectativas (eficiência marginal do capital)	Condição orçamentária	Política tarifária	Política tarifária
Taxa de juros		Condições políticas	Políticas de incentivo às exportações	Desempenho da economia doméstica (renda interna)
Crédito		Visão sobre o papel do Estado		
Expectativas	Estabilidade institucional		Desempenho da economia mundial (renda externa)	Acordos comerciais
			Acordos comerciais	

Fonte: elaborada pelos autores.

3.1.2 A teoria keynesiana e a contabilidade nacional

Se tomarmos agora a conta do produto em sua versão final e, portanto, considerarmos uma economia aberta e com governo, chegaremos a outras conclusões importantes sobre essa questão.

Quadro 3.2 – Conta do produto

Débito	Crédito

(A+B) produto nacional bruto a custo de fatores
  (A = produto nacional líquido = $a_1 + a_2 + a_3 + a_4$)
  (B = depreciação = $b_1 + b_2 + b_3 + b_4$)
K renda de capital enviada ao exterior
(-) H renda de capital recebida do exterior
L salários pagos por residentes a não residentes
(-) I salários pagos a residentes por não residentes
(R-P) impostos indiretos líquidos de subsídios
	(G-J) exportações menos importações de bens e serviços não fatores
	C consumo pessoal
	N consumo do governo
	D variação de estoques
	E formação bruta de capital fixo

Produto Interno Bruto a preços de mercado (PIB$_{pm}$)	**Dispêndio associado ao PIB$_{pm}$**

Fonte: elaborado pelos autores.

Como se percebe, a conta[4] traz agora, do lado do crédito, todas as possíveis fontes de demanda da economia, a saber: demanda por bens de consumo das famílias e do governo, demanda por formação de capital (formação bruta de capital fixo mais variação de estoques) e demanda externa (líquida), ou seja, exportações menos exportações de bens e serviços não fatores. Podemos, assim, escrever a expressão 3.7:

$$Y \equiv C + I + G + (X - M) \tag{3.7}$$

em que

C = consumo (rubrica Consumo pessoal);

G = gastos do governo (rubrica Consumo do governo);

X = exportações de bens e serviços não fatores;

M = importações de bens e serviços não fatores, enquanto **Y** e **I** conservam seus significados anteriores.

Transpondo para essa expressão ampliada as mesmas considerações anteriormente feitas para uma economia fechada e sem governo, podemos perceber que o nível de produto e renda em que opera a economia não depende apenas do consumo e do investimento mas também dos gastos do governo e das exportações líquidas das importações.

---

4 Vale lembrar que as letras minúsculas a e b, com seus respectivos subscritos numéricos, referem-se às categorias de rendimento que os valores adicionados pela geração do produto nacional bruto produziram, a saber: salários, lucros, aluguéis e juros.

Valem, para essas novas variáveis, as mesmas relações anteriormente estabelecidas para Ca e I.

Assim, um efeito multiplicador (devidamente modificado pela introdução do governo, particularmente por sua capacidade de tributar)[5] também vai atuar sobre os possíveis aumentos, seja nos gastos do governo, seja nas exportações líquidas das importações. Em outras palavras, um aumento nos gastos do governo eleva o nível de renda e um aumento nas exportações produz efeito idêntico, enquanto um aumento nas importações produz efeito contrário – todos esses efeitos devidamente ampliados, para cima ou para baixo, conforme o caso, pela magnitude do multiplicador.

Uma forma bastante sugestiva de compreender esse processo é pensar num mecanismo de estímulos e desestímulos que estão permanentemente influenciando o nível de renda e de produto. Se há um aumento na parcela autônoma do consumo, ou no investimento, ou nos gastos do governo, ou ainda na demanda externa pelos bens e serviços que a economia em questão produz, qualquer um desses aumentos vai estimular a produção e elevar o nível de renda na magnitude determinada pelo multiplicador. No caso das exportações, trata-se, na verdade, de um estímulo externo, ou, em outras palavras, de uma injeção de demanda na economia, que provém de um aumento na demanda externa pelos bens e serviços internamente produzidos. Simetricamente, um aumento nas importações representa um vazamento de estímulo, ou seja, uma transferência, para fora da economia, de uma parcela de sua demanda por bens e serviços.[6] Assim, se há um aumento nas exportações líquidas (X-M), isso vai significar um aumento da demanda agregada e, portanto, do produto e a renda do país, o que faz com que o consumo aumente, posto que este depende da renda, elevando, por sua vez, novamente o produto e a renda. Esse ciclo é retomado até que se esgote o efeito do multiplicador.

A expressão 3.7 mostra-nos, ainda, a importância que acabou sendo atribuída ao governo por conta das considerações de Keynes quanto aos determinantes do nível de renda. Se um aumento no nível de renda e produto em que opera a economia pode ser proveniente de uma elevação nos gastos do governo, então cabe a este um importante papel, além daqueles normalmente a ele consagrados. Em determinados momentos em que o investimento insista em se manter deprimido e os estímulos advindos de fora da

5   À medida que o governo tributa a renda das famílias, reduz-se a renda disponível para ser consumida ou poupada. Com a introdução do governo, o multiplicador deve sofrer alguma redução em sua força magnificadora sobre o nível de renda dos impactos advindos da demanda agregada. Assim, a capacidade de tributar afeta negativamente a demanda agregada de modo indireto, uma vez que reduz a magnitude do multiplicador, enquanto os gastos efetuados pelo Estado atuam de modo positivo e direto, pois constituem uma das categorias de gasto que compõem a demanda agregada.

6   Boa parte do estupendo crescimento chinês que o mundo presenciou na primeira década deste século deveu-se justamente à enorme demanda por seus produtos fora do país. São essas relações que tornam tão importante a definição de um dos preços básicos da economia, que é o preço da divisa, ou seja, a taxa de câmbio. Voltaremos ao assunto no **Capítulo 6**.

economia não sejam suficientes para evitar o desemprego, só o governo tem condição de retirar a economia de tal situação. Aumentando seus gastos, ele promoverá, consequentemente, uma elevação no nível de renda e produto, que poderá, inclusive, reverter as expectativas pessimistas quanto ao futuro e, assim, recuperar, em curto espaço de tempo, o próprio nível de investimento. É em função de tal capacidade que, com base na teoria de Keynes, o governo passa a ter também a responsabilidade por aquilo que se costuma denominar controle da demanda efetiva. Em outras palavras, do ponto de vista keynesiano, ele tem de acompanhar a evolução da economia e intervir sempre que necessário para impedir que ela fique deprimida por longos períodos, cumprindo, portanto, uma função contracíclica.

Tais considerações, bem como o novo papel que o governo ganha com elas, deram origem, no mundo acadêmico, ao que se chamou **consenso keynesiano** e, no funcionamento prático do capitalismo, particularmente nas economias centrais, a um período de cerca de 30 anos (do pós-guerra até meados da década de 1970), em que o Estado efetivamente assumiu esse papel.[7]

A partir de então, muita coisa mudou. No mundo acadêmico, o consenso foi rompido pelo advento da teoria das expectativas racionais, que deu nova vida aos pressupostos que Keynes atacara e recuperou a primazia da teoria ortodoxa (neoclássica). No mundo real, a combinação de inflação com desemprego levou a uma onda de contestação quanto à pertinência do papel do Estado como regulador do nível de demanda e pôs em destaque as políticas associadas àquilo que se costuma chamar neoliberalismo (controle dos gastos públicos, Estado mínimo, privatizações, desregulamentação e abertura econômica, entre outros). O sistema de contas nacionais, porém, pouco ou nada foi abalado por toda essa reviravolta, o que comprova aquilo que, desde o início, tentamos demonstrar, ou seja, que as identidades macroeconômicas não são, por si só, indicadoras de relações de causalidade entre as variáveis que as constituem.

Na relação entre macroeconomia e contabilidade nacional, o que de fato ocorreu foi que, partindo de sua preocupação em construir uma teoria *da demanda como um todo* que, segundo Keynes, faltava à teoria econômica de então,[8] o trabalho teórico desse grande economista britânico permitiu descobrir a existência *ex-post* da identidade entre produto, renda e dispêndio (demanda agregada). Hoje, essa identidade não é questionada por

---

7   Na literatura especializada na história econômica do século XX, esse período ficou conhecido como "os trinta anos gloriosos", pois tratou-se de um período de quase três décadas de elevadas taxas de crescimento, baixa inflação, elevação dos salários reais, conquista de vários direitos para os trabalhadores e redução da desigualdade distributiva.

8   Para Keynes, a teoria econômica com a qual todos os economistas de então trabalhavam estava dominada, implícita ou explicitamente, pela Lei de Say, aquela que diz que toda oferta cria sua própria demanda, decorrendo daí a falta de preocupação com a construção de uma teoria que explicasse os fatores determinantes do comportamento da demanda agregada.

ninguém, independentemente de se aceitar ou não as relações de causa e efeito que as proposições teóricas keynesianas defendem para a dinâmica *ex-ante* do sistema econômico. Por isso, uma das óticas de mensuração do produto é justamente a ótica da demanda (dispêndio), a qual mostra a composição do PIB com base nas categorias de demanda tal como estipulado na equação $Y = C + I + G + (X - M)$. Esta última, portanto, além de ser uma proposição teórica derivada da teoria keynesiana, acabou por constituir-se também numa identidade macroeconômica. O formato da conta do produto tal como apresentado pelo sistema que vigorou no Brasil até 1996, reproduzida abaixo, mostra claramente essa relação.

Quadro 3.3 – Conta Produto Interno Bruto (PIB)

Débito	Crédito

Produto Interno Bruto a custo de fatores
  Remuneração dos empregados
  Excedente operacional bruto
Tributos indiretos
(menos) Subsídios
	Consumo final das famílias
	Consumo final das administrações públicas
	Formação bruta de capital fixo
	Variação de estoques
	Exportações de bens e serviços não fatores
	(menos) Importações de bens e serviços não fatores

Produto Interno Bruto a preços de mercado (PIB$_{pm}$)	**Dispêndio correspondente ao Produto Interno Bruto a preços de mercado**

Fonte: elaborado pelos autores.

3.2 As identidades contábeis presentes no sistema de contas nacionais

Além da identidade contábil básica entre produto, dispêndio e renda, existe outra de grande importância, à qual também já nos referimos anteriormente, que é a **identidade entre poupança e investimento**. Foi discutindo essa identidade que, no **Capítulo 1**, começamos a introduzir a questão que é objeto deste capítulo: a relação entre contabilidade nacional e macroeconomia e, daí, a distinção entre igualdades (=), em geral derivadas de proposições teóricas que estabelecem relações de causa e efeito, e identidades (≡), que expressam as diferentes óticas por meio das quais se pode enxergar e mensurar os agregados econômicos. Dissemos ali que não é raro que se enxergue, numa identidade, mais do que ela de fato expressa e que quando se diz, por exemplo, que *poupança = investimento*, existe uma tentação muito grande de se ler tal expressão como se ela estivesse dizendo *a poupança precede o investimento*, ou *sem poupança não há investimento,* ou *a poupança explica o investimento*. Observamos, então, que tais afirmações envolvem *relações de causa e efeito* que não podem ser legitimamente extraídas da expressão *poupança = investimento*, a qual significa tão somente a existência de uma identidade contábil entre os dois elementos.[9]

Tendo isso em mente, cabe-nos, nesta última seção do presente capítulo, apresentar o conjunto das demais identidades contábeis que estão presentes no sistema de contas nacionais e que estão associadas a essas duas identidades básicas (produto ≡ dispêndio ≡ renda e investimento ≡ poupança). Ao fazê-lo, adiantaremos a explicação de alguns conceitos relativos a agregados econômicos que nos serão úteis no próximo capítulo, quando faremos a apresentação do sistema atualmente vigente no Brasil, construído com base nas determinações do SNA 93[10] e do SNA 08.[11] A intenção é mostrar que essas duas identidades macroeconômicas básicas são fortemente inter-relacionadas e que partindo da primeira chegamos logicamente à última.

Comecemos lembrando a distinção entre os agregados medidos *internamente* e aqueles medidos *nacionalmente*. Como já vimos, os agregados mensurados do ponto de vista **interno** medem o valor total produzido no território do país, independentemente da origem dos fatores responsáveis por essa produção, enquanto os agregados mensurados do ponto de vista **nacional** consideram o valor adicionado gerado por fatores de produção de propriedade de residentes, independentemente do território onde esse valor é gerado. Vimos também que o sistema de contas construído com base nas determinações do SNA 93, e seguido pelo Brasil desde 1996, não utiliza mais a terminologia PNB ou PNL, pois parte do princípio de que "nacional" é uma qualificação que se aplica apenas à renda gerada, uma vez que está relacionado à nacionalidade dos proprietários de fatores de produção.

---

9   Lembramos ali, e não custa repetir aqui, que o próprio Keynes discordava de todas essas afirmações, pois, para ele, o investimento é que precede a poupança, uma vez que a renda adicional criada pelo investimento produz a *posteriori* a poupança exigida. Logo, para ele, pode haver investimento sem poupança financeira prévia – por exemplo, via criação de crédito – e, por conseguinte, não é a poupança que explica o investimento, e sim um conjunto de outras variáveis, como a preferência pela liquidez, a eficiência marginal do capital e a taxa de juros.

10   UNITED NATIONS (UN). *A System of National Accounts* [SNA-68]. New York: UN, 1968. Disponível em: https://unstats.un.org/unsd/nationalaccount/docs/1993sna.pdf. Acesso em: 14 jan. 2020.

11   UNITED NATIONS (UN). *System of National Accounts* 2008 [SNA-2008]. New York: UN, 2009. Disponível em: https://unstats.un.org/unsd/nationalaccount/docs/SNA2008.pdf. Acesso em: 14 jan. 2020.

. . . .

Assim, falamos em **Produto** Interno (bruto ou líquido, a preços de mercado ou a custo de fatores), mas em **Renda** Nacional (bruta ou líquida, a preços de mercado ou a custo de fatores). O primeiro agregado reflete o produto total produzido no território do país, independentemente da origem dos fatores de produção responsáveis por ele. O segundo considera o valor adicionado gerado por fatores de produção de propriedade de residentes, independentemente do território onde esse valor tenha sido gerado.

. . . .

Temos, com isso, a seguinte expressão contábil que deriva da identidade teórica inicial renda ≡ produto ≡ dispêndio:

1. **RNB = PIB + Rrec – Renv + Wr – Wnr**

   em que:

   RNB = Renda Nacional Bruta

   PIB = Produto Interno Bruto

   Rrec = Rendas de capital recebidas

   Renv = Rendas de capital enviadas

   Wr   = Remuneração do trabalho recebida (salários pagos a residentes por não residentes)

   Wnr = Remuneração do trabalho enviada (salários pagos a não residentes por residentes)

   A identidade 1 mostra que a **Renda Nacional Bruta** (**RNB**) pode ser entendida como o valor do PIB somado aos rendimentos recebidos pelos fatores de produção nacionais em função de valores adicionados gerados fora do território do país, deduzido dos pagamentos enviados a não residentes por conta de remuneração de fatores de produção utilizados na geração de valor adicionado dentro do país.

   É por meio do conceito de RNB que se chega, nas contas nacionais, ao conceito de **Renda Nacional Disponível Bruta** (ou **RDB**), que, como vimos no capítulo anterior, é o nome que toma a antiga conta de apropriação na versão do sistema brasileiro vigente até 1996, composto de quatro contas. Como veremos adiante, o conceito RDB é importante porque é com base nele que se pode determinar a poupança bruta da economia, ou **poupança doméstica (SD)**,[12] como também é conhecida. Esse agregado indica o valor da poupança bruta feita pela economia como um todo, ou seja, incluindo-se tanto o setor privado quanto o governo em determinado período.

Como se chega, então, do conceito RNB ao conceito RDB? Para entender essa passagem, temos de lembrar que a renda efetivamente disponível para os residentes de um país (incluindo o governo) decidirem entre consumir ou poupar tem de incluir também as **transferências correntes recebidas do exterior**, bem como descontar as **transferências correntes enviadas**. Transferências, como já vimos, são transações unilaterais, ou seja, que têm apenas uma mão, não representando, portanto, transações econômicas usuais de compra e venda de bens e serviços ou de pagamento a fatores de produção. Assim, as transferências enviadas ao exterior e recebidas do exterior incluem, por exemplo, ajuda humanitária, remessas de imigrantes etc. Isso posto, podemos escrever a seguinte identidade:

2. **RDB = RNB + TUr – TUe**
    em que:
    RDB = Renda Nacional Disponível Bruta
    TUr = Transferências Unilaterais Recebidas
    TUe = Transferências Unilaterais Enviadas

    Com base nas expressões anteriores, podemos escrever que:

    PIB = RNB + Renv – Rrec + Wnr – Wr (identidade 1 reescrita) e
    RNB = RDB + TUe – TUr (identidade 2 reescrita)

    Então:

3. **PIB = RDB + Renv – Rrec + Wnr – Wr + TUe – TUr**
    A identidade 3 indica que o PIB de um país pode ser visto como a soma da Renda Nacional Disponível Bruta com as rendas enviadas ao exterior para remuneração de fatores de produção (Renv e Wnr) e por conta de transferências (TUe), deduzidas as rendas recebidas do exterior pelos mesmos motivos.

---

12 A sigla **SD** deve-se à utilização, para o agregado poupança, da letra **S**, referente ao termo em inglês *saving*.

As identidades até aqui apresentadas estão se referindo obviamente a uma economia aberta. O governo, contudo, apesar de estar aí implícito, ainda não apareceu explicitamente. Para que ele apareça, é preciso lembrar que a RDB pode ser dividida em renda do setor privado, ou **Renda Privada Disponível (RPD)**, e renda do governo **ou Renda Líquida do Governo (RLG)**, a qual é composta da soma dos impostos diretos e indiretos e das outras receitas correntes do governo, deduzidas as transferências (recursos pagos diretamente às famílias sob a forma de assistência e previdência, bem como os juros da dívida pública) e os subsídios concedidos às empresas. Sendo assim, podemos escrever:

RLG = receita total do governo – (transferências + subsídios)

Portanto:

4. **RDB = RPD + RLG ou RPD = RDB – RLG**
em que:

RPD = Renda Privada Disponível

A identidade 4 mostra que, para uma dada economia, a renda efetivamente disponível em determinado período, ou seja, a RDB, é dividida em duas partes: uma parte fica com o governo, a RLG, e a outra fica com o setor privado, a RPD. Importante destacar que a renda que fica de fato disponível para o governo enfrentar as despesas necessárias para prestar os devidos serviços à população não é a receita total arrecadada, pois uma parcela não desprezível dela volta ao setor privado sob a forma de transferências. Para saber, portanto, qual foi a renda disponível do setor privado em determinado período (a RPD), é preciso deduzir da RDB a renda líquida do governo, vale dizer, aquela parcela da renda que efetivamente ficou com o governo (a RLG).

Tendo escrito as identidades produto ≡ renda a fim de tornar aparentes os ajustes requeridos pelo fato de as economias reais serem economias abertas e com governo, cabe-nos agora considerar a natureza da demanda que gerou esse produto, bem como a alocação da renda gerada por tal produção.

Para tanto, retomemos por pouco tempo a ideia de uma economia fechada e sem governo. Considerando tal economia, pensemos em identidades capazes de expressar a demanda pelo produto e a alocação da renda. Teríamos, então, que, por um lado, o produto (Y) é igual à demanda por consumo (C) e à demanda por investimento (I), enquanto, por outro, a renda (Y) é igual a consumo (C) mais poupança (S). Formalmente, temos que:

$Y = C + I$ e também $Y = C + S$

e derivamos daí que:

5. **$I = S$ (ou $I \equiv S$)**

Ora, com a introdução do governo, as duas expressões que geraram a identidade $I \equiv S$ ficam modificadas, pois, do ponto de vista da demanda que dá origem ao produto, temos de acrescentar os gastos do governo (G), enquanto, do ponto de vista da renda que é alocada, temos de introduzir a RLG, uma vez que, além de consumir e poupar, os agentes também pagam impostos, taxas e outros tributos. As mudanças nas expressões que geram a identidade entre investimento e poupança alteram também esta última identidade da seguinte maneira:

$Y = C + I + G$ e também $Y = C + S + RLG$

e derivamos daí que:

6. **$I + G = S + RLG$** ou
   6A) $I = S + RLG - G$

A identidade 6 foi escrita também no formato 6A propositadamente. Isto porque a expressão "RLG – G" significa exatamente a **poupança do governo (Sg)**, enquanto o termo **S** significa agora apenas a poupança privada. A identidade 6, portanto, reproduz a identidade básica entre investimento e poupança modificada pela presença do governo. Portanto, ainda sobre a identidade 6, podemos escrever:

$Sg = RLG - G$, de onde
6B) $I = S + Sg$

E se chamarmos de poupança doméstica (SD) a soma da poupança privada com a poupança do governo, teremos ainda:

$S + Sg = SD$ e, portanto,

6C) $I = SD$

Isso posto, temos, por fim, de reintroduzir o setor externo na identidade 6C. Para tanto, é preciso trazer ao quadro as informações referentes à alocação da renda e lembrar que a Renda Disponível Bruta que aparece na **identidade 3** também pode ser escrita, do ponto de vista de sua alocação, como o somatório dos recursos destinados ao consumo, com aqueles destinados à poupança e com aqueles destinados ao pagamento de tributos (líquidos de transferências). Sendo assim, temos:

PIB = RDB + Renv − Rrec + Wnr − Wr + TUe − TUr, e também
RDB = C + S + RLG, de onde
PIB = C + S + RLG + Renv − Rrec + Wnr − Wr + TUe − TUr

Como também
PIB = C + I + G + (X − M), temos

7. **I + G + (X − M) = S + RLG + Renv − Rrec + Wnr − Wr + TUe − TUr,**
ou ainda
7A) I − S + (G − RLG) = (M − X) + Renv − Rrec + Wnr − Wr + TUe − TUr

E lembrando que
RLG − G = Sg e que
(M − X) + Renv − Rrec + Wnr − Wr + TUe − TUr = Poupança externa (SE), temos finalmente

7B) I − S − Sg = SE ou
7C) I ≡ S + Sg + SE

A identidade 7, em seu formato 7C, reescreve, para uma economia aberta e com governo, a identidade básica entre investimento e poupança. Ela nos diz que a poupança necessária para suportar o investimento bruto feito pela economia como um todo (governo incluído) vem de três fontes possíveis: do setor privado (S), do governo (Sg) e do setor externo (SE). Evidentemente, qualquer uma delas pode ser negativa. Se, por exemplo, a poupança do governo for negativa, isso significa que, no período em questão, foi a poupança privada e eventualmente também a poupança externa que possibilitaram a realização do referido investimento. Analogamente, uma poupança externa negativa significa que essa economia, no período estudado, em vez de necessitar de financiamento externo, foi capaz de financiar o resto do mundo. A poupança externa (SE) é o resultado da soma de todos os recursos recebidos pelo resto do mundo em função do estabelecimento de relações com residentes do país, ou seja, recursos oriundos de importações (M), de pagamento a fatores de produção de não residentes (Renv + Wnr) e de transferências correntes enviadas ao exterior (TUe), deduzida de todos os pagamentos feitos pelo resto do mundo à economia em questão, ou seja, pagamentos pelas exportações (X), pela utilização de fatores de produção de residentes (Rrec + Wr) e decorrentes de transferências correntes (TUr). O cotejo entre receitas e despesas, que é a poupança externa, pode ser positivo ou negativo. No primeiro caso, o resto do mundo poupou e a economia em questão absorveu essa poupança externa. No segundo caso, a poupança externa foi negativa, o que significa que a economia em questão financiou o resto do mundo.

Consideradas as razões que motivaram a presença deste capítulo no livro, cabe alertar mais uma vez: as identidades macroeconômicas não implicam, nem podem fazê-lo, qualquer relação de causa e efeito entre os termos. Elas simplesmente mostram identidades macroeconômicas, sem que se possa derivar daí qualquer conclusão teórica sobre a dinâmica de funcionamento da economia. Ademais, enquanto a teoria tenta, com seus pressupostos, indicar qual é a forma previsível do comportamento da economia no futuro, a contabilidade social é *ex-post-facto*, ou seja, simplesmente mensura os agregados e constrói as identidades para dado país em determinado período, já transcorrido. No caso da identidade investimento ≡ poupança, isso significa que nada se pode deduzir da existência de poupança externa positiva, a não ser que, no período em questão, a economia foi financiada pelo resto do mundo. Em outras palavras, essa identidade é contábil. Nada garante sequer que a poupança externa tenha afinal de fato financiado o investimento. A depender do comportamento de alguns preços básicos da economia, como a taxa de juros e a taxa de câmbio, ela pode inclusive financiar o próprio consumo.

Resumo

A seguir, estão os principais pontos vistos neste capítulo.

1. A contabilidade nacional surgiu com o advento da teoria keynesiana. O economista inglês John Maynard Keynes, em meados dos anos 1930, escreveu a *Teoria geral do emprego, do juro e da moeda* para atacar a teoria então vigente e mostrar que a economia não dispunha de mecanismos automáticos para sair de situações de recessão e desemprego.

2. Ao questionar o automatismo implícito na concepção ortodoxa (hoje conhecida como escola neoclássica), Keynes jogou por terra vários dos pressupostos teóricos então vigentes, forjou novos conceitos e revelou *identidades*. Essas identidades constituíram o *fundamento* por meio do qual pôde ser desenhado o sistema de contas nacionais.

3. É preciso distinguir **identidades**, que não pressupõem nenhuma relação de causa e efeito entre os termos que as constituem, e **proposições teóricas**, que pressupõem tais relações.

4. A identidade entre renda e dispêndio demonstrada pela conta do produto permite perceber que o nível de renda e, portanto, de emprego em que a economia operou em dado período está associado a um dado nível de **demanda agregada**. Do ponto de vista da teoria keynesiana, isso significa que é a demanda agregada que induz a economia a produzir mais ou menos, a crescer mais ou menos.

5. A demanda agregada é composta de quatro elementos: o **C**onsumo privado, o **I**nvestimento, o consumo do **G**overno e as e**X**portações líquidas das i**M**portações.

6. A conta **Produto interno bruto do sistema de contas**, tal como vigorou no Brasil até 1996, permite perceber claramente a identidade produto ≡ dispêndio, bem como esses componentes da demanda agregada.

7. Do ponto de vista teórico, a relação entre o consumo agregado e a renda produz o **multiplicador** keynesiano, que magnifica os impactos da demanda agregada sobre os níveis de renda e emprego.

8. Ainda para o economista inglês, em função da permanente incerteza quanto ao futuro, o investimento é uma variável extremamente *instável*.

9. A atuação positiva do efeito multiplicador depende do comportamento do investimento, que é muito instável, e da demanda externa líquida, variável cujo controle não está na inteira dependência do país. Daí que, do ponto de vista keynesiano, o *governo* tem o poder de, por meio de seus gastos, atuar como *regulador* do nível de **demanda efetiva** e impedir a permanência de situações recessivas.

10. A teoria keynesiana predominou por quase quatro décadas tanto academicamente (no ensino de economia nas universidades) quanto praticamente, guiando os governos de vários países no manejo de sua política econômica. O "consenso keynesiano" foi rompido, em meados da década de 1970, pelo advento da teoria das expectativas racionais, que deu nova vida aos pressupostos que Keynes atacara e recuperou a primazia da teoria ortodoxa. Do ponto de vista prático, a inflação combinada ao desemprego que marcou os anos 1970 levou a uma onda de questionamentos quanto à pertinência da atuação do Estado como regulador do nível de demanda efetiva e, assim, pôs na dianteira as políticas associadas àquilo que se convencionou chamar *neoliberalismo* (desregulamentação, controle dos gastos públicos, Estado mínimo, privatizações).

11. Além da identidade produto ≡ dispêndio ≡ renda, existe outra, que é também fundamental: a **identidade investimento ≡ poupança**. É por meio dela e da recuperação dos conceitos de **interno** e **nacional** que se constituem as demais identidades componentes do sistema de contas nacionais.

12. Os agregados mensurados do ponto de vista interno medem o valor total produzido no território do país, *independentemente da origem dos fatores* responsáveis por essa produção, enquanto os agregados mensurados do ponto de vista nacional consideram o valor adicionado gerado por fatores de produção de propriedade de residentes, *independentemente do território* onde esse valor é gerado.

13. Apesar de ambos os conceitos poderem teoricamente ser utilizados em qualquer agregado (produto, renda ou dispêndio), por determinação do SNA 93 não se utiliza mais a terminologia PNB ou PNL, pois parte-se do princípio de que "nacional" é uma qualificação que se aplica apenas à renda gerada, visto que tem a ver com a nacionalidade dos proprietários de fatores de produção. Assim, fala-se em **Produto Interno** (bruto ou líquido, a preço de mercado ou a custo de fatores), mas em **Renda Nacional** (bruta ou líquida, a preços de mercado ou a custo de fatores).

Questões para revisão

1. Explique a diferença entre identidades e relações de causa e efeito.
2. Por que foi com a teoria keynesiana que se tornou possível a constituição de um sistema de contas nacionais?
3. Apesar da identidade produto $\equiv$ dispêndio $\equiv$ renda, para Keynes, existe uma relação de causa e efeito entre esses agregados. Qual é essa relação?
4. Por que um aumento nas exportações pode elevar o nível de renda e emprego?
5. Que nova atribuição foi conferida ao governo depois do advento da teoria keynesiana?
6. Segundo Keynes, a quantidade de bens de consumo que compensa aos empresários produzir depende da quantidade de bens de investimento que eles estejam dispostos a produzir. Lembrando-se do multiplicador, você conseguiria explicar por que ele diz isso?
7. Por que o atributo *nacional* é utilizado para os agregados que se referem à renda mas não é utilizado para os agregados que se referem a produto?
8. Qual é a diferença entre o PIB e a RNB? Explique.
9. O que é Renda Nacional Disponível Bruta? Como se chega a ela?
10. Como se divide a RDB considerando a existência do governo?
11. Como fica a identidade entre poupança e investimento em uma economia aberta e com governo?

Capítulo 4

O formato atual das contas nacionais do Brasil (SNA 08)

4.1 O sistema atual, baseado no SNA 93, com as alterações introduzidas pelo SNA 08

O objetivo do presente capítulo é apresentar o sistema de contas nacionais do Brasil tal como hoje é elaborado. Como já antecipado, esse sistema obedece às recomendações do *System of National Accounts* no formato SNA 93.[1] Trata-se de um desenho bem mais complexo do que aquele que apresentamos no **Capítulo 2**, que era, como vimos, um sistema simples de quatro contas, com uma conta das administrações públicas como anexo. Atualmente, o sistema brasileiro incorporou também as novas recomendações constantes do SNA 08,[2] que, dentre outras alterações, ampliou o escopo daquilo que deve ser entendido como formação bruta de capital fixo. Nesta introdução, apresentamos um pequeno histórico do processo de adoção dessas mudanças pelo sistema brasileiro, bem como os elementos constitutivos do sistema atual.

A partir de 1997, a Fundação IBGE modificou a forma de apresentação do sistema de contas nacionais do Brasil para adaptá-lo às recomendações do SNA 93. Divulgada ao final daquele ano, a nova série de contas expôs dados que foram retroagidos inicialmente até o ano de 1995 e, em seguida, até 1990. O formato anterior, com quatro contas, vigorou até 1996. O novo desenho do sistema foi elaborado sob a responsabilidade conjunta de cinco organizações: as Nações Unidas (ONU), o Fundo Monetário Internacional (FMI), a Comissão das Comunidades Europeias, a Organização para Cooperação e Desenvolvimento Econômico (OCDE) e o Banco Mundial. Apesar das enormes diferenças entre esse sistema e o anteriormente vigente, seus fundamentos e os princípios contábeis, como reconheceu a própria ONU,[3] permaneceram os mesmos.

Segundo as entidades que a elaboraram, a nova proposta visava apresentar um sistema de contas que, embora mantendo os fundamentos dos anteriores, fosse atualizado, flexível e harmônico. *Atualizado* para acompanhar a evolução das economias nas quais a inflação, as eventuais mudanças no papel do governo, o desenvolvimento das comunicações e da informática, a maior complexidade das instituições e dos mercados financeiros e a crescente preocupação com o meio ambiente direcionassem a adaptação dos

---

1   UNITED NATIONS (UN). *System of National Accounts 1993* [SNA-93]. New York: UN, 1993. Disponível em: https://unstats.un.org/unsd/nationalaccount/docs/1993sna.pdf. Acesso em: 14 jan. 2020.

2   UNITED NATIONS (UN). System of National Accounts 2008 [SNA-2008]. New York: UN, 2009. Disponível em: https://unstats.un.org/unsd/nationalaccount/docs/SNA2008.pdf. Acesso em: 14 jan. 2020.

3   FUNDAÇÃO INSTITUTO BRASILEIRO DE GEOGRAFIA E ESTATÍSTICA (IBGE). *Sistema de contas nacionais* – Tabela de recursos e usos: metodologia. Rio de Janeiro: IBGE, 1997. p. 11.

conceitos e das mudanças metodológicas. *Flexível*, para viabilizar sua aplicação tanto em economias que estavam se tornando mais complexas quanto naquelas que estavam experimentando outros tipos de mudança, como a passagem para a economia de mercado.[4] Finalmente, mais *harmônico* significava que ele apresentava maior compatibilidade com outros sistemas internacionais de estatísticas, a exemplo do Manual de Balanço de Pagamentos do Fundo Monetário Internacional (FMI).

Assim, as mudanças implementadas pelo SNA 93 não foram mudanças de fundamento, mas de forma e de escopo, no que tange à diversidade das informações. Do ponto de vista conceitual, portanto, continuaram a ter validade todas as considerações apresentadas nos capítulos anteriores. Além disso, apesar de nos referirmos agora não mais a *créditos* e *débitos*, mas, sim, a *recursos* e *usos*, continuam a ser válidos os princípios contábeis que nortearam todos os sistemas de contabilidade nacional até hoje desenhados.

Em 2015, seguindo as recomendações do SNA 08, o IBGE promove novas alterações no sistema, mudando-se o ano de referência para 2010 (na série anterior, o ano de referência era 2000). Segundo o próprio IBGE, a nova série é resultado de uma revisão do sistema anterior que envolve a atualização da classificação de atividades econômicas, a adaptação dos conceitos utilizados na mensuração das diversas rubricas às novas recomendações do SNA 08, a incorporação de novas fontes de dados e a constituição de novas estruturas de referência.[5] A nova série, com a incorporação dos novos conceitos e informações, foi retroagida até 2000.

O sistema atual é bem mais complexo e rico em informações do que o sistema consolidado que vigorou até 1996, cujos fundamentos básicos vimos no **Capítulo 2**. Além disso, ele é constituído pela integração de instrumentos de mensuração dos agregados econômicos que têm natureza distinta. De um lado, temos as **Tabelas de Recursos e Usos (TRU)**, que apresentam os agregados discriminados de acordo com as diversas atividades econômicas (agricultura, indústria etc.) e têm estrutura básica assentada na matriz insumo-produto (fundamentos apresentados no **Anexo** do **Capítulo 2**). De outro, temos as **Contas Econômicas Integradas (CEI)**, um conjunto integrado de peças contábeis que se aproxima, quando considerados apenas os resultados agregados, das quatro contas do sistema anteriormente vigente. Elas são elaboradas investigando-se o

---

4 O leitor deve ter em mente que, no início dos anos 1990, as economias do leste europeu, incluindo aquelas que em conjunto formavam a então União das Repúblicas Socialistas Soviéticas (URSS), estavam em pleno processo de transição de seus sistemas centralmente planificados para economias de mercado.

5 INSTITUTO BRASILEIRO DE GEOGRAFIA E ESTATÍSTICA (IBGE). *Sistema de contas nacionais:* Brasil – ano de referência 2010. Rio de Janeiro: Diretoria de Pesquisas: Coordenadoria de Contas Nacionais, 2016. (Série Relatórios Metodológicos, n. 26).

desempenho da economia de acordo com os diversos setores institucionais aí atuantes (empresas, famílias, administração pública etc.).

Seguindo as recomendações do SNA 08, o atual sistema de contas do Brasil inclui ainda, além das TRU e das CEI, as tabelas de classificação cruzada setor institucional/atividade econômica e as tabelas de população e emprego. Vamos ver como funciona cada um desses diferentes elementos por meio do exemplo de uma economia hipotética H.

4.2 Tabelas de Recursos e Usos (TRU)

As Tabelas de Recursos e Usos do sistema brasileiro de contas nacionais conformam um conjunto constituído por seis matrizes, citadas a seguir e dispostas tal como na Tabela 4.1.

A – matriz de Oferta
A1 – matriz de Produção
A2 – matriz de Importação
B1 – matriz de Consumo Intermediário
B2 – matriz de Demanda Final
C – matriz de Componentes do Valor Adicionado

Tabela 4.1 – Esquema das Tabelas de Recursos e Usos (TRU)

Tabelas de RECURSOS de bens e serviços		
A	A1	A2
Tabelas de USOS de bens e serviços		
A	B1	B2
	C	

Fonte: elaborada pelos autores.

Entre essas matrizes, estabelecem-se as seguintes relações:

$$A = A1 + A2 \qquad (I)$$
$$A = B1 + B2 \qquad (II)$$
$$C = A1 - B1 \qquad (III)$$

A relação (I) indica que, para cada tipo de produto existente, a oferta total da economia é igual à produção interna mais a importação. Essa oferta total, porém, deve igualar-se à demanda total, o que é demonstrado pela relação (II). Essa mesma relação mostra também que a demanda total é constituída pela demanda para consumo intermediário e pela demanda por bens finais. Como são constituídas produto a produto, o conjunto das matrizes B1, B2 e C conforma uma matriz insumo-produto, tal como apresentado no **Anexo** do **Capítulo 2**, sendo que a demanda final aparece discriminada por seus componentes (consumo das famílias e consumo do governo, formação bruta de capital fixo, variação de estoques e demanda externa). Finalmente a relação (III) mostra que se chega ao valor adicionado de cada atividade econômica e ao valor adicionado total da economia (PIB), deduzindo, do valor da produção, o consumo intermediário.

Para entender a estrutura das TRU, vamos proceder a algumas simplificações usando um exemplo hipotético de economia aberta e com governo. Se bem compreendido o funcionamento das TRU por meio desse exemplo, o leitor não terá dificuldade de acompanhar as TRU do Brasil, que se encontram no Apêndice Estatístico.[6] A Tabela 4.2 mostra esse exemplo.

Do ponto de vista da organização da produção, as atividades econômicas que aparecem nas TRU são as citadas a seguir, considerado seu nível mais elevado de agregação.

A Agropecuária
I Indústria extrativa mineral
Indústria de transformação
Serviços industriais de utilidade pública
Construção civil
C Comércio
T Transporte, armazenagem e correio
F Intermediação financeira, seguros e previdência complementar

---

6 Disponível no Material de Apoio deste livro.

Tabela 4.2 – Tabela de Recursos e Usos (TRU) para uma economia hipotética H no período t

Fonte: elaborada pelos autores.

Tabela de RECURSOS de bens e serviços

Descrição do produto	Oferta de Bens e Serviços				Produção das Atividades							Total da econ.	Importação
	Oferta total p. comprador	Marg com. e transp.	Imp. s/ produtos e import.	Oferta Total p. básicos	Atividade A	Atividade I	Atividade S	Atividade F	Atividade C+T	Atividade G	Total das atividades		
Produção A	600	60	24	516	468	24	0	0	0	12	504		12
Produção I	3.600	360	360	2.880	48	2.520	36	0	12	24	2.640		240
Produção S	2.400	240	240	1.920	0	0	1.920	0	0	0	1.920		0
Produção F	480	0	24	456	0	0	0	444	0	0	444		12
Produção C+T	240	−660	12	888	0	12	0	0	840	0	852		36
Produção G	840	0	0	840	0	0	0	0	0	840	840		0
TOTAL	8.160	0	660	7.500	516	2.556	1.956	444	852	876	7.200		300

Tabela de USOS de bens e serviços

Descrição do produto	Oferta total p. comprador	Consumo Intermediário das atividades							Componentes da demanda final						
		Atividade A	Atividade I	Atividade S	Atividade F	Atividade C+T	Atividade G	Total das atividades	Exportação	Cons. de AP	Cons. das Fam.	FBKF	Var. Estoques	Dem. Final	Dem. Total
Produção A	600	84	300	18	0	0	18	420	36	0	126	12	6	180	600
Produção I	3.600	120	1.260	372	18	240	114	2.124	168	0	804	480	24	1.476	3.600
Produção S	2.400	6	24	60	6	60	144	300	36	0	2040	24	0	2.100	2.400
Produção F	480	18	156	42	48	54	30	348	24	0	108	0	0	132	480
Produção C+T	240	6	72	24	6	60	6	174	18	0	48	0	0	66	240
Produção G	840	0	0	0	54	0	0	54	0	786	0	0	0	786	840
TOTAL	8.160	234	1.812	516	132	414	312	3.420	282	786	3.126	516	30	4.740	8.160

Componentes do Valor Adicionado

	Oferta total p. comprador	Atividade A	Atividade I	Atividade S	Atividade F	Atividade C+T	Atividade G	Total das atividades	Total da econ.
Valor Adicionado Bruto (PIB)		282	744	1.440	312	438	564	3.780 (VAB)	4.440 = PIB
Remuner. (a+b)		60	420	792	150	240	554	2.216	2.216
a) Salários		48	336	660	120	192	420	1.776	1.776
b) Contrib. Soc		12	84	132	30	48	134	440	440
EOB		192	276	492	132	144	10	1.246	1.246
Rend. Misto Bruto		30	42	132	26	54	0	284	284
Imp. Produtos e Imp.	660								660
Outros Imp. Produção		0	12	30	4	0	0	46	46
Outros Subs. Prod.			−6	−6	0			−12	−12

S Serviços de informação

Atividades imobiliárias e aluguel

Outros serviços (serviços pessoais, de administração, de limpeza, de segurança etc.)

G Administração, saúde e educação públicas

Considerando a necessidade de viabilizar neste livro a apresentação de um exemplo numérico para facilitar a compreensão do funcionamento das TRU, agregamos todas as atividades industriais como simplesmente *indústria* (**I**) e todas as atividades de serviços como *serviços* (**S**). De outro lado, agregamos as atividades de comércio, armazenagem, transporte e correio na atividade **C+T**. Assim, em vez de 12 atividades econômicas originais, ficamos com apenas seis, tornando possível a apresentação do exemplo numérico.

A primeira matriz de nosso exemplo, a *matriz de oferta de bens e serviços* da tabela de recursos, mostra que:

> preços ao comprador = preços básicos + impostos sobre produtos e importação líquidos de subsídios + margens de comércio e transporte

O conceito de **preços ao comprador** incorpora ao **preço básico** dos produtos de cada uma das atividades a *margem de comércio e transporte*, além dos *impostos sobre produtos e importação líquidos de subsídios*.[7] A oferta total a preços básicos não inclui estes dois últimos elementos nem quando o conceito é aplicado no agregado, nem quando se considera cada uma das atividades de produção. No agregado, como as margens de comércio e transporte desaparecem, pois o comércio e o transporte constituem-se, eles mesmos, em atividades econômicas, a oferta total a preços de comprador é igual à oferta total a preços básicos mais o valor dos impostos sobre produtos e importação, líquidos de subsídios. As linhas da matriz A, bem como de suas componentes A1 e A2, apresentam os seis grandes grupos produtivos correspondentes às atividades econômicas anteriormente apresentadas: agricultura (**A**), indústria (**I**), serviços (**S**), atividade financeira (**F**), atividades de comércio e transporte (**C+T**) e atividade da administração pública (**G**). Assim, esse quadrante nos indica, por exemplo, que a oferta total de

---

7   No que diz respeito ao produto agregado (PIB), utilizamos os conceitos de *custo de fator* (quando não se considera o valor dos impostos sobre produtos e importação, líquidos de subsídios) e o conceito de *preço de mercado* (quando se considera esse valor). No agregado, o conceito de *preços de comprador* aplicado à oferta total, que aparece nas TRU, é correlato ao *de preço de mercado* que utilizamos para o PIB, uma vez que a margem de comércio e transporte desaparece nesse nível (agregado). O mesmo não pode ser dito desses conceitos quando se considera cada atividade produtiva em particular.

produtos da Indústria (I) alcançou, no ano em questão, o valor de $ 3.600 avaliada a preços de comprador, montante esse resultante de $ 2.880, quando avaliada a preços básicos, mais $ 360 de impostos sobre produtos e importação,[8] mais $ 360 referentes à margem de comércio e transporte.[9]

Cabe explicar ainda o sinal de menos colocado à frente do valor referente à margem de comércio e transporte da atividade **C+T**. Como já adiantamos, quando consideramos a produção no agregado, não faz sentido falar em margem de comércio e transportes, visto que o comércio e o transporte constituem, também eles, atividades econômicas. Assim, torna-se necessário apresentar o valor dessa margem para cada tipo de produção, mas zerar o valor total da coluna (que indica o valor total da oferta), uma vez que, no agregado, a margem é zero. De outro lado, no que diz respeito à soma da linha, é o valor negativo para a margem de comércio e transporte que resulta, unicamente para essa atividade econômica, em um valor da oferta a preços básicos maior do que seu valor a preços de consumidor. O valor positivo para a oferta total a preços de comprador de **C+T** decorre do fato de existirem serviços de transporte que não estão embutidos como margem nos preços de comprador de outros produtos, a saber: os serviços de transporte de passageiros de qualquer natureza (rodoviário, ferroviário, aéreo, fluvial).

Passemos, então, à matriz A1, que, como vimos, informa os valores alcançados pela produção doméstica. Nessa matriz, cada linha indica em quais atividades econômicas os produtos são produzidos, enquanto as colunas mostram a composição dos produtos produzidos pelas atividades. Assim, para cada tipo de produção, a soma de todas as colunas fornece o valor total produzido, que tem origem em vários tipos de atividade econômica, enquanto, para cada atividade econômica, a soma das linhas mostra a totalidade do valor produzido pela atividade no período em questão, considerados os diferentes tipos de produto aí envolvidos. Dessa forma, ficamos sabendo, por exemplo, que, no ano t, a economia H produziu $ 504 em produtos agropecuários (que são os produtos característicos da atividade econômica **A**), tendo sido $ 468 desse valor produzido pela própria

---

8   Notemos que os impostos incidentes sobre a oferta total devem incluir também aqueles incidentes sobre a importação, visto que a oferta total, como indica a equação básica da tabela de recursos de bens e serviços, é composta de produção mais importação.

9   Nas edições anteriores deste livro, utilizamos para as linhas o termo **atividade** e para as colunas o termo **setor**. Assim, tínhamos o "setor industrial" na segunda coluna da matriz de produção (A1) e a "atividade industrial" na segunda linha da mesma matriz. Contudo, nas últimas publicações do IBGE, fica claro que o termo **setor** ficou reservado para a clivagem feita de acordo com a natureza das unidades institucionais envolvidas nas transações, as quais constituem, como vimos, as Contas Econômicas Integradas (CEI). Fala-se, assim, em cinco diferentes "setores institucionais". Nesta edição, procedemos à alteração necessária para que sua linguagem acompanhe a nomenclatura do IBGE. Teremos a "atividade econômica industrial" na segunda coluna da matriz A2 e a "produção industrial" (e os produtos industriais) na segunda linha da mesma matriz. Assim, de um lado, uma dada atividade econômica, por exemplo, a Agropecuária, pode produzir diferentes tipos de produto, não só os agropecuários, mas, eventualmente, também produtos industriais; de outro lado, um mesmo tipo de produção, por exemplo, a produção industrial, pode provir de distintas atividades econômicas, ou seja, não só da própria atividade econômica industrial, mas, eventualmente, também da atividade agropecuária ou da atividade de serviços.

atividade agropecuária, enquanto a atividade industrial (**I**) produziu mais $ 24, e o governo (**G**) produziu os $ 12 restantes (por exemplo, por meio de programas de hortas comunitárias ou de instituições como a Embrapa). Da mesma maneira, ficamos sabendo que a atividade econômica industrial (**I**) produziu uma oferta total no valor de $ 2.556, sendo $ 2.520 em produtos industriais, mais $ 24 em produtos do setor agropecuário, mais $ 12 em serviços de comércio e transporte. O aparecimento de valores fora das casdas onde se esperaria que eles aparecessem deve-se ao fato de as atividades econômicas não serem puras. Assim, na atividade industrial, por exemplo, encontramos também produção de bens agrícolas e de serviços de transporte. O mesmo ocorre com as demais atividades.

A matriz A2, como vimos, traz os valores, em moeda local, alcançados pelas importações de bens e serviços[10] realizadas pelo país. Por meio dele, ficamos sabendo que o país importou $ 12 em produtos agropecuários, $ 240 em produtos industriais, e assim por diante. Respeitando as equações básicas anteriormente apresentadas, o somatório dos valores dessa matriz com aqueles da produção doméstica (coluna "total das atividades" da matriz A1), chegamos à oferta total a preços básicos de cada tipo de produto, tal como apresentado pela matriz A. Por exemplo, a oferta total a preços básicos de $ 2.880 em bens industriais (bens típicos da atividade **I**) resultou da produção de $ 2.640 realizada domesticamente mais $ 240 em importações. A mesma relação vale evidentemente para os demais produtos, bem como para a linha final que agrega a totalidade da oferta.

Vejamos agora a matriz B1. Como já adiantamos, essa matriz constitui parte importante da matriz insumo-produto (matriz IXP), uma vez que mostra as compras intermediárias que as atividades econômicas e as unidades empresariais efetuam entre si para obter os insumos necessários à produção de seus bens. Assim, a matriz B1 vai nos mostrar quanto cada uma das seis atividades econômicas comprou em insumos em relação às demais atividades. Sabemos, então, que, no período em questão, para produzir seus $ 2.556 em valor (sendo $ 2.520 em produtos industriais, mais $ 24 em produtos agropecuários, mais $ 12 em serviços de comércio e transporte), a atividade **I** precisou de $ 300 em insumos vindos da produção de **A**, mais $ 1.260 em insumos vindos da própria atividade **I**, mais $ 24 em insumos vindos da atividade **S**, mais $ 156 em insumos vindos da atividade **F**, e mais $ 72 em insumos vindos da atividade **C+T**, totalizando, em compras intermediárias, ou consumo intermediário, o valor de $ 1.812.

---

10 As importações de bens e serviços (assim como as exportações) podem ser valoradas de duas formas: a preços *Free on Board* (FOB) e a preços *Cost, Insurance and Freight* (CIF). A diferença é que o segundo tipo de registro inclui as despesas com transporte e seguros, e o primeiro não. Nas contas nacionais, tanto as importações quanto as exportações são valoradas a preços FOB.

Daí já se obtém imediatamente o valor adicionado da atividade **I**. Temos, de um lado, na matriz A1, o valor total da produção da atividade **I** no período t, que foi de $ 2.556; de outro, com base na matriz B1, sabemos que o valor do consumo intermediário dessa atividade no mesmo período foi de $ 1.812. Assim, deduzindo o segundo valor do primeiro, temos o valor adicionado por essa atividade econômica no período em questão ($ 744). Esse mesmo cálculo pode ser feito para todos os demais setores. Por isso, a primeira linha da matriz C é precisamente aquela que aponta o valor adicionado de cada atividade econômica. Desnecessário dizer que a soma dos valores que compõem a linha do valor adicionado bruto (VAB = $ 3.780) produz o valor do PIB a custo de fatores, valor esse que, somado ao valor dos impostos líquidos de subsídios sobre produtos e importação, produz o valor do PIB a preços de mercado, que é de $ 4.440 e se encontra destacado na tabela.

Cabem aqui algumas observações sobre a atividade financeira e principalmente sobre o consumo dos serviços de intermediação financeira pelas demais atividades econômicas. A produção da atividade financeira é dividida em três componentes:

a) os serviços efetivamente prestados e cobrados como serviços, incluindo aqueles associados a seguros e fundos de pensão (por exemplo, os serviços associados às tarifas bancárias que os correntistas pagam a seus bancos; taxas de administração etc.);

b) os Serviços de Intermediação Financeira Indiretamente Mensurados (Sifim); e

c) os aluguéis eventualmente recebidos (considerados produção secundária).

Com relação aos itens **a** e **c**, não há grande complicação, pois se trata de remuneração usual pela produção (prestação) de serviços, no primeiro caso, e de remuneração usual de propriedade, no segundo caso. A questão mais complexa está associada aos serviços de intermediação financeira. Como esses serviços (que constituem um dos insumos produzidos pelo setor F) só podem ser indiretamente mensurados[11] e como não havia critério para sua distribuição entre os demais setores, optou-se, até meados dos anos 2000, pela criação de um setor artificial denominado *dummy financeira*, de produção nula e consumo intermediário igual ao valor total dos serviços de dívida pagos (portanto de valor adicionado negativo). Ocorre que este último valor faz parte, no agregado, do valor bruto da

---

11 Isto acontece porque os recursos de terceiros utilizados por determinada empresa não podem ser considerados insumos no sentido usual, uma vez que serão devolvidos aos proprietários originais. O que se consome, na realidade, são os serviços de intermediação realizados pelo setor financeiro, que aparecem como a diferença entre juros recebidos e juros pagos. Portanto, é a partir daí que se mensura seu valor, ou seja, a partir da estimativa, que só pode se dar no agregado, da referida diferença. Logo, sua mensuração é indireta e seria preciso então um critério para que, do ponto de vista das Contas Nacionais, seu consumo como insumo pudesse ser atribuído aos diferentes setores da economia.

produção da economia (é parcela do valor da produção do setor F), mas não cria valor, não adiciona valor, pelo menos não integralmente, uma vez que, em sua maior parte, o setor F apenas intermedia a cessão de recursos monetários e o pagamento de juros de devedores a credores. Com esse artifício, apesar de não aparecer como insumo absorvido pelos demais setores, esse valor aparecia como um valor intermediariamente consumido, sem inflar, portanto, o valor adicionado da economia. A partir da divulgação pelo IBGE, em 2007, da série de Contas Nacionais que tem por base o SNA 93 e 2000 como ano de referência, o tratamento dado a essa questão alterou-se. Os Sifim passaram a ser distribuídos como consumo intermediário entre as várias atividades econômicas, utilizando-se como critério de distribuição a participação de cada uma no valor adicionado total. Com isso, desapareceu o setor artificial *dummy*.

De acordo com a metodologia divulgada pelo IBGE, o referido cálculo é feito em três etapas. Inicialmente, calcula-se o valor total dos Sifim com base em informações do Banco Central sobre taxas de juros (cobradas de empréstimos, pagas a depósitos e Selic) e sobre estoques de empréstimos e depósitos nas entidades financeiras. Em seguida, esse valor é primeiramente distribuído entre os setores institucionais, uma vez que o valor atribuído às famílias é considerado demanda final em relação a essa produção. Esse valor é então deduzido do valor total dos Sifim, e o resultado dessa subtração é distribuído, como consumo intermediário, entre as várias atividades econômicas. Uma consequência importante dessa alteração é que o valor do PIB se eleva em relação à metodologia anterior, pois, com base nela, uma parcela da diferença entre juros recebidos e juros pagos vai aparecer como valor adicionado, o que antes não ocorria (o valor bruto da produção desse serviço, que ficava computado no valor gerado pelo setor financeiro, era exatamente compensado pelo consumo do setor *dummy*).

Consideremos agora a matriz B2, que discrimina a demanda final em seus componentes básicos e cujos valores totais, somados, no agregado e setorialmente, àqueles apresentados na matriz B1 (de consumo intermediário ou demanda intermediária), recuperam o valor da oferta total de bens e serviços (coluna demanda total), tal como indica a equação básica da tabela de usos de bens e serviços das TRU. De maneira idêntica à estrutura do lado do crédito da conta de produto (ou conta PIB) do sistema anterior, temos nesse quadrante a decomposição da demanda final em demanda externa (exportações), consumo das famílias e do governo,[12] formação bruta de capital fixo e variação de

---

12 As TRU elaboradas pelo IBGE incluem também, como componente da demanda agregada, uma coluna com o consumo das Instituições sem Fins Lucrativos a Serviço das Famílias (ISFLSF). Em nosso exemplo, em benefício da simplicidade e da maior facilidade de compreensão do conjunto das TRU, essa coluna foi omitida.

estoques. Cada um desses elementos constitui uma coluna, e nas linhas encontramos as contribuições de cada tipo de produção para a constituição dessa demanda final.

É justamente nessa matriz que se encontram as alterações mais importantes trazidas pelo SNA 08 e incorporadas pelo IBGE às Contas Nacionais do Brasil a partir de 2015. Essas modificações, que levaram à revisão completa das séries das Contas Nacionais desde 1995, tendo 2010 como ano de referência, produziram alterações nos valores e nas taxas de crescimento do PIB já publicados. A revisão promovida pelo IBGE, que gerou essa nova série, não se deveu apenas à necessidade de adequar as contas brasileiras às recomendações do SNA 08. Outras razões também foram decisivas para a promoção dessa mudança. Uma delas foi a necessidade de passar a utilizar, na elaboração das contas, a Classificação Nacional das Atividades Econômicas – CNAE 2.0, em vez da CNAE 1.0, então em uso.[13] A nova CNAE, além de muito mais desagregada que a anterior (são 68 setores e 128 produtos contra 56 setores e 110 produtos, na versão anterior), está mais próxima dos padrões internacionais de classificação. A possibilidade de utilizar novas e mais atualizadas pesquisas, como a Pesquisa de Orçamentos Familiares – POF 2008/2009,[14] o Censo Demográfico 2010,[15] a Pesquisa de Consumo Intermediário – PCI 2010[16] e a Pesquisa Anual de Serviços – PAS 2010 (que permite a atualização das margens de comércio e transporte),[17] também foi uma importante razão para promover a alteração.

Em relação à adequação às recomendações do SNA 08, as alterações afetaram principalmente um dos componentes da matriz de demanda final, que é a Formação Bruta de Capital Fixo (FBKF). O SNA 08 recomendou uma nova classificação para os tipos de ativo que compõem a FBKF. Com isso, muitos produtos que antes eram considerados apenas elementos de consumo intermediário, não integrando o valor adicionado das diferentes atividades econômicas, passaram a ser considerados investimentos. Dessa forma, eles saíram do conjunto de bens e serviços que constituem a demanda intermediária e passaram a integrar o bloco da demanda final, elevando, para cada atividade econômica e no agregado, o valor adicionado bruto produzido a cada período.

Os principais itens que passaram a figurar como formação de capital fixo foram os gastos com Pesquisa e Desenvolvimento (P&D), com bancos de dados e com avaliação

---

13 INSTITUTO BRASILEIRO DE GEOGRAFIA E ESTATÍSTICA (IBGE). *Classificação nacional de atividades econômicas*. Versão 2.0. Disponível em: https://concla.ibge.gov.br/classificacoes/por-tema/atividades-economicas/classificacao-nacional-de-atividades-economicas.html. Acesso em: 4 fev. 2020.

14 INSTITUTO BRASILEIRO DE GEOGRAFIA E ESTATÍSTICA (IBGE). *Pesquisa de orçamentos familiares 2008-2009*. Análise do consumo alimentar pessoal no Brasil. Rio de Janeiro: IBGE, 2011.

15 INSTITUTO BRASILEIRO DE GEOGRAFIA E ESTATÍSTICA (IBGE). *Censo demográfico 2010*. Rio de Janeiro: IBGE, 2011.

16 INSTITUTO BRASILEIRO DE GEOGRAFIA E ESTATÍSTICA (IBGE). *Pesquisa de consumo intermediário*. Disponível em: ftp://ftp.ibge.gov.br/Contas_Nacionais/Sistema_de_Contas_Nacionais/Notas_Metodologicas_2010/20_consumo_intermediario.pdf. Acesso em: 4 fev. 2020.

17 INSTITUTO BRASILEIRO DE GEOGRAFIA E ESTATÍSTICA (IBGE). *Pesquisa anual de serviços 2010*. Rio de Janeiro: IBGE, 2010.

mineral. Todos esses ativos se diferenciam, por sua natureza, dos ativos tangíveis, como máquinas, equipamentos e edificações. Em conjunto com três outros tipos de ativo (*softwares*, exploração mineral e originais de entretenimento, literatura e artes), que já faziam parte da FBKF, eles conformam o grupo de ativos intangíveis, ou de *Produtos de Propriedade Intelectual* (PPI), como o SNA 08 agora os denomina.[18] A mudança faz sentido, pois trata-se, no que tange a todos os três elementos que engordaram os investimentos, de "bens produzidos, factíveis de utilização repetida e contínua em outros processos produtivos, por tempo superior a um ano sem, no entanto, serem efetivamente consumidos pelos mesmos", que é a definição de ativo fixo.[19] De fato, um gasto com avaliação mineral de determinado terreno, uma vez efetuado, servirá indefinidamente para o planejamento da produção, independentemente de seu resultado ser positivo ou negativo do ponto de vista do potencial de exploração econômica estimado pela referida avaliação. O mesmo se aplica aos gastos com P&D. Os bancos de dados também são ativos e muito valiosos para determinadas atividades e, ainda que tenham de ser continuamente atualizados, o estoque de informações já existente se enquadra na definição de ativo fixo.[20]

Feito esse necessário parêntese para comentar as alterações introduzidas pela adoção do SNA 08, resta agora, para completar a discussão das TRU, comentar o quadrante C, que decompõe o valor adicionado de cada atividade econômica nas categorias de renda e impostos sobre a produção. Como já mencionamos, a primeira linha da matriz C indica o valor adicionado gerado em cada uma das atividades econômicas. Esses valores são obtidos deduzindo-se, do valor total produzido em cada atividade (última linha da matriz A1), o valor de seu respectivo consumo intermediário (última linha da matriz B1). As linhas seguintes da matriz C mostram a decomposição do valor adicionado de cada setor, indicado na primeira linha do quadrante, nas seguintes categorias: i) *remunerações*, que se subdivide em *salários* e *contribuições sociais*; ii) *excedente operacional bruto*; iii) *rendimento misto bruto*, que engloba o rendimento de autônomos e o rendimento da atividade produtiva informal das famílias; iv) impostos líquidos de subsídios sobre produtos e

---

18 Em função de dificuldades para a obtenção das informações necessárias, as contas brasileiras ainda não incluem na FBKF os originais de entretenimento, literatura e artes.

19 Veja: INSTITUTO BRASILEIRO DE GEOGRAFIA E ESTATÍSTICA (IBGE). *Sistema de contas nacionais*: Brasil. Rio de Janeiro: Diretoria de Pesquisas: Coordenadoria de Contas Nacionais, 2004. p. 39 (Série Relatórios Metodológicos, n. 24).

20 As alterações decorrentes da adoção das recomendações do SNA 08 relativas à Formação Bruta de Capital Fixo permitem chamar a atenção do leitor para a natureza dos bens cuja produção pode ser considerada formação de capital fixo. Parece claro que a maior parte dos bens que podem ser assim considerados são bens oriundos da produção industrial (máquinas, equipamentos, ferramentas, edificações etc.). Alguns produtos do setor de serviços, como *softwares*, já faziam parte desse grupo e o SNA 08 ampliou-o ainda mais incluindo, por exemplo, os bancos de dados. Também na produção agropecuária há bens que têm esse caráter: aumento de rebanhos para extração de leite ou para serem utilizados em reprodução é considerado investimento. De outro lado, não faz nenhum sentido que existam produtos oriundos do comércio, do transporte, da intermediação financeira e das administrações públicas que possam ser assim considerados.

importação; v) outros impostos sobre a produção; e vi) outros subsídios sobre a produção. Por meio da análise das informações desse quadrante, podemos saber, por exemplo, que, dos $ 1.440 de valor adicionado gerados pela atividade **S**, $ 792 tomaram a forma de remunerações, sendo $ 660 em salários e $ 132 em contribuições sociais; $ 492 constituíram o excedente operacional bruto da atividade, $ 132 constituíram o rendimento misto bruto, enquanto $ 24 tomaram a forma de outros impostos sobre a produção líquidos de outros subsídios sobre a produção. A mesma análise pode ser feita para todos os demais setores.

O leitor certamente está se perguntando o que é que diferencia o item (iv) dos itens (v) e (vi) e por que o primeiro aparece assinalado apenas pelo seu valor total, enquanto os demais aparecem decompostos por setor. Essa diferença na forma de tratamento explica-se pela natureza do imposto. Os impostos que estão englobados no item (iv) incidem diretamente sobre os produtos. Em sua maior parte, trata-se de impostos sobre o valor adicionado, que alteram os preços dos produtos (como o IPI e o ICMS). Outros tipos de imposto sobre produtos são o imposto sobre importação, o ISS e o PIS-Cofins. Já os impostos englobados no item (v) também têm como fato gerador a produção e ocupam uma parcela do valor adicionado de cada atividade econômica, mas não incidem diretamente sobre os produtos. Um exemplo desse tipo de imposto encontra-se naqueles tributos que incidem sobre a folha de pagamentos, como as contribuições ao sistema S[21] e as taxas incidentes sobre o exercício da atividade econômica (por exemplo, a Taxa de Fiscalização de Estabelecimentos – TFE, cobrada pelas prefeituras). A Contribuição para o Financiamento da Seguridade Social (COFINS) é outro exemplo. Esses valores, portanto, estão incluídos nos valores adicionados pelas diferentes atividades econômicas apresentados nas linhas acima (obviamente deduzidos dos subsídios correspondentes). Daí por que o valor do PIB é encontrado somando-se ao valor adicionado bruto total (VAB), no nosso exemplo $ 3.780, apenas o valor dos impostos sobre produtos e importação ($ 660). No que concerne à terminologia do sistema, quando falamos em "impostos sobre produtos", estamos nos referindo apenas a estes últimos, ou seja, aqueles que incidem diretamente sobre o produto (em nosso exemplo, $ 660); quando falamos em "impostos sobre produção", estamos nos referindo à totalidade desses impostos, ou seja, "impostos sobre produtos" e "outros impostos sobre a produção" (em nosso exemplo, $ 660 + $ 34 = $ 694).

---

21 Sistema S refere-se a um conjunto de entidades que têm como fonte de renda as contribuições de interesse de determinadas categorias profissionais ou econômicas. Essas contribuições constituem um tipo de tributo que incide sobre a folha de salários das empresas pertencentes às categorias correspondentes. Trata-se, no total, de nove entidades, dentre as quais as mais conhecidas são: Sesi, Sesc, Senai e Senac.

4.3 As Contas Econômicas Integradas (CEI)

Segundo o IBGE, as Contas Econômicas Integradas (CEI) constituem o núcleo do sistema de contas nacionais, descrevendo os eventos essenciais que constituem a vida econômica – produção, consumo, acumulação e riqueza – e fornecendo uma representação desse conjunto e de suas interrelações.[22] Nas CEI, a unidade de investigação é a *unidade institucional*, que se caracteriza por ter autonomia de decisão, unidade patrimonial e capacidade de possuir ativos e contrair passivos. As unidades institucionais são organizadas em cinco setores institucionais, a saber:

1. empresas não financeiras;
2. empresas financeiras;
3. administrações públicas (governo geral);
4. famílias; e
5. Instituições Sem Fins Lucrativos a Serviço das Famílias (ISFLSF).

Além disso, também fazem parte das CEI, funcionando como uma espécie de sexto setor institucional, o resto do mundo. A seguir, veremos, inicialmente, os *agregados e saldos*, que produzem os indicadores sintéticos e as variáveis mais importantes do ponto de vista macroeconômico para a economia nacional, e, na sequência, a discriminação dos agregados de acordo com os setores institucionais acima referidos.

4.3.1 A economia nacional: os agregados e os saldos

Conforme já adiantado, os resultados agregados que agora veremos, apesar do formato diferente que têm, pois trabalham com *recursos* e *usos*, e não mais com *créditos* e *débitos*, aproximam-se do sistema de quatro contas que vigorou no Brasil até 1996. As CEI são constituídas por cinco contas (contas 0 a 4) e sete subcontas (2.1.1, 2.1.2, 2.2, 2.3, 4.1, 4.2 e 4.3), divididas em três grupos (A, B e C), estruturados como mostra a Tabela 4.3.

---

22 Veja-se Sistemas de Contas Nacionais Brasil – ano de referência 2010, série *Relatórios Metodológicos*, n. 24. Rio de Janeiro: IBGE, 2016, 3ª edição, p. 19.

Tabela 4.3 – Estrutura das Contas Econômicas Integradas (CEI) para a economia nacional

Grupo A	Conta de bens e serviços	
	Conta 0	Conta de bens e serviços
Grupo B	**Contas de produção, renda e capital**	
	Conta 1	Conta de produção
	Conta 2	Conta de renda
		Conta 2.1 Conta de distribuição primária da renda
		Conta 2.1.1 Conta de geração de renda
		Conta 2.1.2 Conta de alocação de renda
		Conta 2.2 Conta de distribuição secundária da renda
		Conta 2.3 Conta de uso da renda
	Conta 3	Conta de acumulação
Grupo C	**Conta das operações correntes com o resto do mundo**	
	Conta 4	Conta de operações correntes com o resto do mundo
		Conta 4.1 Conta de bens e serviços do RM com a economia nacional
		Conta 4.2 Conta de distribuição primária da renda e transferências correntes do RM com a economia nacional
		Conta 4.3 Conta de acumulação do RM com a economia nacional

Fonte: elaborada pelos autores.

Vale notar que, no formato em que se discriminam os valores por setores institucionais, não existe o grupo C acima referido, uma vez que os registros relativos às transações correntes entre residentes e não residentes vão sendo considerados em conjunto com cada uma das contas-correntes e de acumulação.

Como já adiantado, as CEI não seguem o tradicional formato débito/crédito, mas, tal como as TRU, utilizam a nomenclatura usos e recursos. O saldo de cada conta é o resultado da diferença entre recursos e usos e constitui o ponto de partida da conta seguinte. Outra inovação é que as rubricas aparecem no centro da conta e os valores lançados como usos ou recursos à esquerda e à direita, respectivamente, dessas rubricas. Segue-se, dessa forma, a convenção contábil de colocar o débito (uso) do lado esquerdo e o crédito (recurso) do lado direito da peça contábil. A única conta que escapa dessa convenção, por razões que ficarão logo claras, é justamente a **Conta 0**, ou **conta de bens e serviços**, que veremos na Tabela 4.4.

Para facilitar a compreensão, continuaremos com o mesmo exemplo numérico já utilizado no estudo das TRU.

Tabela 4.4 – Grupo A – Conta de bens e serviços – Economia H, período t

Conta 0 – Conta de bens e serviços		
Recursos	Operações e saldos	Usos
7.200	Produção (VBP)	
300	Importação de bens e serviços (M)	
660	Impostos líquidos de subsídios sobre produtos e importação (IpM – Sub.pM)	
⎰ 110 ⎱	⎰ Imposto de importação (IM) ⎱	
⎱ 550 ⎰	⎱ Demais impostos sobre produtos (Ip) ⎰	
	Consumo Intermediário (CI)	3.420
	Consumo doméstico (CD) (administrações públicas e famílias)	3.912
	Formação Bruta de Capital Fixo (FBKF)	516
	Variação de Estoques (VarE)	30
	Exportação de bens e serviços (X)	282
8.160	TOTAL	8.160

Fonte: elaborada pelos autores.

Como é fácil perceber, a Conta 0 procura demonstrar a igualdade entre oferta total e demanda total da economia, mas o faz no nível da produção total (não no nível do produto ou PIB), pois, no lado dos recursos (oferta), insere-se o valor bruto da produção (VBP) e, no lado dos usos (demanda), acrescenta-se aos componentes da demanda agregada (consumo final, FBKF, variação de estoques e exportações) também o Consumo Intermediário (CI). Com relação à produção, vale mencionar que existe no sistema brasileiro a distinção entre produção *mercantil* e produção *não mercantil*. O IBGE segue aí, mais uma vez, as orientações do SNA e considera *mercantil* toda produção que for trocada ou for suscetível de ser trocada no mercado a preços economicamente significativos. No grupo das produções não mercantis, encontram-se elementos como produção para autoconsumo, comuns na atividade agrícola, ou aluguel imputado aos residentes em imóvel próprio. No próximo capítulo, que fará a discussão sobre as dificuldades de mensuração, voltaremos a tratar dessas questões. Mas a produção não mercantil não engloba apenas esses tipos de operação episódica e de menor importância relativa. Ela compreende também os serviços prestados gratuitamente pelos governos e instituições sem fins lucrativos a serviço da coletividade ou a grupos particulares e que têm enorme importância na produção global e no andamento da economia. Em nosso exemplo, para não complicar demasiado a apresentação, omitimos essa distinção.

Essa conta, na realidade, não faz parte do sistema (quando as CEI são abertas institucionalmente, ela não existe). Trata-se de uma espécie de conta síntese que apresenta, para a economia como um todo, as informações sobre a oferta total e a demanda total de bens e serviços. Diferentemente das demais, ela traz os recursos do lado esquerdo e os usos do lado direito da conta.[23] Essa conta permite que visualizemos a seguinte identidade:

Oferta total bruta = Demanda total bruta

$$VBP + M + (IpM - Sub.pM) = CI + CD + FBKF + VarE + X$$

De outro lado, sabemos também que: **PIB = VBP – CI + (IpM – Sub pM)**.

A primeira conta que efetivamente faz parte do sistema (a **Conta 1 – Conta de produção**) serve justamente para apresentar o valor do **PIB** como o resultado indicado por esta última equação. Dessa conta em diante, de uma forma mais intuitiva, as colunas de usos e recursos passam a estar localizadas dos lados esquerdo e direito, respectivamente, tal como acontece nas peças que trabalham com o par débito/crédito. Outra observação que precisa ser feita é que, a partir de agora, apesar de continuar a valer o princípio do equilíbrio interno das contas (as somas de valor de ambos os lados devem ser iguais), é sempre o saldo de cada conta que se busca, ou seja, cada uma das contas tem por finalidade a descoberta do valor de determinada variável. Em alguns casos, os *saldos* obtidos constituem *agregados* econômicos importantes, como o próprio PIB, a Renda Nacional Bruta (RNB) e a Renda Nacional Disponível Bruta (RDB). A Conta 1, por exemplo, parte do valor da produção (VBP) para chegar ao PIB. Vejamos, então, na Tabela 4.5, como ficaria tal conta no caso de nosso exemplo.

---

23 Só para que o leitor se lembre e possa fazer uma analogia, também no antigo sistema de quatro contas, regido pelo SNA 68, havia uma conta cujos lançamentos desafiavam a intuição, pois aqueles que lembravam despesas (usos) estavam do lado do crédito, enquanto aqueles que lembravam receita (recursos) estavam do lado do débito. Essa conta era a conta do produto interno bruto. Nas CEI, invertendo-se, apenas para essa conta, que se fecha em si mesma, os lados em que aparecem os termos *usos* e *recursos* resolve-se o problema da impressão contra-intuitiva gerada pela conta PIB do sistema de quatro contas que vigorou até 1996.

Tabela 4.5 – Grupo B – Conta 1 – Conta de produção – Economia H, período t

	Conta 1 – Conta de produção	
Usos	**Operações e saldos**	**Recursos**
	Produção (VBP)	7.200
3.420	Consumo Intermediário (CI)	
	Impostos líquidos de subsídios sobre produtos e importação (IpM – Sub pM)	660
4.440	**Produto Interno Bruto (PIB)**	

Fonte: elaborada pelos autores.

Essa conta, como o leitor pode perceber, é correlata à conta do produto do antigo sistema. Em comparação com aquela, contudo, ela traz menos informações, pois uma parte delas está na Conta 0, enquanto outras estão na próxima conta. De posse do valor do PIB, a conta seguinte, na Tabela 4.6, buscará chegar ao valor do **Excedente Operacional Bruto (EOB)**, que constitui, como veremos, o primeiro passo na direção de se encontrar o valor da variável Poupança Bruta (ou Poupança Doméstica). Daqui por diante, o resultado de uma conta, encontrado sempre na casela da última linha da coluna da esquerda (coluna dos usos) reaparecerá na casela da primeira linha da coluna da direita (coluna dos recursos).

Tabela 4.6 – Grupo B – Conta 2.1.1 – Conta de geração da renda – Economia H, período t

	Conta 2 – Conta de renda Conta 2.1 – Conta de distribuição primária da renda Conta 2.1.1 – Conta de geração de renda	
Usos	**Operações e saldos**	**Recursos**
	Produto Interno Bruto (PIB)	**4.440**
2.216	Remuneração dos Empregados (W + Wnr)	
2.190	Remunerações pagas por residentes a residentes (W)	
26	Remunerações pagas por residentes a não residentes (Wnr)	
694	Impostos líquidos de subsídios sobre produção e importação (Ipç – Sub. pç)	
284	Rendimento Misto Bruto (RMB)	
1.246	**Excedente Operacional Bruto** inclusive rendimento de autônomos (**EOB**)	

Fonte: elaborada pelos autores.

A pergunta que se deseja responder com essa conta é: Dada a totalidade do valor adicionado (PIB) internamente gerado, como se distribuiu tal valor entre as várias categorias de rendimento no período em tela? No fundo, como estamos sempre pressupondo a identidade macroeconômica básica (produto ≡ renda ≡ dispêndio), essa pergunta é equivalente a questionar como tal renda foi gerada. Em outras palavras, essa conta deve mostrar como essa renda total desdobra-se nas diferentes categorias de rendimento (salários, lucros, aluguéis e juros). Como o Excedente Operacional Bruto (EOB) não é diretamente mensurado, mas estimado por diferença, a conta tem por objetivo justamente apurar seu valor. Para tanto, retira do PIB o valor com que remunerou os trabalhadores (incluindo-se aí, além dos salários, as contribuições sociais), o valor do rendimento misto bruto e o valor dos impostos líquidos de subsídios sobre produção e importação, que também são valor adicionado, mas não tomam a forma de rendimentos que possam ser apropriados pelos agentes.

O leitor deve reparar que não se trata aqui apenas dos impostos sobre produtos e importação, líquidos de subsídios (IpM – Sub.pM), mas do conjunto dos impostos sobre a produção, líquidos de subsídios (Ipç – Sub.pç), ou seja, incluem-se aqueles tipos de tributo que incidem sobre a produção, mas não sobre os produtos (no caso, o valor é de $ 694, e não apenas de $ 660).[24] Assim, como o objetivo é descobrir qual é o valor do EOB, se esta última parcela não fosse considerada, esse valor estaria sendo superestimado.

Outro elemento para o qual se deve atentar é a discriminação da remuneração aos empregados em salários pagos por residentes a residentes (W) e salários pagos por residentes a não residentes (Wnr). Como já mencionado, por efeito da internacionalização e abertura cada vez maior das economias nacionais, surgem fenômenos como esse, em que rendas são enviadas ao exterior não apenas para remunerar o capital de propriedade de não residentes que operam na economia doméstica mas também para remunerar trabalhadores não residentes que tenham prestado serviços às empresas que operam no país. A informação sobre Wnr é extraída da balança de rendas primárias do Balanço de Pagamentos.

Antes de passar à próxima conta, cabe observar que as duas últimas contas, em conjunto com a Conta 0 que está pressuposta a elas, substituem grosso modo a conta do produto do sistema anterior, trazendo todas as informações necessárias para a percepção da identidade produto ≡ dispêndio. A conta seguinte, na Tabela 4.7, em conjunto com a subsequente (de distribuição secundária da renda), substituirá, por sua vez, a antiga conta de apropriação, que teve sua denominação alterada depois para Renda Nacional Disponível

---

24 Esse valor é o resultado da soma de $ 660 (impostos sobre produtos e importação líquidos de subsídios) com $ 34 (outros impostos sobre a produção – $ 46 menos outros subsídios sobre a produção – $ 12). Confira isso na matriz C da Tabela 4.2 (TRU), anteriormente apresentada.

Bruta (RDB). Desse modo, a Conta 2.1.2 vai partir do EOB apurado na conta anterior para chegar à **Renda Nacional Bruta (RNB)**, enquanto a Conta 2.2 partirá desse agregado para chegar justamente à RDB.

Tabela 4.7 – Grupo B – Conta 2.1.2 – Conta de alocação da renda – Economia H, período t

Usos	Operações e saldos	Recursos
	Conta 2 – Conta de renda **Conta 2.1 – Conta de distribuição primária da renda** **Conta 2.1.2 – Conta de alocação da renda**	
	Excedente Operacional Bruto (EOB)	**1.246**
	Rendimento Misto Bruto (RMB)	**284**
	Remuneração dos empregados (W + Wrn)	**2.230**
	Remunerações pagas por residentes a residentes (W)	**2.190**
	Remunerações pagas por não residentes a residentes (Wr)	**40**
	Impostos líquidos de subsídios sobre produção e importação (Ipç – Sub.pç)	**694**
500	Rendas de propriedades recebidas do resto do mundo (Rppr) e enviadas ao resto do mundo (Rppe)	**150**
4.104	**Renda Nacional Bruta (RNB)**	

Fonte: elaborada pelos autores.

Como se vê, essa conta parte do EOB e chega à Renda Nacional Bruta (RNB) somando àquele valor a remuneração total recebida pelos assalariados residentes, seja tal remuneração recebida de residentes (W), seja de não residentes (Wr), os impostos líquidos de subsídios sobre a produção e o saldo das rendas de propriedade recebidas e enviadas ao exterior (no caso de nosso exemplo, o resultado é negativo, uma vez que Rppr = 150 e Rppe = 500). O leitor deve atentar para a rubrica Wr, que indica as remunerações do trabalho pagas a residentes por não residentes, e perceber que se trata do caso inverso àquele que aparece na conta anterior (Conta 2.1.1 – Conta de distribuição primária da renda, geração). Na conta anterior, que registra a renda tal como foi gerada internamente e que tem por objetivo chegar ao valor do EOB, é preciso deduzir do PIB o valor integral pago pelas empresas que operam no país (e pelo Estado) aos trabalhadores que contribuíram para sua produção, independentemente de eles serem residentes ou não do país (por isso aparece, junto com W, também o valor de Wnr). Aqui, o objetivo da conta é, com base no valor encontrado para o EOB na conta anterior, encontrar o valor da RNB. Assim, é preciso somar ao EOB a totalidade das remunerações recebidas pelos trabalhadores residentes no país, independentemente de terem sido pagas por residentes (W) ou não residentes (Wr).

Encontrada, então, a RNB, este deveria ser o montante de renda à disposição dos residentes para consumir ou poupar. Contudo, esse valor ainda não está correto. Até aqui temos o montante de renda que se obtém considerada apenas a **distribuição primária da renda nacional** – vale dizer, aquela que de imediato se aloca entre os vários setores institucionais (empresas financeiras e não financeiras, administrações públicas, famílias, ISFLSF e resto do mundo). Mas essa distribuição primária não é aquela que efetivamente permanece. Dadas as **transferências** entre esses setores (por exemplo, a que vai das administrações públicas às famílias sob a forma de pagamento de benefícios sociais), o quinhão final de renda que cabe a cada setor institucional fica bastante alterado.

Se essas transferências se dessem exclusivamente entre setores domésticos, isso não faria a menor diferença para os resultados da economia nacional, pois, no plano agregado, o que um setor recebe, o outro deixa de ter. Tais operações apareceriam, portanto, apenas no nível desagregado, quando os valores aparecem discriminados de acordo com os setores institucionais. Contudo, dentre os setores que compõem a economia, acima listados, encontramos também o próprio resto do mundo, e entre este e os setores domésticos ocorrem transferências (ou seja, existem também transferências que se dão entre residentes e não residentes). Portanto, é preciso considerar esses valores para que se chegue ao efetivo montante de renda à disposição dos residentes para consumir ou poupar, ou seja, ao agregado **Renda Nacional Disponível Bruta (RDB)**. A conta seguinte, na Tabela 4.8, ao trazer para as CEI o resultado agregado da **distribuição secundária da renda**, mostra justamente essas operações.

Tabela 4.8 – Grupo B – Conta 2.2 – Conta de distribuição secundária da renda – Economia H, período t

Conta 2 – Conta de renda Conta 2.2 – Conta de distribuição secundária da renda		
Usos	**Operações e saldos**	**Recursos**
	Renda Nacional Bruta (RNB)	**4.104**
30	Outras receitas correntes recebidas do resto do mundo (Tr) e enviadas ao resto do mundo (Te)	60
4.134	**Renda Nacional Disponível Bruta (RDB)**	

Fonte: elaborada pelos autores.

Das operações até aqui apresentadas pelas contas, temos, portanto, a seguinte sequência de operações:

$$VBP - CI + (IpM - Sub.pM) = PIB \text{ (Conta 1 - Produção)}$$

$$PIB - (W + Wnr) - RMB - (Ipç - Sub.pç) = EOB \text{ (Conta 2.1.1 - Distrib. prim. geração)}$$

$$EOB + (W + Wr) + RMB + (Ipç - Sub.pç) + (Rppr - Rppe) = RNB \text{ (Conta 2.1.2 - Distrib. prim. alocação)}$$

$$RNB + (Tr - Te) = RDB \text{ (Conta 2.2 - Distrib. secundária da renda)}$$

Tendo chegado ao agregado RDB, o que temos agora de saber é como essa renda foi utilizada pelos residentes entre consumo e poupança. A próxima conta, na Tabela 4.9, demonstra qual a participação de cada um desses dois diferentes usos na RDB, ou seja, mostra como essa renda disponível foi afinal alocada entre consumo e poupança. Ela mostra, portanto, a **Poupança Bruta** ou **Poupança Doméstica (SD)** efetuada pela economia em dado período.

Tabela 4.9 – Grupo B – Conta 2.3 – Conta de uso da renda – Economia H, período t

Usos	Conta 2 – Conta de renda Conta 2.3 – Conta de uso da renda	Recursos
	Operações e saldos	
	Renda Nacional Disponível Bruta (RDB)	**4.134**
3.912	Despesa de Consumo Final (CF)	
222	**Poupança Bruta (SD)**[26]	

Fonte: elaborada pelos autores.

A conta nos mostra que, de seus $ 4.134 de RDB, a economia H utilizou, no período t, $ 3.912 para consumo,[26] poupando $ 222. Essa poupança deve ser agora cotejada com o investimento feito no período por essa economia, ou seja, com o dispêndio em FBKF e em variação de estoques, para que se possa saber se, no referido período, a economia em

---

25 A notação SD para identificar o agregado "Poupança Bruta" advém da utilização, mesmo em português, da letra **S** (do inglês *saving*) para designar poupança. A letra **D** faz referência ao fato de esta ser a poupança doméstica.

26 Esses $ 3.912 de consumo final, por sua vez, são o somatório de $ 3.126 de consumo privado com $ 786 de consumo das administrações públicas (consumo do governo), como pode ser verificado pela observação da segunda e terceira colunas da matriz B2 (matriz de componentes da demanda) da Tabela de Recursos e Usos (TRU). Sobre esse ponto, vale também relembrar aquilo que já foi observado na nota 7 deste capítulo: nas TRU elaboradas pelo IBGE, aparece também, como componente da demanda agregada, o consumo das Instituições sem Fins Lucrativos a Serviço das Famílias (ISFLSF), que aqui se omitiu por simplicidade.

questão teve **necessidade de financiamento (externo)**, ou se, ao contrário, foi **capaz de financiar o resto do mundo**. A Conta 3, na Tabela 4.10, apresenta esse cotejo.

Tabela 4.10 – Grupo B – Conta 3 – Conta de acumulação – Economia H, período t

Conta 3 – Conta de acumulação (conta de capital)		
Usos	Operações e saldos	Recursos
	Poupança Bruta (SD)	**222**
516	Formação Bruta de Capital Fixo (FBKF)	
30	Variação de Estoques (Var. E)	
0	Aquisições líquidas de cessões de ativos não financeiros não produzidos	
36	Transferências de capital recebidas do resto do mundo (Tcr) e enviadas ao resto do mundo (Tce)	**100**
(−) 260	**Capacidade (+) ou necessidade (−) líquida de financiamento externo (+ ou − S. ext)**	

Fonte: elaborada pelos autores.

Como nos mostra a Conta 3, no período t, nossa economia H teve uma poupança doméstica bruta insuficiente para sustentar seus investimentos e foi financiada pelo resto do mundo. Os valores Tcr e Tce referem-se a transferências ocorridas nesse período do resto do mundo para a economia H e vice-versa, mas de natureza distinta daquelas que aparecem nos itens Tr e Te da Conta 2.2. O que distingue esses itens é a natureza da transferência, pois, no primeiro caso, trata-se de **transferências correntes**, ou seja, que alteram os **fluxos** de renda, enquanto, no segundo, trata-se de transferências relacionadas a **estoques** de capital e envolvem direitos de propriedade sobre ativos (que podem ser reais, financeiros ou intangíveis). Em função disso, essas **transferências de capital** não aparecem nas contas anteriores, mas apenas nessa conta de acumulação, visto que sua finalidade é justamente mostrar a formação de capital, ou seja, o aumento do estoque de riqueza da economia no período em questão. Esse tipo de transferência também pode ocorrer entre unidades institucionais residentes, de modo que, quando as variáveis são estimadas do ponto de vista dos setores institucionais, ainda que façam diferença para cada setor isoladamente, no agregado elas se cancelam. O que resta nesse nível, portanto, deve-se à existência de relações desse tipo que envolvem residentes e não residentes. Um exemplo desse tipo de transferência é o perdão de dívidas entre residentes e não residentes.

Assim, se o país, além de despender renda com formação bruta de capital fixo e acumular estoques, resolve ainda transferir capital para o resto do mundo (em nosso caso, Tce = 36), então essa transferência tem de entrar no cotejo entre investimento e poupança que a conta justamente demonstra. De outro lado, para saber qual o resultado final disso (ou seja, se o país vai financiar o exterior ou ser financiado por ele), é preciso também acrescentar à poupança doméstica (SD) as transferências de capital recebidas no período (em nosso caso, Tcr = 100). Analisando a conta de capital acima, sabemos que, no período t, a economia H, para efetivar os investimentos que fez, recebeu financiamento do resto do mundo no valor de $ 260.

Resta explicar o item "aquisições líquidas de cessões de ativos não financeiros não produzidos", que também não havia aparecido antes. Esses ativos são ativos econômicos oriundos de processos não produtivos e são classificados em três categorias: **a)** recursos naturais; **b)** contratos, arrendamentos e licenças; e **c)** fundos de comércio e ativos de comercialização. O fato de só agora aparecerem deve-se à mesma razão que explica o porquê de as transferências de capital só aparecerem na conta de acumulação, ou seja, trata-se aqui de operações que envolvem estoques de riqueza e não fluxos de produção (e de geração de renda). A ideia é que, para uma dada unidade institucional, não apenas o aumento de capital fixo ou a variação positiva de estoques significa aumento de riqueza mas também o acúmulo desse tipo de ativo, que é real (ou seja, não é financeiro), apesar de não ser produzido. Quanto ao significado dessa rubrica no nível agregado, vale aqui a mesma explicação apresentada acima quanto às transferências de capital: quando as operações se dão entre unidades institucionais residentes, elas se cancelam (o que uma recebe, outra deixa de ter); assim, o que sobra no nível agregado decorre da existência desse tipo de operação entre residentes e não residentes.

Como o leitor já deve ter percebido, essa conta equivale à conta de capital do modelo anterior, de quatro contas, que vigorou no Brasil até 1996. Mas havia ainda ali a conta de transações correntes com o resto do mundo, que, no novo sistema, equivale ao **grupo C das CEI**. A Tabela 4.11 apresenta a primeira dessas contas. Ela vai mostrar o valor total das importações e exportações de bens e serviços não fatores, ou seja, as transações que envolvem residentes e não residentes que têm por objeto a compra e venda de mercadorias, sejam elas tangíveis (bens), sejam intangíveis (serviços), mas que não incluem os pagamentos e recebimentos derivados da utilização de fatores de produção.

Tabela 4.11 – Grupo C – Conta 4.1 – Conta de bens e serviços com o resto do mundo – Economia H, período t

Usos	Conta 4 – Conta de operações correntes com o resto do mundo Conta 4.1 – Conta de bens e serviços do RM com a economia nacional Operações e saldos	Recursos
282	Exportação de bens e serviços (X)	
	Importação de bens e serviços (M)	300
18	**Saldo de bens e serviços do RM**	

Fonte: elaborada pelos autores.

Como mostra a tabela, no período t, nossa economia H teve um déficit em bens e serviços no valor de $ 18. Não nos esqueçamos de que, tal como ocorria com a conta de transações correntes com o resto do mundo no antigo sistema, esse grupo de contas é elaborado do *ponto de vista do resto do mundo,* e não do ponto de vista da economia em questão. Portanto, as importações de bens e serviços da economia H no período t, no valor de $ 300, vão entrar como recursos, pois, de fato, constituem recursos que o RM vai ter para utilizar (ou não) na economia H, enquanto as exportações no valor de $ 282 vão entrar como usos, indicando que o RM utilizou boa parte dos recursos obtidos com as vendas feitas à economia H para comprar produtos dessa mesma economia.

A conta seguinte, na Tabela 4.12, vai acrescentar a esse resultado aqueles oriundos das demais operações correntes que o RM estabeleceu com a economia H no período t, quais sejam: as transações que envolvem pagamentos de fatores (rendas de propriedade e remuneração do fator trabalho) e as transferências correntes efetuadas entre residentes e não residentes.

Tabela 4.12 – Grupo C – Conta 4.2 – Conta da distribuição primária e transferências correntes com o RM – Economia H, período t

Usos	Conta 4 Conta de operações correntes com o resto do mundo Conta 4.2 Conta de distribuição primária da renda e transferências correntes do RM com a economia nacional Operações e saldos	Recursos
	Saldo de bens e serviços	18
150	Rendas de propriedades enviadas (Rppe) e recebidas do resto do mundo (Rppr)	500
40	Remunerações pagas (Wnr) e recebidas (Wr) do resto do mundo	26
60	Outras receitas correntes enviadas (Te) e recebidas do resto do mundo (Tr)	30
324	**Saldo de transações correntes do RM**	

Fonte: elaborada pelos autores.

A Conta 4.2 mostra que, considerando todo o universo das operações correntes da economia H com o resto do mundo no período t, o RM acumulou contra essa economia um saldo positivo de $ 324. Não fossem as transferências de capital, poderíamos tomar esse valor como o resultado final dessas transações, o qual estaria então indicando que a economia H, no período t, teria recebido uma poupança externa no valor de $ 324 (o saldo positivo do resto do mundo contra a economia H significa um saldo negativo no mesmo montante da economia H com o resto do mundo, portanto, absorção de poupança externa no período em questão).

Contudo, como já adiantamos, esse valor tem ainda que ser corrigido pelo montante das transferências de capital que envolvem residentes e não residentes efetuadas no mesmo período. Só depois desse acerto é que ele revelará o resultado dessas operações, tanto em termos de sinal (déficit ou superávit) quanto em termos de montante. A Tabela 4.13 mostra então a última conta desse grupo C, que vai apresentar esse resultado final.

Tabela 4.13 – Grupo C – Conta 4.3 – Conta de acumulação – Economia H, período t

Conta 4 – Conta de operações correntes com o resto do mundo Conta 4.3 – Conta de acumulação do RM com a economia nacional		
Usos	**Operações e saldos**	**Recursos**
	Saldo de transações correntes do RM	**324**
0	Aquisições líquidas de cessões de ativos não financeiros não produzidos	
100	Transferências de capital enviadas (Tce) e recebidas (Tcr) do resto do mundo	36
(+) 260	**Capacidade (+) ou necessidade (−) de financiamento** **(+ ou − S. ext)**	

Fonte: elaborada pelos autores.

Como é fácil perceber, a Conta 4.3 apresenta o resultado exatamente inverso ao da Conta 3 (Conta de Acumulação). Lá, como vimos, aparece um resultado negativo no valor de $ 260, indicando que, no período t, a economia H necessitou de um financiamento externo (poupança externa) no valor de $ 260 para efetivar os investimentos feitos. O resultado apresentado na Conta 4.3 é o reverso da medalha desse primeiro resultado, pois mostra que, no mesmo período, o RM acumulou contra a economia H um saldo de montante exatamente idêntico, indicando assim sua capacidade de financiar a economia H.

Antes de encerrar esta seção, cabe completar a sequência de operações apresentadas pelos saldos e agregados das contas. Reproduzimos as operações anteriores para que o quadro fique completo.

$$VBP - CI + (IpM - Sub\ pM) = PIB\ (Conta\ 1 - Produção)$$

$$PIB - (W + Wnr) - RMB - (Ipç - Sub\ pç) = EOB\ (Conta\ 2.1.1 - Distrib.\ prim.\ geração)$$

$$EOB + (W + Wr) + RMB + (Ipç - Sub\ pç) + (Rppr - Rppe) = RNB\ (Conta\ 2.1.2 - Distrib.\ prim.\ alocação)$$

$$RNB + (Tr - Te) = RDB\ (Conta\ 2.2 - Distribuição\ secundária\ da\ renda)$$

$$RDB - CD = SD\ (Conta\ 2.3 - Uso\ da\ renda)$$

$$SD - (FBKF + VE) + Tcr - Tce = +\ ou - S.\ ext\ (Conta\ 3 - Acumulação)$$

$$M - X = Saldo\ de\ bens\ e\ serviços\ do\ RM\ (Conta\ 4.1 - Bens\ e\ serviços\ do\ RM)$$

$$Saldo\ de\ bens\ e\ serviços\ do\ RM + (Rppe - Rppr) + (Wnr - Wr) + (Te - Tr) = Saldo\ de\ transações$$
correntes do RM (Conta 4.2 - Distrib. prim. da renda e transferências do RM)

$$Saldo\ transações\ correntes\ RM + (Tce - Tcr) = +\ ou - S.\ ext\ (Conta\ 4.3 - Conta\ de\ acumulação\ do\ RM)$$

4.3.2 A discriminação dos valores por setores institucionais nas CEI

Conforme adiantamos no início da seção anterior, as Contas Econômicas Integradas (CEI) são elaboradas por **setores institucionais**. Assim, a discriminação dos valores agregados que acabamos de ver constitui, na realidade, a tarefa mesma da construção das CEI. O que diferencia um conjunto de informações de outro é que nas CEI que vamos investigar a seguir aparecem os mesmos valores dos saldos e agregados, mas eles surgem agora discriminados em cinco setores, que congregam diferentes tipos de agente. Assim, o objetivo das CEI é verificar de que forma esses diferentes tipos de agente institucional participam dos processos de geração, apropriação, distribuição e uso da renda, e de acumulação de riqueza. Para o IBGE, uma unidade institucional caracteriza-se por ter autonomia de decisão, unidade patrimonial e capacidade de possuir ativos e contrair passivos. Os cinco setores nos quais elas são classificadas são os descritos a seguir.

1. **Empresas não financeiras**: são unidades institucionais residentes (privadas ou públicas) que, por meio da transformação de insumos e da contratação de mão de obra, produzem bens e serviços não financeiros *mercantis*, ou seja, bens e serviços

que têm um preço monetário, o que significa que o acesso a eles exige o pagamento desse preço.

2. **Empresas financeiras**: são unidades institucionais residentes que prestam serviços financeiros a outras unidades institucionais, como serviços de intermediação financeira e de gestão de risco financeiro, além de atividades ligadas à prestação de serviços de seguro e de fundos de pensão. As empresas financeiras são subdivididas em **instituições financeiras** (Banco Central mais as empresas que compõem o sistema financeiro nacional, como os bancos, e seus auxiliares, como as administradoras de cartão de crédito e as corretoras de câmbio e de valores mobiliários) e **instituições de seguro** (seguradoras, planos de saúde e fundos de pensão).

3. **Governo geral**: são instituições da administração pública que prestam serviços públicos *não mercantis*, ou seja, esses serviços não têm um preço e o acesso a eles é gratuito (segurança, educação e saúde públicas etc.). Além disso, as unidades institucionais aqui incluídas podem também efetuar transações de repartição de renda e de patrimônio. Essas instituições obtêm recursos por meio da cobrança de tributos (impostos, contribuições e taxas). Estão incluídos nesse grupo todos os órgãos da administração direta e indireta (autarquias, fundações e fundos) nos três níveis de governo (federal, estadual e municipal). Também estão incluídas aí as empresas sob controle estatal que são *dependentes* do governo, vale dizer, cujos recursos provêm, em sua maior parte, de transferências governamentais, e não de faturamento decorrente da venda dos bens e serviços que produzem. Entidades paraestatais, como aquelas que compõem o chamado *sistema S* (veja nota 21 deste capítulo), e fundos de caráter público, como o FGTS e o PIS-Pasep, também fazem parte deste grupo.

4. **Instituições sem fins lucrativos a serviço das famílias (ISFLSF)**: são unidades institucionais não governamentais, mas que, tal como a administração pública, produzem bens e serviços sem finalidade lucrativa. Há aqui uma gama de instituições, como fundações, entidades assistenciais, organizações religiosas, partidos políticos, sindicatos, associações profissionais e mesmo condomínios residenciais. Além dessas, uma série de outras instituições que compõem aquilo que hoje denominamos terceiro setor, como Organizações Não Governamentais

(ONGs) e Organizações da Sociedade Civil de Interesse Público (OSCIPs), também faz parte desse setor por não visar lucro com suas atividades.[27]

5. **Famílias**: grupos de indivíduos residentes no país que partilham o mesmo domicílio, reúnem parte ou a totalidade de seu rendimento e patrimônio, e consomem coletivamente certos tipos de bem e serviço. As famílias podem ser constituídas por uma ou mais pessoas. Na maior parte dos casos, adquirem ou acessam os bens e serviços produzidos pelos grupos anteriores. Contudo, também podem produzir bens e serviços. O lado "produtor" das famílias envolve as unidades produtivas não constituídas legalmente como empresas, além de outros elementos, como a agricultura familiar, os trabalhadores autônomos (formais e informais) e o serviço doméstico remunerado. O aluguel recebido por pessoas físicas, bem como o aluguel imputado aos imóveis residenciais ocupados por seus proprietários, também faz parte da produção deste grupo institucional.

Todas as unidades institucionais classificadas nos cinco grupos apresentados são unidades **residentes**. Mas as transações que os agentes estabelecem entre si podem ocorrer também entre residentes e **não residentes**. Por isso, além desses cinco grupos de instituições, também faz parte das CEI o resto do mundo, que funciona como uma espécie de sexto setor institucional. Os agregados e saldos das CEI que vimos na seção anterior constituem, na realidade, o resultado sintético das estimativas elaboradas a partir dos cinco setores institucionais acima referidos, além do resto do mundo.

Para entendermos melhor o papel dos diferentes setores institucionais na geração, alocação, distribuição e uso da renda, utilizaremos o mesmo exemplo da economia H no período t. Contudo, o formato no qual apresentaremos as CEI com os valores discriminados por setores institucionais não é o mesmo no qual hoje o IBGE apresenta essas estatísticas. Como o formato utilizado pelo IBGE é de compreensão bem menos intuitiva do que aquele apresentado por este livro, manteremos na presente edição o formato utilizado das edições anteriores. Trata-se apenas de uma alteração no modo de apresentação dos resultados, não havendo qualquer tipo de alteração substantiva, conceitual ou

---

27 Não é tão simples a questão sobre quais são as características que devem estar presentes para que determinada instituição possa ser considerada "sem fins lucrativos". As cooperativas, por exemplo, são instituições híbridas, pois não se constituem como empresas convencionais. Contudo, para efeitos da classificação institucional, elas são enquadradas no primeiro grupo, uma vez que, apesar de a obtenção de lucro não estar explicitamente entre seus objetivos, busca-se o ganho monetário como resultado de suas atividades, ganho esse que deve ser repartido entre os cooperados. O Brasil segue aqui, como em muitas outras questões, as regras e os parâmetros definidos pelo SNA. No presente caso, a classificação das diferentes instituições como ISFLSF é feita utilizando-se da CNAE (Classificação Nacional de Atividades Econômicas, também produzida pelo IBGE) e seguindo-se as normas delineadas no *Handbook on nonprofit institutions in the System of National Accounts*. Vide o volume 24 dos relatórios metodológicos do IBGE, publicado em 2016, disponível em: https://biblioteca.ibge.gov.br/visualizacao/livros/liv98142.pdf. Acesso em: 10 fev. 2020.

mesmo metodológica. O leitor que tiver interesse poderá consultar, ao final deste capítulo, as tabelas com os valores de nosso exemplo discriminados por setores institucionais no mesmo formato hoje utilizado pelo IBGE.

Antes de começar a mostrar as contas, cabe observar que, quando se trata de apresentar as informações por setores institucionais, as recomendações do SNA vão no sentido de uma investigação mais ampla do que aquela derivada das transações correntes, ou seja, recomenda que se pesquise também as transações que envolvem ativos de todo tipo (financeiros e não financeiros), as quais afetam o patrimônio de cada unidade. Assim, no plano da investigação sobre o desempenho da economia de acordo com cada setor institucional, são três os grupos de contas recomendados.

1. **Contas-correntes**: envolvem as contas de produção, de valor adicionado, de geração de renda, de distribuição da renda primária, de distribuição secundária da renda, de redistribuição da renda por conta de transferências em espécie e de uso da renda.
2. **Contas de acumulação**: envolvem a conta de capital (formação de capital) e a conta financeira.
3. **Contas de patrimônio**: envolvem as contas de patrimônio financeiro inicial, de patrimônio financeiro final e de patrimônio não financeiro.

De acordo com o IBGE, o sistema de contas nacionais do Brasil já apresenta todo esse conjunto de contas, com exceção da última conta do grupo III, a conta de patrimônio não financeiro, que ainda não é possível de ser elaborada em função da ausência de muitas das informações necessárias. Em nosso estudo neste livro, apresentaremos, continuando a utilizar o mesmo exemplo de nossa economia hipotética H no período t, apenas o grupo das *contas-correntes* e a *conta de capital* do grupo das *contas de acumulação*. As demais contas, que registram as transações que envolvem ativos entre as unidades dos vários setores institucionais, têm caráter extremamente técnico e fogem ao escopo do presente volume.

A primeira conta do grupo das contas-correntes é a **Conta 1 – Conta de produção**, que apresenta uma estimativa do **Valor Adicionado Bruto (VAB)** de cada setor institucional. Para o **setor de empresas não financeiras**, essas estimativas são elaboradas de forma usual, ou seja, deduzindo-se das receitas auferidas pelas empresas (valor da produção) os valores referentes a seu consumo intermediário. Para o **setor de empresas financeiras**, o valor adicionado é obtido da seguinte forma:

1. soma-se o valor das receitas de prestação de serviços (tarifas bancárias, taxas de administração, entre outros) e aluguéis;
2. adiciona-se a esse valor a diferença entre o valor das rendas de propriedade obtidas e os juros pagos devidos à intermediação de recursos de terceiros, ou, em outras palavras, a diferença entre juros recebidos dos mutuários (os que tomam recursos emprestados) e os juros pagos aos prestamistas (os que emprestam seus recursos); e
3. deduz-se do valor obtido pela soma de 1 e 2 o valor do consumo intermediário.

Como já observamos por ocasião da análise das TRU, por ser indiretamente mensurado, o valor da parcela de número 2 denomina-se Serviço de Intermediação Financeira Indiretamente Medido (Sifim). No caso do **setor das administrações públicas (governo geral)**, como os bens e serviços produzidos não têm preço, o valor adicionado é obtido pela soma de seus custos totais de produção (incluindo-se a remuneração dos empregados), dos quais se deduz o valor de seu consumo intermediário. Para o **setor das Instituições sem Fins Lucrativos a Serviço das Famílias (ISFLSF)**, o valor adicionado é obtido de forma idêntica à utilizada para o setor das administrações públicas. Finalmente, para o **setor de famílias**, a mensuração do valor adicionado envolve a estimativa do valor da produção das unidades familiares, do qual se deduz o valor do consumo intermediário. Vejamos, então, como fica essa conta no período t, no caso de nossa economia H.

Tabela 4.14 – Contas-correntes: Conta 1 – Produção de bens e serviços – Economia H, período t

VBPpb + (IpM − SubpM) − CI = PIB ou Valor Adicionado Bruto (VAB)				
	RECURSOS		USOS	
Setores institucionais	Produção		Consumo intermediário	Saldo da conta
	VBPpb	IpM − SubpM		
Total da economia	**7.200**	660	3.420	**4.440**
Empresas não financeiras	4.540		2.596	1.944
Empresas financeiras	444		132	312
Governo geral	876		312	564
Famílias	1.232		310	922
ISFLSF	108		70	38

Fonte: elaborada pelos autores.

Como é fácil perceber, a conta de produção apresenta, em sua primeira linha, as mesmas informações que traz a Conta 1 das CEI, vista na seção anterior: o valor bruto da produção, o valor dos impostos sobre produtos e importação líquidos de subsídios, o valor do consumo intermediário e o valor do PIB. Nas linhas seguintes, essas mesmas informações aparecem discriminadas pelos cinco setores institucionais anteriormente definidos. Ficamos sabendo assim, por exemplo, que as empresas não financeiras foram responsáveis por quase metade do valor do PIB da economia H no período t (43,8%), enquanto as ISFLSF contribuíram com 0,9%. O leitor deve reparar que o valor dos usos e recursos é idêntico para todos os setores. Mas, para o total da economia, essa igualdade só é conseguida somando-se ao valor bruto da produção o valor dos impostos sobre produtos e importação, líquidos de subsídios, que só aparece no agregado.

No formato apresentado pelo IBGE, que o leitor pode conferir ao final do capítulo, as informações referentes à conta de bens e serviços do setor externo (exportação e importação de bens e serviços não fatores) também aparecem explicitamente nessa conta, procedimento que se repete em todas as demais contas dessa série. A integração é, com isso, plena, tornando, porém, de mais difícil compreensão os resultados apresentados. A ausência dessas informações no formato aqui escolhido, contudo, em nada prejudica a compreensão do funcionamento das CEI e da discriminação dos resultados de acordo com os setores institucionais.

A próxima conta, Tabela 4.15, traz a Conta 2.1.1. Essa conta mostra, por meio dos dados sobre o valor adicionado bruto produzido em cada setor institucional gerados na primeira conta, como esses rendimentos se dividem entre as diferentes categorias de renda (remunerações do trabalho pagas a residentes ou a não residentes, Rendimento Misto Bruto (RMB), EOB e impostos sobre a produção líquidos de subsídios). Essas rendas são recebidas pelas unidades institucionais por sua participação no processo produtivo ou pela posse de ativos necessários à produção.[28] Assim, ela apresenta, para cada setor institucional, os componentes do valor adicionado, a saber: remunerações (salários), EOB, rendimento de autônomos (ou RMB) e impostos líquidos de subsídios sobre a produção e a importação (ou seja, os impostos sobre produtos mais os outros impostos incidentes sobre a atividade produtiva). Na montagem dessa conta, e isso vai acontecer com todas as demais contas, a primeira coluna sempre repete os valores da última coluna da conta anterior.

---

28 Em outras palavras, quem recebe essas rendas ou faz jus a elas porque participa diretamente do processo produtivo (caso dos salários e dos lucros) ou faz jus a elas porque detém ativos importantes para que a produção se realize, como os imóveis (que rendem aluguel) ou o capital monetário (que rende juros).

Tabela 4.15 – Contas-correntes: Conta 2.1.1 – Geração da renda – Economia H, período t

	RECURSOS	USOS			
PIB – [(W + Wnr) + (Ipç – Subpç) – RMB] = EOB					
Setores institucionais	VAB (PIB)	Remunerações (W + Wnr)	(Ipç – Subpç)	Rendimento Misto Bruto(RMB)	Saldo da conta (EOB)
Total da economia	**4.440**	2.216	694	284	**1.246**
Empresas não financeiras	1.944	1.240	26	0	678
Empresas financeiras	312	150	4	0	158
Governo geral	564	554	0	00	10
Famílias	922	240	2	284	396
ISFLSF	38	32	2	0	4

Fonte: elaborada pelos autores.

O excedente operacional bruto, como já se sabe, não é diretamente mensurado, sendo obtido por diferença. Assim, de maneira idêntica ao efetuado nas TRU para os setores produtivos, apura-se o excedente operacional de cada setor institucional deduzindo-se, do valor adicionado bruto, o valor das remunerações pagas aos trabalhadores (incluindo-se aí o valor das contribuições sociais, de natureza previdenciária) e o valor dos impostos sobre a produção líquidos de subsídios. A tabela anterior mostra, por exemplo, que, dos $ 312 de valor adicionado gerado pelas empresas financeiras, $ 150 tomaram a forma de remunerações ao fator trabalho e $ 4 foram destinados aos impostos sobre produção, de modo que seu excedente operacional alcançou, no período t, o valor de $ 158.

A observação dessa conta permite perceber como se distribuiu, no período t, esse excedente operacional, do ponto de vista de sua geração, entre os vários grupos institucionais. A tabela mostra, por exemplo, que 44% do EOB da economia H foi gerado pelas empresas não financeiras, enquanto as empresas financeiras foram responsáveis por 10% e os demais setores institucionais pelo restante desse valor.

Quanto ao Rendimento Misto Bruto (RMB), cabe observar que esse tipo de rendimento é típico das unidades institucionais classificadas no setor *famílias* e inclui, além dos rendimentos dos trabalhadores autônomos, também aqueles derivados de "empresas familiares" informais. A denominação rendimento *misto* deve-se à natureza do ganho: como os trabalhadores fazem parte de unidades produtivas familiares, não é possível identificar que parcela do resultado (valor adicionado) deve ser considerada remuneração do fator trabalho e que parcela deve ser tomada como remuneração do fator capital. A existência de remunerações sob a forma de salários no grupo institucional *famílias* deve-se ao trabalho doméstico remunerado e ao fato de empreendimentos como a agricultura familiar poderem legalmente contar com uma pequena parcela de mão de obra assalariada no desenvolvimento de suas atividades.

O leitor deve estar se perguntando o porquê do valor positivo que aparece para o setor de administrações públicas na rubrica EOB. Considerando-se que as atividades desenvolvidas pelo setor público são *não mercantis*, dever-se-ia esperar que esse valor fosse zero. Contudo, como indica seu próprio nome, a mensuração do excedente operacional é feita em termos *brutos*, de modo que o valor aí registrado se deve ao dispêndio de recursos necessários para enfrentar a depreciação de instalações físicas, máquinas, equipamentos etc. Se essa medida fosse feita na clivagem *líquida*, esse valor seria próximo de zero. Além disso, as unidades da administração pública também podem possuir rendimentos derivados de remuneração de ativos, como aluguéis de imóveis de sua propriedade locado a terceiros, ou juros, decorrentes da aplicação de eventuais sobras de caixa ao longo de cada exercício orçamentário. A mesma explicação vale para as ISFLSF.

Finalmente, cabe observar que, no caso da coluna referente aos impostos sobre produção líquidos de subsídios, a soma das linhas não bate com o total da economia porque apenas os *outros impostos sobre a produção* (em nosso exemplo, esse valor é $ 34) são discriminados por setor institucional, enquanto o valor dos impostos sobre produto ($ 660), que também estão aí incluídos, é considerado apenas no agregado. É esta também a razão pela qual não batem, no caso da coluna PIB, a soma dos valores das linhas com o valor relativo ao total da economia.

A conta seguinte, Conta 2.1.2, refere-se à distribuição da renda assim gerada. Ela mostra como os valores gerados pelos distintos setores institucionais apresentados na conta anterior são alocados entre eles. Além disso, essa conta traz os ajustes efetuados entre os setores institucionais por conta do pagamento e do recebimento de rendas de propriedade. Essas rendas envolvem, além daqueles diretamente ligados à produção, diversos outros tipos de rendimento, como juros (inclusive, os juros da dívida pública), rendas de aluguel, rendas derivadas da propriedade de ativos intangíveis (como patentes e marcas), dividendos distribuídos pelas empresas, participação dos trabalhadores nos lucros e indenizações de seguros. No agregado, esses pagamentos e recebimentos se cancelam, mas, para cada setor institucional, eles podem ser negativos ou positivos, o que afeta a renda efetivamente auferida em cada um deles.

Contudo, essas operações envolvem também o recebimento de renda do resto do mundo e o envio de renda ao resto do mundo. É o saldo desses envios e recebimentos (que pode ser positivo ou negativo) que fica registrado no nível agregado. Por isso, esses ajustes permitem a passagem dos agregados do conceito *interno* para o conceito *nacional*. Tal como vimos quando analisamos os agregados e os saldos das CEI, o resultado dessa conta é a **Renda Nacional Bruta (RNB)**. Para cada setor institucional, soma-se o conjunto de suas rendas primárias com o saldo (que pode ser positivo ou negativo) dos recebimentos e pagamentos de rendas de propriedade, ou seja, com a Renda Líquida de Propriedade (RLP). Notemos que, ao realizar essas operações, devemos também ajustar o agregado tendo em vista a existência de remuneração do fator trabalho paga por não residentes (Wr). Como vimos anteriormente, neste último caso, o valor em questão vai se somar à renda internamente gerada. Apesar de ter sido produzido por unidades institucionais empresariais que operam fora do país, esse valor é resultado da utilização de fatores de produção de propriedade de residentes, devendo, portanto, ser considerado no cômputo da renda nacional. A Tabela 4.16, que traz a Conta 2.1.2, mostra como fica a alocação da renda de nossa economia H, considerados esses ajustes.

Tabela 4.16 – Contas-correntes: Conta 2.1.2 – Alocação da renda primária – Economia H, período t)

EOB + (W + Wrn) + (Ipç – Subpç) + RLP = RNB					
	RECURSOS				**USOS**
Setores institucionais	**EOB**	**Remunerações (W + Wr)**	**(Ipç – Subpç)**	**RLP**	**Renda Nacional Bruta (RNB)**
Total da economia	**1.530**	2.230	694	−350	**4.104**
Empresas não financeiras	678	0	0	−320	358
Empresas financeiras	158	0	0	−10	148
Governo geral	10	0	694	−100	604
Famílias	680	2.230	0	+80	2.990
ISFLSF	4	0	0	0	4

Fonte: elaborada pelos autores.

Como mostra a tabela, da renda nacional bruta total de $ 4.104 gerada pela economia H, no período t, $ 2.990 ficaram com as famílias, $ 604 ficaram com o governo, $ 506 com as empresas (financeiras e não financeiras) e $ 4 com as ISFLSF. Esse resultado final da alocação da renda entre os cinco setores institucionais já considera as redistribuições que ocorrem por conta do pagamento e do recebimento de RLP.

A distribuição primária da renda nacional assim obtida deve ser agora ajustada institucionalmente para contemplar as transferências correntes recebidas e enviadas e assim transformar, para cada setor institucional e para a economia como um todo, a renda nacional **(RNB)** em renda disponível **(RDB)**. A Conta 2.2 é que efetua essas operações. Como se sabe, dá-se o nome de transferência às transações em que uma entidade cede recursos a outra, sem que haja uma contrapartida de tal cessão. Essas transferências referem-se principalmente a impostos sobre a renda e o patrimônio, contribuições sociais e benefícios sociais. Tal como ocorre no plano da distribuição da renda primária que acabamos de ver, essas transferências compensam-se internamente (o que configura transferência para um setor configura recebimento para o outro), de modo que, no agregado, seu saldo é zero. Um exemplo fácil de compreender é o pagamento, pelo governo, de benefícios do tipo Bolsa Família. O valor desses benefícios conta como um acréscimo de renda para o setor institucional *famílias*, mas, ao mesmo tempo, conta como um decréscimo de renda, no mesmo valor, para o setor institucional *administrações públicas*.[29]

Entretanto, essas operações envolvem também o recebimento de renda do resto do mundo e o envio de renda ao resto do mundo. Nesses casos, não existem as compensações porque a contrapartida dessas transferências encontra-se em outra economia nacional. Assim, é o saldo desses envios e recebimentos (que pode ser positivo ou negativo) que fica registrado no nível agregado e que torna diferentes os agregados **RNB** (resultado da conta anterior) e **RDB** (resultado dessa conta). A Tabela 4.17 traz a Conta 2.2 para nossa hipotética economia H no período t. Como verá o leitor, existe também aí uma operação de transferência em espécie, que comentaremos na sequência.

---

29 Contudo, para cada um dos setores individualmente considerados, essas transferências fazem diferença no que concerne à renda efetivamente disponível que cada um deles terá para destinar ao consumo ou à poupança.

Tabela 4.17 – Contas-correntes: Conta 2.2 – Distribuição secundária da renda – Economia H, período t

	RNB + transferências = RDB; RDB + transferências em espécie = RDB ajustada							
	RECURSOS	USOS				SALDOS	USOS	SALDOS
Setores institucionais	RNB	Imp. sobre renda e patrimônio	Contri-buições sociais	Bene-fícios sociais	Outras transfe-rências	RDB	Transf. sociais em espécie	RDB ajustada
Total da economia	4.104	0	0	0	30	4.134	0	4.134
Empresas não financeiras	358	−140	0	0	0	218	0	218
Empresas financeiras	148	−40	0	0	0	108	0	108
Governo geral	604	+400	+140	−300	+10	854	−400	454
Famílias	2.990	−220	−140	+300	+16	2.946	+400	3.346
ISFLSF	4	0	0	0	+4	8	0	8

Fonte: elaborada pelos autores.

Como mostra essa conta, em nossa hipotética economia H, no período t, as famílias ficaram com quase três-quartos da renda disponível, enquanto o governo ficou com cerca de 20% dela, sendo o restante dividido entre os demais setores institucionais. Contudo, o resultado final efetivo da distribuição vai depender de se considerar ainda as chamadas *redistribuições em espécie*. Essas redistribuições decorrem de transferências sociais em espécie feitas pelas administrações públicas e pelas ISFLSF às famílias. Elas compreendem bens e serviços não mercantis de caráter individual providos pelas referidas unidades institucionais que têm como resultado a elevação do consumo efetivo das famílias. Em nosso exemplo, a RDB ajustada pelas transferências em espécie permitiu que as famílias se apropriassem de pouco mais de 80% da renda, ficando o governo com 11% e sendo o restante dividido entre os demais setores institucionais.

No formato utilizado pelo IBGE, as transferências em espécie são registradas numa conta própria, a Conta 2.3. Como, por facilidade, apresentamos aqui essas operações de nossa economia H na mesma conta de distribuição secundária que traz a renda disponível (Conta 2.2), nossa próxima conta terá o número 2.4, para guardar fidelidade aos números de contas, tal como utilizados pelo IBGE.

A Conta 2.4 tem a finalidade de demonstrar como cada um dos setores utiliza sua renda disponível em consumo e poupança, sendo esta última obtida por diferença. As despesas de consumo aparecem segundo dois tipos de registro: o *consumo final efetivo* e as *despesas de consumo final*. A necessidade dessa distinção parte do princípio de que não necessariamente coincidem as unidades institucionais que são responsáveis pela realização das despesas de consumo final com aquelas que efetivamente consomem os bens e serviços adquiridos. Como o leitor já deve ter percebido, esses dois tipos de registro decorrem da existência das *transferências em espécie*, que mencionamos anteriormente.

A *despesa de consumo final* das famílias mostra quanto elas usaram de sua renda para a aquisição de bens e serviços, enquanto o *consumo final efetivo* das famílias adiciona a essas despesas as transferências sociais em espécie, isto é, os valores dos bens e serviços que as famílias consomem, como educação e saúde públicas, medicamentos e livros, mas pelos quais não pagam. Essa medida aproxima-se mais, por isso, do padrão de vida médio das famílias no país, uma vez que seu consumo efetivo é maior que aquele revelado por suas despesas finais de consumo. Apesar de nosso exemplo não contemplar esse tipo de operação, o mesmo pode ser dito das ISFLSF, pois também elas operam transferências em espécie para as famílias.

Assim, do ponto de vista da relação entre os dois tipos de registro, ocorre com o governo e com as ISFLSF o inverso do que ocorre com as famílias: se para estas o consumo efetivo é maior que suas despesas finais de consumo, para aqueles se dá o contrário. Contudo, essas duas diferentes formas de consideração do consumo afetam apenas a distribuição da RDB entre os setores institucionais, não chegando aos valores agregados, ou seja, para o total da economia, a RDB é idêntica à RDB ajustada pelas transferências em espécie. Com relação às despesas de consumo final das famílias, vale por fim lembrar que elas incluem não só os gastos em dinheiro com aquisição de bens e serviços mas também aqueles em espécie, tal como ocorre no autoconsumo.

Antes de se apurar a poupança bruta de cada setor, bem como a poupança bruta da economia como um todo, é necessário fazer ainda um último ajuste. Ele se deve à existência de **rendas de propriedade não disponíveis**, ou seja, rendas de propriedade que não entram nas RLP que produzem o agregado RNB. Essas rendas derivam da participação das famílias em fundos de pensão e em fundos públicos, como o FGTS e o PIS/Pasep. Trata-se, portanto, de juros creditados por fundos privados ou pelo governo como remuneração de ativos detidos pelas famílias. Ainda que eles não fiquem disponíveis no momento de seu crédito, trata-se de direitos dos associados desses fundos à evolução monetária de suas reservas, os quais também devem ser capturados pela poupança das famílias.[30] Também no caso desses ajustes, é preciso observar que eles alteram a distribuição da RDB entre os setores (reduzindo a RDB do governo e das empresas financeiras e elevando a RDB das famílias), mas não afetam o valor referente ao total da economia, ou seja, a RDB no agregado. Feitos todos os ajustes, essa conta tem como resultado (saldo) a poupança bruta da economia (SD) e a participação de cada setor institucional em sua constituição.

Tabela 4.18 – Contas-correntes: Conta 2.4 – Uso da renda – Economia H, período t

RDB – Consumo doméstico = Poupança bruta					
	RECURSOS		**USOS**		**SALDO**
Setores institucionais	**RDB**	**Ajustamento pela variação dos direitos de pensão**	**Despesa de consumo final**	**Consumo final efetivo**	**Poupança Bruta (SD)**
Total da economia	4.134	0	3.912	3.912	222
Empresas não financeiras	218	0	0	0	218
Empresas financeiras	108	−60	0	0	48
Governo geral	854	−30	786	386	38
Famílias	2.946	+90	3.126	3.526	−90
ISFLSF	8	0	0	0	8

Fonte: elaborada pelos autores.

Como demonstra a Tabela 4.18, com exceção do setor *famílias*, todos os setores institucionais contribuíram com a poupança doméstica da economia H no ano t. Vale chamar a atenção do leitor para o fato de a poupança bruta de cada setor ser calculada com base nas despesas de consumo final de cada um, a despeito da existência da informação sobre o consumo final efetivo.

A conta de uso da renda que acabamos de investigar é a última conta do grupo de *contas-correntes* da CEI. A próxima conta, Conta 3.1, já faz parte do grupo de *contas de acumulação*. Como já antecipado, ela será a última conta da economia H aqui apresentada. Ela tem como ponto de partida o resultado da conta de uso da renda, que é a poupança bruta de cada setor institucional e da economia como um todo. A poupança total destina-se a financiar o investimento da economia ou o resto do mundo. Mas, para cada setor individualmente considerado, sua poupança pode ser destinada a financiar o consumo de outros setores. Para a economia como um todo, o que importa é o saldo líquido final

---

30 O mesmo não acontece com a previdência social pública, porque, nesse caso, dado o tipo de regime previdenciário, tanto as contribuições quanto os benefícios são considerados transferências, como se percebe pela tabela de distribuição secundária da renda.

desses financiamentos intersetoriais. Se ele for positivo, significa que a economia em questão está financiando seu investimento, bem como o resto do mundo. Se ele for negativo, significa que a economia em questão tem necessidade de financiamento externo para dar conta de seu consumo final e de seus investimentos, ou seja, daquilo que se costuma também chamar de absorção interna.

O resultado do setor *governo geral* corresponde ao *superávit* ou *déficit nominal* do setor público. Assim apurado, ou seja, como a diferença entre os recursos e os usos das administrações públicas, esse resultado é conhecido por *resultado acima da linha*. Outra forma de produzir o mesmo resultado é mensurar a variação da dívida líquida governamental total (interna e externa). Nesse segundo caso, utilizado pelo Banco Central, temos o que se conhece por *resultado abaixo da linha*. Assim, se a dívida líquida cresce de um período a outro, isso significa que os recursos do governo não foram suficientes para enfrentar seus gastos totais com consumo e investimentos. Assim, ele foi financiado pelo resto do mundo e/ou por outros setores. Se o resultado for o contrário, isso significa que o governo financiou outros setores ou o resto do mundo. Cabe notar que o governo pode ter poupança positiva e, mesmo assim, um resultado negativo se essa poupança não for suficiente para financiar os gastos com investimentos feitos. O método *acima da linha* apura o resultado do governo olhando para os fluxos, e o método *abaixo da linha* apura o mesmo resultado olhando para os estoques. Voltaremos a esse tema no **Capítulo 9**. Vejamos, então, como ficou a conta de capital da economia H referente ao período t.

Tabela 4.19 – Contas de acumulação: Conta 3.1 – Capital – Economia H, período t

SD – (FBKF + VE) + Saldo Trc = – + S$_{ext}$					
	RECURSOS		**USOS**		**SALDOS**
Setores institucionais	**Poupança bruta (SD)**	**Saldo das transferências de capital (Tcr – Tce)**	**Formação bruta de capital fixo (FBKF)**	**Variação de estoques**	**Capacidade (+) ou necessidade (−) de financiamento (− + S$_{ext}$)**
Total da economia	**222**	**+64**	**516**	**30**	**−260**
Empresas não financeiras	218	+70	258	30	0
Empresas financeiras	48	−20	20	0	+8
Governo geral	38	0	80	0	−42
Famílias	−90	+12	150	0	−228
ISFLSF	8	+2	8	0	+2

Fonte: elaborada pelos autores.

Como demonstra a Tabela 4.19, deveu-se a um déficit substantivo do setor institucional *famílias* a quase totalidade da necessidade de financiamento de $ 260 da economia H no período t. No caso do setor institucional *governo geral*, o resultado acima da linha indica que, nesse período, apesar de sua poupança ter sido positiva ($ 38), ela não foi suficiente para enfrentar as despesas com investimentos públicos (FBKF do governo de $ 80), gerando a necessidade de financiamento (resultado negativo de $ 42 para esse setor institucional).

Encerramos com isso a apresentação das CEI para nossa economia H no período t, faltando agora, para que o quadro do sistema de contas nacionais atualmente vigente fique completo, algumas informações sobre a classificação cruzada setor institucional/atividade econômica e as tabelas de população e emprego. A próxima seção traz essas informações.

4.4 A classificação cruzada setor institucional/ atividade econômica e a matriz de emprego

Conforme já adiantado e demonstrado nas seções anteriores, o sistema de contas nacionais (SCN) do Brasil, seguindo as recomendações do *System of National Accounts* (SNA), utiliza dois tipos de classificação econômica em suas estimativas. A primeira, que aparece na Tabela de Recursos e Usos (TRU), faz a clivagem de acordo com os diferentes tipos de atividades econômicas produtoras de bens e serviços. A segunda, que aparece nas Contas Econômicas Integradas (CEI), analisa e discrimina as operações de acordo com os cinco setores institucionais anteriormente apresentados. O SNA recomenda que os sistemas de contas façam as estimativas cruzadas que envolvem simultaneamente as duas classificações. Com isso, torna-se possível saber, para cada atividade econômica, quais foram os setores institucionais mais importantes do ponto de vista da produção e da geração da renda. Por exemplo, é de se esperar que o setor institucional *famílias* tenha uma participação de relativa importância na atividade do setor agrícola. As classificações cruzadas podem confirmar ou não essa intuição.

Assim, o SCN do Brasil apresenta 12 quadros, um para cada grande grupo agregado de atividade econômica, tal como apresentado na **Seção 4.2**, com os valores discriminados de acordo com os cinco setores institucionais, iniciando-se com a produção e prosseguindo até o saldo da conta de geração da renda (EOB). A tabela abaixo apresenta, a título de ilustração, a classificação cruzada de nossa economia H para a atividade econômica de *Serviços*. A partir dos valores que aparecem nas matrizes A1 e C das TRU apresentadas na **Seção 4.2** (Tabela 4.2), apresentamos os valores de produção e geração de renda apurados, no período t, em cada um dos cinco setores institucionais nessa atividade econômica.

Tabela 4.20 – Classificação cruzada da atividade econômica *Serviços* – Economia H, período t

Atividade econômica *Serviços* – Classificação cruzada – Economia H, período t						
Atividades/Operações	**Total da economia**	**Setores institucionais**				
		Empresas não financeiras	**Empresas financeiras**	**Governo geral**	**Famílias**	**ISFLSF**
Produção	1.956	854	156	490	426	30
Consumo intermediário	516	196	22	150	140	8
Valor adicionado	1.440	658	134	340	286	22
Remunerações de empregados	792	302	48	300	124	18
Salários	660	260	36	236	112	16
Contribuições de empregadores	132	42	12	64	12	2
Outros impostos líquidos de subsídios sobre a produção	24	18	4	0	0	2
Rendimento misto bruto	132	0	0	0	132	0
Excedente operacional bruto	492	338	82	40	30	2

Fonte: elaborada pelos autores.

A matriz de emprego, último elemento constitutivo do sistema atualmente vigente no Brasil, é resultado das discussões travadas em 2003, na 17ª Conferência Internacional de Estatísticas do Trabalho, realizada pela Organização Internacional do Trabalho (OIT), em Genebra. Nessa ocasião, a OIT divulgou diretrizes complementares sobre a forma de tratamento a ser conferida à existência de informalidade na economia. Incluiu-se, então, uma concepção de *economia informal* e a adoção de uma definição para *emprego informal*. Segundo o IBGE, ficou então estabelecido que, quando se trata do *setor informal* (*economia informal*), parte-se da perspectiva da unidade produtiva, enquanto o *emprego informal* está associado à qualificação dos postos de trabalho, podendo-se, assim, construir, para cada atividade econômica, uma matriz de emprego, tal como a apresentada na Tabela 4.21 a seguir.

Com base nessas diretrizes, as modalidades de inserção no trabalho a serem consideradas no *emprego informal* passaram a ser as seguintes: trabalhadores por conta própria e empregadores proprietários de unidades produtivas no setor informal; trabalhadores em ajuda a membro do domicílio e assalariados sem a relação de trabalho sujeita à legislação trabalhista nacional e à proteção social; membros de cooperativas de produtores informais; e trabalhadores que produzem bens prioritariamente para o próprio uso. Segundo o IBGE, essa definição de trabalho informal representou um avanço, uma vez que passou a incluir todas as modalidades de inserção no trabalho citadas, independentemente do tipo de unidade produtiva a que estejam associadas (formal, informal ou outra unidade familiar).

Tabela 4.21 – Formato da matriz de emprego

Unidades de produção/Tipo de emprego	Ocupações formais	Ocupações informais
Unidades formais	A	B
Unidades informais	C	D
Outras unidades familiares	E	F
Notas: 1. Células B, D e F – emprego informal. 2. Células C e D – emprego no setor informal. 3. Células B e F – emprego informal fora do setor informal. 4. Células A, C e E – emprego formal. 5. Células C e E – empregos formais fora do setor formal		

Fonte: elaborada pelos autores.

Encerramos, com isso, o presente capítulo, uma vez que já apresentamos todos os elementos que compõem atualmente o sistema de contas nacionais do Brasil: a Tabela de Recursos e Usos (TRU), as Contas Econômicas Integradas (CEI) para a economia nacional e com os valores discriminados por setores institucionais, a classificação cruzada *setor institucional/atividade econômica* e a matriz de emprego. O próximo capítulo tratará das dificuldades de mensuração que, como veremos, são de vários tipos. É nesse contexto que abordaremos as **Contas Nacionais Trimestrais**. Por fim, vale relembrar que o anexo apresentado na sequência traz, para o nosso exemplo de uma economia hipotética H, todo o conjunto das CEI com os valores discriminados por setores institucionais, no formato atualmente apresentado pelo IBGE.

Resumo

A seguir, estão os principais pontos vistos neste capítulo.

1. Em 1993, surgiu uma nova proposta do *System of National Accounts*, recomendando um novo formato que apresenta, relativamente ao anterior, substantivas alterações. O SNA 1993 levou a Fundação IBGE a modificar mais uma vez o sistema de contas nacionais (SCN) do Brasil, visando adaptá-lo a essas novas recomendações.

2. Ao final de 1997, a Fundação IBGE divulgou a nova metodologia. A nova série de contas apresenta dados que são retroagidos inicialmente até o ano de 1995 e, mais à frente, até o ano de 1990. O formato anterior alcançou as contas até 1996.

3. A estrutura trazida pelo SNA 93 é um tanto mais complexa que as anteriores, mas não envolve mudanças conceituais. Segundo a própria ONU, as mudanças na forma de apresentação visam mostrar um sistema que, embora mantenha os fundamentos dos anteriores, seja atualizado, flexível e harmônico.

4. Em 2015, o IBGE atualizou mais uma vez o sistema brasileiro, dessa vez atendendo às recomendações do *System of National Accounts* de 2008 (SNA 08). As alterações afetaram principalmente a forma de tratamento da formação bruta de capital fixo. A nova série de informações tem agora 2010 como ano de referência, e os dados foram retroagidos até o ano de 2000.

5. No formato atualmente vigente, as estimativas efetuadas sobre o desempenho da economia recorrem a dois tipos de classificação:
   a) a classificação por tipo de *atividade econômica* (agricultura, indústria etc.), que aparece nas **Tabelas de Recursos e Usos (TRU)**; e
   b) a classificação por *setor institucional* (empresas, famílias etc.), que aparece nas **Contas Econômicas Integradas (CEI)**.

6. Com isso, há uma integração entre dois distintos métodos de mensuração dos agregados nacionais, que antes corriam em paralelo: os **sistemas de contas**, estruturados de acordo com o par débito/crédito (hoje usos e recursos), e as **matrizes**, dentre as quais a matriz insumo–produto. O primeiro método está presente nas CEI, enquanto o segundo está nas TRU.

7. Além das TRU e das CEI, o SCN brasileiro traz ainda a classificação cruzada setor institucional/atividade econômica e a matriz de emprego de cada atividade econômica.

8. As TRU constituem um instrumento bastante rico em informações. Elas conformam um conjunto de **seis matrizes**. As **tabelas de recursos** mostram a matriz de **Oferta Total (A)** como **somatório** das matrizes de **Produção (A1)** e de **Importação (A2)**. As **tabelas de usos** mostram a **Demanda Total** como **somatório** das matrizes de **Consumo Intermediário (B1)** e de **Demanda Final (B2)**. As TRU trazem ainda a matriz de **Valor Adicionado (C)**, resultante da operação **A1 menos B1**. A matriz C apresenta a decomposição do valor adicionado nas categorias de renda e nos impostos e subsídios sobre a produção e os produtos.

9. Todas as informações da TRU são desagregadas por atividade econômica, de modo que o consumo intermediário se identifica com a matriz insumo-produto, que fica, assim, definitivamente integrada ao sistema. A classificação por atividade econômica obedece, atualmente, à Classificação Nacional de Atividades Econômicas 2.0 (CNAE 2.0), desagregando a economia em 68 setores e 128 produtos.

10. As **Contas Econômicas Integradas (CEI)** discriminam as informações sobre o desempenho da economia de acordo com cinco setores institucionais: a) **empresas não financeiras**; b) **empresas financeiras**; c) **administrações públicas (governo geral)**; d) **famílias**; e e) **Instituições sem Fins Lucrativos a Serviço das Famílias (ISFLSF)**. Como as transações entre esses diferentes setores envolvem também as transações entre residentes e não residentes, o resto do mundo funciona como se fosse um sexto setor institucional.

11. Quando têm por referência a economia como um todo, trazendo apenas os valores agregados, as CEI guardam semelhança formal com o antigo sistema de quatro contas, que vigorou até 1996. Nessa modalidade, ou seja, trazendo apenas os valores agregados referentes à economia nacional, as CEI são compostas de três grupos de contas. O **grupo A** é constituído pela **conta de bens e serviços**, que faz o cotejo entre a oferta total e a demanda total da economia no período em questão. O **grupo B** compõe-se de **três contas**: a **conta de produção**, que equivale à conta PIB do sistema anterior; a **conta de renda (distribuição primária)**, que se divide em **quatro subcontas** (de **geração**, de **alocação**, de **distribuição secundária** e de **usos**), que equivale à conta de renda nacional

disponível bruta do sistema anterior; e a **conta de acumulação**, que equivale à conta de capital do sistema anterior. Finalmente o **grupo C** contém a **conta das operações correntes com o resto do mundo**, dividida em três subcontas (de **bens e serviços**, de **distribuição primária e transferências**, e de **acumulação**), as quais substituem a conta de operações correntes do resto do mundo do sistema anterior.

12. Ao contrário do sistema anterior, que trabalhava com o par débito/crédito, as **CEI** trabalham com o par **usos/recursos**, mas continuam a valer para as CEI os mesmos princípios básicos que valiam no sistema anterior, a saber: o do **equilíbrio interno**, que exige que os dois lados de cada conta apresentem o mesmo valor, e o do **equilíbrio externo**, que exige a coerência contábil de todo o conjunto de informações.

13. O objetivo de cada uma das contas é estabelecer o valor de determinado agregado, que vai aparecer como saldo da conta por meio do cotejo entre recursos e usos. A conta de produção parte do Valor Bruto da Produção (**VBP**) para chegar ao Produto Interno Bruto (**PIB**); a conta de geração da renda (distribuição primária) parte do PIB para chegar ao Excedente Operacional Bruto (**EOB**); a conta de alocação da renda (distribuição primária) parte do EOB para chegar à Renda Nacional Bruta (**RNB**); a conta de distribuição secundária parte da RNB para chegar à Renda Nacional Disponível Bruta (**RDB**); a conta de uso da renda parte da RDB para chegar à Poupança Doméstica (**SD**); finalmente, a conta de acumulação parte da SD para chegar à capacidade ou à necessidade de financiamento externo da economia, ou seja, à demonstração do valor e do sinal assumidos pela Poupança Externa no período em questão (**+ – Sext**).

14. A classificação cruzada setor institucional/atividade econômica traz as informações de cada atividade econômica discriminadas por setor institucional. Assim, são apresentados 12 quadros de classificações cruzadas referentes às 12 atividades econômicas consideradas, a saber: Agropecuária; Indústria Extrativa Mineral; Indústria de Transformação; Serviços Industriais de Utilidade Pública; Construção Civil; Comércio, Transporte, Armazenagem e Correio; Intermediação Financeira, Seguros e Previdência Complementar; Serviços de Informação; Atividades Imobiliárias e Aluguel; Outros Serviços; e Administração, Saúde e Educação Públicas.

15. A matriz de emprego apresenta, para cada uma dessas 12 atividades econômicas, o cruzamento das informações entre, de um lado, ocupações formais e

ocupações informais e, de outro, as unidades produtivas e de emprego, que podem ser formais, informais ou outras unidades familiares. O IBGE segue aqui as resoluções e as determinações da Organização Internacional do Trabalho (OIT) acatadas pelo *System of National Accounts*.

16. Além desses quatro elementos (TRU, CEI, classificação cruzada e matriz de emprego), o sistema atualmente vigente apresenta ainda uma série de outros quadros e tabelas complementares, dentre os quais cabe destacar a **composição do PIB segundo as três óticas** (produto, renda e dispêndio).

Questões para revisão

1. Como é hoje constituído o sistema de contas nacionais (SCN) do Brasil? Quais são seus elementos?

2. Que tipos diferentes de métodos de mensuração de agregados esse sistema integra? Como se pode visualizá-los nos elementos do sistema atualmente vigente?

3. Explique brevemente a estrutura das TRU e mostre quais são as relações que se podem estabelecer entre as suas seis matrizes.

4. Como é constituída a oferta total da economia? E a demanda total?

5. Qual o significado dos conceitos de *preços básicos* e *preços de comprador* que aparecem nas TRU?

6. Explique qual é a diferença que existe entre as informações trazidas pelas linhas e as informações trazidas pelas colunas da matriz de produção.

7. Quais são os componentes da demanda final e como eles se relacionam com a demanda total?

8. Como se chega à matriz de valor adicionado? Em quais elementos o valor adicionado é desdobrado?

9. Qual é a diferença que existe entre impostos sobre produção e importação e impostos sobre produtos e importação?

10. O que são as contas econômicas integradas (CEI)? Como elas se estruturam?

11. O que são os setores institucionais? Quais e quantos eles são?

12. Qual é a correspondência que existe entre as CEI e as contas do antigo sistema?

13. Qual é a diferença entre a distribuição primária e a distribuição secundária da renda? Que relação isso tem com a passagem do conceito de Renda Nacional Bruta (RNB) para o conceito de Renda Nacional Disponível Bruta (RDB)? Qual é a relação entre essa passagem e a discriminação dos valores dos agregados em setores institucionais?

14. Explique a diferença entre as transferências de renda entre residentes e não residentes e as transferências de capital entre residentes e não residentes. De que maneira isso influencia as CEI?

Anexo: CEI da economia H no período t, com as informações apresentadas no formato atualmente utilizado pelo IBGE

Contas-correntes: Conta 1 – Produção e contas externas de bens e serviços

		USOS							Transações e saldos			RECURSOS					
Total	Resto do mundo	Total econ.	ISFL	Fam.	Gov geral	Emp. fin.	Emp. não fin.		Emp. não fin.	Emp. fin.	Gov. geral	Fam.	ISFL	Total econ.	Resto do mundo	Total
300	300							Importação bens e serviços							300	300
282	282							Exportação bens e serviços								282
7.200								Produção	4.540	444	876	1.232	108	7200		7.200
3.420		3.420	70	310	312	132	2.596	Consumo intermediário								3.420
660								Impostos líquidos subs. sobre produtos								660
4.440		4.440	38	922	564	312	1.944	Valor adicionado bruto/PIB	1.944	312	564	922	38	4.440		4.440
18	18							Saldo externo de bens e serviços							18	18

Fonte: elaborada pelos autores.

Contas-correntes: Conta 2.1.1 – Geração da renda e
Conta 2.1.2 – Alocação da renda primária

Total	Resto do mundo	Total econ.	ISFL	Fam.	Gov. geral	Emp. fin.	Emp. não fin.	Transações e saldos	Emp.não fin.	Emp. fin.	Gov. geral	Fam.	ISFL	Total econ.	Resto do mundo	Total
USOS									RECURSOS							
2.256	40	2.216	32	240	554	150	1.240	Remuneração dos empregados				2.230		2.230	26	2.256
1.774	40	1.734	24	192	414	112	992	Salários				1.748		1.748	26	1.774
482		482	8	48	140	38	248	Contrib. sociais empregadores				482		482		482
694		694	2	2		4	26	Imp. líquidos sub. sobre produção e importação			694			694		694
660		660						Impostos líquidos subsídios sobre produtos			660			660		660
34		34	2	2		4	26	Outros impostos sobre produção			34			34		34
284		284		284				Rendimento misto bruto				284		284		284
1.246		**1.246**	4	396	10	158	678	Excedente operacion. bruto	678	158	10	396	4	**1.246**		1.246
2.500	150	2.350	0	220	400	1.010	720	Rendas de propriedade	400	1.000	300	300	0	2.000	500	2.500
4.104		**4.104**	4	2.990	604	148	358	Saldo das rendas primárias brutas/RNB	358	148	604	2.990	4	**4.104**		4.104

Fonte: elaborada pelos autores.

Contas-correntes: Conta 2.2 – Distribuição secundária da renda (transferências) e Conta 2.3 – Redistribuição em espécie

USOS								Transações e saldos	RECURSOS							
Total	Resto do mundo	Total econ.	ISFL	Fam.	Gov. geral	Emp. fin.	Emp não fin.		Emp. não fin.	Emp. fin.	Gov. geral	Fam.	ISFL	Total econ.	Resto do mundo	Total
400		400	0	220		40	140	Impostos sobre renda e patrimônio			400			400		400
140		140		140				Contribuições sociais			140			140		140
300		300			300			Benefícios sociais				300		300		300
252	60	192	2	20	150	10	10	Outras transferências	10	10	160	36	6	222	30	252
4.134		**4.134**	8	2.946	854	108	218	Renda Nacional Disponível Bruta (RDB)	218	108	854	2.946	8	**4.134**		4.134
408		0		400				Transf. sociais em espécie				400				408
4134		**4.134**	8	3.346	454	108	218	RDB ajustada	218	108	454	3.346	8	**4.134**		4.134

Fonte: elaborada pelos autores.

		USOS						Transações e saldos	RECURSOS							
Total	Resto do mundo	Total econ.	ISFL	Fam.	Gov geral	Emp. fin.	Emp. não fin.		Emp. não fin.	Emp. fin.	Gov. geral	Fam.	ISFL	Total econ.	Resto do mundo	Total
								Renda Nacional Disponível Bruta (RDB)	218	108	854	2.946	8	**4.134**		4.134
3.912		3.912	0	3.526	386			Consumo final efetivo						3.912		3.912
3.912		3.912		3.126	786			Despesa de consumo final						3.912		3.912
90		90			30	60		Ajustamento pela variação dos direitos de pensão				90		90		90
222		**222**	8	−490	438	48	218	**Poupança bruta**								
324	324							**Saldo externo corrente**								

Contas-correntes: Conta 2.4 – Uso da renda

Fonte: elaborada pelos autores.

Contas de acumulação: Conta 3.1 – Capital

USOS								Transações e saldos	RECURSOS							
Total	Resto do mundo	Total econ.	ISFL	Fam.	Gov. geral	Emp. fin.	Emp. não fin.		Emp. não fin.	Emp. fin.	Gov. geral	Fam.	ISFL	Total ecom.	Resto do mundo	Total
								Poupança bruta	218	48	438	−490	8	222		222
								Saldo externo corrente							324	324
516		516	8	150	80	20	258	Formação bruta de capital fixo								516
30		30					30	Variação de estoques								30
0		0					0	Aquisições líquidas de cessões de ativos não financeiros não produzidos.								0
								Transferências de capital a receber	80	0	100	14	2	196	36	232
								Transferências de capital a pagar	−10	−20	−100	−2	0	−132	−100	−232
	260	−260	2	−628	358	8	0	Capacidade (+)/necessidade (−) líquida de financiamento								
								Variações do patrimônio líquido resultantes da poupança e da transf. de capital	288	28	438	−478	10	286	260	546

Fonte: elaborada pelos autores.

Capítulo 5

Contas nacionais: problemas de mensuração

5.1 Introdução

Neste capítulo, temos por objetivo colocar em pauta algumas questões, de certa complexidade, relativas à mensuração das variáveis que dão origem aos agregados. Algumas delas dizem respeito a **dificuldades *stricto sensu* técnicas**, como aquelas decorrentes da existência de inflação e aquelas que se originam da necessidade de se estabelecer comparações entre os países. Outras incluem **complicações de natureza operacional**, como aquelas derivadas da existência da chamada *economia informal*. Finalmente, existem **problemas *conceituais***, como os envolvidos na problemática ambiental e os decorrentes da existência de atividades não monetizadas. Todas essas questões indicam que, a despeito da relativa simplicidade das noções teóricas fundamentais, a tarefa de elaborar e mensurar um sistema de contas nacionais em uma economia real é bem mais complicada do que parece.

5.2 Dificuldades técnicas

5.2.1 Contabilidade real × contabilidade nominal

A maior parte das variáveis que o sistema de contas nacionais registra resulta da **multiplicação de quantidades por preços**. Assim, esses valores estão sempre sujeitos a alterações que dependem do comportamento dos preços. Por isso, quando se compara um agregado, por exemplo o PIB, em diferentes momentos, para verificar sua evolução, é preciso se certificar de que a comparação é válida. Do contrário, podemos ser induzidos a achar que, por exemplo, houve crescimento de dada economia em determinado período, quando, na realidade, pode ter havido apenas elevação dos preços, ou uma parte muito grande da variação observada ser explicada pelo comportamento dos preços, e não por um crescimento real.

Para que a comparação seja válida, é preciso comparar os agregados mensurando-os com **preços do mesmo momento**. Se assim fizermos, poderemos ter certeza de que as variações observadas representam **variações reais** experimentadas pelas variáveis que estamos estudando. Sem tomar esse cuidado, estaremos observando apenas as **variações nominais**, sem poder tirar nenhuma conclusão sobre o efetivo comportamento dos agregados entre esses diferentes momentos. Trazendo para preços de um mesmo ano toda a série de valores – o que se faz por meio da utilização de índices de preço –, as comparações podem ser efetuadas de modo menos arbitrário.

··

Quando se analisa uma *série* de valores, por exemplo, o PIB_{pm} do Brasil no período 2000-2019, é preciso ter o cuidado de deflacionar a série para não efetuar comparações de variáveis que são de fato *heterogêneas* por serem avaliadas em momentos distintos.

··

A técnica que nos permite comparar o valor das variáveis econômicas a preços de um mesmo momento se chama **deflacionamento** e seus instrumentos são os **índices de preço**. Os índices de preço mensuram a variação dos preços em determinado período e aparecem sob a forma de **números-índice**. Assim, antes que comecemos a tratar desse assunto, teremos de fazer um pequeno parêntese para que possamos entender o que são os números-índice, como são construídos os índices de preço e o que é e como se efetua o deflacionamento de uma série de dados. Ultrapassada essa etapa, voltaremos a tratar das dificuldades técnicas envolvidas na existência de variações nos preços.

◼ Números-índice, índices de preço, deflacionamento de séries e deflator implícito

Antes de estudarmos o conceito de números-índice, observemos os dados que aparecem na Tabela 5.1 referentes ao PIB brasileiro em determinado período.

Tabela 5.1 – Brasil – PIB de 1993-2006

Ano	PIB (R$ milhões)	Variação (%)
1993	14.097,11	
1994	349.204,68	2.377,1
1995	705.640,89	102,1
1996	843.965,63	19,6
1997	939.146,62	11,3
1998	979.275,75	4,3

Ano	PIB (R$ milhões)	Variação (%)
1999	1.064.999,91	8,8
2000	1.179.482,00	10,7
2001	1.302.136,00	10,4
2002	1.477.822,00	13,5
2003	1.699.948,00	15,0
2004	1.941.498,00	14,2
2005	2.147.239,00	10,6
2006	2.369.797,00	10,4

Fonte: elaborada pelos autores.

Observando a tabela, notamos que as variações percentuais do PIB apresentadas (que, em princípio, representariam as taxas de crescimento do Produto Interno Bruto do Brasil nos anos considerados) são, no mínimo, estranhas. Qualquer pessoa minimamente informada sabe que não faz nenhum sentido imaginar que o produto agregado de uma economia, qualquer que seja ela, possa crescer mais de 2.000% em um único ano (taxa que aparece para o ano de 1994). Contudo, mesmo o crescimento registrado no ano de 1996, de 19,3%, é considerado extremamente alto para os padrões mundiais. O que poderia explicar esses resultados inusitados?

Como vimos no **Capítulo 1**, o que permite a mensuração de agregados como o PIB é a transformação, em valores monetários, de toda a imensa gama de diferentes bens e serviços produzidos pela economia de um país. Evidentemente, isso é feito multiplicando-se as quantidades produzidas desses diferentes bens e serviços por seus respectivos preços. Portanto, o que ocorre é que o valor do PIB pode crescer tanto por conta de aumentos nas quantidades produzidas quanto em função de aumentos ocorridos nos preços dos bens e serviços. Assim, as taxas de crescimento apresentadas na tabela referem-se à variação do PIB nominal, em um período em que a economia brasileira experimentou elevadas **taxas de inflação** (inflação entendida como um aumento, persistente no tempo, do **nível geral de preços**, isto é, dos preços em geral).

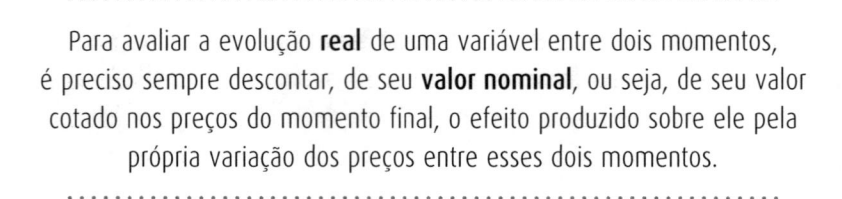

Para avaliar a evolução **real** de uma variável entre dois momentos, é preciso sempre descontar, de seu **valor nominal**, ou seja, de seu valor cotado nos preços do momento final, o efeito produzido sobre ele pela própria variação dos preços entre esses dois momentos.

Logo, se desconsiderarmos as variações de preços embutidas nos valores do **PIB nominal**, obteremos a **variação real do PIB**, ou seja, a taxa de crescimento (ou decréscimo) das quantidades produzidas. Mas como fazer isso, ou seja, como separar os dois efeitos, isto é, preço e quantidade, a fim de possibilitar a avaliação apenas das variações reais do PIB? Para responder a tal questão, considere a seguinte equação:

$$Y_t = y_t {}^* (P_t)$$

em que:

Y_t = valor do produto no momento t (PIB nominal);

y_t = produto real;

$P_t = (P_t/P_{t-1})$ = variação dos preços entre t e t-1.

Assim, para encontrar o valor do produto real em um dado momento t que nos permita compará-lo ao valor observado em um momento anterior qualquer, por exemplo, t-1, a fim de obter sua **taxa real de crescimento** entre esses dois momentos, temos de dividir o valor do produto nominal em t pela variação dos preços entre t-1 e t, ou seja:

$$y_t = \frac{Y_t}{(P_t / P_{t-1})}$$

Para exemplificar, suponhamos uma economia H que produz um único bem final A e que apresentou, no período 0-3, os valores expressos na Tabela 5.2 para o produto nominal e para os preços do bem A.

Tabela 5.2 – Economia H – Produto

Ano	Produto nominal	Preços do bem A
0	$ 1.000	$ 10
1	$ 1.150	$ 11
2	$ 1.300	$ 12
3	$ 1.600	$ 14

Fonte: elaborada pelos autores.

De posse de tais informações, podemos descobrir qual foi o crescimento real do produto que essa economia experimentou, por exemplo, no período 0-1. Se aplicarmos a fórmula, teremos:

$$y_1 = \frac{\$\ 1.150}{(\$\ 11/\$\ 10)} \quad \text{e, logo, } y_1 = 1.045,45$$

O valor de $\mathbf{y_1}$ encontrado é agora comparável ao valor do produto nominal registrado para o ano zero ($ 1.000), uma vez que, ao aplicarmos a fórmula, o que fizemos foi simplesmente descobrir qual é o valor do produto, no ano 1, *a preços do ano zero*. Agora podemos facilmente perceber que o crescimento real do produto dessa economia no período 0-1 foi da ordem de 4,5% (e não de 15%, como apareceria se simplesmente dividíssemos o PIB nominal do ano 1 pelo PIB nominal do ano zero). Se repetirmos o exercício para o período 1-3, obteremos:

$$y_3 = \frac{\$\ 1.600}{(\$\ 14/\$\ 11)} \quad \text{e, logo, } y_3 = 1.257,14$$

Nesse caso, o valor encontrado para $\mathbf{y_3}$ indica o valor do produto no ano 3, a preços do ano 1. Assim, podemos compará-lo ao valor nominal do produto no ano 1, tal como registrado na tabela ($ 1.150), e, então, perceber que, nesse período (ano 1 – ano 3), a economia experimentou um crescimento da ordem de 9,3%. Como esperamos ter deixado claro, o único cuidado que temos de ter ao comparar valores é nos certificar de que eles se referem a preços do mesmo momento, ou, em linguagem técnica, que eles **estão na mesma base**. Em outras palavras, para comparar o valor do produto no momento 1 com o valor do produto no momento 3, é preciso **deflacionar** este último, ou seja, transformá-lo em um valor também cotado a preços do momento 1. Só aí eles serão comparáveis.

Logo:

Só são comparáveis valores que estão na mesma base.

....

Um **índice de preço** permite exatamente que se faça a operação de conversão de uma série de **valores nominais** (portanto, valores em bases distintas) em valores de mesma base (ou **valores reais**).

....

Nesse nosso exemplo, podemos, pois, transformar toda a série de valores nominais em valores a preços do ano 0, ou a preços do ano 1, ou qualquer outro que queiramos. Seja como for, os valores obtidos depois do deflacionamento mostrarão as mesmas variações reais, qualquer que tenha sido a base escolhida. A Tabela 5.3 demonstra isso para a economia de nosso exemplo.

Tabela 5.3 – Economia H – Produto

Ano	Produto nominal ($)	Produto real Base = 0 ($)	Produto real Base = 1 ($)	Produto real Base = 2 ($)	Produto real Base = 3 ($)	Taxa anual de crescim. do produto (%)
0	1.000,00	1.000,00	1.100,00	1.200,00	1.400,00	–
1	1.150,00	1.045,45	1.150,00	1.254,54	1.463,63	4,54
2	1.300,00	1.083,33	1.191,66	1.300,00	1.516,66	3,62
3	1.600,00	1.142,85	1.257,14	1.371,43	1.600,00	5,49

Fonte: elaborada pelos autores.

O **índice de preços** é um exemplo de **número-índice** (e, certamente, o mais famoso deles). No Brasil, existem vários números-índice utilizados para mensurar a inflação, como o Índice Nacional de Preços ao Consumidor (INPC), calculado pelo IBGE, o Índice de Preços ao Consumidor Amplo (IPCA), também calculado pelo IBGE, o Índice Geral de Preços (IGP-M), calculado pela FGV/RJ e que foi, por muitos anos, o índice oficial de inflação do Brasil, e o Índice de Preços ao Consumidor (IPC-Fipe), calculado pela Fundação Instituto de Pesquisas Econômicas ligada ao Departamento de Economia da USP.

Assim, a inflação é avaliada por meio da utilização de números-índice. Mas eles não lidam apenas com preços. Um modo mais genérico de definir seu papel é dizer que:

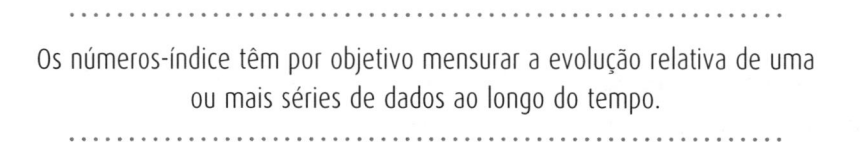

Os números-índice têm por objetivo mensurar a evolução relativa de uma ou mais séries de dados ao longo do tempo.

Considerando, então, as séries de dados que os números-índice avaliam, podemos classificá-los em dois tipos: os índices simples e os índices compostos.

· ·

Os **índices simples** procuram medir a evolução de apenas *uma série* homogênea de dados. Os **índices compostos** são utilizados quando se torna necessário trabalhar um *conjunto de séries* de natureza distinta.

· ·

■ Índices simples

Consideremos um conjunto de valores V0, V1, V2, ..., Vn observados ao longo do tempo. Define-se o índice simples referente ao período t com base no período i como:

$$I(t,i) = \left[\frac{Vt}{Vi} \right] * 100$$

Consideremos a Tabela 5.4 abaixo sobre a produção de trigo no Brasil, no período 2001-2007, em milhões de toneladas, e observemos o índice que se pode construir para ela.

Tabela 5.4 – Brasil – produção de trigo

Ano	Milhões de ton.	Variação (%)	Índice de quantidade (2001 = 100)
2001	3,37	–	100
2002	3,11	−7,7	92,3
2003	6,15	97,7	182,5
2004	5,82	−5,4	172,7
2005	4,66	−19,9	138,3
2006	2,48	−46,8	73,6
2007	4,11	65,7	122,0

Fonte: elaborada pelos autores.

No caso dos índices simples, o número-índice é simplesmente a, digamos assim, *tradução* da série original de valores para uma base 100 qualquer. A vantagem da série assim traduzida em relação às séries originais de informação é que a colocação na base 100 torna mais facilmente visíveis os movimentos ascendentes ou descendentes da variável em questão. Em nossa série, percebemos facilmente, por exemplo, que a produção de trigo em 2006 foi cerca de 25% inferior à de 2001 (que é aqui a **base do índice**), enquanto a de 2007 foi cerca de 20% superior.

O índice que aparece na tabela anterior é um **índice simples**, porque busca medir a evolução de apenas uma série homogênea de dados. Por exemplo, poderíamos ter construído um índice simples sobre a evolução do preço médio de venda da tonelada de trigo. Esse não seria, contudo, um índice de preço. Um índice de preço é mais complexo, pois envolve necessariamente mais de uma série temporal, normalmente séries de preços e séries de quantidades. Eles são considerados, por isso, índices compostos.

Índices compostos

Os **índices compostos** são utilizados quando se torna necessário trabalhar um conjunto de séries de natureza distinta (por exemplo, preços e quantidades). Os mais conhecidos dentre os índices compostos são os de Laspeyres, Paasche e Fisher. Para os dois primeiros, as estimativas para séries que envolvem preços (P) e quantidades (Q) são realizadas com base nas fórmulas apresentadas a seguir, sendo: **Lp = índice Laspeyres de Preços na base i, Lq = índice Laspeyres de Quantidades na base i, Pp = índice Paasche de Preços na base i** e **Pq = índice Paasche de Quantidades na base i.**[1]

$$Pt = \text{preço no momento t}$$
$$Pi = \text{preço no momento i}$$
$$Qt = \text{quantidade no momento t}$$
$$Qi = \text{quantidade no momento i}$$

$$Lp = \frac{\sum (Pt*Qi)}{\sum (Pi*Qi)} \qquad\qquad Pp = \frac{\sum (Pt*Qt)}{\sum (Pi*Qt)}$$

$$Lq = \frac{\sum (Pi*Qt)}{\sum (Pi*Qi)} \qquad\qquad Pq = \frac{\sum (Pt*Qt)}{\sum (Pt*Qi)}$$

Para compreendermos a utilização desses índices, particularmente o mais importante para nossos objetivos, qual seja, o índice de preços, consideremos agora que nossa economia H produz três bens finais cujos preços (P) e quantidades (Q) observados no período 0-3 são apresentados na Tabela 5.5.

---

1   O índice de Fisher é calculado com base na média geométrica dos índices Laspeyres e Paasche.

Tabela 5.5 – Economia H – Produto – período 0-3

Ano	Produto A		Produto B		Produto C	
	Preços	Quantidades	Preços	Quantidades	Preços	Quantidades
0	2,00	10	3,50	15	4,00	20
1	2,50	12	3,80	14	4,50	22
2	3,50	9	4,50	12	5,50	19
3	3,20	11	4,50	13	7,00	20

Fonte: elaborada pelos autores.

Se calcularmos o produto agregado nominal para o período 0-3, chegaremos aos valores expressos na Tabela 5.6.

Tabela 5.6 – Economia H – Produto agregado

Ano	Produto agregado nominal ($)	Variação (%)
0	152,50	
1	182,20	19,5
2	190,00	4,3
3	233,70	23,0

Fonte: elaborada pelos autores.

Como saber que parcela dos 19,5% de crescimento registrados no ano 1, dos 4,3% registrados no ano 2 e dos 23% registrados no ano 3 se deve de fato ao crescimento do produto e quanto se deve aos acréscimos sofridos pelos próprios preços entre esses dois anos? Como já se supõe, temos de calcular algum índice de preço para encontrarmos a resposta.

Utilizando-se o índice Laspeyres de preços e considerando o ano zero como base, obtemos:

$$Lp(0) = 1,00$$

$$Lp(1) = \frac{(2,50^*10) + (3,80^*15) + (4,50^*20)}{(2,00^*10) + (3,50^*15) + (4,00^*20)} = 1,1279$$

$$Lp(2) = \frac{(3,50^*10) + (4,50^*15) + (5,50^*20)}{(2,00^*10) + (3,50^*15) + (4,00^*20)} = 1,3934$$

$$Lp(3) = \frac{(3,20^*10) + (4,50^*15) + (7,00^*20)}{(2,00^*10) + (3,50^*15) + (4,00^*20)} = 1,5705$$

Utilizando-se o índice Paasche e o ano zero como base, temos:

$$Pp\ (0)\ =\ 1,00$$

$$Pp\ (1)\ =\ \frac{(2,50*12) + (3,80*14) + (4,50*22)}{(2,00*12) + (3,50*14) + (4,00*22)}\ =\ 1,1317$$

$$Pp\ (2)\ =\ \frac{(3,50*9) + (4,50*12) + (5,50*19)}{(2,00*9) + (3,50*12) + (4,00*19)}\ =\ 1,3971$$

$$Pp\ (3)\ =\ \frac{(3,20*11) + (4,50*13) + (7,00*20)}{(2,00*11) + (3,50*13) + (4,00*20)}\ =\ 1,5844$$

A Tabela 5.7 resume os índices de preço encontrados para a economia H, trazendo também os valores encontrados para o índice de Fisher (média geométrica dos índices Lp e Pp).

Tabela 5.7 – Economia H – índices de preço – período 0-3 (base = 0)

Ano	Laspeyres (Lp)	Paasche (Pp)	Fisher (Fp)
0	1,00	1,00	1,00
1	1,1279	1,1317	1,1299
2	1,3934	1,3971	1,3952
3	1,5705	1,5844	1,5774

Fonte: elaborada pelos autores.

Temos, agora, informações suficientes para calcular a variação real do produto agregado de nossa economia H, bastando, para tanto, que escolhamos com qual desses índices queremos trabalhar.[2] Se escolhermos, por exemplo, o índice Laspeyres, chegaremos aos resultados mostrados na Tabela 5.8.

---

2 A escolha quanto ao índice de preços a ser utilizado em cada caso não é feita de modo inteiramente arbitrário. Na realidade, alguns critérios técnicos ligados às propriedades estatísticas dos diferentes índices têm um peso considerável nessa escolha. Esses, contudo, não são os únicos elementos que influem na decisão. Critérios de outra natureza, como a maior ou menor facilidade prática envolvida no cálculo de um ou outro tipo de índice (com seus consequentes reflexos sobre os custos desse cálculo) também acabam por ganhar considerável importância. Por exemplo, por mais que se acredite que, em determinado caso, a utilização do índice Paasche de preços mostra-se a mais adequada, a escolha final pode, ainda assim, recair sobre o índice Laspeyres, dadas as expressivas dificuldades práticas e os elevados custos envolvidos no cálculo do primeiro.

Tabela 5.8 – Economia H – produto nominal e produto real

Ano	Produto nominal ($)	Lp (base =0)	Produto real a preços do ano 0 ($)	Variação real anual (%)
0	152,50	1,00	152,50	–
1	182,20	1,1279	161,54	5,90
2	190,00	1,3934	136,36	–15,59
3	233,70	1,5705	148,81	9,13

Fonte: elaborada pelos autores.

A tabela mostra que essa economia experimentou um crescimento de 5,9% em seu produto entre o ano 0 e o ano 1, sofreu, entre o ano 1 e o ano 2, uma retração (queda no produto) da ordem de 15,6% e, no ano 3, recuperou-se crescendo 9,13%. Na medida em que construímos, com a utilização do índice Laspeyres de preços, a série referente ao valor do produto real da economia no período 0-3 (a preços do ano zero), os valores registrados para cada momento tornam-se comparáveis e nos permitem saber o que de fato ocorreu, ou seja, que parcela da variação nominal observada se deve ao crescimento de quantidades produzidas e que parcela expressa tão somente a variação dos preços no período em questão.

Os índices de preço e sua construção

Discutiremos o fenômeno da inflação de um ponto de vista mais teórico no **Capítulo 9**. Todavia, antecipamos aqui sua definição para que possamos falar um pouco sobre a construção dos índices de preço. A inflação pode ser definida como um movimento, persistente no tempo, de elevação do nível geral de preços. O cálculo desse nível geral depende de uma amostra (uma cesta), visto que não é possível avaliar os preços de todos os bens e serviços produzidos na economia. O que determina a composição dessa amostra é o padrão de consumo do grupo social cujo poder de compra se quer avaliar.

Assim, por exemplo, se é necessário um índice de amplo escopo que seja representativo de toda a população, então a composição da cesta cujo valor será periodicamente mensurado tem de refletir, com as devidas ponderações, o padrão de consumo de todas as faixas. Nesse caso, o índice poderá representar, por exemplo, a variação de preços dos bens e serviços consumidos por famílias com renda de 1 a 30 ou 40 salários mínimos. As variações apresentadas por esse índice serão certamente diferentes daquelas apresentadas por outro, que reflita o padrão de consumo de famílias com renda de 1 a 5 salários mínimos, ou com renda acima de 20 salários mínimos. Em outras palavras, uma vez determinada a amostra populacional, deve-se considerar outra amostra: os principais bens e serviços que são consumidos por essa população e em que proporções.

Por exemplo, os bens importados, de valor mais elevado, como uísque ou vinhos caros, ou ainda caviar ou anchovas, que são consumidos por uma parcela muito pequena da população, que aufere elevada renda, certamente não entram na composição da cesta do índice que reflete o consumo de famílias com renda de 1 a 5 salários mínimos, mas podem entrar, ainda que com peso ínfimo, no índice de escopo mais amplo (famílias com renda de 1 a 40 salários mínimos) e certamente entram e com peso mais elevado num índice mais seletivo, que reflita, por exemplo, o consumo de famílias com renda acima de 20 salários mínimos. Logo, na composição de um índice geral de preços, deve-se considerar: 1) a amostra populacional; 2) a amostra de bens e serviços; e 3) a ponderação de cada bem ou serviço no padrão de consumo das famílias.

São variações nesses elementos que dão origem a vários índices de preços. No Brasil, as principais instituições de pesquisa que calculam esses índices são a Fundação Instituto Brasileiro de Geografia e Estatística (IBGE), a Fundação Instituto de Pesquisas Econômicas (Fipe), ligada ao Departamento de Economia da Faculdade de Economia, Administração e Contabilidade da Universidade de São Paulo, e a Fundação Getulio Vargas do Rio de Janeiro. O quadro abaixo apresenta os índices mais conhecidos.

Quadro 5.1 – Índices de preço no Brasil

Índice	Nome do índice	Instituição responsável	Grupo social visado	Abrangência
INPC	Índice Nacional de Preços ao Consumidor	IBGE	Famílias com renda entre 1 e 5 salários mínimos	11 regiões metropolitanas do país
IPCA	Índice de Preços ao Consumidor Amplo	IBGE	Famílias com renda entre 1 e 40 salários mínimos	11 regiões metropolitanas do país
IPC-Fipe	Índice de Preços ao Consumidor da Fipe	Fipe	Famílias com renda entre 1 e 20 salários mínimos	Município de São Paulo
IGP-M	Índice Geral de Preços de Mercado	FGV-RJ	Não é índice de varejo	Município do Rio de Janeiro

Fonte: elaborada pelos autores.

O IPCA é o índice mais utilizado e considerado o mais representativo da inflação no país. O IGP-M não é um índice de varejo, mas um índice misto, que combina os resultados do Índice de Preços por Atacado (IPA), com peso de 60%, o Índice de Preços ao Consumidor na cidade do Rio de Janeiro (IPC-RJ), com peso de 30%, e o Índice de Preços da Construção Civil na cidade do Rio de Janeiro (ICC-RJ), com peso de 10%. Há também os índices setoriais, calculados por entidades representativas de empresários ou de classe (sindicatos e associações).

▪ O deflator implícito do PIB

A discussão sobre o cálculo dos índices de preço no Brasil mostra que, quando se passa de uma economia hipotética tão simples quanto a economia H que criamos anteriormente – na qual existe a produção de apenas três bens – para uma economia verdadeira, com seu incontável número de bens e serviços finais, são grandes as dificuldades práticas enfrentadas para a obtenção das informações necessárias ao cálculo dos índices de preços. Daí a necessidade de trabalhar cestas representativas de bens que acompanham a finalidade de cada índice e, no caso dos índices de varejo (ou de consumidor), que são os mais comuns, de trabalhar cestas específicas para cada grupo social e com abrangência previamente delimitada.

Mas há também uma forma indireta de se obter um índice de preços. Como exemplo, no Brasil, temos o deflator implícito do PIB. O que ocorre é que, para o cálculo do valor do PIB, a Fundação IBGE estima o produto dos vários setores produtivos e institucionais da economia a preços correntes. Isso possibilita, a cada ano, a obtenção do valor do PIB nominal. Todavia, o que mais importa é saber o comportamento do PIB em termos reais, ou seja, o crescimento da quantidade de bens e serviços finais produzidos. Para tanto, constroem-se também, para cada setor, índices de volume, que, conjuntamente tomados, fornecem uma estimativa da taxa de crescimento real do PIB em cada ano.

De posse destas duas séries de informações, valor do PIB nominal, que nos permite descobrir a taxa de variação nominal do PIB, e o índice de volume (que faz as vezes da taxa de crescimento real), torna-se possível estimar, para cada ano, a variação devida apenas ao movimento dos preços. Contudo, essa é uma estimativa indiretamente produzida, visto que não resulta de um acompanhamento da evolução dos preços propriamente dita. Daí o nome que possui tal índice, qual seja, **deflator implícito do PIB**.

Voltando à série de valores sobre o PIB brasileiro com o qual iniciamos essa discussão, a Tabela 5.9 permite visualizar, em termos de número-índice e usando 1995 como base, os valores encontrados para o deflator implícito no período assinalado.

Tabela 5.9 – Valores estimados para o deflator implícito

Ano	PIB (R$ milhões correntes) (A)	Taxa de variação nominal do PIB (%)	Taxa de variação real do PIB (%)	Taxa de variação dos preços (%)	Deflator implícito do PIB (base 1995 = 100)
1993	14.097,11	–	–	–	–
1994	349.204,68	2.377,1	5,33	2.251,8	4,3
1995	705.640,89	102,1	4,42	93,5	100,0
1996	843.965,63	19,6	2,15	17,1	117,1
1997	939.146,62	11,3	3,38	7,6	126,0
1998	979.275,75	4,3	0,04	4,2	131,4
1999	1.064.999,91	8,8	0,25	8,5	142,5
2000	1.179.482,00	10,7	4,31	6,2	151,3
2001	1.302.136,00	10,4	1,31	9,0	164,9
2002	1.477.822,00	13,5	2,66	10,6	182,3
2003	1.699.948,00	15,0	1,15	13,7	207,3
2004	1.941.498,00	14,2	5,71	8,0	224,0
2005	2.147.239,00	10,6	3,16	7,2	240,1
2006	2.369.797,00	10,4	3,97	6,2	254,9

Fonte: elaborada pelos autores.

Podemos agora voltar à discussão sobre os problemas que as variações dos preços em distintos momentos do tempo trazem às contas nacionais.

* * *

A existência de variação nos preços não deveria, em princípio, afetar a elaboração das contas nacionais para cada ano, uma vez que aí as variáveis são todas avaliadas segundo o mesmo padrão de preços.[3] Contudo, a inflação, principalmente se for muito elevada, como a que tivemos em nosso país entre 1980 e 1994, tem consequências para a contabilidade nacional, mesmo considerando um único período (ou seja, um único ano).

O principal problema advém do fato de que os ativos oferecem um rendimento a seus proprietários e esse rendimento vai aparecer na contabilidade nacional sob a forma de pagamento a fator – por exemplo, o capital físico produz o rendimento *aluguel* ou *lucro* e o capital monetário produz o rendimento *juro*. Acontece que para alguns deles, particularmente para determinados ativos financeiros, o rendimento produzido pode não

---

3   SIMONSEN, M. H.; CYSNE, R. P. *Macroeconomia*. 2. ed. Rio de Janeiro: Fundação Getulio Vargas, 1996. p. 153-165.

constituir rendimento real. Se a inflação entre o início e o fim do período for muito elevada, o rendimento produzido por esses ativos pode estar tão somente recompondo o valor nominal do próprio ativo (ou seja, seu poder aquisitivo, que vai sendo sistematicamente desvalorizado pelo processo inflacionário contínuo).

Evidentemente, pode-se argumentar que o mesmo pode estar acontecendo com os aluguéis, com os rendimentos provenientes de quotas de capital e de ações e também com os salários. Mas, apesar de esses rendimentos estarem igualmente sujeitos a flutuações em termos reais em períodos de inflação muito elevada, a inflação não é capaz de depreciar sistematicamente os ativos que lhes dão origem.[4] Por exemplo, mesmo que a taxa de inflação seja muito elevada e, em função disso, o valor real dos aluguéis flutue muito e sofra reduções, o valor dos imóveis não é sistematicamente depreciado, visto que o mercado tende a ajustar seus preços de acordo com o patamar inflacionário.

Contudo, com os ativos financeiros de valor nominal constante, a situação é diferente. A inflação incide diretamente sobre o valor desses ativos, de modo que, em muitos casos, o rendimento que eles produzem não é suficiente sequer para recompor seu valor original.

· ·

Dado que a inflação incide diretamente sobre o valor dos ativos financeiros de valor nominal constante, a contabilidade nacional não distingue, em um mesmo período, valores nominais de reais no que diz respeito aos lucros distribuídos,[5] aluguéis e salários, mas o faz no que tange aos juros.

· ·

Para fazer tal distinção, é preciso não só escolher um índice de preço para estimar a taxa de inflação entre o início e o fim do período como também classificar os ativos financeiros em dois grupos: o daqueles que, por sua natureza, têm seu valor protegido da inflação (como os títulos de renda fixa indexados que existiam até 1994, ou mesmo aqueles com rendimento pós-fixado, na suposição de que os juros nominais incorporem as elevações no nível geral de preços) e o daqueles que não contam com essa proteção

---

4   Incluímos os salários nesse rol porque, genericamente, também podemos considerar a capacidade humana de trabalho uma espécie de "capital" que produz o rendimento *salário* (muitas correntes de fato assim o fazem, denominando tal "ativo" de *capital humano*). Contudo, há uma diferença substantiva entre o *capital humano* e os demais tipos de capital. Uma máquina, um terreno, uma ação, um título de dívida são todos ativos que se compram e se vendem no mercado e possuem, portanto, um preço. Logo, eles não só produzem, ou deveriam produzir, um rendimento, como também podem, a qualquer momento, ser vendidos, de modo que a questão da manutenção de seu valor é de fato importante. Mas isso não acontece com o capital humano, pois não são as pessoas em si que são compradas e vendidas, mas tão somente sua capacidade de trabalho (ou seja, o que se transaciona não é o estoque, mas apenas o fluxo); se assim não fosse, estaríamos em outro sistema econômico, que o mundo, aliás, já conheceu e se chama escravismo. Assim, só há um elemento capaz de "depreciar" o capital humano e esse elemento não é a inflação (que deprecia ou pode depreciar apenas os salários): seu nome é desemprego.

5   Os lucros retidos também são distinguidos entre nominais e reais por razões que veremos logo a seguir.

(como os títulos com rendimentos prefixados). Evidentemente, só estes últimos apresentam diferença entre rendimentos nominais e rendimentos reais e demandam, assim, a distinção entre juros nominais e juros reais.

Portanto, torna-se necessário, em cada ano, estimar, para os casos relevantes, a diferença entre juros nominais e juros reais recebidos ou pagos pelos agentes econômicos. Todavia, é preciso deixar claro que:

....

Os ajustes contábeis derivados da existência de inflação em determinado ano incidem apenas sobre a *distribuição* da renda entre os diferentes agentes,[6] e não sobre o montante dos agregados – os agregados relevantes aqui são a renda disponível (RDB) e a poupança doméstica (SD).

....

Considerando um agente qualquer (seja ele um indivíduo, uma empresa ou o próprio governo), havendo inflação durante o ano em questão e tendo esse agente em seu portfólio (ou seja, em seu conjunto de ativos) um ativo financeiro de valor nominal constante, sua renda nominal durante esse ano deverá ser deduzida da diferença[7] entre juros nominais e reais no que diz respeito aos juros por ele recebidos e deverá ser acrescida dessa diferença para o caso dos juros pagos. Assim, para esse agente em particular, sua renda nominal tenderá a ser maior que a real se ele for liquidamente um *credor*, ao passo que a situação deverá ser inversa se ele for liquidamente um *devedor*.

No agregado, porém, como a cada débito corresponde um crédito, as perdas e os ganhos de cada agente se cancelam, de modo que o valor final é o mesmo tanto para a contabilidade nominal quanto para a contabilidade real.

Por fim, resta considerar as consequências da inflação para os lucros das empresas. A existência, em nosso país, de um período prolongado de inflação fez surgir, ao final dos anos 1970, um dispositivo legal que permitia e regulava o ajuste inflacionário (ou a correção monetária) dos balanços das empresas, tendo em vista, particularmente, o cálculo do imposto de renda das pessoas jurídicas. Tal legislação permitia, de um lado, subtrair a correção monetária do valor do patrimônio líquido, sob a suposição de que tal parcela do

---

6   Evidentemente, tal distinção só faz sentido quando considerada a ótica da renda. A ótica do dispêndio não sofre nenhuma consequência pelo fato de ter existido inflação em determinado ano. Quanto à ótica do produto, como trata de apurar o valor adicionado a cada unidade produtiva, ela também não é afetada, pois, como vimos, ela nem considera positivamente os juros recebidos nem considera negativamente os juros pagos.

7   Essas diferenças devem ser estimadas em moeda de poder aquisitivo médio do período (ou seja, do ano em questão), porque as contas nominais se expressam em moeda corrente do mesmo período.

lucro nominal se destinava apenas a manter o valor real desse patrimônio. De outro lado, porém, exigia a atualização monetária do valor dos ativos físicos da empresa, uma vez que, no lucro nominal, tal valorização não aparece. Finalmente, a lei permitia também a soma da correção cambial aos créditos e sua subtração dos débitos em moeda estrangeira carregados pelas empresas. Em função disso, o lucro real que aparecia nas contas nacionais era o lucro nominal corrigido pelas técnicas de ajuste inflacionário e deduzido dos ganhos de capital (líquidos das perdas) decorrentes de desvalorizações reais na taxa de câmbio. O motivo da não inclusão dessa última parcela estava na necessidade de se respeitar um princípio constitutivo da contabilidade nacional, que é o de não incluir ganhos de capital na estimativa das variáveis componentes da renda.[8] Contudo, desde a estabilidade monetária de nossa economia, alcançada em 1994, essa legislação deixou de vigorar, de modo que não é mais permitida a correção monetária dos balanços.

5.2.2 Comparações entre países e o dólar PPC

Como se sabe, é bastante usual em análises e comentários produzidos pela mídia e mesmo em trabalhos acadêmicos fazermos uso, por exemplo, de comparações entre o PIB (e/ou o PIB *per capita*) entre diferentes países. Contudo, em muitos casos, podemos estar lidando com dois ou mais valores não exatamente comparáveis. Dois tipos de problema estão envolvidos na possibilidade de tal comparação. O primeiro, e talvez mais complexo deles, diz respeito ao fato de que tais agregados são mensurados na moeda doméstica. Assim, quando se trata de fazer comparações, tem-se necessariamente que passar por uma operação de conversão das moedas. Tudo seria muito simples se a utilização das taxas de câmbio fosse suficiente para resolver o problema. Infelizmente não é.

A taxa de câmbio seria um conversor eficiente se todos os bens e serviços produzidos em cada país pudessem ser incluídos no grupo dos **tradables**, vale dizer, se fosse igualmente possível transacionar todos eles com o exterior. Se assim fosse, a tendência seria de não haver muitas diferenças efetivas de preços de bens idênticos em economias distintas. Mas isso não é verdade, visto que não é possível transacionar vários desses bens e serviços (principalmente os serviços). Assim, a mera conversão dos valores de diferentes países por meio da taxa de câmbio pode não refletir as efetivas diferenças em

---

8   Com relação a tal princípio, cumpre lembrar que, pela mesma razão, não são considerados, no cômputo da renda agregada, os eventuais ganhos decorrentes de negócios que envolvem ativos físicos ou financeiros (a venda de um imóvel com lucro, por exemplo), visto que tais ganhos não constituem contrapartida de prestação de serviços à sociedade. Contudo, no caso das empresas, apesar de valerem idênticas considerações, muitos desses ganhos acabam por integrar o cômputo da renda agregada, dadas as dificuldades técnicas envolvidas em sua identificação.

termos de renda entre eles. Regra geral, como os bens e serviços que não é possível transacionar tendem a ser mais baratos nos países mais pobres, dado o menor preço da mão de obra, a utilização da taxa de câmbio acaba por superestimar as diferenças de renda e produtividade entre eles e os países mais desenvolvidos.

Outro grupo de fatores que causa o mesmo tipo de problema e atinge também o grupo dos bens passíveis de transação com o exterior é a existência de eventuais subsídios, de custos diferenciados de transporte e de tarifas alfandegárias (que não necessariamente são idênticas em diferentes países).[9] Tudo isso torna a taxa de câmbio um instrumento pouco adequado para converter, a um mesmo padrão, agregados mensurados em moedas domésticas distintas.

A forma como são hoje majoritariamente conduzidas as **políticas cambiais** nos diversos países traz ainda outro importante elemento que complica a conversão dos valores de uma economia na moeda de outra pelo mero uso da taxa de câmbio. Esse elemento está relacionado aos regimes cambiais atualmente utilizados. A partir dos anos 1980, as economias passaram a ser muito mais abertas financeiramente, configurando um processo conhecido na literatura como *internacionalização financeira* ou *globalização financeira*. Isso significa que, além das transações que envolvem mercadorias e serviços, as transações que envolvem capital passaram a ser muito frequentes. Isso acabou por obrigar vários países que antes adotavam um **regime de taxa de câmbio administrada ou fixa**, ou seja, um regime em que o preço da moeda internacional era determinado pelo governo do país, a adotar um **regime de taxa de câmbio flutuante**, ou seja, um regime em que o preço da moeda internacional é determinado pelas forças de oferta e procura por divisas (moeda estrangeira), isto é, pelo mercado.

A consequência disso para o problema que aqui tratamos é que, além das complicações anteriormente mencionadas, as taxas de câmbio hoje variam fundamentalmente em função dos humores das transações entre capitais, e não em função da variação no efetivo poder de compra de cada moeda. Assim, por exemplo, um país que está sendo considerado muito atraente pelos investidores internacionais passa a receber uma quantidade muito grande de capitais (dólares) e com isso sua moeda se valoriza, uma vez que a oferta de moeda internacional cresce. Ao contrário, se, por qualquer razão, os investidores passam a desconfiar dele, ele cai em desgraça e a moeda estrangeira foge do país, provocando forte desvalorização na moeda doméstica. Suponhamos, por exemplo, que,

---

9   Tarifas alfandegárias são impostos que os governos aplicam aos produtos que chegam ao país vindos do exterior (produtos importados), ou que saem do país em direção a outras economias (produtos exportados). Seu nome vem do termo **alfândega**, que é a denominação da repartição pública onde essas transações devem ser registradas.

no ano 0, o país H tivesse um PIB, convertido pela taxa de câmbio usual, de digamos US$ 100 bilhões. Suponhamos também que, ao longo do ano 1, esse país tenha tido um crescimento real desse PIB da ordem de 5%. Não tendo havido mudança na taxa de câmbio, o valor do PIB no ano 1 deveria ser de US$ 105 bilhões. Contudo, em função de uma extrema valorização da moeda doméstica em função do movimento dos capitais nesse ano, a taxa de câmbio valorizou-se em 20%. O que vai acontecer é que, medido em dólares, o PIB do país H vai apresentar para o ano 1 um crescimento de 26%, e não de 5%, porque o valor do PIB será agora de US$ 126 bilhões. Se, ao contrário, a moeda desse país tivesse tido uma desvalorização de 20% em função de um forte movimento de saída de divisas ocorrido nesse ano, então o PIB do ano 1 apareceria como US$ 84 bilhões. No primeiro caso, um crescimento de 5% vira um crescimento de 26%; no segundo caso, vira um decréscimo de 16%.[10] Em nenhum desses dois casos, houve efetivamente qualquer mudança dessas magnitudes, seja no próprio PIB, seja no poder de compra da moeda local.

....

Para superar todos esses problemas e tornar possíveis as comparações internacionais, costuma-se substituir as taxas de câmbio usuais por taxas de conversão que reflitam as **paridades de poder de compra** entre as diversas moedas. Como a maior parte das comparações internacionais utiliza a moeda americana (US$), elas passam a utilizar então a taxa de câmbio da moeda de cada país com o **dólar** americano, ajustada pelo índice **PPP**, sigla do termo em inglês *Purchase Power Parity*, ou Paridade do Poder de Compra (PPC), em português.

....

A construção de um índice em termos de PPC é elaborada para uma dada cesta de bens e serviços que se supõe ser ofertada em ambas as economias. Assim, torna-se possível comparar o poder de compra de um país tendo em vista o poder de compra de outro país. Os índices PPC são índices espaciais, em contraposição aos índices de preço usuais, que são temporais. Sua base é usualmente a economia americana, mas evidentemente se pode tomar por base a economia de qualquer outro país. Assim, se a economia americana for tomada por base, um país que tenha um índice PPC igual a, por exemplo, 0,9, terá PIB

---

10 No primeiro caso, a taxa de câmbio, que era, digamos, $ 1,00 (um dólar igual a uma unidade da moeda doméstica), passa para $ 0,83 (valorização de 20%). Assim, os $ 100 bilhões de PIB que se tornaram $ 105 bilhões vão representar não US$ 105 bilhões, mas US$ 126 bilhões ($ 105 bilhões/$ 0,83). No segundo caso, a taxa de câmbio passa de $ 1,00 para $ 1,25 (desvalorização de 20%). Assim, os $ 100 bilhões de PIB que se tornaram $ 105 bilhões vão representar não US$ 105 bilhões, mas US$ 84 bilhões ($ 105 bilhões/$ 1,25).

per capita menor, quando convertido pelo dólar PPC, do que quando convertido pela taxa de câmbio entre o dólar americano e a moeda doméstica desse país. Se o índice do país for maior que 1,0, o resultado será o inverso. A Tabela 5.10 mostra, para um grupo selecionado de países, as diferenças que aparecem quando se utiliza, por um lado, a taxa de câmbio usual e, por outro, a taxa de câmbio ajustada pelo PPC. A tabela traz também o valor do referido índice para cada um dos países selecionados.

Tabela 5.10 – PIB *per capita* (US$ e US$ PPC) – 2017 – Países selecionados

	PIB *per capita* US$ mil (A)	PIB *per capita* US$ mil PPC (B)	B/A
Índia	2,01	7,28	3,62
Vietnã	2,35	6,92	2,94
Ruanda	0,77	2,10	2,73
Etiópia	0,82	2,15	2,62
Rússia	10,75	27,47	2,56
Bolívia	3,37	7,45	2,21
México	9,37	19,93	2,13
China	8,68	16,66	1,92
Brasil	9,93	15,72	1,58
Portugal	21,48	30,82	1,43
Argentina	14,59	20,80	1,43
França	40,11	44,11	1,10
Áustria	47,39	49,96	1,05
Suécia	53,40	51,70	0,97
Austrália	55,97	50,56	0,90
Dinamarca	57,38	50,57	0,88
Suíça	80,76	62,23	0,77
Islândia	72,28	53,65	0,74

Fonte: elaborada pelos autores com base em dados primários retirados de: INTERNATIONAL MONETARY FUND (IMF). *World Economic Outlook Database 2019.* Disponível em: https://www.imf.org/external/pubs/ft/weo/2019/02/weodata/index.aspx. Acesso em: 10 fev. 2020.

A Tabela 5.10, com dados do FMI para 2017, foi montada em ordem decrescente do índice para que se perceba com facilidade aquilo que observamos acima: normalmente, quanto menos desenvolvido o país e quanto mais barata sua mão de obra, tanto maior se torna seu PIB *per capita* medido em US$ PPC relativamente à mesma medida efetuada com a taxa de câmbio corrente. Assim, por exemplo, o PIB *per capita* da Índia, medido em dólares PPC, alcança um valor que é 3,6 vezes aquele medido pela taxa de câmbio usual. Já na China essa relação é de 1,92; no Brasil, de 1,58. O índice da Áustria indica que, para esse país, quase não há diferença entre uma e outra medida (o índice tem valor de 1,05), enquanto países como Austrália e Suíça apresentam índices inferiores a 1. No caso da Islândia, por exemplo, o índice B/A indica que, medido em dólares PPC, o PIB *per capita* do país é 26% inferior ao encontrado quando se faz a mensuração utilizando a taxa de câmbio corrente (índice de 0,74).

Cumpre notar, porém, que nem por isso se pode acreditar que essas taxas traduzam fielmente as diferentes realidades em termos de produtividade e renda. Ainda que, para propósitos comparativos, elas sejam mais adequadas que as taxas usuais de câmbio, é muito complicada tecnicamente a obtenção de taxas ideais sob esse ponto de vista.[11]

O segundo problema que diz respeito à comparação de variáveis agregadas entre diferentes países está relacionado a diferenças metodológicas. A despeito dos esforços da ONU para homogeneizar a produção dessas estimativas, acabam por permanecer algumas diferenças substantivas que tornam problemática a comparação. Um exemplo desse tipo de diferença decorre da existência de *atividades não monetizadas*, ou seja, atividades que não se tornam objeto de compra e venda, e de como cada país decide considerá-las. Outro exemplo é a existência daquilo que se convencionou chamar *mercado informal* ou *economia informal*. Trataremos de ambas as questões nas próximas seções. De qualquer forma, o problema que elas causam para o estabelecimento de comparações entre os países é que tornam mais difícil a produção de estimativas homogêneas, dado que cada país as trata da maneira que melhor lhe convém.

Para finalizar, cumpre notar que tais dificuldades não têm impedido a realização de comparações que são frequentemente feitas. A suposição implícita em tal atitude é que, "no atacado" (digamos assim, à falta de melhor termo), as estimativas são válidas, se elas não retratam fielmente os desníveis entre os países, servem ao menos para estabelecer uma ordem de grandeza de tais diferenças.

5.2.3 O sistema de contas nacionais trimestral

Dada a importância das informações trazidas pelo sistema de contas nacionais, sua divulgação apenas de ano em ano não é suficiente para que se possa fazer delas um uso mais eficiente. A necessidade de acompanhar e analisar a evolução dos principais

---

11 No próximo capítulo, voltaremos a tratar do dólar PPP, dessa vez inserido na discussão sobre a taxa de câmbio e seu hipotético equilíbrio de longo prazo.

agregados em um período mais curto está vinculada à necessidade frequente de se tomar decisões a respeito de produção, consumo, investimento, endividamento etc. Assim, tanto o governo quanto os agentes privados beneficiam-se da existência de informações em prazos mais curtos, pois isso facilita o planejamento, permitindo um processo de tomada de decisão mais fundamentado.

Para resolver esse problema e seguindo mais uma vez as recomendações internacionais, o IBGE publica trimestralmente dados referentes à evolução do PIB e outras variáveis componentes do SCN. A apuração trimestral das contas é efetuada com uma base de dados mais restrita que a utilizada para a apuração anual e, portanto, os dados divulgados são menos precisos. Contudo, ganha-se com a redução do tempo entre o término do período e a divulgação dos dados. O Sistema de Contas Trimestrais (SCT) já era elaborado pela FGV-RJ antes de 1987, mas, desde então, passou por uma série de mudanças metodológicas. O quadro a seguir apresenta as informações que são atualmente produzidas e divulgadas, trimestre a trimestre, pelo IBGE.

Sistema de Contas Trimestrais (SCT) **Agregados e informações divulgados trimestralmente pelo IBGE**
✓ Produto Interno Bruto a preços de mercado (PIB_{pm})
✓ Renda Nacional Bruta (RNB)
✓ Renda Nacional Disponível Bruta (RDB)
✓ Poupança Doméstica (SD)
✓ Capacidade ou necessidade de financiamento (−+Sext)
✓ Valor Adicionado Bruto (VAB)
✓ Impostos sobre produtos e importação líquidos de subsídios (IpM − SubpM)
✓ Despesa de consumo final das famílias (C)
✓ Despesa de consumo final do governo (G)
✓ Formação Bruta de Capital Fixo (FBKF)
✓ Variação de estoques
✓ Exportações de bens e serviços não fatores
✓ Importações de bens e serviços não fatores

Fonte: elaborado pelos autores.

O valor adicionado a preços básicos (VAB) divulgado trimestralmente aparece discriminado nas 12 grandes atividades econômicas, além dos agregados Agropecuária, Indústria e Serviços. Todas essas informações são divulgadas a preços correntes, contendo também as informações relativas às variações reais (variações de volume) de cada rubrica.

Só não se estima ainda trimestralmente o PIB pela ótica da renda; além disso, a classificação de produtos e de atividades econômicas é mais restrita que na versão anual (que contém 128 produtos e 55 atividades, como visto no capítulo anterior). Ao final de cada ano, o IBGE divulga um calendário do qual constam as datas de divulgação dessas informações trimestrais, as quais devem acontecer em um prazo nunca superior a 90 dias do término do trimestre em questão.

Com base nos valores a preços constantes das séries trimestrais, são produzidas as séries de índices em base móvel (trimestre anterior) e as séries encadeadas, a partir das quais são calculadas todas as variações de volume em três modalidades: **taxa trimestral**, **taxa acumulada ao longo do ano** e **taxa acumulada nos últimos quatro trimestres**, também conhecida como **T4**.

O crescimento apresentado em cada trimestre é diferente da taxa trimestral. O primeiro (A) revela o crescimento real do trimestre em questão em relação ao valor apurado no trimestre imediatamente anterior. A segunda (B) apresenta a variação entre o trimestre em questão e o mesmo trimestre do ano anterior (também chamada por isso de comparação trimestral). A taxa acumulada no ano (C) compara o valor produzido ao longo dos trimestres até o trimestre em questão e o valor produzido ao longo do mesmo período do ano anterior. **A taxa C do 1º trimestre será, por isso, para qualquer ano, sempre igual à taxa B**. A taxa acumulada ao longo dos últimos quatro trimestres ou T4 (D) compara o valor referente aos 12 meses encerrados no trimestre em questão com os 12 meses imediatamente anteriores. **A taxa D do quarto trimestre será, por isso, para qualquer ano, sempre igual à taxa C, coincidindo ainda com a variação do PIB no ano.** Utilizando dados da economia brasileira da segunda década do século XXI como exemplo, a Tabela 5.11 mostra todas essas taxas, bem como os elementos necessários para seu cálculo.

Tabela 5.11 – SCN trimestral – valores para o PIB – Brasil (IBGE)

Trimestre	PIB trimestral			Taxa trimestral (B)	Taxa acumulada no ano (C)	T4 (D)
	% trimestre anterior (A)	Índice base móvel	Série encadeada			
iv 2015		100,00	100,00			
i 2016	−0,80	99,20	99,20			
ii 2016	−0,23	99,77	98,97			
iii 2016	−0,66	99,34	98,32			

Trimestre	PIB trimestral			Taxa trimestral (B)	Taxa acumulada no ano (C)	T4 (D)
	% trimestre anterior (A)	Índice base móvel	Série encadeada			
iv 2016	−0,60	99,40	97,73	−2,27		
i 2017	1,59	101,59	99,29	0,09	0,09	
ii 2017	0,24	100,24	99,53	0,56	0,33	
iii 2017	0,12	100,12	99,65	1,36	0,67	−0,07
iv 2017	0,27	100,27	99,92	2,23	1,06	1,06
i 2018	0,57	100,57	100,49	121	1,21	1,34
ii 2018	−0,10	99,90	100,39	0,86	1,03	1,41
iii 2018	0,52	100,52	100,91	1,27	1,11	1,39
iv 2018	0,13	100,13	101,04	1,12	1,11	1,11

Fonte: elaborada pelos autores.

Nossa tabela mostra, por exemplo, que o crescimento do PIB brasileiro no terceiro trimestre de 2017 alcançou 0,12% (taxa A), indicando um crescimento acumulado no ano de 0,67% (taxa C). A tabela mostra ainda que, em relação ao mesmo trimestre do ano anterior, esse trimestre apresentou um crescimento de 1,36% (taxa B).

A observação do comportamento da variável T4 é de fundamental importância do ponto de vista macroeconômico, pois ela indica qual é a tendência de crescimento anual da economia em qualquer trimestre do ano. Assim, por exemplo, observando na Tabela 5.11 o valor de T4 a partir do terceiro trimestre de 2017, percebemos a tendência de recuperação, bastante lenta, mas de qualquer forma positiva da economia, depois de dois anos de retração do PIB. Apesar de a T4 desse trimestre ainda ter sido negativa (-0,07%), trata-se de uma queda bem pequena, quando comparada aos 4,6% negativos que ela chegou a alcançar no segundo trimestre de 2016. Esta última taxa não aparece na Tabela 5.11 porque não há ali as informações necessárias para seu cálculo, mas o Gráfico 5.1, a seguir, mostra a evolução da T4 desde o terceiro trimestre de 2004. É possível perceber claramente o impacto em nosso PIB da crise internacional de 2008, a forte recuperação que veio na sequência, a recessão que se seguiu, com as taxas fortemente negativas do primeiro trimestre de 2015 até o terceiro trimestre de 2017, e, por fim, a lenta recuperação que comentamos.

Gráfico 5.1 – SCN – Brasil – T4 (3º trimestre de 2004 ao 2º trimestre de 2019)

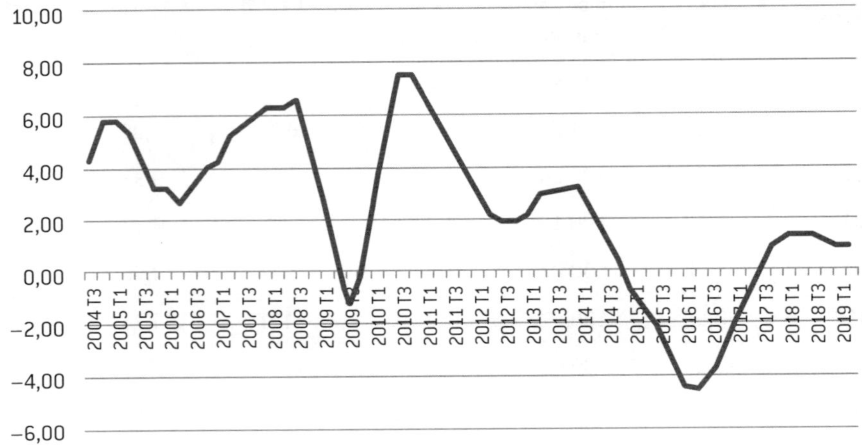

Fonte: elaborado pelos autores.

A variável básica da qual partem todas as séries é a apuração da variação entre o valor do PIB em determinado trimestre e esse mesmo valor no trimestre imediatamente anterior (taxa A). Contudo, os diferentes trimestres de um ano não são diretamente comparáveis. Fenômenos climáticos, institucionais e culturais os tornam diferentes do ponto de vista da produção, do consumo, das exportações e importações etc. Esses fatores sazonais dificultam a análise do que está ocorrendo com a economia, particularmente no que concerne à verificação de seu comportamento cíclico. Para resolver esse problema, **as séries de dados devem ser dessazonalizadas**, ou seja, são aplicados alguns fatores de ajuste que reduzem ou elevam os valores de determinadas variáveis em determinados trimestres para que os fatores sazonais sejam descontados das variações apuradas. Além disso, as séries são também ajustadas por conta dos efeitos derivados do calendário (número de dias úteis e feriados móveis, os quais se alteram de ano para ano).

Algumas observações finais são necessárias a respeito da compatibilização dos dados trimestrais com os anuais. Como vimos, a base de dados a partir da qual são calculados os valores trimestrais é mais restrita que a utilizada para as contas anuais. Assim, quando os dados anuais se tornam disponíveis, os trimestrais devem ser ajustados para que se mantenha a coerência entre os dois sistemas. Esses ajustes são feitos para se preservar ao máximo possível o comportamento original dos dados trimestrais. Normalmente, quando se está no segundo semestre do ano N, a estimativa anual do ano N-2 já está apurada, podendo ser incorporada às estimativas trimestrais. Com isso, são recalculados os quatro trimestres do ano N-1 e os dois primeiros do ano N.

Antes de encerrar esta seção, cabe demonstrar de que maneira, partindo-se das taxas de crescimento de cada trimestre em relação ao anterior, chega-se às demais informações. Veremos aqui como a tradução das informações originais em números-índice é importante e como facilita os cálculos. Estabelecida a taxa de crescimento de cada trimestre, constroem-se as duas séries de números-índice, a primeira de base móvel e a segunda encadeada, tomando por base, em nosso exemplo, o quarto trimestre de 1999.

De posse da série encadeada, o cálculo da taxa trimestral é simples: basta dividir o valor do número-índice do trimestre cujo crescimento se deseja mensurar pelo valor do mesmo número-índice em idêntico trimestre do ano anterior. Para a taxa acumulada no ano, somam-se os valores obtidos pelos números-índice nos trimestres decorridos, dividindo-se por soma idêntica realizada para o ano anterior. Finalmente, para o T4, somam-se os valores dos números-índice dos últimos quatro trimestres, dividindo-se o resultado por idêntica soma feita para os quatro trimestres imediatamente anteriores.

5.3   Dificuldades operacionais: economia informal e economia subterrânea

Para compreender a natureza da questão envolvida com a chamada **economia informal**, é preciso lembrar que o cômputo do produto agregado tem na empresa uma de suas unidades básicas de mensuração, seja ela feita pela ótica da renda, seja do dispêndio ou do valor adicionado. Assim, na medida em que há atividades de compra e venda e de produção de bens e serviços que não se dão por meio de empresas oficialmente constituídas, surge o problema de como mensurá-las, isto é, de como incorporar o valor por elas produzido ao valor do produto agregado.

A dificuldade é operacional porque, na medida em que tais empresas não existem oficialmente e há, por isso mesmo, certo receio em prestar informações, fica um tanto difícil identificá-las, localizá-las e levantar os dados necessários. As empresas não oficialmente constituídas podem se dedicar a atividades legais, como ocorre normalmente quando as famílias se tornam produtoras, e a atividades ilegais, como contrabando, tráfico de drogas e prostituição.

Há, além disso, atividades híbridas que não são criminosas, mas também não são legais. Um dos exemplos mais característicos desse tipo de atividade – e que é muito familiar para qualquer um que more em uma grande cidade de um país como o Brasil – é o trabalho dos camelôs. Apesar de não venderem mercadorias ilegais (excetuados aqueles que porventura vendam bens contrabandeados), grande parte deles trabalha irregularmente e vivem, por isso, em uma situação bastante instável, tendo amiúde de fugir dos "rapas" (operações levadas a efeito pelos fiscais das prefeituras que visam inibir esse tipo de atividade). Entretanto, a despeito de sua controvertida situação (os comerciantes legalmente estabelecidos, por exemplo, reclamam de concorrência desleal, uma vez que eles não pagam impostos) os camelôs acabam por movimentar uma parcela não desprezível do comércio, e o valor que eles produzem por meio dessa atividade não é diretamente computado no cálculo do produto agregado. Indiretamente, porém, boa parte dele acaba por entrar nesse cálculo, pois o valor adicionado gerado pelo comércio praticado pelos camelôs, assim como aquele resultante das atividades ilegais, torna-se consumo e é capturado pela ótica da demanda agregada. Apenas o consumo que provém de valor adicionado gerado por essas atividades e que acaba se dirigindo também a essas atividades (informais e/ou ilegais) não tem como ser capturado.

Finalmente, é preciso considerar certo grau de informalidade que pode haver na própria atividade formalizada tendo em vista a prática de sonegação de tributos. Assim, dadas as grandes dificuldades operacionais envolvidas na estimativa do valor produzido pela economia informal, são enormes as especulações em torno de sua verdadeira magnitude. No início dos anos 1980, por exemplo, dizia-se que a economia informal era responsável por cerca de 40% do produto da Espanha e por uma parcela também muito expressiva (25% a 30%) do produto da Itália. Até que ponto essas cifras expressavam de fato a realidade desses países é algo sobre o que nunca se pôde ter certeza.

No Brasil, desde 2003, o Instituto Brasileiro de Economia da Fundação Getulio Vargas (Ibre-FGV) estima, em conjunto com o Instituto Brasileiro de Ética Concorrencial (ETCO), o Índice da Economia Subterrânea. Apesar de não serem exatamente sinônimos, a **economia subterrânea** incorpora uma boa parte da **economia informal**. A diferença entre um e outro termo está em que o primeiro se refere exclusivamente às atividades que não são deliberadamente declaradas por várias razões: escapar do fisco, não cumprir leis trabalhistas, não arcar com o pagamento de contribuições à seguridade social (previdência), não ter de seguir determinadas normas da atividade produtiva cuja adoção pode implicar custo etc. Assim, apesar de operar em um, digamos assim, "espaço de ilegalidade", a economia subterrânea não inclui as atividades propriamente ilegais, assim como também não contempla a economia informal da costureira de bairro ou da cozinheira que faz doces para fora para aumentar o orçamento doméstico.[12]

De acordo com o último dado disponível, referente a 2016, ela equivale a 16,3% do PIB. A mesma pesquisa mostra ainda que, começando em 21% na primeira vez em que foi mensurado, em 2003, o índice caiu sistematicamente, alcançando um mínimo de 16,1% em 2014. Desde então, voltou a expressar tendência de elevação.[13] Apesar de elevada, quando comparada, por exemplo, à situação dos países da OCDE, onde se estima que a economia subterrânea equivalha, em média, a 10% do PIB, essa taxa não é tão elevada como se chegou a supor anteriormente, quando diferentes tipos de estimativas produziam valores que variavam entre 25% e 40% do PIB.

Finalmente, é preciso observar que as atividades legais operadas pelas famílias, ainda que informais, como a costureira que trabalha para as freguesas do bairro, a cozinheira que faz salgados e doces para fora, o pintor e o marceneiro que trabalham por encomenda, a professora que dá aulas particulares, entre outros, têm pelo menos uma forma de fazer seu valor chegar às estimativas do produto agregado. Como vimos, os levantamentos efetuados para as CEIs com os valores discriminados por setores institucionais incorporam, por meio da utilização de pesquisas como a Pesquisa Nacional por Amostra de Domicílios (PNAD), também a produção das famílias, sejam elas formais (como o trabalho de autônomos e o trabalho doméstico remunerado), sejam informais, como os dos exemplos anteriores.

No caso das atividades ilegais, não há como resolver o problema, uma vez que dificilmente é declarada a renda delas derivada. De qualquer forma existe, nesse caso, uma controvérsia sobre o que deve ou não fazer parte da fronteira de produção do sistema de contas nacionais. Particularmente complicado, evidentemente, é o caso da renda derivada do tráfico de drogas.

---

12 A metodologia de elaboração do índice envolve a observação de variáveis como o número de trabalhadores sem carteira de trabalho, a proporção de papel moeda em poder do público em relação aos depósitos à vista, a participação das exportações no PIB, entre outras. Quanto à relação entre o comportamento da economia subterrânea e o comportamento da economia formal, existem controvérsias. Teoricamente, a relação deveria ser inversa, ou seja, em momentos de maior crescimento da economia formal, a tendência da economia subterrânea deveria ser encolher e vice-versa. Empiricamente, no entanto, nem sempre isso se mostra.

13 Se considerarmos o valor alcançado por esse índice no período 2012-2016, não é difícil perceber que parece haver uma tendência de seu comportamento inversa à do comportamento do PIB: de 2003 até 2012, período de crescimento mais elevado, houve queda substantiva do índice, que chegou a 16,5% em 2012. Com a desaceleração do crescimento, o movimento de queda se desacelerou (16,2% em 2013, 16,1% em 2014). A partir de 2015, com a recessão aberta, o índice volta a subir: 16,2% em 2015 e 16,3% em 2016.

5.4 Dificuldades conceituais

5.4.1 As atividades não monetizadas

A questão da qual trataremos agora é de natureza teórica, mas tem também consequências práticas. Em princípio, só deveriam fazer parte dos agregados como produto, renda e dispêndio aquelas atividades nas quais está envolvida uma transação econômica e que, portanto, são monetizadas (compra e venda, pagamento de salário, pagamento de imposto etc.). Contudo, a despeito do enorme grau de interdependência e troca vigente nas economias contemporâneas, existe ainda uma parcela não desprezível de atividades econômicas que não passa pelo circuito *bens e serviços – dinheiro – bens e serviços – dinheiro*, ou seja, que não se integra ao fluxo circular da renda.

O exemplo mais característico desse tipo de atividade é a pequena produção agrícola de subsistência (o pequeno agricultor ou camponês que planta verduras e legumes e cria poucos animais para seu próprio consumo e o de sua família), mas existem muitos outros: a costureira que tem suas freguesas no bairro e também costura para o marido e os filhos, a dona de casa que monta uma pequena loja de doces na garagem e distribui, entre os filhos e sobrinhos, as eventuais sobras e, finalmente, os serviços prestados às respectivas famílias pelas próprias donas de casa (ou donos de casa). Da mesma maneira, quem mora em imóvel próprio beneficia-se dos serviços de moradia produzidos por esse capital fixo, sem que tal serviço assuma a forma monetária. Em todos esses casos (e em muitos outros semelhantes a esses), as atividades em questão (ou pelo menos uma parcela delas) envolvem esforços humanos e recursos materiais e produzem bens e serviços, mas não geram renda monetária (apenas renda em espécie), porque não se tornam objeto de uma transação econômica. Como considerá-las do ponto de vista das contas nacionais?

Existem aqui, simultaneamente, um problema teórico e um problema prático. Em primeiro lugar, cumpre decidir se, do ponto de vista teórico, tais atividades devem ou não integrar o cômputo do produto e da renda agregados. Quanto a esse aspecto, não há uma resposta precisa e inteiramente isenta de juízos de valor: de um lado, essas atividades são geradoras de produto, ou seja, de bens e serviços que satisfazem a necessidades humanas; de outro, porém, elas não geram renda monetária.

As recomendações do *System of National Accounts* sugerem a adoção de um conceito amplo de produção, ou seja, considerar *produtiva* qualquer atividade organizada para a obtenção de bens e serviços, sejam eles transacionados ou não no mercado. Por isso, as estatísticas de produção são divididas em *produção mercantil* e produção *não mercantil*. Mesmo assim, sobram questões controversas como a do trabalho doméstico.[14]

A questão acaba por se resolver de modo convencional. Pelas mais variadas razões, aceita-se, convencionalmente, que algumas das atividades não monetizadas (como o aluguel de imóvel próprio) tenham seu valor computado no cálculo dos agregados, enquanto outras não o tenham.[15] Mas, como adiantamos, tal questão é também prática. Como podemos computar o valor dessas atividades se elas são não monetárias? O expediente que resolve essa questão prática se chama **imputação**.

> A contabilidade nacional procura estimar o valor monetário das **atividades não monetizadas imputando-lhes** os valores que elas supostamente teriam se tivessem passado pelo mercado.

De qualquer forma, não há como fugir a certo grau de arbítrio na consideração de tais atividades, seja nos preços que se decide imputar a elas, seja na própria decisão sobre o que vai e o que não vai fazer parte das estimativas. Eis por que sua existência dificulta as comparações internacionais.

5.4.2 Meio ambiente e desenvolvimento sustentável

Nas últimas décadas, a humanidade tem experimentado níveis alarmantes de degradação do meio ambiente e a exaustão de boa parte dos recursos naturais. O aquecimento do planeta em decorrência da emissão de CO_2 na atmosfera, a contaminação de recursos

---

14 Essa questão aparece recorrentemente nos debates por conta da força do movimento feminista. A entidade ONU Mulheres, que surgiu em 2010 como resultado dos esforços do Fundo das Nações Unidas para a Mulher, divulgou, em 2017, uma pesquisa em que afirma que o trabalho doméstico participa com algo entre 10% e 39% do PIB dos diversos países. Mas, na enorme maioria dos países, o PIB continua a ser calculado de forma tradicional, sem considerar esse tipo de trabalho. No Brasil, a Pesquisa Nacional por Amostra de Domicílios (PNAD) realizada pelo IBGE já faz, há algum tempo, o levantamento sobre o tempo de trabalho gasto pelas pessoas em trabalho doméstico (e também em deslocamentos). Esse tipo de informação é um insumo importante para o cálculo da valoração desse trabalho não mercantil.

15 É em função de decisões como essa que ficou muito famosa uma piada do conhecido economista e professor americano Paul Samuelson, segundo o qual aquele que casa com a empregada pode diminuir a renda nacional. De fato, como as contas nacionais não consideram em seu cômputo o valor dos serviços desempenhados pelas donas de casa, ele vai diminuir a renda nacional, uma vez que, como empregada, os serviços prestados por sua futura esposa eram remunerados e entravam no cálculo da renda, o que não mais acontecerá depois do casamento, ainda que ela continue fazendo os mesmos serviços que antes.

hídricos, que comprometem o consumo de água pela população e determinadas atividades como a pesca, a agricultura ou mesmo o turismo, a devastação das florestas, a poluição do ar nas grandes cidades e a destruição da camada de ozônio são alguns exemplos dessa problemática característica do mundo moderno.

Boa parte das agressões ao meio ambiente decorre das atividades de produção e consumo, processo esse que vai ganhando intensidade com a expansão da industrialização e com a crescente urbanização do modo de vida. De fato, se repararmos bem, consumimos hoje em dia, particularmente os que vivem nas cidades de médio e grande portes, uma série de bens industrializados que até há muito pouco tempo chegavam às nossas mãos praticamente *in natura* (suco de laranja, por exemplo). Além disso, o processo de diversificação de produtos gerado pela indústria introduz em nosso cotidiano a necessidade de uma série de bens que antes não demandávamos, simplesmente porque eles não existiam. Existe hoje, por exemplo, uma infinidade de produtos de limpeza e higiene, de produtos derivados de leite – como iogurtes, leites gelificados e outros – de refeições prontas e semiprontas e de produtos descartáveis inexistentes há pouco mais de três décadas.

O mesmo tipo de reflexão pode ser feita com relação a bens de maior duração, como eletrodomésticos. Uma casa de classe média dos anos 1940, por exemplo, era infinitamente mais simples do que uma casa de classe média dos anos 2000: na melhor das hipóteses tinha um fogão a gás, um ferro a carvão, um rádio capelinha e a lista se encerrava por aí. Hoje em dia, porém, essa lista é enorme, vejamos: geladeira, *freezer*, forno de micro-ondas, máquina de lavar roupas, secadora, máquina de lavar pratos, forno elétrico, batedeira, liquidificador, processador de alimentos, aspirador de pó, ferro elétrico, ventilador (ou ar-condicionado), aquecedor, depilador, secador de cabelos, barbeador, aparelho de som, televisão, aparelho de DVD ou Blu-ray, isso tudo sem falar nos celulares, nos computadores e nos automóveis.

Essa enorme revolução no modo de vida provocou, como não poderia deixar de ser, uma série de efeitos no que diz respeito ao meio ambiente e à capacidade do planeta em fornecer recursos naturais. Como todos esses bens são produzidos em larga escala, a demanda por matérias-primas em geral cresceu exponencialmente, denunciando rapidamente o caráter predatório de determinadas atividades, bem como os limites impostos pelo estoque – por definição finito – de recursos naturais exauríveis. De outro lado, no nível do consumo, as consequências não são menos importantes. Além da poluição do ar provocada pelos automóveis (talvez o mais conhecido desses efeitos), há uma série de outras relacionadas ao consumo de produtos químicos (como aerossóis e detergentes), que agridem não só o ar como também os recursos hídricos de modo geral. Ao fim e ao cabo, o que se compromete com tudo isso é não só nossa própria qualidade de vida como também as condições legadas às futuras gerações.

Do ponto de vista da teoria econômica, podemos englobar todas essas pressões ao meio ambiente no conceito de **externalidades negativas**, ou seja, custos decorrentes da atividade econômica que não são valorados pelo mercado.[16] Entendem-se como externalidades negativas, por exemplo, a poluição dos rios decorrente de resíduos industriais, a poluição do ar gerada por determinados tipos de indústria, a fumaça produzida por caminhões e a redução das florestas nativas.

....

As atividades de produção e consumo costumam gerar pressões sobre o meio ambiente, seja pela utilização de recursos naturais exauríveis, seja pela geração de poluição. Tais pressões são conhecidas como *externalidades negativas*, isto é, custos decorrentes da atividade econômica que não são valorados pelo mercado.

....

Diante dessa situação, tem crescido o interesse da ciência econômica pelas questões ambientais. Atualmente, já se pode identificar um novo campo que trata das questões relativas à utilização e à preservação do meio ambiente sob uma perspectiva econômica: a economia do meio ambiente. Seu grande desafio consiste em encontrar alternativas de **crescimento sustentável**, ou seja, um crescimento que produza bens e serviços, bem--estar e conforto, mas preservando a qualidade de vida das gerações atuais e futuras.

No âmbito da contabilidade social, alguns estudiosos têm envidado esforços para encontrar meios de levar em conta, no cômputo dos agregados, a degradação sofrida pelo meio ambiente. Dessa forma, está em curso um processo que busca considerar os custos ambientais relacionados ao processo de produção e consumo agregados.[17]

Para que se tenha uma ideia da dimensão do problema, há quem diga, por exemplo, que o crescimento da economia americana poder-se-ia tornar negativo em alguns anos se, no processo de cálculo do produto, se conseguisse computar as perdas impostas por tal crescimento, seja quanto à qualidade do meio ambiente de modo geral, seja quanto à "depreciação" do estoque de "capital natural" do planeta. No que diz respeito ao último

---

16 Em termos mais formais, "... há uma externalidade quando a atividade de um agente econômico afeta negativamente o bem-estar ou o lucro de outro agente e não há nenhum mecanismo de mercado que faça com que este último seja compensado por isso" (OLIVEIRA, R. G. Economia do meio ambiente. In: OLIVEIRA, R. G. *Manual de economia* – Equipe dos professores da USP. 3. ed. São Paulo: Saraiva, 1998. p. 569). Para um aprofundamento do conceito e das consequências das externalidades, ver: PINDYCK, R. S.; RUBINFELD, D. L. *Microeconomia*. 4. ed. São Paulo: Makron Books, 1999.

17 Para uma breve descrição sobre tais estudos, ver Motta (1995), que constitui a base dos argumentos desta seção.

elemento, ignorar tais perdas seria equivalente a não levar em conta a parcela dos esforços de produção da sociedade que se destina tão somente à reposição da depreciação sofrida pelo estoque de capital fixo da economia. Em outras palavras, se uma parcela considerável de recursos naturais é consumida a cada ciclo produtivo, nada mais correto que computar, por ocasião da mensuração do produto obtido, a depreciação sofrida por esse estoque de capital natural. A analogia só não é perfeita porque, no que tange ao capital natural, a situação parece ainda mais complicada, visto que ao menos uma parte desses recursos é não reproduzível, ou seja, trata-se de recursos naturais exauríveis.

Entretanto, existe uma dificuldade ainda não superada para que se consiga levar em conta tais perdas: como valorá-las, isto é, como torná-las mensuráveis em termos monetários? Apesar de aparentemente técnica, a questão é conceitual, visto que a falta de consenso sobre como valorar essas perdas reflete no fundo uma não concordância sobre a forma de considerá-las. Assim, na medida em que não há, até o momento, uma resposta inequívoca para essa pergunta, ainda não se pode falar em um sistema de contas nacionais que contenha algum tipo de conta ambiental ou mesmo lançamentos específicos que contemplem as externalidades negativas geradas pelo processo de crescimento econômico. Assim, no cálculo da renda ou produto nacional, ainda não têm sido considerados os custos relacionados à degradação do meio ambiente.

··

No âmbito da contabilidade social, o grande problema em se considerar as perdas sofridas pelo meio ambiente está na dificuldade de valorá-las, isto é, de torná-las mensuráveis em termos monetários.

··

A utilização dos recursos ambientais no processo produtivo interfere nas relações econômicas de duas maneiras. Em primeiro lugar, a utilização desses recursos pode ser entendida como um *serviço prestado pelo meio ambiente*. Desse modo, o não pagamento desse serviço representa um *subsídio* à produção, que deveria ser considerado no cálculo do produto agregado. Em segundo lugar, a utilização dos recursos ambientais, quando implica perdas ao meio ambiente, seja pela exaustão dos recursos, seja pela degradação da natureza, resulta em *custos*, tanto para gerações atuais quanto, e principalmente, para as gerações futuras. Dessa forma, os custos relacionados à degradação do meio ambiente e à depreciação do estoque de capital natural do planeta deveriam ser deduzidos do cálculo do produto agregado, levando-se em consideração também seu impacto sobre a qualidade e as condições de vida no futuro.

Apesar da dificuldade em se considerar a sustentabilidade do meio ambiente no sistema de contas nacionais, existem já algumas propostas para se contornar o problema da valoração das externalidades negativas geradas por determinados processos produtivos. Uma delas, por exemplo, busca *mensurar as despesas necessárias* para se evitar a degradação, restaurar as perdas ou compensar as gerações futuras pelos problemas ambientais. Assim, investimentos como a instalação de equipamentos antipoluentes, despesas como as decorrentes dos processos de controle e limpeza ambiental ou mesmo determinados gastos com saúde deveriam ser destacados no cálculo do produto da economia e excluídos de seu valor final.

Outra possibilidade seria a utilização do conceito de **disposição a pagar**. Assim, seriam realizadas estimativas acerca do valor das perdas impostas ao meio ambiente, tomando-se por base a disposição que teriam as pessoas em pagar pela redução de tais perdas. Poder-se-ia, por exemplo, mensurar o diferencial de preço entre imóveis em locais onde não exista poluição em relação aos imóveis em locais poluídos, estimando-se assim a disposição a pagar pela eliminação da poluição do ar e utilizando-se tal indicador como uma estimativa dos custos impostos pela poluição do ar.

São inúmeras e complexas as considerações técnicas envolvidas nas diversas propostas existentes para estimar as perdas decorrentes da degradação do meio ambiente e, uma vez que não há ainda um consenso sobre qual delas é a mais adequada, não é este o lugar de apresentá-las em detalhe nem é esse o objetivo da presente seção. Pretendemos apenas alertar os leitores para a importância e a atualidade da questão e para a possibilidade de que mudanças substantivas venham a ocorrer no sistema de contas nacionais visando contemplá-la.

Desse modo, cabe observar que organismos como a ONU e a OCDE vêm investindo na criação de **Indicadores de Desenvolvimento Sustentável (IDS)**, os quais auxiliariam na tarefa de proceder a essa mensuração, mas que têm, no entanto, um escopo mais amplo. No Brasil, o IBGE também calcula os IDS. Em sua última versão, de 2017, são mais de uma centena de indicadores organizados em quatro dimensões, tal como recomendado pela ONU: ambiental, social, econômica e institucional. A *dimensão ambiental* trata dos fatores de pressão e impacto causados pela produção e pelo consumo e está relacionada aos objetivos de preservação e conservação do meio ambiente, que são considerados fundamentais para a qualidade de vida das gerações atuais e futuras. São indicadores relacionados à atmosfera, à terra, à água doce, à biodiversidade etc. A *dimensão social* corresponde aos objetivos ligados à satisfação das necessidades humanas, à melhoria da qualidade de vida e à justiça social. Os indicadores abrangem temas como trabalho, renda, saúde, educação, habitação e equidade. A *dimensão econômica* trata da eficiência dos processos produtivos e das alterações nas estruturas de consumo orientadas a uma reprodução econômica sustentável de longo prazo. Trabalha, portanto, questões relacionadas ao uso e ao esgotamento dos recursos naturais, à produção e ao gerenciamento de resíduos, ao uso da energia etc. A *dimensão institucional* diz respeito à capacidade e ao esforço despendido por governos e pela sociedade na implementação das mudanças requeridas para um desenvolvimento efetivamente sustentável.

Resumo

A seguir, estão os principais pontos vistos neste capítulo.

1. As dificuldades envolvidas na mensuração dos agregados do sistema de contas nacionais são de três tipos: **dificuldades técnicas, dificuldades operacionais** e **dificuldades conceituais**.
2. As **dificuldades técnicas** envolvem:
   a) a existência de variação nos preços em momentos distintos e com isso a necessidade de distinguir **contabilidade real** de **contabilidade nominal**;
   b) a necessidade de estabelecer comparações entre países em que os agregados são originalmente estimados em moedas distintas, o que gerou o conceito de **paridade de poder de compra** (**PPP**, sigla de *Purchase Power Parity*); e
   c) a necessidade de que os números agregados da economia de um país não demorem muito a ser produzidos, o que acabou por gerar as **edições trimestrais das contas nacionais**.
3. As **dificuldades operacionais** estão relacionadas à existência de atividades econômicas que não são efetuadas por meio de empresas formalmente constituídas e/ou por empresas formalmente constituídas, mas que desempenham parte de suas atividades de modo informal ou oculto.
4. As **dificuldades conceituais** relacionam-se à existência de **atividades não monetizadas** e aos problemas com o **meio ambiente**.

5. Quando se analisa uma série de valores, é preciso ter o cuidado de **deflacionar** a série para não efetuar comparações de variáveis que são de fato heterogêneas por serem avaliadas em momentos distintos.

6. A técnica que permite comparar o valor das variáveis econômicas a preços de um mesmo momento se chama **deflacionamento** e seus instrumentos são os **índices de preço**.

7. Os índices de preço mensuram a variação dos preços em determinado período e aparecem sob a forma de **números-índice**.

8. Os **índices simples** buscam medir a evolução de apenas uma série homogênea de dados. Os **índices compostos** são utilizados quando se torna necessário trabalhar um conjunto de séries de natureza distinta, por exemplo, *preços* e *quantidades*, como acontece com os índices de preço. Os mais conhecidos dentre os índices de preço são os de Laspeyres, Paasche e Fisher.

9. Há também uma forma indireta de mensurar a evolução dos preços: o **deflator implícito do PIB**. Trata-se de uma forma indireta porque o índice é construído não por meio do monitoramento dos preços, e sim com base na comparação entre os valores a preços correntes estimados para o produto agregado e os índices de crescimento real (volume) apurados a cada período.

10. A contabilidade nacional distingue **juros nominais** de **juros reais** porque a inflação incide diretamente sobre o valor dos ativos financeiros de valor nominal constante.

11. Os ajustes contábeis derivados da existência de inflação em determinado ano incidem apenas sobre a *distribuição* da renda entre os diferentes agentes, e não sobre o montante dos agregados.

12. Em um contexto inflacionário, a renda nominal de um agente qualquer tenderá a ser maior do que a real se ele for liquidamente um credor, ao passo que a situação deverá ser inversa se ele for liquidamente um devedor.

13. A comparação do valor dos agregados macroeconômicos entre diferentes países tem de enfrentar a questão de eles serem valorados em moedas distintas. A forma de "traduzir" esses dados, que se encontram em linguagens monetárias distintas, para que eles possam ser comparáveis, passa pela taxa de câmbio. Mas ela não é isenta de problemas.

14. A existência hoje de intensos fluxos de capital entre as diferentes economias e o fato de que a maior parte dos países adota um regime de câmbio em que a taxa de câmbio é determinada pelo mercado (regime de câmbio flutuante) torna

essa variável muito mais um reflexo da relação entre oferta e demanda por divisas no contexto do mercado de capitais do que uma expressão do efetivo poder de compra das diferentes moedas aí envolvidas.

15. Além disso, nem todos os bens e serviços produzidos são *tradables* (negociados internacionalmente) e há diferenças na política tarifária e de subsídios e nos custos de transporte entre as diferentes economias. Todos esses fatores fazem com que a taxa de câmbio não seja um conversor eficiente para se comparar o produto de diferentes países, principalmente se o que se busca com isso é a comparação do padrão de vida dessas distintas populações. A **taxa de câmbio PPP** procura resolver esse problema.

16. O conhecimento da forma como a economia está se comportando é fundamental para as tomadas de decisão sobre produção, investimento e consumo, tanto no âmbito privado quanto público. Assim, a divulgação de informações agregadas sobre a economia apenas de ano em ano é insuficiente. Além disso, o atual sistema de contas nacionais é extremamente complexo e demanda um tempo demasiado longo apurar todas as estatísticas necessárias à sua elaboração, fazendo com que a defasagem na apresentação dos dados de determinado ano ultrapasse dois anos. Para resolver esses problemas, criou-se o **SCN trimestral (SCT)**.

17. A apuração trimestral das contas é efetuada com uma base de dados mais restrita e com uma classificação de produtos e atividades econômicas mais reduzida que na versão anual. O SCT apresenta trimestralmente todas as variáveis necessárias para apuração do PIB segundo as óticas do produto e da despesa, além de trazer também os agregados Renda Nacional Bruta (RNB), Renda Nacional Disponível Bruta (RDB), Poupança Doméstica (SD) e o resultado do país em termos de capacidade ou necessidade de financiamento (-+Sext).

18. A incorporação às estimativas do produto agregado do valor produzido pela chamada **economia informal** enfrenta dificuldades de natureza operacional, uma vez que é bastante difícil identificar e localizar as atividades que a constituem.

19. A **economia subterrânea**, desenvolvida por empresas formais ou informais, na qual as atividades não são declaradas com o deliberado intuito de escapar de tributos, leis trabalhistas e outras normas legais, é parte da **economia informal**. Além dessa parte, estimada hoje no Brasil pelo Índice da Economia Subterrânea, a economia informal envolve a atividade produtiva das famílias exercida sem a constituição formal de empresas e as atividades ilegais. Parte da atividade

produtiva informal das famílias é capturada pelas pesquisas realizadas para a apuração do valor do produto de acordo com os diferentes setores institucionais.

20. A contabilidade nacional procura estimar o valor monetário das **atividades não monetizadas**, **imputando-lhes** os valores que elas supostamente teriam se tivessem passado pelo mercado. A decisão sobre quais dessas atividades devem integrar o SCN é quase sempre convencional, uma vez que conceitualmente não há consenso sobre o tema.

21. A expansão acelerada e sem controle da industrialização e das formas urbanas de vida tem provocado a degradação do meio ambiente e esbarrado nos limites impostos pelo estoque finito de recursos naturais do planeta.

22. As pressões sobre o meio ambiente decorrentes da produção e do consumo constituem **externalidades negativas**, ou seja, custos não valorados pelo mercado e que deveriam, de alguma maneira, afetar os valores apresentados pelas contas nacionais.

23. Apesar das dificuldades teóricas e técnicas envolvidas nessas estimativas, organismos como a ONU e a OCDE vêm investindo na criação de **Indicadores de Desenvolvimento Sustentável (IDS)**, os quais auxiliariam na tarefa de proceder a essa mensuração. No Brasil, o IBGE também calcula os IDS. Na última versão de seu documento, de 2017, trata-se de mais de uma centena de indicadores, organizados em quatro dimensões, tal como recomendado pela ONU (social, ambiental, econômica e institucional).

Questões para revisão

1. Qual é o primeiro cuidado que devemos ter quando investigamos uma série de valores de dada economia (por exemplo, o PIB ou a formação bruta de capital fixo)?

2. O que é um índice de preços?

3. Qual é a diferença entre um índice de preços e o deflator implícito do PIB?

4. Quais são as consequências, para as contas nacionais, da existência de inflação?

5. Por que a taxa de câmbio não se mostra um conversor eficiente quando se trata de comparar produtos ou outras variáveis agregadas de diferentes países? Como se resolve o problema?

6. Por que o SCN é apresentado também em uma versão trimestral? Quais as diferenças entre essa versão e a versão anual?

7. Por que a existência da chamada economia informal traz problemas para a mensuração dos agregados?

8. O que distingue a economia subterrânea da economia informal?

9. Por que se pode considerar que a existência de atividades não monetizadas traz um problema conceitual para as contas nacionais? De que maneira essas atividades podem ser aí contempladas?

10. Por que as perdas impostas ao meio ambiente pelas atividades de produção e consumo podem ser consideradas externalidades negativas? Que tipo de problema isso traz para as contas nacionais?

11. De que forma se tem tentado resolver esse tipo de problema? O que têm feito nesse sentido órgãos como a ONU e a OCDE?

Capítulo 6

Balanço de pagamentos

6.1 Introdução

A análise das relações econômicas e financeiras internacionais constitui condição para um adequado entendimento da estrutura econômica de determinada nação. Isso porque os países não são estruturas isoladas e, mesmo os mais fechados, acabam por manter uma série de relações econômicas com outros países, o que envolve trocas de mercadorias, fatores de produção e ativos. Tais relações acabam tendo importantes implicações no cômputo de determinados agregados macroeconômicos.

....

Os países não são estruturas isoladas. Eles mantêm uma série de relações econômicas com outros países, o que envolve **trocas de mercadorias, fatores de produção** e ativos (reais e financeiros).

....

Assim, em uma economia aberta, a oferta agregada passa a ser composta não apenas da produção doméstica mas também de bens e serviços produzidos em outros países. Por outro lado, a poupança total da economia pode vir a incluir, além da poupança interna, a poupança de não residentes, também denominada poupança externa. Em outras palavras, a existência de transações econômicas internacionais produz inúmeras implicações, não só para as contas nacionais como também para a própria teoria macroeconômica.

Dessa forma, no sistema de contas nacionais, cuja metodologia de referência foi apresentada no **Capítulo 2**, explicitamos a conta do setor externo, em que são lançadas as importações, as exportações, as rendas de propriedade enviadas e recebidas do resto do mundo, referentes ao pagamento e recebimento relacionados ao fator de produção capital, bem como os salários de não residentes pagos por residentes e os salários de residentes pagos por não residentes. Da mesma maneira, na metodologia das contas nacionais hoje adotada no Brasil (SNA 93[1]/SNA 08[2]), também pode ser encontrada a conta das operações correntes com o resto do mundo, que contempla os mesmos lançamentos, além de outros necessários para dar conta da interação cada vez maior entre as diversas economias nacionais. Na verdade, essas contas representam parte de uma conta mais

---

1 UNITED NATIONS (UN). *System of National Accounts 1993* [SNA-93]. New York: UN, 1993. Disponível em: https://unstats.un.org/unsd/nationalaccount/docs/1993sna.pdf. Acesso em: 14 jan. 2020.

2 UNITED NATIONS (UN). *System of National Accounts 2008* [SNA-2008]. New York: UN, 2009. Disponível em: https://unstats.un.org/unsd/nationalaccount/docs/SNA2008.pdf. Acesso em: 14 jan. 2020.

ampla denominada **balanço de pagamentos**, uma vez que valem para essa peça contábil os mesmos princípios que norteiam a elaboração das contas nacionais, a saber: o **princípio das partidas dobradas** e o **princípio dos equilíbrios interno e externo**.

··

No **balanço de pagamentos**, são registradas todas as *transações econômicas* que o país realiza com *o resto do mundo* em determinado período, permitindo avaliar sua situação econômica em relação às transações internacionais.

··

Com esse balanço, podemos avaliar quantitativamente, ou qualitativamente, as diversas transações que o país mantém com outros países, como a compra ou a venda de mercadorias, a remessa de lucros para o exterior por parte de empresas estrangeiras instaladas no país, a atividade de turismo, os empréstimos internacionais, os fluxos financeiros e os movimentos de capitais especulativos, entre outras. Trata-se de uma conta que ocupa papel cada vez mais importante no estudo da macroeconomia, tendo em vista a intensificação, observada a partir dos anos 1980, do fluxo real e financeiro entre os países, muitas vezes denominada *globalização*.

No Brasil, a responsabilidade pela elaboração do balanço de pagamentos é do **Banco Central do Brasil** (Bacen), o qual segue as diretrizes do FMI. Para tal elaboração, o Bacen seguiu, até 2014, a quinta versão do manual metodológico publicado pelo FMI (BPM 5),[3] apresentada em 1993, e à qual o país se adaptou em 2001. A partir de 2015, cumprindo o compromisso assumido pelo país junto ao FMI e ao G20, o Bacen passou a adotar a sexta edição desse manual (BPM 6), que foi apresentada pelo FMI em 2009.[4] O BMP 6 tem dois objetivos principais: o primeiro é tornar cada vez mais compatíveis as estatísticas internacionais com os sistemas de contas nacionais, na versão SNA 08, que estudamos no **Capítulo 4**; o segundo é promover maior integração entre essa peça contábil e uma outra relativa a estatísticas internacionais de extrema importância, a Posição Internacional de Investimentos, sobre a qual falaremos na **Seção 6.7** deste capítulo. Essa nova versão procura dar conta das inúmeras mudanças econômicas e financeiras que ocorreram na economia mundial nas últimas décadas, particularmente em relação aos fluxos financeiros internacionais. A série anterior de estatísticas do BP do Brasil, que

---

3   INTERNATIONAL MONETARY FUND. *Balance of payments manual*, 1993. Disponível em: https://www.imf.org/external/np/sta/bop/bopman.pdf. Acesso em: 15 jan. 2020.

4   INTERNATIONAL MONETARY FUND. *Balance of payments manual*, 2009. Disponível em: https://www.imf.org/external/pubs/ft/bop/2007/pdf/bpm6.pdf. Acesso em: 15 jan. 2020.

teve início em 1947, foi por isso interrompida em 2014. A nova série, adaptada às recomendações do BMP 6, foi, no entanto, retroagida pelo Bacen até 1995. A apresentação a ser feita neste capítulo seguirá, portanto, esta última versão metodológica do BP, fazendo, sempre que necessário, menção à versão anterior.

6.2   A estrutura do balanço de pagamentos

Conforme já destacado na introdução deste capítulo, as transações comerciais, produtivas e financeiras que o país estabelece com o resto do mundo são registradas em uma "grande conta", denominada **Balanço de Pagamentos (BP)**. Em termos mais formais, o BP registra todas as transações entre **residentes** e **não residentes** de um país em determinado período. Como residentes definem-se todas as pessoas, físicas e jurídicas, que tenham esse país como seu principal centro de interesse, ou seja, as pessoas que moram permanentemente no país (que têm nele sua residência fixa), mesmo aquelas nascidas em outros países, e todas as empresas sediadas no país, inclusive as filiais de empresas estrangeiras. Também fazem parte dos residentes o governo, além das representações diplomáticas do país no exterior (embaixadas, consulados etc.). Por exclusão, tem-se os não residentes.

> O **balanço de pagamentos** registra todas as transações entre **residentes** e **não residentes** de um país em determinado período. Definem-se como residentes de um país todas as pessoas físicas ou jurídicas que tenham esse país como seu principal centro de interesse.

Por contemplar as transações internacionais, os lançamentos no BP são efetuados em dólares americanos, moeda que se constitui no principal padrão monetário internacional. O Quadro 6.1 apresenta a estrutura completa do balanço de pagamentos, de acordo com o BPM 6, agora adotado pelo Brasil.

Quadro 6.1 – Estrutura completa do balanço de pagamentos

I. Transações correntes
Saldo do BP em transações correntes: 1.1.1 + 1.1.2 + 1.2.1 + 1.2.2 + 1.3

1.1 Conta de bens e serviços

    1.1.1 Balança comercial (transações envolvendo mercadorias tangíveis)

        Exportações

        Importações

    1.1.2 Balança de serviços (transações envolvendo mercadorias intangíveis)

        Serviços de manufatura

        Serviços de manutenção e reparo

        Transportes

        Seguros

        Viagens

        Aluguéis

        Royalties

        Outros serviços (de telecomunicações, de computação, de informações, de propriedade intelectual, culturais, governamentais etc.)

1.2 Rendas primárias

    1.2.1 Remuneração de trabalhadores (salários)

    1.2.2 Rendas de investimento

        Investimentos diretos

        Lucros e dividendos

        Juros

        Investimentos em carteira

        Outros investimentos

1.3 Renda secundária

II. Conta capital – Saldo da conta capital: 2.1 + 2.2.

2.1 Ativos não financeiros não produzidos

2.2 Transferências de capital

III. Conta financeira
Saldo da conta financeira: 3.1 − 3.2 + 3.3 − 3.4 + 3.5 − 3.6 + 3.7 − 3.8 + 3.9

3.1 Investimento direto no exterior

    Participação no capital e cotas em fundos

    Dívida intercompanhia

▶ **3.2 Investimento direto no país**

Participação no capital e cotas em fundos

Dívida intercompanhia

3.3 Investimento em carteira – Ativos

Ações e cotas em fundos

Títulos de renda fixa

3.4 Investimento em carteira – Passivos

Ações e cotas em fundos

Títulos de renda fixa

3.5 Derivativos ativos

3.6 Derivativos passivos

3.7 Outros investimentos – Ativos

Moeda e depósitos

Empréstimos e financiamentos

Créditos comerciais e adiantamentos

Demais

3.8 Outros investimentos – Passivos

Moeda e depósitos

Empréstimos e financiamentos

Créditos comerciais e adiantamentos

Demais

3.9 Ativos de reserva

Erros e omissões

Fonte: elaborado pelos autores.

Com base nas informações contidas no Quadro 6.1, é possível notar que o BP contempla uma estrutura bastante detalhada das operações que um país realiza com o resto do mundo. Tal estrutura inclui não apenas o comércio de bens (exportação e importação de mercadorias tangíveis) e serviços (mercadorias intangíveis) mas também fluxos monetários decorrentes da remuneração dos fatores de produção (salários, juros e lucros) e dos movimentos financeiros, os quais contemplam, além dos empréstimos internacionais, outras formas de financiamento, como títulos, ações e derivativos.

A estrutura do BP é dividida em três grandes grupos:

a) **grupo I – transações correntes**, que englobam a balança comercial e de serviços (conta de bens e serviços) e as balanças de renda primária e secundária;

b) **grupo II – conta capital**, que contempla as transações de compra e venda de ativos não financeiros não produzidos, além das transferências de capital; e

c) **grupo III – conta financeira**, que engloba os investimentos diretos, os empréstimos e financiamentos, os investimentos em aplicações financeiras, como ações, títulos e derivativos, além dos denominados **ativos de reserva**, que representam a variação das reservas internacionais à disposição do país.

O leitor deve observar que, atendendo aos objetivos da nova metodologia (tornar mais compatíveis as estatísticas internacionais do BP com as estatísticas produzidas pelos sistemas de contas nacionais), as denominações dos grandes grupos de contas guardam compatibilidade com a nomenclatura hoje utilizada no sistema de contas nacionais. Assim temos, nas transações correntes, as contas de bens e serviços, a conta das rendas primárias (que na versão BPM 5 se chamava simplesmente "balança de rendas") e a conta da renda secundária (que, na versão BPM 5, chamava-se "transferências unilaterais correntes"). Na conta de capital, por sua vez, encontramos alguns dos termos que encontramos na conta de capital das Contas Econômicas Integradas (CEI).

Vejamos agora mais de perto o significado de cada grupo de contas. A **balança comercial** (Conta 1.1.1) registra a movimentação de mercadorias, ou seja, de **bens tangíveis**. Seu saldo é dado pela diferença entre as vendas de mercadorias efetuadas por residentes no exterior (**exportações**) e as compras de mercadorias efetuadas por residentes no exterior (**importações**). Se as exportações excedem as importações, temos um *superávit* e, ocorrendo o contrário, um *déficit* na balança comercial.

O BPM 6 trouxe uma novidade na balança comercial, que é a necessidade de registro também das chamadas *exportações e importações fictas*.[5] Uma *exportação ficta* acontece quando há transferência de propriedade do bem para um não residente, mesmo que isso ocorra no território nacional. No caso do Brasil, um exemplo seria a venda de equipamentos destinados às atividades de pesquisa e lavra de petróleo e gás a petroleiras internacionais que operam em nosso território. *Importações fictas* ocorrem quando acontece a transferência de propriedade de um bem de não residente para um residente, mesmo que ela se dê fora do território do país. Um exemplo é a aquisição de combustível no exterior por parte de empresas brasileiras de transporte, que operam fora do país.

---

5   Todas as informações sobre as alterações promovidas pelo BPM 6 na balança comercial, assim como as que serão apresentadas na sequência, referentes às balanças de serviços, de rendas primárias e de renda secundária, foram retiradas de: BANCO CENTRAL DO BRASIL (BACEN). *Estatísticas do setor externo* – Adoção da 6ª edição do Manual de balanço de pagamentos e posição internacional de investimento (BPM 6). Nota Metodológica nº 2, 2015. Disponível em: https://www. bcb.gov.br/content/estatisticas/Documents/notas_metodologicas/balanco_pagamentos/bpm6/nm2bpm6p.pdf. Acesso em: 15 jan. 2020.

Outra novidade são os chamados *bens em triangulação (merchanting)*. Isso acontece quando, por exemplo, um residente no Brasil adquire uma mercadoria num segundo país para revendê-la a um terceiro, ou seja, o bem em questão não chega a entrar em nosso território. Na metodologia anterior (BPM 5), registrava-se a diferença entre os preços de venda e de compra como um serviço. Na nova metodologia, recomenda-se que a compra seja registrada como uma exportação com sinal negativo, enquanto a venda vai aparecer como uma exportação com sinal positivo. Assim, a referida diferença, que decorre de fato de uma transação comercial, vai ficar registrada, mais apropriadamente, como resultado da balança comercial, e não mais como resultado da balança de serviços.

Por fim, cabe registrar a alteração produzida pelo BPM 6 no que diz respeito às chamadas *mercadorias em processamento*. Quando uma empresa residente recebe um bem de uma empresa não residente à qual presta algum tipo de serviço (por exemplo, montagem ou beneficiamento) e retorna posteriormente o bem ao país de origem, apenas o serviço agregado será registrado. O registro se dará numa nova conta criada na balança de serviços denominada *serviços de manufatura* (vide a discriminação da conta de serviços apresentada no Quadro 6.1). Como em nenhum momento a empresa residente prestadora de serviços se torna proprietária do bem em questão, ele não deve ser registrado como importação quando entra no país, tampouco como exportação quando retorna ao país de origem. A conta *serviços de manutenção e reparo* tem o mesmo sentido da conta serviços de manufatura.

Para fechar nossa análise da balança comercial, resta lembrar que existem duas maneiras de contabilizar as exportações e importações. A primeira diz respeito ao conceito **FOB** (sigla do termo em inglês *Free on Board*), que representa o valor de embarque da mercadoria. A segunda diz respeito ao conceito **CIF** (sigla de *Cost, Insurance and Freight*), que inclui, além do valor de embarque, os fretes e seguros relacionados a seu transporte. Na balança comercial, tanto as exportações quanto as importações são registradas por seu valor FOB (os fretes e os seguros são registrados na balança de serviços e na balança de renda secundária).

A **balança de serviços** (Conta 1.1.2) agrega as transações com **mercadorias intangíveis**. E o que são mercadorias intangíveis? Quando uma empresa brasileira compra um serviço de transporte de uma empresa estrangeira (por exemplo, um exportador brasileiro de soja que compra os serviços de transporte de uma companhia mercante chinesa), ele está comprando uma mercadoria, assim como quem compra vinho ou petróleo, mas essa mercadoria não é tangível (por isso, muitas vezes, a balança de serviços é chamada de balança de "invisíveis"). Em outras palavras, nosso exportador está, com tal operação, remunerando um serviço prestado por um não residente.

Durante muito tempo, essa conta agregou também as rendas de capital (lucros, dividendos e juros enviados ao exterior e recebidos do exterior), que não são em realidade *serviços*, mas transações relacionadas a *fatores de produção*. Entretanto, a partir de 2001, a balança de serviços passou a contabilizar apenas os **serviços propriamente ditos**, ou seja, transações econômicas que envolvem **seguros**, **transportes e fretes**, despesas com **viagens internacionais**, como os gastos com **turismo** (recreativo, de negócios etc.), pagamentos e recebimentos de **aluguéis**, **serviços de intermediação financeira**, de **propriedade intelectual**, **de comunicação**, **culturais**, **atividades governamentais**, pagamento de ***royalties*** etc.[6]

Quanto às alterações nesse grupo promovidas pela adoção do BMP 6, uma das mais importantes já foi mencionada e se refere à criação das contas *serviços de manufatura* e *serviços de manutenção e reparo*. Além disso, as receitas e as despesas relativas aos *seguros* também sofreram alteração na forma de registro. O envio e o recebimento de recursos relativos a sinistros passam a ser contabilizados na Conta 1.3 (renda secundária), pois são entendidos como transferências correntes. Já os recursos relativos a prêmios serão divididos: apenas metade de seu valor será registrado na conta serviços, sendo a outra metade registrada na mesma Conta 1.3. Por fim, há também a recomendação do BPM 6 para que se diferencie, no pagamento e recebimento de juros, até agora registrados integralmente como rendas primárias (Conta 1.2.2), o que é de fato remuneração do capital (juro) e o que é serviço de intermediação financeira, que está aí implícito. A parcela de valor referente a este último elemento deverá ficar registrada na balança de serviços. Aqui, mais uma vez, a nova metodologia do BP busca compatibilidade com o tratamento dado aos juros e ao Serviço de Intermediação Financeira Indiretamente Mensurado (Sifim) pelo sistema de contas nacionais.

Além das transações entre residentes e não residentes que envolvem a compra e a venda de bens e serviços, o BP registra também as transações referentes à remuneração dos fatores de produção. Tais registros compõem a conta denominada **rendas primárias** (Conta 1.2) e incluem pagamentos e recebimentos de **salários** (que constituem a remuneração do fator de produção trabalho), e **lucros**, **dividendos** e **juros** (que constituem a remuneração do fator de produção capital). Com relação à remuneração do fator trabalho, conforme adiantamos no **Capítulo 4**, atualmente, dado o elevado grau de interação entre as diversas economias nacionais, uma empresa doméstica pode, por conveniência

---

6   Por conta da antiga estruturação do balanço de pagamentos, consagrou-se a terminologia que remete à natureza do "serviço", ou seja, para os serviços verdadeiros utilizava-se o termo "serviços não fatores" e para as rendas, "serviços de fatores", terminologia que ainda faz parte do jargão macroeconômico, apesar de essas rubricas já estarem em grupos distintos. Na contabilidade nacional, fala-se assim de "importações e exportações de bens e serviços não fatores".

ou necessidade, utilizar força de trabalho de não residentes em suas operações, de modo que terá de remeter recursos ao exterior para o pagamento de salários, uma vez que o inverso também pode ocorrer. Com relação aos lucros, vale observar que os lucros de filiais de empresas transnacionais que operam em determinado país e não são remetidos ao exterior também são registrados como despesas com lucro, apesar de não terem impacto cambial. Sua contrapartida aparece como um crédito na conta de investimentos diretos, que faz parte do grupo III (conta financeira) do BP.[7] Na próxima seção, quando estudarmos de modo mais detalhado a mecânica contábil do BP, ficará mais clara a natureza dessa conta.

A nova metodologia trouxe uma importante alteração na forma de registro dos juros, em particular daqueles associados a títulos de renda fixa (títulos da dívida pública, por exemplo). De acordo com o BPM 5, apenas o pagamento de juros a não residentes que eram efetivamente remetidos ao exterior eram registrados como despesas de juros. Segundo o BMP 6, todo o pagamento de juros será registrado como despesa na conta de rendas primárias, uma vez que, quando eles não forem remetidos, ganharão uma contrapartida na conta financeira, sob a forma de um reinvestimento (crédito) na conta de investimentos em carteira. Com isso, desaparece o impacto cambial desse registro (que de fato não acontece, porque os ganhos não são remetidos ao exterior e, portanto, não precisam ser convertidos em dólar). Por fim, cabe também notar que títulos de dívida, públicos ou privados, emitidos em moeda local no mercado doméstico, mas detidos por não residentes, também geram despesas com pagamento de juros, que devem ser lançadas nessa conta. Isso acontece porque a definição do tipo de operação que deve estar incluída no BP implica a existência de transação econômica entre residentes e não residentes, independentemente do mercado ou da moeda em que as transações ocorram. Do ponto de vista contábil, a compensação dessa despesa, que se dá em moeda nacional, vai aparecer na conta investimentos em carteira (na realidade reinvestimentos) do grupo III.

O subgrupo seguinte é o da **renda secundária**, anteriormente denominado transferências unilaterais correntes (Conta 1.3). As rendas secundárias agregam as **transferências** unilaterais na forma de bens e valores para consumo corrente. Elas envolvem pagamentos ou recebimentos, tanto em moeda quanto em bens, sem contrapartida, como as remessas de recursos realizadas por pessoas que trabalham em outro país aos seus familiares no país de origem ou as doações de um país a outro a título de ajuda

---

7 Segundo o Bacen, esse registro deixou de ser feito no BP do Brasil a partir de 1999 pela dificuldade de acesso às informações necessárias. Assim, entre 1999 e 2014, apenas os lucros efetivamente remetidos foram registrados como despesas de lucros. A partir de 2015, a totalidade dos lucros das empresas não residentes que operam no país passou a ser registrada como despesa. Os lucros reinvestidos (não remetidos) ganham uma contrapartida na Conta 3.2 (investimentos diretos no país), anulando o impacto cambial do registro como despesa da parcela não remetida dos lucros.

humanitária ou reparação de guerra.[8] Aqui a nova metodologia não trouxe grandes alterações, a não ser o fato de ter ampliado o escopo das remessas sem contrapartidas entre residentes e não residentes. Para que tal tipo de registro ocorra, basta que haja remessas de recursos entre residentes e não residentes que sejam pessoas físicas, sem a exigência de que tais recursos provenham do trabalho.

Somando-se os saldos das balanças comercial, de serviços, de rendas primárias e de renda secundária, obtemos o **saldo do balanço de pagamentos em transações correntes**, ou simplesmente **saldo em conta-corrente do BP**, que possui um importante significado, do ponto de vista macroeconômico. Conforme estudado nos **Capítulos 2 e 4**, se o país apresenta um déficit em suas transações correntes, isso significa que utilizará poupança externa. Isso acontece porque um eventual déficit em transações correntes tem de ser financiado pela entrada de recursos na conta *financeira*, que, em última análise, representam poupança de não residentes. Nessa situação, se essa poupança externa, por qualquer razão, não aparecer e se o país em questão não tiver suficientes reservas de divisas,[9] enfrentará uma forte crise decorrente desse desequilíbrio externo (como tantas vezes aconteceu na história brasileira).

....

A **balança comercial** registra as exportações e as importações de **mercadorias tangíveis**. A **conta de serviços** elenca as despesas e as receitas com **mercadorias intangíveis**, como transporte e seguro. A **conta de rendas primárias** relaciona as transações que envolvem **fatores de produção**, como recebimento de lucros ou pagamento de juros. Finalmente, a **conta de renda secundária** aponta os recebimentos e as remessas de recursos ou mercadorias sem contrapartida. Somando o saldo desses quatro grupos de contas, chega-se ao saldo do **balanço de pagamentos em transações correntes**.

....

Em termos concretos, a ocorrência de um déficit em transações correntes no balanço de pagamentos, situação muito comum em países como o Brasil, significa que, em

---

8   Cabe destacar que a expressão "sem contrapartida" não significa que as transferências unilaterais não guardem contrapartida de lançamento contábil, pois todo e qualquer tipo de lançamento no balanço de pagamentos tem de respeitar o método das partidas dobradas. Significa que houve uma transferência de recursos entre os países sem que tenha havido, em sua origem, uma transação econômica, ou seja, uma troca (como ocorre por ocasião das importações e das exportações de bens e serviços). Mais adiante, quando discutirmos a sistemática de contabilização do balanço de pagamentos, veremos como se estruturam as contrapartidas contábeis no caso das transferências.

9   "Divisa" é outro dos termos utilizados para fazer referência à moeda internacional (aquele tipo de moeda que é aceita em qualquer transação que envolve residentes e não residentes). Conforme já informado, atualmente a divisa mundial é o dólar americano. Em determinados tipos de transação, também outras moedas, como o euro (moeda europeia) ou o iene (moeda do Japão), funcionam como divisa. Neste livro, os termos "divisa", "reservas", "moeda forte", "meio de pagamento internacional", "moeda internacional" e "dinheiro mundial" são utilizados indistintamente.

determinado período, o país "produziu" – por meio da venda de bens, serviços, recebimento de rendas relativas a pagamento de fatores de produção e recebimento de transferências unilaterais – uma quantidade de divisas (atualmente dólares) insuficiente para pagar as despesas em divisas contraídas no mesmo período.

Então, surge a seguinte questão: Como um país financia um eventual déficit em transações correntes? Uma empresa pode tomar empréstimos. Uma pessoa pode utilizar seu saldo do cheque especial. Mas e um país? A resposta pode ser encontrada nas contas que fazem parte do grupo III (conta financeira). Para antecipar, de modo resumido, a reposta a essa pergunta, podemos dizer que, quando um país apresenta um déficit em sua conta-corrente, o problema pode ser resolvido se, do ponto de vista das **transações com estoques de riqueza**, o resultado for superavitário. Para entender corretamente essa observação, é preciso lembrar a diferença entre **fluxos** e **estoques**. Assim, por exemplo, em determinado ano, o país pode ter tido um resultado líquido negativo de seu fluxo de despesas e receitas correntes, mas pode ter recebido recursos em moeda forte em função, por exemplo, de investimentos externos diretos que tenham sido feitos no país (não residentes compraram ativos de residentes), ou ainda de empréstimos que residentes tenham obtido junto a não residentes. Estas últimas transações trazem divisas ao país tanto quanto as transações que envolvem bens e serviços (grupo 1.1) ou rendas (grupo 1.2), mas não são transações *correntes*, pois não lidam com fluxos, e sim com *estoques* de riqueza (ativos).[10] Assim, se o resultado líquido dessas transações for superavitário em magnitude suficiente para compensar o déficit da conta-corrente, o país terá tido um aumento em seus ativos de reserva (divisas), apesar do déficit corrente registrado.[11] Se isso não ocorrer, então terá de abrir mão de parte de suas reservas para honrar seus compromissos em moeda forte daquele período e, se não as tiver em volume suficiente, poderá ter de decretar moratória. Vejamos agora, em detalhes, cada uma das contas que integram a segunda parte do BP.[12]

No **grupo II (conta capital)**, são registrados dois tipos de operação. O primeiro relaciona-se ao registro das aquisições, líquidas de cessões, de **ativos não financeiros não**

---

10 Para facilitar a compreensão, o leitor pode fazer uma analogia com sua economia doméstica. Quando pagamos todo mês água, luz, telefone, condomínio, estamos enfrentando nossas despesas correntes, mas, quando compramos uma casa ou um automóvel, essa despesa é uma despesa de capital, ou seja, um investimento, pois estamos adquirindo patrimônio, e, evidentemente, não precisamos comprar todo mês a casa ou o automóvel (ainda que possamos parcelar seu pagamento por um longo período).

11 Registre-se que, no balanço total, devem ser incluídas nas despesas também aquelas decorrentes de operações que são registradas na conta capital, assim como devem ser incluídas nas receitas aquelas provenientes dessas mesmas operações. Voltaremos ao tema na próxima seção.

12 Todas as informações sobre as alterações promovidas pelo BPM 6 nas contas dos grupos II e III do BP foram retiradas de: BANCO CENTRAL DO BRASIL (BACEN). *Estatísticas do setor externo* - Adoção da 6ª edição do Manual de balanço de pagamentos e posição internacional de investimento (BPM 6). Nota Metodológica nº 2, 2015. Disponível em: https://www.bcb.gov.br/content/estatisticas/Documents/notas_metodologicas/balanco_pagamentos/bpm6/nm2bpm6p.pdf. Acesso em: 15 jan. 2020.

produzidos. Diferentemente dos ativos financeiros, tais ativos são reais, mas não são concretos e resultantes de um processo produtivo. Assim, ao invés de máquinas, equipamentos, edificações etc., trata-se aqui de patentes, marcas, direitos autorais, recursos naturais, vale dizer, ativos não produzidos, intangíveis na maioria dos casos. O segundo tipo de operação envolve as transferências de capital, que são correlatas às transferências correntes que são registradas na conta de renda secundária, mas envolvem aqui ativos, isto é, a transferência de direitos de propriedade (ao invés da transferência de renda). Qualquer tipo de **transferência de capital**, independentemente de ser fixo, intangível ou financeiro, é registrada nessa conta. Um exemplo de transferência de ativo financeiro é um perdão de dívida. Uma cessão não onerosa de uso de marca é uma transferência de capital intangível. Até o BPM 5 também se registravam aqui as transferências de capital oriundas de patrimônio de migrantes (famílias que têm posse de ativos e que mudam de país, ingressando com esse patrimônio no país que os recebe). O BPM 6 alterou essa recomendação. Entende-se agora que essa operação não envolve uma transação entre residentes e não residentes, pois não há transferência de propriedade desses bens. Assim, elas deixam de ser registradas no BP, tendo impacto apenas na **Posição Internacional de Investimentos** (**PII**), sobre o qual falaremos mais adiante. A conta capital não é muito expressiva em termos de valores e seu saldo, no Brasil, tem sido pequeno em relação ao das demais contas.

O grupo de contas mais importante dessa segunda parte do BP e que apresenta as fontes de poupança externa disponíveis para cada economia é o **grupo III**, a **conta financeira**. Essa conta registra as transações que envolvem investimentos de qualquer tipo, créditos, empréstimos e financiamentos entre países, ou seja, transações que produzem variações no ativo ou no passivo externo do país. Ela se divide em cinco subgrupos: os **investimentos diretos**, os **investimentos em carteira**, os **derivativos**, os **outros investimentos** (créditos, financiamentos etc.) e os **ativos de reserva**.

Comecemos com os **investimentos diretos**. Segundo o manual do FMI,[13] configura-se um investimento direto sempre que um residente de uma economia detenha o controle ou um significativo grau de influência na gestão de uma empresa residente em outra economia. De acordo com o BPM 6, o parâmetro para saber se determinada aquisição de ações num investimento transfronteira deve ser registrada como investimento direto ou como investimento em carteira é sua representação em termos de capital votante: se as ações representarem uma participação igual ou maior que 10% desse capital, o registro será de investimento direto. Se for menor que 10%, então a operação será

---

13 INTERNATIONAL MONETARY FUND, 2009.

registrada como investimento em carteira. Houve aqui uma alteração em relação à metodologia anterior, do BPM 5, que indicava como parâmetro participação igual ou maior que 10% do *capital social* em vez do *capital votante*.

Obedecendo às recomendações do BPM 6, os investimentos diretos aparecem em duas contas distintas, a Conta 3.1, **Investimento Direto no Exterior (IDE)**, que é uma conta de ativos, e a Conta 3.2, **Investimento Direto no País (IDP)**, que é uma conta de passivos. Tanto a conta IDE quanto a conta IDP contemplam, de um lado, as **participações no capital** e as **cotas em fundos** e, de outro, os **empréstimos intercompanhia**. A primeira diz respeito às entradas e às saídas de recursos em moeda ou em bens relativos à aquisição, à subscrição ou ao aumento de capital social de empresas não residentes. Os empréstimos intercompanhias, ou as operações intercompanhias, envolvem transações de recursos monetários entre empresas do mesmo grupo (*fellow enterprises*) situadas em economias distintas.

Tomando o Brasil como exemplo, registram-se na conta **IDE** todas as operações que envolvem investimentos diretos de residentes brasileiros em empresas não residentes. Como vimos, incluem-se aqui as participações no capital e os empréstimos intercompanhias. Essas operações podem elevar o valor dos ativos externos do país (por exemplo, um aumento de participação de residentes no capital de uma empresa não residente) ou reduzi-los (por exemplo, uma redução da participação de residentes em empresas não residentes). No caso dos empréstimos intercompanhias, vale utilizar um exemplo. Se uma empresa brasileira como a Petrobras efetua um empréstimo a uma filial sua no exterior, como a Braspetro, esse empréstimo será considerado um investimento brasileiro no exterior (IDE), visto que elevará o valor dos ativos externos detidos pelos residentes do país. Mas ainda incluem-se aqui os eventuais empréstimos que filiais brasileiras de empresas trasnacionais façam às suas matrizes. Esse tipo de operação também eleva o valor dos ativos externos detidos por residentes do país (as filiais brasileiras de empresas trasnacionais são consideradas residentes) e por isso deve ser aqui registrada. Essa forma de registro deste último tipo de operação representa uma alteração substantiva do BPM 6 em relação à forma recomendada pelo BPM 5. Na metodologia anterior, ela era registrada como um IDP negativo, e não como um IDE.

Já na conta **IDP** vão ser registradas todas as operações relacionadas a investimentos diretos que implicam elevação dos passivos externos detidos por não residentes contra residentes. Da mesma maneira, incluem-se aqui a participação no capital e cotas em fundos e os empréstimos intercompanhia. Assim se, por exemplo, a matriz de uma montadora americana de veículos faz um empréstimo a sua subsidiária brasileira, essa operação será registrada como um IDP e elevará o passivo externo do país. Mas também se incluem aqui eventuais empréstimos que subsidiárias de empresas brasileiras no exterior façam a sua matriz no Brasil, pois também nesse caso haverá elevação do passivo externo. Simetricamente ao que ocorreu com a conta IDE, a forma de registro desta última operação representa uma alteração do BPM 6 em relação à forma de registro recomendada pelo BPM 5. Na metodologia anterior, os empréstimos de filiais brasileiras a suas matrizes no Brasil não eram registrados como IDP, mas como IDE negativo. Vale também lembrar que os lucros reinvestidos (rendimentos proporcionados pelas empresas que não são remetidos para fora) também devem ser registrados como IDP, assim como os lucros reinvestidos de empresas brasileiras no exterior devem contar como IDE.

Ainda sobre os investimentos diretos, vale observar que, quando o resultado líquido das duas contas for positivo para o BP, isto é, IDP>IDE (o que costuma acontecer em países menos desenvolvidos, como o Brasil, que são importadores líquidos de capital), isso significa que, no período em questão, os investimentos diretos no país constituíram uma fonte de obtenção de divisas, as quais podem ser utilizadas para fazer face aos compromissos externos registrados na conta-corrente do balanço de pagamentos. No Brasil, desde o início dos anos 1990, e particularmente depois de 1994, a conta *Investimentos diretos* revestiu-se de extrema importância, não só em função do acelerado e intenso processo de privatização, que contou com uma expressiva participação do capital estrangeiro, como também em função das inúmeras aquisições de empresas de capital privado nacional por parte de grupos estrangeiros.

As duas contas seguintes referem-se aos **investimentos em carteira**. Elas registram todas as transações que envolvem ativos financeiros propriamente ditos, como títulos públicos, *commercial papers* (títulos de dívida privados) e ações. Os investimentos aí registrados constituem direitos e obrigações de curto prazo, pois para esses ativos existem mercados secundários, onde eles podem ser comprados e vendidos a qualquer momento. Por isso, muitas vezes, utiliza-se também para esse grupo de transações a denominação "capitais de curto prazo". Os investimentos em carteira aparecem subdivididos em dois itens: **ações e cotas de fundos** e **títulos de renda fixa.** Para esse tipo de investimentos, temos a conta dos **ativos** (Conta 3.3) e a conta dos **passivos** (Conta 3.4). As operações são classificadas como ativos quando residentes aplicam seus recursos em títulos no exterior, ou passivos, quando não residentes os aplicam em títulos no país.

Os capitais de curto prazo vêm se tornando cada vez mais importantes, não só em função dos avanços na tecnologia de comunicação, que permitem uma aproximação cada vez maior entre instituições financeiras das mais diversas partes do mundo, facilitando e estimulando esse tipo de operação, como também, principalmente, em função da maior liberalização nas regras relativas aos movimentos desses recursos, tendência essa que vem se difundindo na maior parte dos países desde a década de 1980. Particularmente para os países mais dependentes de capital externo, como o Brasil, essa modalidade de investimento, extremamente facilitada pela desregulamentação e abertura financeira da economia, tem constituído importante fonte de divisas, configurando uma forma não desprezível de financiamento do déficit em conta-corrente do balanço de pagamentos. Ao mesmo tempo, porém, esse tipo de recurso tem tornado muito vulneráveis as economias que dele fazem uso intensivo. Além disso, a necessidade de manter continuamente um ambiente macroeconômico "favorável" à sua permanência tem transformado os capitais de curto prazo – boa parte deles mantida com finalidades especulativas – em variável determinante das políticas monetária e cambial, que deveriam ser operadas levando-se em conta variáveis de outro tipo como crescimento, emprego e exportações. Voltaremos a esse tema ainda neste capítulo.

A próxima conta registra os investimentos em **derivativos**, que são aplicações financeiras (futuros, opções e *swaps*) que têm por base ativos *derivados* de outros ativos, os quais podem ser reais, como café, ouro ou soja, ou financeiros, como ações, moedas (taxas de câmbio) e taxas de juros. Esses investimentos diferenciam-se dos investimentos em carteira porque não ensejam o pagamento de rendimentos (os títulos de renda fixa rendem juros e as ações dividendos, por exemplo). Os ganhos que eles podem produzir estão associados à variação em seus preços. Por isso, encontram-se num subgrupo do grupo III do BP. Assim como os investimentos em carteira, os derivativos também ganham contas separadas para ativos (quando residentes aplicam em outras economias – Conta 3.5) e passivos (quando não residentes aplicam na economia em questão – Conta 3.6). Nesse caso, como os valores do investimento são *nocionais*, ou seja, valores de referência que não ensejam desembolso efetivo, apenas os valores relativos às *liquidações* (quando o investimento é encerrado com perda ou ganho) é que ganham registro.

As próximas duas contas desse grupo III denominam-se **Outros investimentos** (Conta 3.7 para **ativos** e Conta 3.8 para **passivos**). Ela congrega todos os demais tipos de investimento financeiro, com destaque para os itens **moedas e depósitos, empréstimos e financiamentos**, e **créditos comerciais e adiantamentos**. O primeiro item, **moeda e depósitos**, vem ganhando importância nos anos recentes em função da intensificação dos processos de abertura financeira. Eles referem-se à **possibilidade de os residentes manterem legalmente recursos em divisas fora do país**, seja por garantias de empréstimos, seja pelo desejo de não internalizar recursos provenientes de vendas realizadas a não residentes. Assim, por exemplo, um exportador brasileiro de soja pode optar por não internalizar a totalidade dos recursos obtidos com suas vendas solicitando ao seu cliente que deposite parte do valor das mercadorias em dólar em uma conta bancária mantida fora do país. Nesse caso, a parcela de valor que não é internalizada funciona como se fosse um investimento que um residente fez fora do país, no período em questão, e aumenta a conta de ativos. Na conta de passivos, registram-se as variações nas disponibilidades monetárias de não residentes no país.

O segundo item, **empréstimos e financiamentos**, congrega **todos os empréstimos contraídos no exterior** e **todos os financiamentos externos obtidos por residentes**, com exceção do crédito comercial, do qual falaremos na sequência. Da mesma maneira, incluem-se também aqui os **empréstimos** e **financiamentos concedidos por residentes a não residentes**. Se uma empresa residente, considerando a taxa de juros interna muito elevada, busca os recursos de que necessita fora do país, ela acaba com isso trazendo divisas à economia doméstica e contraindo um passivo externo. Já se um não residente compra uma empresa no país, mas não a paga integralmente à vista, parcelando uma parte de seu valor, essa é uma operação de concessão de financiamento operada por um residente em favor de um não residente e funciona como a aquisição de um ativo externo.

Ainda com relação a essa conta, deve-se observar que ela também registra as quitações referentes ao **principal** dos empréstimos e financiamentos externos contraídos ou concedidos. Os pagamentos referentes aos **juros** incidentes sobre tais empréstimos e financiamentos, ou seja, aquilo que se costuma chamar de **serviço da dívida**, não são registrados aqui, mas, como já visto, na conta de rendas primárias, pertencente ao grupo I do BP. Nas metodologias anteriores (BPM5 e outras), essa operação figurava no balanço de pagamentos sob a nomenclatura de "amortizações". Tal nomenclatura, entretanto, perdeu o sentido com a utilização dos termos "ativo" e "passivo". A quitação de uma dívida por residentes, por exemplo, representa uma redução dos passivos.

Vale observar que, até 2001, essa conta contemplava também os empréstimos concedidos ao país pelo Fundo Monetário Internacional (FMI) e outras instituições financeiras multilaterais, como o Bank for International Settlements (BIS) e o Clube de Paris. São os denominados **empréstimos de regularização**. Quando o país recorre a esse tipo de recurso é porque se viu na contingência de solicitá-lo em função da dificuldade de "fechar" suas contas externas. Como esses empréstimos não decorrem de transações normais entre os agentes econômicos, mas de uma decisão de governo para a qual, regra geral, o país é empurrado por total falta de alternativa, julgava-se mais conveniente contabilizá-los na conta *Haveres da autoridade monetária* (hoje denominada *ativos de reserva*), em uma rubrica especial denominada *transações compensatórias*.[14] A partir de 2001, contudo, seguindo recomendação do próprio FMI, o Brasil passou a contabilizá-los da mesma maneira que os empréstimos normais, ou seja, na rubrica Empréstimos e financiamentos.[15]

O item seguinte do subgrupo Outros investimentos abriga os **créditos comerciais e adiantamentos**. Esses créditos referem-se a **importações ou exportações de bens ou serviços que não são integralmente pagas à vista**, ou seja, que têm ao menos uma parte de seu valor parcelada. Os adiantamentos referem-se às operações simetricamente inversas, ou seja, quando há pagamento antecipado, seja de exportações, seja de importações. Se um exportador financiar a venda de suas mercadorias de modo que o país receba esses recursos não de uma só vez, mas em parcelas, ele estará adquirindo um ativo externo (um crédito contra um não residente). Da mesma forma, um importador pode comprar mercadorias desembolsando aos poucos os recursos necessários para pagá-las, contraindo assim um passivo externo (uma obrigação para com um não residente). O que diferencia esses créditos dos financiamentos que aparecem na conta anterior é que aqui se trata de financiar *operações correntes*, enquanto lá estão envolvidas transações com capital, como é o caso de uma compra de empresa.

A oferta de crédito é um dos elementos que podem determinar o nível de exportações de um país. Se os exportadores não tiverem condição de oferecer crédito a seus clientes, ou seja, de parcelar suas vendas, certamente perderão muitos negócios para concorrentes que tiverem condições de fazê-lo. A possibilidade de isso acontecer de forma adequada está ligada à política de crédito do país, particularmente à política monetária, responsável pela determinação da taxa de juros.

E com isso chegamos à última conta, a Conta 3.9, que abriga a movimentação nos denominados **ativos de reserva**, ou seja, as reservas internacionais à disposição do país. Em metodologias anteriores, essa conta era apresentada separadamente, logo após o saldo do balanço de pagamentos. Colocada em tal posição, seu saldo, ao fim de um dado período, valia como uma espécie de "demonstração" do saldo obtido no BP, apresentando o mesmo valor, mas com sinal inverso àquele apresentado pelo saldo. Assim, se o BP tivesse um saldo positivo de, digamos, US$ 5 bilhões, então a variação da conta ativos de reserva seria negativa no mesmo valor (essa conta funcionava como uma *conta caixa*, em

---

14 Para a concessão desses recursos, o FMI obriga o país a se comprometer com um conjunto de medidas de política econômica, conhecidas como condicionalidades, forçando o país a assinar uma série de cartas de intenção com o referido organismo. O Brasil é um dos países que se viu "coagido" várias vezes a obter esse tipo de empréstimo e a assinar os documentos. De sua história mais recente, podemos destacar o período entre 1999 e 2002, em que o país precisou por três vezes recorrer ao FMI.

15 De acordo com o BPM 6, os débitos em atraso decorrentes desse tipo de situação excepcional devem ficar registrados no grupo III do BP (conta financeira), logo após a Conta 3.9 (Ativos de reserva).

que os acréscimos são lançados a débito e as reduções a crédito). Na nova metodologia, o saldo do BP em determinado período não aparece mais explicitamente. É o saldo da conta **Ativos de reserva** que implicitamente nos informa qual foi o resultado do BP. Assim, de acordo com o BPM 6, essa conta passou a figurar dentro da conta financeira.

Os ativos de reserva são as disponibilidades em divisas que um país tem em determinado momento. Dadas as transações entre residentes e não residentes ocorridas em um período específico, ao final dele, o saldo dessa conta estará diferente e poderá ter se elevado ou se reduzido em relação ao momento anterior. É, portanto, a *variação* na disponibilidade desses ativos que a conta Ativos de reserva do BP apresenta. Os ativos de reserva congregam todos os ativos em moeda estrangeira líquidos e sob o controle da autoridade monetária do país. As reservas em moeda estrangeira, ou seja, as divisas propriamente ditas, constituem seu primeiro elemento, incluindo-se aí os títulos de alta liquidez, os quais funcionam como quase-moedas, uma vez que são facilmente conversíveis em divisas. Os direitos do país junto ao FMI – **reservas** e **Direitos Especiais de Saque** (**DES**) – também fazem parte desses ativos. As reservas junto ao FMI são em dólar americano e relacionam-se às cotas detidas pelos países no Fundo. Os DES constituem um ativo, emitido pelo FMI, que só funciona entre os bancos centrais dos diversos países, mas que podem ser voluntariamente trocados por moedas pelos países-membros.[16] Assim, apesar de estarem sob a guarda do FMI, esses dois itens representam valores líquidos em moeda forte e estão sob o controle do Banco Central. Por isso, integram os ativos de reserva de cada país. Ouro e qualquer outro ativo líquido em moeda estrangeira também fazem parte desses ativos.

Analisada a última conta do grupo III, resta lembrar que os lançamentos no balanço de pagamentos seguem o princípio das partidas dobradas e, sendo assim, é de se esperar que o saldo da conta financeira (grupo III) seja exatamente igual à soma do saldo da conta-corrente (grupo I) com o saldo da conta capital (grupo II). Assim, o valor do primeiro, deduzido da soma dos dois últimos, deve ser igual a zero. Entretanto, é possível que esse resultado seja diferente de zero. Os lançamentos efetuados no BP provêm de diversas fontes de informação, podendo não gerar o resultado esperado. Segundo o Bacen, a principal causa desse tipo de problema está nas discrepâncias temporais das diversas origens dos dados utilizados. Nesse caso, as diferenças são lançadas na conta **Erros e omissões**. O valor lançado em erros e omissões é um *valor de chegada*, ou seja, é calculado

---

16 O valor do DES é calculado com base nos valores das moedas de alguns países ou regiões importantes no comércio internacional. Atualmente são utilizados em seu cálculo cinco diferentes moedas: o euro, a libra esterlina, o iene japonês, o renminbi chinês e o próprio dólar americano. Em outubro de 2019, cada DES valia US$ 1,38.

justamente para produzir o resultado logicamente esperado para o BP. A conta Erros e omissões não apresenta qualquer significado econômico, servindo apenas para compensar eventuais subestimativas ou sobrestimativas nos lançamentos contábeis.

Uma vez apresentados os principais componentes do balanço de pagamentos, torna-se necessário agora discutir alguns significados econômicos relativos aos saldos dos grandes grupos de contas. Antes disso, é preciso fazer menção às alterações na forma de registro dos lançamentos e contas promovidas pela nova metodologia (BPM 6). Em primeiro lugar, é necessário observar que a nova sistemática, apesar das alterações substanciais que faz, não altera o princípio contábil das partidas dobradas e, portanto, a exigência de uma dupla entrada de lançamentos para cada operação. Até o BPM 5, esse registro obedecia à sistemática da contabilidade empresarial, ensejando, para cada operação, ao menos um lançamento a crédito (sinal positivo) e outro a débito (sinal negativo). Por exemplo, se um residente realizava uma importação de US$ 100 mil, esse valor seria lançado com sinal negativo na conta Importações, devendo ser feito simultaneamente um lançamento com sinal positivo na conta Haveres das autoridades monetárias (reservas), que funcionava, como vimos, como uma *conta caixa*, com reduções sendo lançadas a crédito e acréscimos a débito. Esses procedimentos, entretanto, não são mais adotados.[17]

De acordo com o BPM 6, as contas dos grupos I e II só admitem lançamentos positivos, independentemente de a operação em questão ensejar o recebimento de receitas (entrada de recursos em divisas no país) ou a realização de despesas (saída de recursos em divisas do país). O saldo de cada uma das contas é, então, apurado fazendo-se a operação aritmética *receita menos despesa*, e esse resultado evidentemente pode ser positivo ou negativo. Já para as contas do grupo III, o princípio é o da redução ou do acréscimo dos ativos e passivos. Os sinais positivos devem ser considerados para aumento de ativos e passivos do país em relação ao resto do mundo. Já os sinais negativos somente devem ser considerados para as reduções, que podem ocorrer tanto nos ativos quanto nos passivos. Sendo assim, as contas desse grupo admitem lançamentos negativos.

Tomemos, por exemplo, os *empréstimos e financiamentos* que fazem parte do subgrupo *Outros investimentos*. Se uma empresa residente no Brasil toma um empréstimo junto a uma instituição credora no exterior, ela está contraindo uma obrigação em moeda estrangeira e, com isso, elevando o passivo externo do país. Essa operação, portanto, vai ganhar um lançamento positivo na conta Empréstimos e financiamentos – passivos

---

17 Ver nota técnica em: BANCO CENTRAL DO BRASIL (BACEN). *Estatísticas do setor externo* – Adoção da 6ª edição do Manual de balanço de pagamentos e posição internacional de investimento (BPM 6), 2014. Disponível em: https://www.bcb.gov.br/ftp/infecon/nm1bpm6p.pdf. Acesso em: 15 jan. 2020.

(e um lançamento positivo na conta *Ativos de reserva*, pois divisas entram no país e aumentam esses ativos). Todavia, quando a empresa for efetuar o pagamento do principal desse empréstimo, ou de parte dele, ela estará fazendo a operação contrária, pois estará liquidando uma obrigação em moeda estrangeira e, portanto, reduzindo o passivo externo. Nesse caso, para registrar essa redução de passivo, o lançamento se dará com um valor negativo na conta Empréstimos e financiamentos – passivos (e um lançamento negativo também na conta Ativos de reserva, pois divisas saíram do país para fazer o pagamento). Vejamos mais alguns exemplos. Consideremos as seguintes operações:

i) um não residente realiza uma aplicação em um banco no Brasil no valor de US$ 2 mil;

ii) um residente realiza uma aplicação num banco no exterior no valor de US$ 1 mil; e

iii) um não residente resgata recursos de um fundo financeiro em um banco no Brasil no valor de US$ 3 mil e transfere os recursos para seu país.

Para essas operações, teremos, de acordo com o BPM 6, os seguintes lançamentos:

Operação i) Investimento em carteira – passivos: + 2.000; e ativos de reserva: + 2.000

Operação ii) Investimento em carteira – ativos: + 1.000; e ativos de reserva: – 1.000

Operação iii) Investimento em carteira – passivos: – 3.000; e ativos de reserva: – 3.000

No caso da operação **iii**, aparece o lançamento negativo, pois trata-se de redução do passivo. Esse exemplo permite também observar o que acontece com a conta Ativos de reserva na nova metodologia. Diferentemente do que ocorria antes, essa conta passa a ter o mesmo tratamento conferido às outras contas de ativos do grupo III, ou seja, vai ganhar lançamentos positivos, quando a operação ensejar aumento desses ativos (como a operação **i**), e lançamentos negativos, quando a operação ensejar redução desses ativos (como as operações **ii** e **iii**). O Quando 6.2, a seguir, resume a convenção de sinais prevista no BPM 6.

Quadro 6.2 – Convenção sobre os sinais adotados pelo BPM 6

Conta do balanço de pagamentos	Sinais do lançamento
Transações correntes (todas)	Receita: (+) Despesa: (+) Saldo: receita – despesa (+/–)
Conta de capital (todas as transações)	Receita: (+) Despesa: (+) Saldo: receita – despesa (+/–)
Conta financeira (exceto os ativos de reserva)	Elevação do ativo: (+) Elevação do passivo: (+) Redução do ativo: (–) Redução do passivo: (–) Saldo: total da elevação dos ativos – total da redução dos ativos – total da elevação dos passivos + total das reduções do passivo (+/–)
Ativos de reserva	Elevação das reservas: (+) Redução das reservas: (–) Saldo: diferença entre as elevações e as reduções (+/–)
Resumo	Saldo da conta financeira – saldo de transações correntes – saldo da conta capital = erros e omissões (+/–)

Fonte: elaborado pelos autores.

Podemos agora analisar os grandes grupos de contas, perceber as relações entre eles e entender seu significado. Se chamarmos o saldo das *transações correntes* de TC, o saldo da *conta capital* de CK, o saldo da *conta financeira* de CF e os erros e as omissões de EO, podemos estabelecer as seguintes relações:

$$CF - TC - CK = 0 \text{ (na inexistência de EO)} \qquad \text{(I)}$$

$$CF - TC - CK - EO = 0 \text{ (se existirem EO)} \qquad \text{(II)}$$

$$TC + CK = CF \text{ (na inexistência de EO)} \qquad \text{(III)}$$

A expressão (I) significa que o resultado da variação dos ativos e passivos (incluindo-se os ativos de reserva) decorrentes das transações realizadas entre residentes e não residentes num dado período é idêntico ao resultado da soma dos saldos da conta-corrente e da conta de capital, na inexistência de erros e omissões. Existindo esses problemas, é preciso considerar o valor inverso dos EO para alcançar o valor zero (expressão II). A expressão (III) tem significado idêntico ao da expressão (I). Na seção a seguir, apresentaremos um exercício numérico com o objetivo de mostrar melhor como se dão os lançamentos contábeis no BP, de acordo com a metodologia BPM 6.

6.3 A contabilidade do balanço de pagamentos: um exercício numérico

Consideremos, para uma economia hipotética H, o Quadro 6.3, que mostra as operações a serem registradas em seu balanço de pagamentos no período t, e vejamos como se deve contabilizar cada uma delas de acordo com as regras do BPM 6. Lembremos que a primeira coisa a observar é se a operação em questão vai mexer com as contas do grupo I, II ou III, porque disso dependerá, de acordo com a nova regra, a forma correta de contabilizá-la.

Quadro 6.3 – Operações da economia H no ano t

Operações da economia H no ano t
I. Um produtor residente exporta soja para a China no valor de US$ 100 mil, recebendo o pagamento à vista.
II. Uma indústria residente importa máquinas e equipamentos no valor de US$ 80 mil, pagando US$ 50 mil à vista e financiando o restante do pagamento com um banco estrangeiro.
III. Uma empresa residente obtém empréstimo de um banco inglês no valor de US$ 40 mil.
IV. Um investidor residente adquire títulos do tesouro americano no valor de US$ 60 mil.
V. Uma multinacional estrangeira com sede na economia H remete lucros para a matriz no exterior no valor de US$ 20 mil.
VI. Uma empresa residente sediada em Angola remete lucros para a economia H no valor de US$ 10 mil.
VII. Cidadãos da economia H que trabalham no Japão (também conhecidos como decasséguis) remetem US$ 3 mil para suas famílias na economia H.
VIII. Um investidor residente vende títulos do tesouro americano no valor de US$ 12 mil e retorna os dólares para a economia H.
IX. O governo da economia H paga juros de sua dívida externa negociada junto a uma agência multilateral no valor de US$ 30 mil, sendo US$ 20 mil à vista e o restante por meio da emissão de novos títulos.

▶

Operações da economia H no ano t
X. Um investidor não residente realiza uma aplicação em um fundo de ações em um banco na economia H no valor de US$ 15 mil.
XI. Um investidor não residente realiza uma aplicação em um fundo de renda fixa em um banco na economia H no valor de US$ 25 mil.
XII. Um produtor de soja residente recebe de uma indústria americana adiantamento de exportação no valor de US$ 15 mil.
XIII. Uma firma de eventos culturais residente paga US$ 6 mil a uma empresa não residente referente à licença para apresentação de uma programação de televisão no país.
XIV. Uma empresa não residente realiza um investimento direto na economia H no valor de US$ 35 mil.
XV. Turistas residentes gastam US$ 23 mil no exterior em despesas pagas em dólares à vista.
XVI. Governo da economia H envia ajuda humanitária a país vizinho sob a forma de medicamentos no valor de US$ 10 mil.
XVII. Empresa não residente paga *royalties* a empresa residente no valor de US$ 15 mil.
XVIII. Investidor residente aumenta sua participação no capital de empresa não residente no valor de US$ 12 mil

Fonte: elaborado pelos autores.

Considerando a convenção dos sinais adotados pelo BPM 6, teremos, então, os seguintes lançamentos, incluindo as contrapartidas (Quadro 6.4):

Quadro 6.4 – Lançamentos referentes às operações da economia H no ano t

Operação I
- Exportações: 100.000
- Ativos de reserva: + 100.000

Operação II
- Importações: 80.000
- Ativos de reserva: − 50.000
- Outros investimentos – passivos (créditos comerciais e adiantamentos): + 30.000

Operação III
- Outros investimentos – passivos (empréstimos e financiamentos): + 40.000
- Ativos de reserva: + 40.000

Operação IV
- Investimentos em carteira – ativos (títulos de renda fixa): + 60.000
- Ativos de reserva: − 60.000

▶

Operação V

- Rendas primárias – despesas (lucros): 20.000
- Ativos de reserva: – 20.000

Operação VI

- Rendas primárias – receitas (lucros): 10.000
- Ativos de reserva: + 10.000

Operação VII

- Renda secundária – receita: 3.000
- Ativos de reserva: + 3.000

Operação VIII

- Investimento em carteira – ativos (títulos de renda fixa): – 12.000
- Ativos de reserva: + 12.000

Operação IX

- Rendas primárias – despesa (juros): 30.000
- Ativos de reserva: – 20.000
- Investimentos em carteira – passivos (títulos de renda fixa): + 10.000

Operação X

- Investimentos em carteira – passivos (ações e cotas em fundos): + 15.000
- Ativos de reserva: + 15.000

Operação XI

- Investimentos em carteira – passivos (títulos de renda fixa): + 25.000
- Ativos de reserva: + 25.000

Operação XII

- Outros investimentos – passivos (créditos comerciais e adiantamentos): + 15.000
- Ativos de reserva: + 15.000

Operação XIII

- Capital – despesa (aquisição de ativo não financeiro não produzido): 6.000
- Ativos de reserva: – 6.000

Operação XIV

- Investimento direto no país/participação no capital e cotas em fundos: + 35.000
- Ativos de reserva: + 35.000

Operação XV

- Serviços – despesas (viagens): 23.000
- Ativos de reserva: – 23.000

▶

Operação XVI

- Renda secundária – despesas: 10.000
- Exportações: + 10.000

Operação XVII

- Serviços – receitas (*royalties*): 15.000
- Ativos de reserva: + 15.000

Operação XVIII

- Investimentos Diretos no Exterior (IDE): + 12.000
- Ativos de reserva: – 12.000

Fonte: elaborado pelos autores.

O Quadro 6.5 a seguir apresenta esses lançamentos, tal como devem figurar no cômputo final do balanço de pagamentos. Os termos entre parênteses representam a operação, ou operações, que geraram os resultados.

Quadro 6.5 – O balanço de pagamentos da economia H no ano t

I. Transações correntes: saldo total = – 25.000 => 138.000 (receitas) – 163.000 (despesas)

1.1 Balança comercial: saldo = + **30.000** ⇒ 110.000 (exportações) – 80.000 (importações)
Exportações: + 110.000 (I + XVI)
Importações: + 80.000 (II)

1.2 Balança de serviços: saldo = – **8.000** ⇒ 15.000 (receitas) – 23.000 (despesas)
Viagens e turismo – despesas: + 23.000 (XV)
Royalties – receitas: + 15.000 (XVII)

1.3 Rendas primárias: saldo = – **40.000** ⇒ 10.000 (receitas) – 50.000 (despesas)
Lucros – receita: + 10.000 (VI)
Lucros – despesa: + 20.000 (V)
Juros – despesas: + 30.000 (IX)

1.4 Renda secundária: saldo = – **7.000** ⇒ + 3.000 (receitas) – 10.000 (despesas)
Transferências de migrantes – receitas: + 3.000 (VII)
Ajuda humanitária – despesas: + 10.000 (XV)

II. Conta capital: saldo = – **6.000** => 0 (receitas) – 6.000 (despesas)

Aquisição de licença cultural – despesas: + 6.000 (XIII)

▶

III. Conta financeira: Saldo = **−31.000** => (12.000 − 35.000 + 48.000 − 50.000 − 85.000 + 79.000)

3.1 Investimento direto no exterior: = + 12.000

Participação no capital e cotas em fundos: + 12.000 (XVIII)

3.2 Investimento direto no país: = − 35.000

Participação no capital e cotas em fundos: + 35.000 (XIV)

3.3 Investimento em carteira – Ativos: saldo = **+ 48.000**

Títulos de renda fixa: + 60.000 (IV) − 12.000 (VIII)

3.4 Investimento em carteira – Passivos: saldo = **+ 50.000**

Ações e cotas em fundos: + 15.000 (X)

Títulos de renda fixa: + 10.000 (IX) + 25.000 (XI)

3.5 Derivativos – Ativos (não houve lançamento)

3.6 Derivativos – Passivos (não houve lançamento)

3.7 Outros investimentos – Ativos (não houve lançamento)

3.8 Outros investimentos – Passivos: saldos = **+ 85.000**

Empréstimos: + 40.000 (III)

Financiamentos: + 30.000 (II)

Créditos comerciais e adiantamentos: + 15.000 (XVII)

3.9 Ativos de reserva: + 100.000 (I) − 50.000 (II) + 40.000 (III) − 60.000 (IV) − 20.000 (V)

+ 10.000 (VI) + 3.000 (VII) + 12.000 (VIII) − 20.000 (IX) + 15.000 (X)

+ 25.000 (XI) + 15.000 (XII) − 6.000 (XIII) + 35.000 (XIV)

− 23.000 (XV) + 15.000 (VII) − 12.000 (XVIII) = **+ 79.000**

Erros e omissões: zero

Fonte: elaborado pelos autores.

Antes de apresentarmos um quadro resumo com os principais resultados, talvez caiba explicar os lançamentos relativos às operações VIII e XVI. No primeiro caso, pode parecer estranho que se faça um registro negativo numa conta de ativos. O que explica isso é o fato de o investidor residente ter se desfeito de ativos externos (títulos americanos) e enviado os recursos dessa venda à economia H. Ao fazer isso, ele reduziu o valor dos ativos externos detidos por residentes (portanto, pelo país) no exterior, obrigando o lançamento com sinal negativo. No caso do lançamento XVI, a ajuda humanitária no valor de US$ 10 mil se deu sob a forma de envio de medicamentos, ou seja, implicou saída de mercadorias do país, como se fosse uma exportação. Essa despesa, portanto, não teve impacto cambial (visto que não houve nenhum pagamento por essas "exportações"). Com esse artifício, respeita-se o princípio da dupla entrada de registro para cada operação, sem que haja alteração nos ativos de reserva. O Quadro 6.6 contém um resumo dos saldos das contas, destacando-se apenas aquelas que foram objeto de lançamento.

Quadro 6.6 – O balanço de pagamentos da economia H no ano t – Resumo dos resultados

Saldo da conta de transações correntes = – 25.000
Saldo da balança comercial = + 30.000
Saldo da conta de serviços = – 8.000
Saldo da conta da renda primária = – 40.000
Saldo da conta da renda secundária = – 7.000
Saldo da conta capital = – 6.000
Saldo da conta financeira = – 31.000
Saldo da conta de investimento direto no exterior (conta de ativo) = + 12.000
Saldo da conta de investimento direto no país (conta de passivo) = + 35.000
Saldo da conta de investimento em carteira – ativos = + 48.000
Saldo da conta de investimento em carteira – passivos = + 50.000
Outros investimentos – passivos = + 85.000
Saldo dos ativos de reserva = + 79.000 = saldo total do BP

Fonte: elaborado pelos autores.

Os resultados contidos no Quadro 6.6 contemplam os saldos finais das contas. Nesse caso, o sinal deve ser considerado. Por exemplo, o saldo da balança comercial contempla a diferença entre as exportações, que representam receitas para o país em termos de divisas (sinal positivo no cômputo do saldo final), e as importações, que representam despesas (sinal negativo no cômputo do saldo final). Pelo resultado, percebe-se que a economia H obteve superávit na balança comercial no período t, pois o valor das exportações excedeu o valor das importações em $ 30 mil. Entretanto, considerando também a conta de serviços (déficit de $ 8 mil) e as contas de rendas primária (déficit de $ 40 mil) e secundária (déficit de $ 7 mil), a economia H incorreu em déficit em suas transações correntes no valor de $ 25 mil. Isso significa que o país teve que se valer de poupança externa para financiar o déficit em transações correntes e o pequeno saldo negativo ($ 6 mil) da conta capital. O saldo negativo da conta financeira (menos $ 31 mil) foi obtido pela diferença entre os saldos das contas de ativo, incluindo os ativos de reserva, e as de passivo. O saldo positivo da conta Ativos de reserva (mais $ 79 mil) indica que a poupança externa alcançada foi mais que suficiente para equilibrar os saldos negativos das contas-correntes e de capital, permitindo assim elevar o montante das reservas de divisas à disposição da economia H. É esse, portanto, o resultado final do BP da economia H no período t, ou seja, um saldo positivo de $ 79 mil, que se mostra, porém, apenas indiretamente, por meio do saldo apurado na conta Ativos de reserva.

6.4 Taxa de câmbio e regimes cambiais

6.4.1 Taxa de câmbio

Define-se **taxa de câmbio** como o preço, em moeda nacional, de uma unidade de moeda estrangeira. Tomando o caso brasileiro, a **taxa de câmbio do real em dólar** indica qual é o preço, em reais, de US$ 1,00.[18] Suponhamos, então, a seguinte taxa de câmbio: R$ 1,50/US$ 1,00 (ou simplesmente R$ 1,50).

O que ela indica? Ela indica que é necessário R$ 1,50 para comprar US$ 1,00 (ao revés, ela indica também que cada unidade de moeda brasileira compra, a essa taxa, 67 centavos da moeda americana).

Uma elevação dessa taxa, digamos de R$ 1,50 para R$ 1,60, representa uma **desvalorização** nominal da taxa de câmbio, que, no caso, é de 6 % aproximadamente.[19] Um movimento desse tipo no preço da moeda estrangeira indica que, após a mudança, a moeda nacional vale menos do que antes, visto que agora é necessária uma maior quantidade de moeda nacional para adquirir uma unidade de moeda estrangeira. Se, ao contrário, supusermos uma queda na taxa, teremos uma valorização nominal na taxa de câmbio. Uma **valorização** cambial indica que a moeda nacional vale mais do que antes,

---

18 Cabem aqui duas observações. Em primeiro lugar, essa é uma definição utilizada no Brasil. Há países que optam pela definição oposta: a taxa de câmbio é igual ao preço, em moeda estrangeira, de uma unidade de moeda nacional. O leitor deve ficar atento a essa questão quando estiver fazendo uso de textos, livros e publicações econômicas de procedência estrangeira. Em segundo lugar, utiliza-se normalmente o dólar americano, porque, como já observado, ele é a moeda de referência nas transações internacionais. Entretanto, existem tantas taxas de câmbio quantas forem as moedas estrangeiras.

19 Como se chega a essa taxa de 6% de desvalorização? É simples. Quanto valia em dólar cada unidade da moeda brasileira (cada real) quando a taxa de câmbio era R$ 1,50? Valia US$ 0,67 (1/1,50), o que significa que cada real comprava 67 centavos da moeda americana. Com a taxa de câmbio de R$ 1,60, cada real compra agora apenas 63 centavos (1/1,60) dessa moeda. Isso significa que a moeda brasileira tem agora 94% do valor que tinha antes (0,63/0,67), tendo sofrido, portanto, uma desvalorização de 6%.

pois agora se adquire uma unidade de moeda estrangeira com uma menor quantidade de moeda nacional.

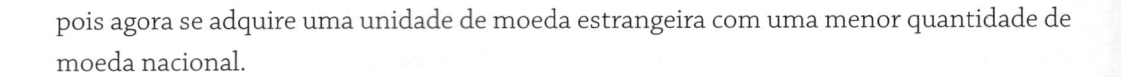

No Brasil, **a taxa de câmbio** representa o preço, em moeda nacional, de uma unidade de moeda estrangeira. Uma elevação da **taxa de câmbio** representa uma **desvalorização**. O oposto, uma **valorização**.

As valorizações e as desvalorizações da taxa de câmbio têm importantes implicações nas transações entre residentes e não residentes e, consequentemente, no balanço de pagamentos. Para entender melhor tais implicações, consideremos um exportador que exporte, à vista, mercadorias no valor de US$ 10 mil. Assim que recebe os US$ 10 mil, ele vai até o Banco Central e troca seus dólares por reais de acordo com a taxa de câmbio vigente.[20]

Vamos supor que ela esteja em R$ 1,50. O exportador receberá R$ 15 mil. Consideremos agora uma elevação da taxa de câmbio para R$ 1,60 (desvalorização de 6%), tal como no exemplo inicial. Se o exportador, mais uma vez, exporta US$ 10 mil em mercadorias, ele vai agora receber, em troca de seus US$ 10 mil, não R$ 15 mil, mas R$ 16 mil, ou seja, com tudo o mais constante, ele aumentou seu poder de compra no mercado interno. Em outras palavras, a desvalorização acabou por estimular as exportações, uma vez que, em moeda nacional, as mercadorias exportadas ficaram mais caras, elevando a renda de quem as vende. O leitor não terá dificuldades em verificar que a desvalorização acaba por prejudicar as importações (fica como exercício considerar o impacto da mesma mudança na posição inversa, ou seja, a de um importador que importa uma mercadoria que custa os mesmos US$ 10 mil).

Concluindo, com tudo o mais constante, desvalorizações cambiais tendem a estimular as exportações e desestimular as importações, ao passo que valorizações tendem a desestimular as exportações e estimular as importações. Note que utilizamos nessas afirmações o termo "tudo o mais constante" (ou *coeteris paribus*). De fato, o estímulo ou o desestímulo às exportações e às importações, bem como os resultados efetivamente alcançados por essas operações, dependem não só da política cambial, ainda que essa possa ter papel preponderante, mas também igualmente de uma série de outros fatores,

---

20 Na verdade, tal operação não é feita pelo exportador diretamente com o Banco Central, mas indiretamente, por meio de um intermediário financeiro, como um banco ou uma casa de câmbio. Todavia, do ponto de vista que aqui nos interessa, que é macroeconômico, quem realmente faz a troca é o Banco Central, pois, como veremos no **Capítulo 8**, ele é o depositário oficial das reservas internacionais.

como a política tarifária (ou política comercial),[21] a inflação nos países com os quais se realizam as trocas, os ganhos de produtividade nos setores exportadores e as condições de financiamento das operações.

....

Uma **desvalorização** cambial tende a desestimular as importações e estimular as exportações, pois, no mercado interno, encarece os bens importados e aumenta a renda dos exportadores e, no mercado externo, barateia os bens que o país exporta.

....

Mas nos referimos até agora à **taxa _nominal_ de câmbio**. No entanto, entre os economistas e nos meios empresariais e de negócios julga-se mais correto considerar a taxa de câmbio em seu conceito _real_. De forma bastante simples, podemos considerar a **taxa de câmbio _real_** com base na seguinte fórmula:

$$E = e \times \frac{P^*}{P}$$

em que:

E = taxa de câmbio real;

e = taxa de câmbio nominal;

P^* = índice de preços no país estrangeiro;[22]

P = índice de preços no mercado nacional.

Com base no conceito de taxa real de câmbio assim definido, estamos considerando tanto a inflação interna quanto a externa. A ideia é simples. A inflação interna tende a encarecer os produtos de exportação e tornar mais baratos os produtos importados. Já a inflação externa tende a encarecer os produtos que importamos e estimular nossas exportações. Suponha, por exemplo, que a inflação nos Estados Unidos tenha sido de 5% em determinado período. Quem exportava para lá US$ 100, agora passa a receber, em média, US$ 105. Em outras palavras, se quisermos considerar o comportamento da taxa real de câmbio ao longo de um período, temos de nos preocupar não só em descontar da variação

---

21 Política tarifária é aquela que determina qual será a tarifa (imposto) que cada um dos produtos importados terá de pagar para entrar no país. Inúmeras são as variáveis que se levam em conta na determinação dessas taxas, por exemplo, os setores cujo desempenho doméstico se quer estimular ou proteger, os países que são considerados parceiros comerciais, os bens cuja importação se julga imprescindível para o desenvolvimento do país etc. Além disso, existem tratados, decorrentes de organismos internacionais como a Organização Mundial do Comércio (OMC), que devem ser respeitados por ocasião do estabelecimento e/ou da alteração das tarifas.

22 Como estamos considerando o dólar como moeda referência, a variação de P^* pode ser entendida como a inflação nos Estados Unidos.

nominal do câmbio a elevação interna dos preços como também descontar desse desconto a inflação sofrida pela moeda estrangeira (no caso, o dólar americano).

....

No cômputo da **taxa de câmbio** *real*, temos de levar em conta tanto a *inflação interna* quanto a *inflação externa*, isto é, a inflação do país cuja moeda estamos considerando no cálculo da taxa de câmbio (inflação dos Estados Unidos, se estivermos calculando a taxa de câmbio da moeda doméstica em relação ao dólar americano).

....

Vejamos um exemplo simples. Suponhamos que, no período 1, a taxa de câmbio do país H tenha sido de $ 1,00 e que, no início do período 2, tenha mudado para $ 1,10 (valorização nominal do dólar de 10% e desvalorização nominal da moeda doméstica de 9,1%). Suponhamos ainda que, no período 1, a inflação interna tenha sido de 20%, enquanto a externa (dos Estados Unidos) tenha sido de 5%. O Quadro 6.7 mostra o que acontece com a taxa real de câmbio.

Quadro 6.7 – Exemplo de variação da taxa real de câmbio

Período	Taxa nominal e	P*	P	Taxa real (moeda do país H por dólar) E	Taxa real (dólares por moeda do país H) 1/E	Variação percentual (%) {[(1/E2)/(1/E1)]−1}*100
Período 1	1,00	100	100	1,00	1,00	−
Período 2	1,10	105	120	0,9625	1,039	3,9

Fonte: elaborado pelos autores.

Podemos notar que, apesar da desvalorização nominal de 9,1%, que implicou uma valorização nominal do dólar de 10%, em termos reais tivemos uma valorização da moeda doméstica de aproximadamente 3,9%. Essa valorização decorre do fato de que o crescimento nominal do câmbio em 10% não foi suficiente, mesmo considerando a inflação externa de 5%, para compensar a elevação interna dos preços, da ordem de 20%. Assim, com tudo o mais constante, tal comportamento do câmbio tenderá a desestimular as exportações e estimular as importações, pois está tornando mais cara a moeda doméstica.

Contudo, o conceito de taxa de câmbio real apresentado enfrenta alguns problemas de ordem teórica e prática. Em primeiro lugar, existe uma série de outros fatores importantes no cálculo da taxa de câmbio real, como o grau de abertura da economia, a preferência dos consumidores e os ganhos de produtividade no setor exportador. A análise de todas essas variáveis, porém, escapa aos objetivos deste livro, ficando como sugestão ao leitor interessado a consulta de um bom livro de comércio internacional. Em segundo lugar, a inflação é um cálculo médio que inclui uma série de bens e serviços, muitos dos quais não são comercializados no mercado internacional. Assim, uma inflação anual de 20% não significa que todos os bens e serviços produzidos no país tenham aumentado 20%. Um bem que esteja sendo exportado pode até ter tido seu preço reduzido.[23] Concluindo, existe algum grau de arbitrariedade na utilização da fórmula apresentada. Entretanto, sua apresentação serve para demonstrar que uma valorização ou desvalorização *nominal* pode não significar muita coisa.[24] O conceito de dólar PPP (sigla de *Purchase Power Parity*) ou PPC (sigla de Paridade do Poder de Compra) está também intimamente ligado a todas essas questões. Voltaremos a esse ponto na **Seção 6.4.4**.

6.4.2 Regimes cambiais

Até o momento nos detivemos em conceitos referentes à taxa de câmbio, sem nos preocuparmos com os fatores que determinam seu valor. Entretanto, o nível dessa taxa pode ser estabelecido ou pelas forças de mercado (pelo confronto entre oferta de divisas e demanda por elas) ou pela interferência do governo no mercado cambial (fixando a taxa). Dadas essas duas possibilidades, podem ser definidos basicamente três regimes para o mercado cambial: regime de câmbio flutuante, regime de câmbio fixo e regime misto. Vejamos mais de perto cada um deles.

No **regime de câmbio flutuante**, a taxa de câmbio oscila livremente para garantir o equilíbrio do mercado, isto é, o equilíbrio entre oferta e demanda por moeda estrangeira. Nesse regime, a oferta é determinada pelos exportadores e demais residentes que recebem renda e outros recursos de não residentes. Já a demanda é exercida pelos importadores e pelos residentes que transferem renda e demais recursos para o resto do mundo. Evidentemente, quanto maior for a taxa real de câmbio, menor será a quantidade de moeda

---

23 Em função disso, alguns economistas defendem, para o cálculo da taxa de câmbio real, a utilização do índice de preços no atacado, que inclui maior número de bens costumeiramente comercializados com o resto do mundo.

24 Na segunda metade da primeira década deste século, por exemplo, apesar de nossa taxa de câmbio ter se valorizado muito, nossas exportações não foram tão afetadas em função da elevação do preço em dólar das *commodities* que o Brasil exporta, por exemplo, o minério de ferro e a soja.

estrangeira procurada, visto que ela significa que os bens e serviços importados estão caros em moeda doméstica. Contrariamente, quanto menor a taxa real de câmbio, maior a procura por divisas. Por razões óbvias, no que diz respeito à oferta, tais relações são inversas. Dessa forma, no regime de câmbio flutuante, podemos considerar a moeda estrangeira uma mercadoria como qualquer outra e desenhar para ela as curvas usuais de oferta e demanda, positivamente inclinadas no primeiro caso, negativamente inclinadas no segundo, tal como no Gráfico 6.1.

Gráfico 6.1 – Determinação da taxa de câmbio – regime flutuante

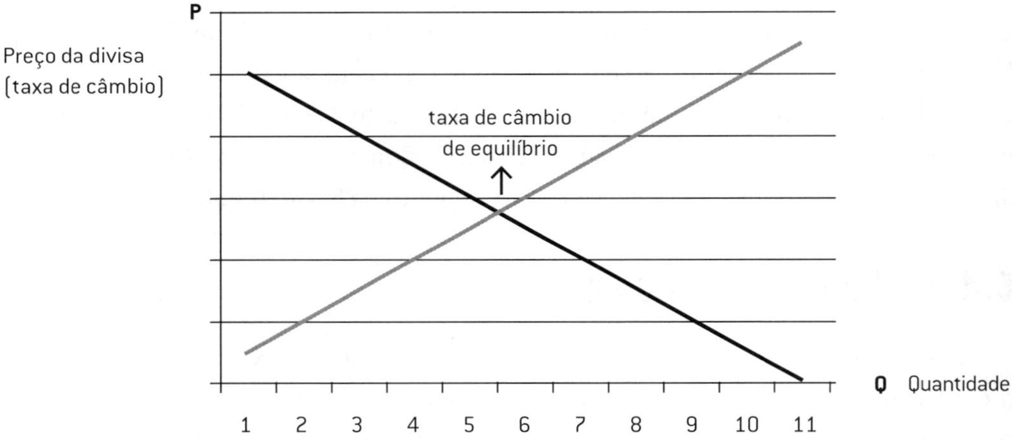

Preço da divisa
(taxa de câmbio)

taxa de câmbio
de equilíbrio

Q Quantidade

1 2 3 4 5 6 7 8 9 10 11

Fonte: elaborado pelos autores.

Nesse sistema, não há, portanto, qualquer interferência da autoridade econômica (no caso, o Banco Central) no mercado cambial, ficando a taxa determinada, em cada momento, pelas livres forças da oferta e da demanda por divisas. Assim, se em determinado momento há um aumento na procura por moeda estrangeira, a taxa de câmbio tende a se desvalorizar; o oposto ocorre se houver um aumento na oferta.

No **regime de câmbio fixo**, o valor da taxa de câmbio é determinado pelo governo por meio de sua autoridade monetária (em geral, o Banco Central). Obviamente, não se determina o nível da taxa de câmbio por decreto ou qualquer outro tipo de norma. O mecanismo de intervenção se dá com a compra e a venda da moeda estrangeira no mercado, pelo Banco Central, por um valor fixo. Nesse caso, é necessário que o Banco Central disponha de reservas suficientes para ser o grande vendedor do mercado. Se, por exemplo, o governo do país *A* fixar o câmbio em $ 1,00 por dólar americano, o Banco Central desse país deve dispor de reservas suficientes para, a essa taxa, trocar por dólar qualquer quantidade de moeda nacional. Se ele julgar que não possui as reservas suficientes, ou se, por alguma razão, julgar que não é conveniente perder um montante muito grande de reservas, só lhe restará como alternativa desvalorizar o câmbio, ou seja, tornar mais caro, em moeda doméstica, o dólar americano e, assim, desestimular sua demanda.

Uma modalidade de câmbio fixo que foi muito comentada nos anos 1980 e 1990 é o chamado **currency board**. Dado por alguns como a solução definitiva para os recorrentes problemas externos enfrentados pelos países menos desenvolvidos, esse sistema consiste na fixação de determinada taxa, que deve ser mantida pelo governo custe o que custar. A decisão pela adoção desse tipo de sistema tem consequências também para outras esferas da política econômica, particularmente para a política monetária, visto que isso implica adotar a regra de que só pode ser emitida moeda nacional que tenha lastro em divisas. Em outras palavras, isso quer dizer que, com a adoção do *currency board*, perde-se um grau de liberdade muito importante na condução da política econômica, pois a definição do volume de meios de pagamento (oferta de moeda) que deve circular no país em cada momento fica na total dependência do movimento das divisas.[25] Na realidade, o *currency board* é uma espécie de versão contemporânea do antigo **padrão-ouro**, adaptada a um mundo em que o meio internacional de pagamento não tem mais relação com o metal precioso, mas é uma moeda inconversível, cuja garantia é dada tão somente pela confiança (fidúcia) no Estado nacional que a emite, no caso, os Estados Unidos da América.

O Brasil já teve, ao longo de sua história, algumas experiências com esse tipo de sistema, como o Convênio de Taubaté, de 1906, e a Caixa de Estabilização, adotada pelo governo de Washington Luís em 1926. Nos anos 1980, com o agravamento do problema inflacionário, surgiram mais uma vez propostas desse tipo visando estabilizar monetariamente a economia e resolver os problemas com as contas externas, mas nada parecido com isso chegou a ser adotado em nosso país. A Argentina, porém, adotou um sistema desse tipo no início dos anos 1990 e, para não deixar dúvidas sobre suas intenções em obedecer a tal regime, decidiu, ineditamente, colocar a paridade cambial de 1,0 para 1,0 (uma unidade de dólar americano valeria uma unidade da moeda argentina) na própria constituição do país. Isso, porém, não conseguiu livrar a Argentina das agruras com as contas externas. Depois de amargar alguns anos de forte

---

25 Voltaremos a essa questão nos **Capítulos 7, 8** e **9**.

recessão e elevadíssimo desemprego e de ensaiar uma retomada – sustentada, em realidade, pela valorização da moeda brasileira entre 1994 e 1998 –, a Argentina acabou por experimentar, em meados de 1999, um período de forte turbulência e especulação contra o peso, comprometendo o frágil crescimento então esboçado. Essa situação acabou levando, em 2001, depois de uma conturbada crise política, à desvalorização do peso. O caso argentino é um bom exemplo de que a questão do crescimento econômico e das relações econômicas entre os países se tornou extremamente complexa, de modo que discuti-la implica levar em conta, além do regime cambial, uma série de outras variáveis, muitas das quais diretamente relacionadas com aquilo que se tem convencionado chamar de *internacionalização financeira*, fenômeno que é tratado com mais profundidade no **Anexo** deste capítulo.

Há finalmente um terceiro tipo de sistema cambial, que podemos chamar de **regime misto**. Nesse sistema, a taxa de câmbio pode variar em um dado intervalo, determinado pelo Banco Central (por isso também chamado no Brasil de sistema de **bandas cambiais**). Esse sistema funciona da seguinte forma: a autoridade monetária fixa, não um determinado preço para a divisa, mas uma faixa de preços, com um limite mínimo e um limite máximo, dentro dos quais ela pode flutuar livremente no mercado. Caso atinja o valor máximo ou o valor mínimo dados pela banda, o Banco Central intervém no mercado, ou comprando ao preço dado pela taxa mínima (e impedindo que ela caia além disso), no caso de o câmbio atingir o limite inferior, ou vendendo ao preço dado pela taxa máxima (e impedindo que ela suba além disso), no caso de o câmbio atingir o limite superior. O regime misto é, assim, um **regime de câmbio fixo atenuado**, pois, em vez de a autoridade econômica determinar um dado preço para a divisa, ela determina uma faixa de preços e dá ao mercado espaço para atuar nessa faixa. Atualmente, poucos países operam com o regime de câmbio fixo. Até poucos anos atrás, um importante país que utilizava esse regime era a China. A partir de 2010, o regime foi alterado, ao menos oficialmente, para o câmbio flutuante.

Outra forma de regime misto, que funciona nesse caso como um **regime de câmbio flutuante atenuado**, é um sistema em que a autoridade deixa o mercado funcionar livremente, não fixa preço nem faixa de preços para a divisa, mas intervém no mercado toda vez que julga necessário, seja para atenuar fortes oscilações, seja para impedir que a divisa atinja algum preço que a autoridade julgue inconveniente para a economia naquele momento. Como a autoridade monetária é normalmente um grande jogador (*player*), pois opera com grandes volumes de divisas, sua atuação consegue em geral interferir no comportamento da taxa, direcionando-a da forma julgada mais adequada.

Atualmente, a maior parte dos países, pelo menos as principais economias, utiliza o regime de câmbio flutuante, mas não em sua versão pura, ou seja, pratica um regime cambial de mercado atenuado, contando com a possibilidade sempre presente de intervenção da autoridade monetária. Mais uma vez, a China serve de exemplo: apesar de ter oficialmente alterado o regime, a intervenção da autoridade monetária chinesa no mercado é permanente e sempre muito pesada (a China tem um volume enorme de reservas cambiais), permitindo que o valor efetivo da taxa seja aquele que o governo chinês considera o mais adequado.

. . . .

Existem basicamente três regimes em que o mercado cambial pode ser classificado: i) o **regime de câmbio flutuante**, em que a taxa é determinada integralmente pelo mercado; ii) o **regime de câmbio fixo**, em que a taxa é determinada pela autoridade monetária por meio da compra e da venda de divisas no mercado; e iii) o **regime misto**, em que a taxa flutua no mercado, mas a autoridade econômica tem forte poder de intervenção, seja estabelecendo bandas de flutuação, seja intervindo por meio de operações de compra e venda para direcionar o comportamento da taxa.

. . . .

Tanto o sistema fixo como o flutuante apresentam vantagens e desvantagens. Historicamente, o sistema flutuante resultou em grandes instabilidades nas diversas taxas de câmbio no mundo, ao passo que o sistema fixo não se mostrou eficiente na determinação da taxa de câmbio "correta". Quem sabe o atual processo de intensificação do comércio entre as nações resulte em novas experiências cambiais e na consolidação de um sistema menos instável ou mais adequado ao equilíbrio das contas externas dos vários países?

6.4.3 Taxa de câmbio: fatores financeiros

Na seção anterior, quando discutimos o equilíbrio no mercado cambial, demos uma ideia bastante geral acerca dos determinantes desse mercado. Citamos, como exemplo, as exportações e as importações de bens e serviços como fatores relevantes. Mas devemos também levar em conta os denominados fatores financeiros (e de certa forma o fizemos quando destacamos o fluxo de renda na determinação dos fatores de oferta e demanda no mercado cambial). Essa é uma consideração particularmente importante tendo em vista a atual configuração do processo de internacionalização financeira, caracterizado por grandes fluxos financeiros, particularmente de curto prazo.

A influência que podem exercer os fatores financeiros sobre a taxa de câmbio pode ser melhor entendida com base na denominada **condição de paridade de juros**. Essa condição, em sua versão mais simples, nos diz que, em um mundo com livre mobilidade financeira, sem expectativa de desvalorização cambial e sem risco, os movimentos de capitais financeiros vão ocorrer enquanto houver diferencial de taxas de juros entre os países. Ou seja, o capital vai se movimentar para o país que oferece maiores taxas de juros em suas aplicações financeiras; e o movimento de capitais em direção a esse país somente vai cessar quando a taxa de juros local se igualar às taxas de juros dos demais países. De uma forma muito simples, essa ideia nos diz que, em um mundo "ideal", com livre mobilidade de capitais financeiros, existe a tendência de equalização das taxas de juros.

Podemos tornar nosso raciocínio mais próximo da realidade considerando agora que os países têm moedas diferentes e que a relação entre essas moedas pode se alterar. Isso terá implicações importantes na equalização aqui mencionada. Suponha que um investidor norte-americano possua US$ 1 milhão para aplicar no Brasil, entre os momentos 1 e 2, à taxa de 20%. Como a aplicação no Brasil é feita em moeda local, isto é, em Real, o investidor deverá converter seus dólares em Reais no momento 1. Consideremos, a título de simplificação, que a taxa de câmbio no momento 1 seja de R$ 1,00 por US$ 1,00 (isto é, e_1 = R$ 1,00). O investidor, então, recebe R$ 1 milhão e o aplica no mercado financeiro nacional. No final do período, ou seja, no momento 2, ele terá um total de R$ 1,2 milhão. Considere, entretanto, que, nesse momento 2, em que o investidor norte-americano vai buscar reaver seus dólares e realizar seus ganhos, a taxa de câmbio seja de R$ 2,00 por US$ 1,00 (isto é, e_2 = 2,00). Com essa taxa de câmbio, o investidor somente vai reaver US$ 600 mil (R$ 1,2 milhão/2,00). Ou seja, o investidor, apesar de ter obtido ganhos financeiros em moeda nacional, uma vez que aplicou no mercado brasileiro à taxa de 20% no período, obteve grandes perdas em sua moeda (o dólar) por conta da mudança cambial. Essa situação sugere que o investidor vai querer não apenas a remuneração proporcionada pela taxa de juros mas também "algo mais" que compense uma eventual desvalorização cambial (nesse exemplo numérico, se o investidor tem a expectativa da mudança cambial de R$ 1,00 para R$ 2,00, qual seria a taxa de juros que ele deveria receber para não ter as perdas verificadas?).

Com base nessas ideias, pode-se resumir a condição da paridade de juros com a seguinte expressão:

$$i = i^* + [(e_{t+1} - e_t)/e_t]$$

em que:

    i = taxa de juros doméstica;

    i^* = taxa de juros internacional;

    e_{t+1} = taxa de câmbio esperada para o momento $t + 1$;

    e_t = taxa de câmbio no momento t;

    $[(e_{t+1} - e_t)/e_t]$ = expectativa de desvalorização cambial.

Manipulando essa relação, chegamos a outra que nos permite melhor visualizar a importante relação entre taxa de câmbio e taxa de juros:

$$e = e_{t+1}/(i - i^* + 1)$$

Essa segunda relação indica uma relação inversa entre taxa de câmbio e taxa de juros doméstica. Ou seja, com tudo o mais constante (no caso, i^* e e_{t+1}), quanto maior a taxa de juros, menor tende a ser a taxa de câmbio. Intuitivamente, a história pode ser contada da seguinte forma: se o Brasil eleva as taxas de juros, a tendência é a de que entrem dólares no mercado financeiro doméstico. Maior quantidade de dólares internamente significa uma tendência de queda de preço do dólar ou, em outras palavras, uma queda na taxa de câmbio (e_t).

Graficamente, podemos estabelecer a seguinte relação:

Gráfico 6.2 – Taxa de juros × taxa de câmbio (situação 1)

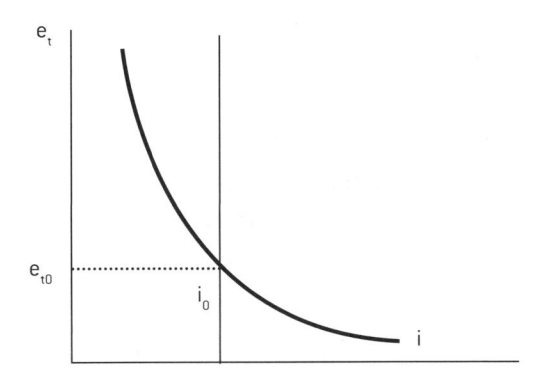

Fonte: elaborado pelos autores.

No gráfico, desenhamos a curva negativamente inclinada a partir da última relação matemática que estabelecemos entre taxa de câmbio e taxa de juros doméstica. Dada a taxa de juros da economia i_0 (que no gráfico é representada pela curva vertical), a taxa de câmbio que garante a paridade de juros será igual a e_{t0}, também entendida como a taxa de equilíbrio, considerando os fatores financeiros.

Podemos agora avaliar o que acontece quando ocorrem alterações nas variáveis i^* e e_{t1}. Inicialmente, consideremos que ocorra um aumento nas taxas de juros internacionais. Isso implica um deslocamento da curva negativamente inclinada para a direita. Como resultado, podemos ter a situação descrita no gráfico a seguir.

Gráfico 6.3 – Taxa de juros × taxa de câmbio (situação 2)

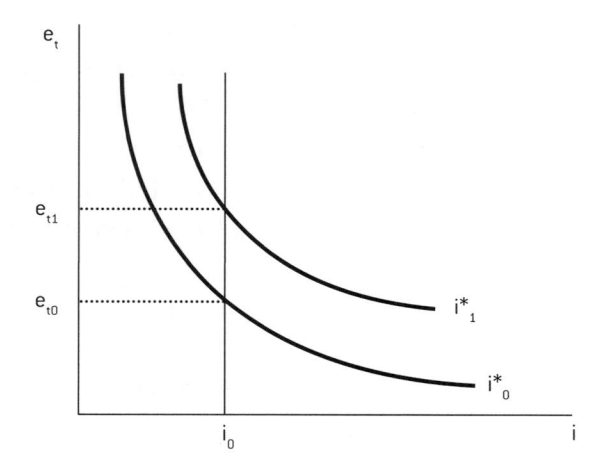

Fonte: elaborado pelos autores.

Inicialmente, para uma taxa de juros interna igual a i_0 e uma taxa de juros internacional igual a i^*_0, tínhamos como equilíbrio a taxa de câmbio igual a e_{t0}. Com a elevação das taxas de juros internacionais para $i^*_1 > i^*_0$, sem que ocorram alterações nas taxas internas de juros, teremos como resultado uma taxa de câmbio de equilíbrio maior ($e_{t1} > e_{t0}$). Intuitivamente, temos o seguinte raciocínio: um aumento das taxas de juros internacionais fará com que ocorra um fluxo de saída de dólares do mercado financeiro doméstico para o mercado financeiro internacional. Menos dólares aqui implicam um aumento do "preço do dólar". O leitor poderá verificar que, para um aumento da taxa de câmbio esperada para o período t + 1, teremos o mesmo resultado descrito no Gráfico 6.3.

Também poderá verificar que um aumento nas taxas internas de juros tende a reduzir a taxa de câmbio.

Esse é um modelo bastante simples e devemos tomar cuidado quando o objetivo é descrever a atual realidade econômica e financeira internacional. Na análise aqui desenvolvida, não se considerou, por exemplo, na condição de paridade de juros, a existência da variável *Risco*. O modelo também não permite uma avaliação mais profunda dos movimentos especulativos de capitais financeiros, cuja lógica vai muito além das variáveis aqui descritas. No apêndice, apresentamos uma breve discussão sobre a internacionalização financeira. Entretanto, tomando esses cuidados, o modelo é útil na avaliação dos impactos de fatores como taxa de juros e expectativas sobre a taxa de câmbio.

6.4.4 Taxa de câmbio nominal, taxa real de câmbio e PPC

Podemos agora retornar a uma questão que já estudamos anteriormente quando consideramos os problemas técnicos que estão envolvidos na mensuração das variáveis integrantes das contas nacionais, particularmente as questões envolvidas nas comparações entre países. Estamos falando da **Paridade do Poder de Compra (PPC)**, uma taxa de câmbio, digamos assim, especial. Como vimos no capítulo anterior, o ajuste da taxa de câmbio pela PPC faz-se necessário para que, nas comparações entre países, se tenha uma ideia mais precisa do valor de sua renda em termos do efetivo poder de compra das populações envolvidas. Vimos também que a construção dos índices PPC toma por base uma cesta de bens supostamente ofertada de maneira bastante similar nos diferentes países. Veremos agora como a taxa de câmbio ajustada pelo índice PPC pode ser entendida teoricamente como a taxa de câmbio de equilíbrio de longo prazo.

A abordagem da paridade do poder de compra baseia-se na ideia de que, na ausência de custos de transportes, informação e outros custos de transação, os preços tendem, com o decorrer do tempo, a se igualar em diferentes mercados. Tal ideia é conhecida na literatura econômica como a "lei do preço único". Existe certa dose de realismo nesta "lei" quando consideramos mercados próximos e produtos homogêneos. Suponha duas cidades não muito distantes uma da outra. É de se esperar que os preços da gasolina nas duas cidades sejam bastante próximos. Se forem muito diferentes, os motoristas provavelmente vão abastecer naquela cidade em que o preço é menor. Esse processo de "arbitragem" acaba por gerar algum grau de equalização entre os preços do combustível nos dois mercados. Transportando essa ideia para a economia internacional, suponha dois países, sendo **P** o nível geral de preços no país H e **P*** o nível geral de preços no país "estrangeiro".

A taxa de câmbio entre as duas moedas é dada por **e** (considerando o mesmo conceito estudado anteriormente). Pela lei do preço único, é de se esperar uma tendência de que **P** se iguale a **P***. Mas, como os dois países possuem moedas diferentes, devemos converter os preços para a mesma unidade, ou seja:

$$P = e \cdot P^*$$

A taxa de câmbio **e**, que garante a igualdade proposta pela relação acima, é denominada de taxa de câmbio de equilíbrio de longo prazo, também denominada de "taxa PPC". Evidentemente, não podemos considerar a proximidade entre dois países como algo equivalente à proximidade entre duas cidades vizinhas, pois, no primeiro caso, os custos de transportes não podem ser desprezados e os países apresentam estruturas tributárias diferentes, que acabam introduzindo novos elementos de diferenciação. Além disso, quando consideramos **P** e **P***, estamos trabalhando não com um bem (como no caso do combustível de nosso exemplo), mas com uma cesta de bens, uma vez que essas duas variáveis são, na verdade, índices de preços. Sendo assim, é preciso levar em conta as diferenças metodológicas no cálculo dos dois índices, com especial atenção para a composição das cestas de bens que são a base para o cálculo dos índices em cada um dos países.[26] Enfim, existe uma série de argumentos que torna frágil a ideia segundo a qual a convergência entre os preços dada pela expressão acima venha algum dia a ser realidade, tornando verdadeira a taxa de câmbio de longo prazo. Contudo, como vimos no **Capítulo 5**, a existência de diferenças que impedem que essa convergência possa ocorrer é de fundamental importância na realização de análises comparativas entre diferentes economias nacionais.[27]

Existe ainda outra aplicação para a abordagem da **paridade do poder de compra**. Na **Seção 6.4.1**, vimos que a taxa de câmbio real (**E**) é dada pela taxa de câmbio nominal (**e**) ajustada pela relação de preços entre os dois países aos quais a taxa se refere (**P***/**P**), ou seja:

$$E = e \times \frac{P^*}{P}$$

26　Foi pensando nesse tipo de problema que, quase por brincadeira, a famosa revista inglesa especializada em economia *The Economist* começou, em setembro de 1986, a estimar e publicar o Big Mac Index, segundo seus próprios idealizadores, para "tornar a teoria da taxa de câmbio um pouco mais digerível". A ideia é comparar de tempos em tempos o valor do Big Mac, o famoso sanduíche da rede McDonald's presente em, praticamente, todos os países do mundo, a fim de criar um fator de ajuste das taxas de câmbio que permita que elas expressem o efetivo poder de compra das populações dos diferentes países. O sanduíche, nesse caso, presta-se bastante bem a esse papel, porque é homogêneo (igual em todos os lugares do mundo) e composto de vários e diferentes ingredientes.

27　A Organização das Nações Unidas, em suas estatísticas, utiliza essa metodologia (ajuste das taxas de câmbio pelo PPC) na apresentação e comparação do PIB e do PIB *per capita* dos vários países. No **Capítulo 10**, trataremos mais detidamente dessas questões.

Essa expressão nos diz que, sempre que os níveis de preços dos dois países forem idênticos (**P* = P**, de modo que **P*/P = 1**), a taxa real de câmbio será igual à taxa de câmbio nominal (**E = e**). Ora, mas quando isso acontece, a taxa de câmbio nominal está no nível de seu equilíbrio de longo prazo, ou seja, está no nível **PPC**, uma vez que ocorreu justamente a convergência entre os níveis de preço dos dois países. É também fácil perceber que, fazendo, nessa fórmula, **E = 1**, chegamos à fórmula anterior (**P = e × P***). Em outras palavras, pode-se dizer que, sempre que a taxa nominal de câmbio for igual à taxa de longo prazo, ou PPC (ou seja, sempre que **e = P/P***), então ela também será necessariamente igual à taxa real de câmbio. Assim, a fórmula para a taxa real de câmbio pode ser derivada da abordagem PPC.

Para fechar esta seção e a título ilustrativo, apresentamos no Gráfico 6.4 a evolução da taxa nominal de câmbio do Brasil no período 1994-2019, seguida de breve comentário.

Gráfico 6.4 – Taxa de câmbio comercial nominal R$/US$

Compra mensal – final de período – jul./1994 a set./2019

Fonte: elaborado pelos autores.

No gráfico, podemos verificar algumas trajetórias interessantes para a taxa de câmbio. Desde janeiro de 1999, o Brasil tem adotado o regime de câmbio flutuante. Conforme podemos visualizar, desde então observamos uma maior volatilidade nessa taxa. Em uma primeira fase, de 1999 até 2002, houve forte depreciação da moeda brasileira em relação ao dólar americano, movimento que se acentuou nesse último ano por conta das eleições presidenciais e das reais perspectivas de Luiz Inácio Lula da Silva vencer as eleições. A partir de 2003, contudo, com a melhora do cenário financeiro internacional e a sinalização, por parte do Brasil, de que a política econômica não seria alterada, pelo contrário, e de que o país continuaria a oferecer as maiores taxas de juros do mundo, com baixo risco de *default* (moratória), tivemos uma grande entrada de capitais (investimento financeiro) no país, sobretudo investimentos em carteira, buscando o benefício dos juros elevados, o que contribuiu para a apreciação do Real. A crise de 2008/2009 mais uma vez demonstrou a fragilidade do sistema, provocando a inversão do curso e, mais uma vez, depreciando a moeda brasileira. Ultrapassado o momento mais agudo da crise, a moeda brasileira volta a se apreciar fortemente, em um movimento que é em muito auxiliado pela manutenção das elevadas taxas de juros praticadas pelo país (em um cenário internacional de taxas muito reduzidas e mesmo negativas em termos reais), bem como pelo aumento de importância dos mercados de derivativos, os quais tornaram a apreciação da moeda brasileira um movimento autorreferente. Em 2011, o governo começou a tomar medidas adicionais, além das grandes intervenções de compra de dólares, para reverter esse movimento. Mas o que acabou sendo decisivo para uma desvalorização mais aguda, a partir do final de 2014, foi o agravamento da crise, com duas quedas espetaculares do PIB em 2015 e 2016 (–3,6 e –3,3%) e um muito tímido crescimento nos dois anos seguintes (+1,1% em 2017 e +1,1% em 2018).

6.5   Ajustando o balanço de pagamentos

A palavra **déficit** muitas vezes soa como algo negativo e que deve ser evitado. Entretanto, tal percepção deve ser tomada com bastante cautela. Isso porque um déficit nas contas externas não é necessariamente algo ruim ou que indique um mau desempenho econômico do país. Exemplificando, considere um país que, durante um curto período, apresente déficit na conta-corrente de seu balanço de pagamentos. Esse déficit pode ser resultado de grandes volumes de importação de máquinas e equipamentos, ou mesmo de tecnologia, tendo por objetivo elevar a eficiência econômica do país e, assim, sua própria capacidade de reverter o déficit no futuro próximo. Nesse caso, os déficits não podem ser considerados ruins ou problemáticos. O déficit só se torna um problema quando ele é sistemático e sem perspectiva de reversão no longo prazo. Nesse caso, a autoridade econômica deve pôr em prática alguma medida de ajuste.

Existem inúmeros instrumentos para o ajuste do balanço de pagamentos de um país, dentre os quais os mais importantes são: **i)** a desvalorização cambial; **ii)** a elevação das tarifas de importação; **iii)** o estabelecimento de cotas de importação; **iv)** a concessão de subsídios às exportações; **v)** a imposição de restrições à saída de capitais e à remessa de recursos ao exterior; **vi)** a redução no nível de atividade da economia; e **vii)** a elevação da taxa interna de juros. Cada uma dessas medidas age sobre elementos distintos e específicos do balanço de pagamentos e o prazo necessário para a verificação de seus efeitos também varia significativamente. A *desvalorização cambial* atua principalmente no balanço de pagamentos em transações correntes, pois estimula as exportações, desestimula as importações e torna mais caras as viagens de residentes ao exterior, entre outros efeitos. Dependendo do tamanho do déficit em transações correntes, torna-se necessária uma grande desvalorização cambial, em termos reais, para realizar o ajuste. O inconveniente de tal medida reside no fato de a desvalorização provocar desajustes, ainda que temporários, nos preços relativos da economia, podendo ainda gerar pressões inflacionárias, visto que vários bens têm seus preços elevados em moeda nacional. De qualquer forma, trata-se de uma medida clássica defendida por muitos economistas.[28] No que diz respeito ao hiato temporal do ajuste, a alteração da taxa de câmbio está certamente no grupo de medidas de mais rápido resultado.[29]

A segunda e a terceira medidas (**elevação de tarifas** e **imposição de cotas de importação**), de resultados também a curtíssimo prazo, têm por objetivo conter as importações, atuando assim sobre o saldo da balança comercial. Em termos de política econômica, elas significam uma redução no grau de abertura comercial do país, a primeira porque torna mais difíceis as importações,pois eleva seu preço em moeda doméstica por meio do aumento das tarifas alfandegárias, e a segunda porque estabelece limites quantitativos para a entrada de produtos estrangeiros no país. Trata-se, por isso,

---

28 No Brasil, um dos mais importantes representantes do grupo que defendeu a desvalorização cambial como medida de ajuste do balanço de pagamentos brasileiro no final dos anos 1990 foi Delfim Netto, ex-ministro da área econômica. Seu claro posicionamento a esse respeito pôde ser observado nos inúmeros artigos sobre esse tema por ele publicados nos principais jornais e revistas especializadas do país.

29 A esse respeito, talvez valha a pena comentar o fato de que a taxa de câmbio pode vir a ser protagonista daqueles episódios conhecidos como "profecias autorrealizadoras". Suponha que, em um país de regime cambial fixo (ou misto), comece a circular, em determinado momento, mesmo sem nenhum fundamento mais sólido, um boato de que o governo pretende proceder a uma desvalorização significativa de sua moeda. Imediatamente, os exportadores começam a postergar suas exportações, aguardando o preço mais elevado em moeda nacional das divisas que recebem pelas vendas externas. Ao mesmo tempo, os importadores antecipam tanto quanto possível suas compras de produtos estrangeiros para evitar os preços mais elevados que virão. Situações semelhantes vão ocorrer com quem tem recursos a receber ou a remeter ao exterior: quem tem a receber, procura adiar o recebimento; quem tem a remeter, antecipa as remessas tanto quanto possível. O resultado de todo esse movimento é que as contas externas sofrem efetivamente uma deterioração e acabam, assim, por exigir a alteração na taxa de câmbio inicialmente profetizada. Como se vê, se uma desvalorização cambial possui um inequívoco efeito no sentido do ajuste do balanço de pagamentos, as especulações em torno da adoção dessa medida podem produzir o efeito contrário.

de medidas cada vez menos aceitas e que não são vistas com bons olhos por outros países, podendo gerar retaliações (medidas de mesma natureza adotadas por outros países em relação às exportações do país que inicialmente as adotou). Atualmente, existe um fórum mundial para a discussão desse tipo de problema, que é a **Organização Mundial do Comércio (OMC)**.

Os **subsídios às exportações**, que tomam, em geral, a forma de isenção fiscal, têm por objetivo torná-las mais competitivas e, consequentemente, melhorar o saldo da balança comercial. Seus efeitos, porém, não são tão imediatos, requerendo certo tempo para que possam ser obtidos. Além disso, essa medida demanda um aporte substantivo de recursos públicos, cada vez mais disputados na maior parte dos países. Alguns economistas criticam esse tipo de política por conta de seus resultados, em princípio perversos do ponto de vista da alocação. A suposição aí vigente é que uma política persistente de subsídios acaba por viabilizar atividades ineficientes, prejudicando, com isso, a alocação de recursos que, de outro modo, poderia ser otimizada. Além disso, medidas como essa também não são bem vistas internacionalmente e podem levar a acusações de prática de *dumping*[30] por parte dos concorrentes do país no setor beneficiado pelos subsídios.

As **restrições às saídas de capital** objetivam elevar o saldo do movimento de capitais, atuando, no caso, de modo mais imediato na conta de capitais de curto prazo. Conforme já visto, um superávit nessa conta muitas vezes é necessário para financiar eventuais déficits em transações correntes.[31] Já as **restrições à remessa de rendas ao exterior** (lucros e juros) têm por objetivo melhorar a situação da balança de rendas primárias. Evidentemente, tais medidas podem resultar, no momento seguinte, em uma grande desconfiança por parte dos investidores internacionais, que certamente ficarão mais cautelosos em suas decisões de investimento no país.

A **redução no nível da atividade econômica** também tem por objetivo tentar reverter um eventual déficit na balança comercial e de serviços. Ela reduz as importações, pois um menor nível de renda interna reduz o consumo, tanto de bens de consumo

---

30 O *dumping* pode ser definido como a prática de manter, por certo tempo, um preço artificialmente baixo, ou seja, abaixo dos custos, para conquistar o mercado dos concorrentes e se beneficiar, depois, de uma situação mais confortável em termos de determinação dos preços.

31 No contexto aqui estudado, a imposição de restrições às saídas de capital está sendo considerada medida pontual para a obtenção de ajustes imediatos no balanço de pagamentos. No entanto, ela pode integrar um conjunto maior de medidas que pode ser adotado pelos diferentes países não em situações de emergência, mas permanentemente, com o intuito de estabelecer um controle dos fluxos internacionais de capital. Dada sua natural fluidez, esses fluxos podem variar muito, em pouco tempo, gerando uma situação de permanente instabilidade nas contas externas do país, além de seus impactos sobre a taxa de câmbio. A existência de restrições a esse livre fluxo, seja de natureza quantitativa, temporal ou tributária, pode torná-lo menos aleatório e mais estável, com efeitos benéficos sobre a estabilidade das contas externas e sobre a economia como um todo. Atualmente, a maior parte dos países não adota medidas desse tipo, sendo completamente abertos do ponto de vista financeiro. No entanto, países importantes como a China e, na América Latina, o Chile, adotam tais controles. Voltaremos a essa questão no **Anexo** deste capítulo.

quanto de bens de capital importados. Além disso, ela atua a favor das exportações, visto que, diante de um desaquecimento do mercado interno, a produção doméstica tende a procurar, no mercado externo, alternativas de venda. O grande problema desse tipo de medida está na própria redução do nível de atividade, por conta de suas indesejáveis consequências do ponto de vista social, particularmente o aumento do desemprego.

Por fim, a **elevação da taxa interna de juros** tem por objetivo atrair capitais de curto prazo que vejam no diferencial de juros interno e externo grandes possibilidades de ganho no mercado financeiro doméstico.[32] Portanto, esse tipo de medida também atua sobre o movimento de capitais, particularmente sobre os capitais de curto prazo, procurando elevar seu saldo. Contudo, existe outra consequência da elevação da taxa interna de juros sobre o balanço de pagamentos que é tão importante quanto essa: a redução no nível de atividade econômica que ela inequivocamente traz. A elevação da taxa interna de juros tem impactos diretos sobre dois dos principais componentes da demanda agregada que, como vimos no **Capítulo 2**, é a responsável pela determinação do nível de renda e emprego da economia. Por um lado, ela tende a desestimular os chamados investimentos produtivos, não só pelo encarecimento do crédito e pelo aumento do passivo referente aos empréstimos já obtidos como também pelo aumento do custo de oportunidade do capital aí investido. Em outras palavras, uma taxa interna de juros muito elevada exige um retorno também muito elevado dos investimentos, para que compense sua realização. Por outro lado, ela desestimula também o consumo, visto que torna muito mais caras as compras a crédito e mais atraentes as aplicações financeiras. Finalmente, cabe observar que, além de gerar resultados socialmente indesejáveis, como a elevação do desemprego que decorre do desaquecimento da atividade econômica, o uso intensivo dessa medida como expediente de ajuste do balanço de pagamentos implica o grave inconveniente de deixar o país vulnerável aos movimentos especulativos do capital internacional, visto que acaba por aumentar a dependência do país com relação aos capitais de curto prazo.

---

32 Um exemplo esclarece como se concretizam tais ganhos. Suponha um investidor estrangeiro que disponha de US$ 100 mil para aplicação e também que a taxa de juros paga pelos Estados Unidos para os títulos de sua dívida pública seja de 2% ao ano, enquanto a mesma taxa, no Brasil, seja de 5%. Se ele aplicar os US$ 100 mil em títulos da dívida americana, vai obter, em um ano, US$ 2 mil de rendimento. No entanto, se ele decidir aplicar no Brasil, seu ganho será bem maior: US$ 5 mil. Como o risco em países como o Brasil é bem maior do que em países mais desenvolvidos, a taxa de juros que se exige para aplicar aqui é também bem maior. E no que consiste tal risco? Em primeiro lugar, na possibilidade de moratória; em segundo lugar, na possibilidade de alterações bruscas na política cambial. Para compreender melhor este último risco, retomemos nosso exemplo. Suponha que, quando esse investidor decidiu aplicar no Brasil, a taxa de câmbio fosse R$ 1,00 por dólar americano e que quando ele resgatou sua aplicação ela estivesse em R$ 1,10. O que aconteceu com o rendimento em dólares dele? Bem, ele aplicou R$ 100 mil e, ao final do período, retirou R$ 105 mil. Mas quantos dólares esses R$ 105 mil compram agora? Eles compram 105 mil/1,10 ou US$ 95.454,54 ,00. Assim, a despeito de a taxa de juros no Brasil ser duas vezes e meia maior que a dos Estados Unidos, esse investidor acabou sofrendo uma perda de cerca de 5% em seu capital.

Concluindo, podemos dizer que cada uma dessas medidas possui aspectos positivos e negativos. O grande desafio das autoridades econômicas é implementar uma ou mais medidas que, em seu conjunto, tragam o menor prejuízo para a sociedade. Todavia, o mais adequado, certamente, é entender o **ajuste do balanço de pagamentos** como um processo de longo prazo, no qual cabe ao governo o importante papel de estimular o crescimento da produtividade e da qualidade dos bens e serviços produzidos domesticamente, viabilizando o crescimento das exportações e desestimulando as importações.

Por exemplo, é inconcebível que um país de dimensões continentais como o Brasil e com a diversidade de riqueza natural e humana de que dispõe seja deficitário em sua balança de turismo. Incentivar esse setor, provendo-lhe as condições materiais e institucionais para seu florescimento e crescimento, constitui inegavelmente uma *política de ajuste* do balanço de pagamentos, além de gerar, como subproduto, o desejável crescimento do emprego, mesmo em regiões menos favorecidas economicamente, como o Nordeste.

O estímulo às exportações de bens e serviços não se reduz, portanto, à concessão de subsídios nem deve a isso se limitar. O incentivo aos setores de maior potencial de geração de divisas passa, entre outros, pelo desenho adequado de políticas específicas para cada setor, pelo incentivo ao desenvolvimento tecnológico e à capacitação da mão de obra e também, por que não, por **medidas protecionistas**, quando necessárias. Medidas protecionistas são aquelas adotadas para proteger a produção nacional (relativa a setores considerados estratégicos) da concorrência imposta pelas importações. Os subsídios às exportações, bem como a elevação de tarifas de importação, ambos já analisados, podem ser utilizados como expedientes de políticas protecionistas. Tal como várias outras medidas que dependem da iniciativa do Estado, o **protecionismo** também não é bem visto hoje em dia. Contudo, apesar da enorme e ruidosa retórica no sentido oposto, é preciso lembrar que os países mais desenvolvidos nunca abandonaram *in totum* suas políticas protecionistas, como se apregoa hoje no Brasil. Os Estados Unidos protegem abertamente sua indústria, assim como os países europeus são conhecidos pela proteção que conferem a seus produtos agrícolas. Em resumo, tudo indica que um verdadeiro e perene ajuste do balanço de pagamentos passa pelo fortalecimento e crescimento do dinamismo da economia como um todo e exige a participação efetiva do governo, pois, sendo um processo de longo prazo, demanda planejamento, uma tarefa que o mercado não está preparado para realizar.[33]

---

33 Uma discussão teórica sobre as políticas comerciais, tanto sob o aspecto microeconômico quanto sob o macroeconômico, pode ser encontrada em: KRUGMAN, P.; OBSTFELD, M. *Economia internacional*: teoria e política. 4. ed. São Paulo: Makron Books, 1999.

6.6 O balanço de pagamentos no Brasil: uma breve análise

A Tabela 6.1 apresenta as principais rubricas do balanço de pagamentos do Brasil no período 1995-2019. Como observamos anteriormente, ao adotar, em 2015, as recomendações da sexta edição do manual do FMI (BPM 6),[34] o Banco Central interrompeu a série estatística que trazia todos os grandes grupos e o detalhamento de todas as contas de nosso balanço de pagamentos desde 1947, série essa que se estendeu, portanto, apenas até 2014. A nova série, já elaborada segundo as regras do BPM 6, foi retroagida até 1995. É dessa nova série que extraímos os principais números e os apresentamos na Tabela 6.1. Em nossa breve análise, discutiremos com mais detalhes esse período, mas faremos menção a números anteriores a 1995 (mensurados apenas de acordo com as regras do BPM 5) sempre que necessário.

A análise aqui apresentada não tem a pretensão de ser exaustiva do ponto de vista de seu escopo, muito menos de abranger todas as diferentes interpretações que existem para cada um dos momentos-chave dessa história. Seu objetivo, mais modesto, é tão somente utilizar o caso brasileiro para ilustrar os conceitos e as relações aqui apresentados.

Tabela 6.1 – Balanço de pagamentos – Brasil – US$ milhões (série BPM 6)

Ano	Balança comercial (FOB)	Balança de serviços	Rendas primárias	Renda secundária	Saldo da conta-corrente	Conta capital	Conta financeira	Ativos de reserva (variação)	Erros e omissões
1995	−4.571	−7.017	−10.747	3.622	−18.712	18	−16.487	12.919	2.207
1996	−6.636	−8.279	−11.374	2.446	−23.843	47	−25.596	8.666	−1.800
1997	−7.978	−10.121	−14.576	1.823	−30.852	84	−34.012	−7.907	−3.244
1998	−7.733	−9.777	−17.840	1.458	−33.892	50	−38.049	−7.970	−4.207
1999	−2.115	−6.962	−18.481	1.689	−25.869	61	−25.525	−7.822	283
2000	−1.623	−7.211	−17.481	1.521	−24.794	127	−21.996	−2.262	2.671
2001	1.534	−7.586	−19.307	1.638	−23.721	106	−24.181	3.307	−565

34 IMF, 2009.

Ano	Balança comercial (FOB)	Balança de serviços	Rendas primárias	Renda secundária	Saldo da conta-corrente	Conta capital	Conta financeira	Ativos de reserva (variação)	Erros e omissões
2002	12.049	−4.818	−17.718	2.390	−8.097	79	−8.158	302	−140
2003	23.749	−4.720	−18.135	2.867	3.760	83	2.967	8.496	−876
2004	32.538	−4.321	−20.107	3.236	11.347	−213	9.020	2.244	−2.114
2005	43.425	−7.883	−25.553	3.558	13.547	187	13.040	4.319	−694
2006	45.119	−9.410	−26.985	4.306	13.030	180	13.115	30.569	−95
2007	38.483	−13.103	−29.002	4.029	408	249	−2.495	87.484	−3.152
2008	23.802	−16.861	−41.806	4.224	−30.640	152	−28.806	2.969	1.682
2009	24.958	−19.574	−34.983	3.338	−26.261	237	−26.354	46.651	−330
2010	18.491	−30.156	−70.245	2.896	−79.014	242	−69.950	49.101	8.823
2011	27.625	−37.166	−69.731	2.984	−76.288	256	−80.512	58.637	−4.480
2012	17.420	−40.168	−63.889	2.838	−83.800	208	−83.040	18.900	552
2013	389	−46.372	−37.492	3.683	−79.792	322	−78.626	−5.926	843
2014	−6.629	−48.107	−49.420	2.725	−101.431	231	−96.587	10.833	4.613
2015	17.655	−36.915	−37.963	2.751	−54.472	461	−56.152	1.569	2.141
2016	44.635	−30.447	−41.544	3.125	−24.230	274	−15.713	9.237	8.243
2017	63.959	−37.927	−43.170	2.123	−15.015	379	−9.926	5.093	4.709
2018	53.047	−35.734	−58.825	−28	−41.540	440	−42.422	2.928	−1.322
2019	39.404	−35.141	−55.989	964	−50.762	369	−53.056	−26.055	−2.663

Fonte: elaborada com base em dados primários fornecidos pelo BANCO CENTRAL DO BRASIL. Disponível em: www.bcb.gov.br (dentro da aba *estatísticas,* consultar *séries temporais – setor externo*). Acesso em: 9 fev. 2020.

Os dados da Tabela 6.1 mostram que o comportamento da balança comercial brasileira é bastante favorável, mantendo-se superavitária em níveis relevantes em quase todo o período. Se levarmos em conta o período anterior, não coberto pelo BPM 6, a situação não se modifica: nos 27 anos entre 1947 e 1973, seu resultado foi negativo em apenas cinco deles. Dois subperíodos, no entanto, apresentam déficits expressivos: 1974-1980 e 1995-2001. No primeiro (déficit médio de US$ 3,9 bilhões ao ano), o resultado negativo decorreu dos choques do petróleo ocorridos em 1973 e 1979, que encareceram o preço desse produto, cuja participação na pauta de importações do Brasil era então bastante expressiva. No segundo, o resultado desfavorável (déficit médio de US$ 6,7 bilhões no período 1995-1998) decorreu da intensificação do processo de abertura comercial, combinada com uma política cambial pautada em valorizações reais, cujo objetivo era dar sustentação ao Plano Real, o plano anti-inflacionário que teve início em 1º de julho de 1994. A crise cambial de janeiro de 1999, que obrigou o Brasil a abandonar o regime de câmbio fixo e adotar o regime de câmbio flutuante, produziu uma forte desvalorização da moeda, reduzindo os déficits comerciais dos anos subsequentes. A partir de 2001, eles se transformam em superávits, que crescem muito rapidamente e se tornam bastante substantivos desde então. No período 2002-2019, tratou-se sempre de superávits robustos, com exceção dos anos de 2013 (equilíbrio) e 2014 (déficit de R$ 6,6 bilhões). Os resultados deste último período constituem um indicador poderoso do tamanho do erro cometido na fixação da taxa de câmbio no período anterior em patamares tão elevados, visto que o movimento de retomada da trajetória favorável da balança comercial só teve lugar com a desvalorização do real, ocorrida em janeiro de 1999.

Interessante notar o período que vai de 2003 a 2007. Além dos altos valores no superávit da balança comercial, o país também obteve superávit em transações correntes, o que não ocorria há muito tempo em suas contas externas. Tal fato se explica pelo forte crescimento da economia mundial e pela alta demanda e pelos preços das *commodities*, muitas das quais presentes na pauta de exportações do Brasil. Esse período permitiu ao Brasil acumular grande volume de reservas internacionais, além de tornar-se credor líquido internacional. A partir de 2008, os pesadíssimos déficits da balança de rendas primárias (e resultados negativos crônicos também na balança de serviços) acabaram por reverter essa situação, e o país voltou a produzir pesados déficits em transações correntes, tendo atingido a cifra inédita de US$ 101 bilhões em 2014 (veja, ao final desta seção, o Gráfico 6.5 com o movimento da balança de transações correntes do Brasil no período 1995-2019).

Apesar desse comportamento, a história nem sempre foi positiva para o país, que tradicionalmente foi deficitário em transações correntes. Os motivos desses déficits recorrentes podem ser encontrados, dentre outros fatores, na remessa de lucros e dividendos ao exterior por parte das empresas estrangeiras e no pagamento de juros incidentes sobre a dívida externa, que é o estoque de débitos que o país teve durante muito tempo em relação a credores externos, o qual decorre, por sua vez, dos empréstimos e financiamentos anteriormente obtidos e não liquidados. Tal comportamento da balança de rendas primárias acabou por levar o país a apresentar sucessivos déficits no balanço de pagamentos em transações correntes, que foram financiados com a entrada de capitais.

Assim, além de um aumento permanente na própria dívida externa, a persistência dos déficits em conta-corrente foi levando o país a uma crescente dependência do sistema financeiro internacional, dada a necessidade da obtenção de superávits na conta financeira. As consequências perversas dessa crescente dependência tornaram-se claras em 1982: a contínua deterioração dos indicadores externos do país, decorrente das pressões impostas pelos choques do petróleo e pela enorme elevação dos juros internacionais, mas também por equívocos na condução da política cambial, acabou por levar a uma retração na entrada de capitais que perdurou por uma década. Assim, ao longo do período 1982-1991, o balanço de pagamentos do Brasil mostrou-se, com raras exceções, sistematicamente deficitário. Os resultados só não foram ainda piores porque, a partir de 1983, a balança comercial brasileira retomou sua tendência histórica de obtenção de superávit. De fato, no período 1983-1994, o país logrou polpudos superávits em suas operações comerciais, que giraram em torno dos US\$ 10 bilhões anuais e chegaram quase aos US\$ 20 bilhões em 1988. Mesmo assim, o país teve de pedir ajuda ao FMI (em vários momentos) e declarar moratória (1987).

A partir de 1992, em decorrência de uma conjuntura externa mais favorável e da continuidade dos resultados extremamente positivos da balança comercial, o Brasil passou a experimentar um forte fluxo de entrada de capitais, que, juntamente com o bom desempenho das transações correntes, permitiu ao país um grande acúmulo de reservas internacionais em montante inédito até então. Essa folga nos recursos externos propiciou, de seu lado, as condições objetivas para a sustentabilidade da estabilização monetária adquirida com o Plano Real. Contudo, a sobrevalorização cambial, que ocorreu com o plano em meados de 1994, juntamente com a política de abertura comercial (também esta uma das peças-chave do plano), reverteram rapidamente os saldos comerciais favoráveis observados ao longo de ininterruptos 14 anos. Assim, em 1995, já se registrava um déficit de US\$ 3,3 bilhões, que se repetiria ampliadamente nos anos subsequentes.

Tais déficits, entretanto, foram compensados pelas expressivas entradas de capitais, boa parte deles capitais de curto prazo, atraídos pelas altas taxas de juros internas, além dos dólares resultantes das operações de privatização e das operações de venda, ao capital estrangeiro, de importantes parcelas do capital produtivo privado nacional (elevação de passivos decorrentes do aumento dos *investimentos diretos no país*). Contudo, a crescente vulnerabilidade do país, dada a intensificação da necessidade de capital externo decorrente da permanência dos resultados negativos em conta-corrente, bem como a crescente suspeita a respeito da sustentabilidade da taxa de câmbio, foram fazendo refluir esse movimento, tendência essa que se viu definitivamente confirmada por ocasião da eclosão das crises asiática (setembro de 1997) e russa (agosto de 1998). Assim, entre setembro de 1998 e janeiro de 1999, o país perdeu cerca de US\$ 40 bilhões em reservas e viu-se obrigado não só a recorrer ao FMI como também a desvalorizar a moeda (o que aconteceu em janeiro de 1999) e mudar o regime cambial.[35] Até então, o Brasil seguia um regime de câmbio fixo atenuado estabelecendo bandas para o comportamento da taxa de câmbio. A partir da crise, o regime passa a ser de câmbio flutuante, com a eventual intervenção do Banco Central, quando necessário.

Contudo, como já comentamos, eventuais déficits nas contas externas não constituem necessariamente motivo de preocupação. O problema surge quando esses déficits passam a ser recorrentes e tendem a se ampliar continuamente, como aconteceu com o Brasil a partir de 1994. Sucessivos déficits em transações correntes tornam o país fortemente dependente do movimento internacional de capitais, deixando-o vulnerável às crises internacionais, que estão longe de serem exceções no capitalismo de hoje. Tal vulnerabilidade acaba por reduzir os graus de liberdade à disposição das autoridades na condução da política econômica, forçando o país, em momentos críticos, a implementar políticas de ajustamento de caráter recessivo, que impõem grandes sacrifícios à sociedade, particularmente nas mais pobres ou profundamente desiguais como o Brasil.

Cabem ainda algumas palavras sobre a reversão do resultado positivo da conta-corrente do balanço de pagamentos a partir de 2008. Como já comentamos, a partir desse ano, a balança de transações correntes voltou a ser negativa e, dessa vez, pesadamente negativa, com déficits anuais que variaram em torno de US$ 80 bilhões no período 2010-2013, chegando ao ápice de US$ 101 bilhões em 2014. Ora, isso foi o resultado não só da redução dos valores do superávit comercial como, principalmente, da virtual explosão dos resultados negativos das balanças de rendas primárias e de serviços. Não custa lembrar que, em termos das transações correntes como um todo, os resultados desse período só não foram ainda mais negativos em função dos elevados preços em dólar das *commodities* que o Brasil exporta.

Quando se investiga a composição desses déficits,[36] percebe-se que os vilões da história são as despesas com transporte e turismo e, principalmente, as remessas de lucros, dividendos e juros. Ocorre que, com a persistência da sobrevalorização de nossa moeda, fica muito barato o envio de rendas ao exterior, construindo-se assim um forte incentivo para a intensificação dessas operações (as despesas com remessas de lucro, por exemplo, foram de quase US$ 35 bilhões em 2010 e giraram em torno de US$ 20 bilhões em praticamente todos os anos do período 2011-2019). Da mesma maneira, as viagens ao

---

35 Depois de janeiro de 1999, o Brasil foi ainda mais duas vezes ao FMI: em junho de 2001, em função da má *performance* dos investimentos estrangeiros diretos no país relativamente ao previsto, e em setembro de 2002, graças à turbulência provocada pelo processo eleitoral, que acabou levando a uma forte e rápida desvalorização da moeda nacional (o dólar americano chegou a valer, ao final desse ano, mais de R$ 4,00, o que equivale, a preços de 2019, a algo como R$ 9,50).

36 Consulte os valores no apêndice estatístico, disponível no Material de apoio.

exterior ficam muito baratas e nosso turismo interno muito caro, tanto para residentes quanto para não residentes, resultando em um saldo fortemente negativo. Só para ilustrar a situação, cabe apresentar os dados relativos a gastos com cartões de crédito feitos por residentes no exterior: eles passaram de uma média de cerca de US$ 1,5 bilhão no período 2001-2004 para US$ 6,5 bilhões em 2008-2009, US$ 10,2 bilhões em 2010 e quase o dobro disso em 2011 (a despesa total com viagens, a maior parte delas por motivo de turismo, ultrapassou os US$ 25 bilhões em 2013 e 2014). Chama a atenção também a substantiva perda de reservas em 2019, a maior da série.

Finalmente, cabem algumas observações quanto ao comportamento dos ativos de reserva, que, como vimos, de acordo com a sistemática do BPM 6, é o meio que nos permite descobrir, em cada ano, qual foi o resultado do balanço de pagamentos como um todo. O período 2007-2011 é digno de nota, dado os vultosos resultados obtidos. O magro resultado de 2008 deve-se à eclosão da crise financeira mundial no último quadrimestre, que afetou pesadamente os investimentos estrangeiros no país, particularmente os investimentos em carteira. A sensível redução desses resultados a partir de 2012 deve-se, de um lado, ao agravamento da crise internacional e, de outro, ao agravamento da crise interna do país, que eleva o grau de incerteza e reduz os investimentos externos. O Gráfico 6.5 mostra o comportamento da balança de transações correntes do Brasil no período 1970-2019.

Gráfico 6.5 – Brasil: transações correntes do Brasil – 1970-2019 (US$ milhões)

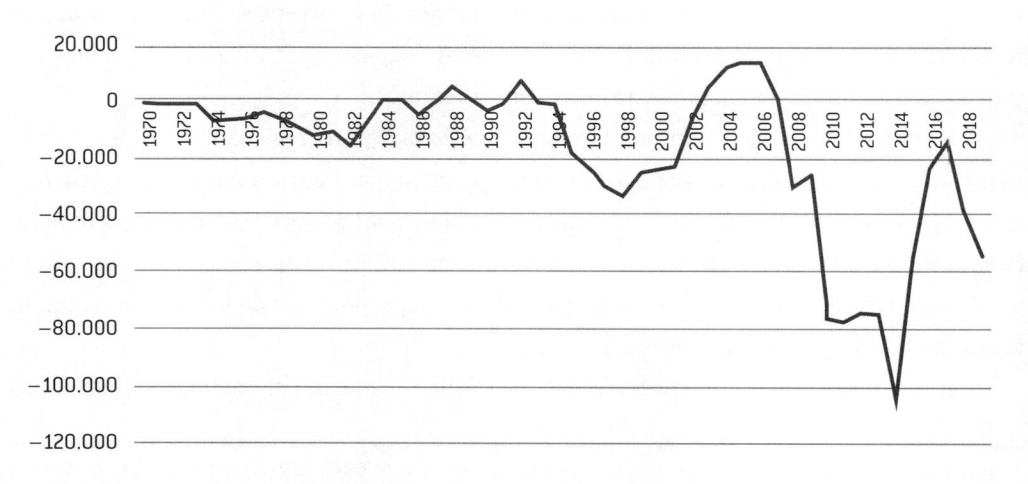

Fonte: elaboração própria com base em dados primários fornecidos pelo BANCO CENTRAL DO BRASIL. Disponível em: www.bcb.gov.br (dentro da aba *estatísticas,* consultar *séries temporais – setor externo*). Acesso em: 9 fev. 2020.

6.7 A posição internacional de investimento

Como vimos, o balanço de pagamentos é a peça contábil responsável pelo registro de todas as transações que o país realiza com o resto do mundo *em determinado período*. A expressão em itálico nessa definição é fundamental porque ela indica que os registros contidos no BP se referem aos **fluxos** ocorridos durante o período a que se refere o balanço, fluxos esses que podem indicar operações de compra e venda de bens e serviços, pagamento de fatores, investimentos diretos ou de portfólio (carteira), entre outros. Sendo assim, o BP nos traz um conjunto muito rico de informações sobre as transações que envolvem residentes e não residentes e sobre a situação das contas externas do país em cada ano. Contudo, ele não é capaz de responder a algumas questões. A principal delas relaciona-se ao chamado **passivo externo líquido** da economia.

Nos anos 1980, uma das questões que mais preocupava as autoridades econômicas brasileiras era o tamanho e o comportamento da chamada **dívida externa**, ou seja, do estoque de créditos contra residentes que não residentes detinham (e que demandavam *pagamento* em dólar dos *juros* e da *amortização do principal*, tão logo se extinguisse o período em relação ao qual cada empréstimo tinha sido contraído). O balanço de pagamentos pode nos informar quanto foi pago de juros em determinado período, quanto foi gasto com amortizações e quanto foi tomado de novos empréstimos, mas não pode responder qual é o montante da dívida externa. Isso porque a dívida externa é um dos elementos do passivo externo da economia, e o balanço de pagamentos não traz informações a esse respeito. As informações referentes ao valor de ativos e passivos externos, bem como ao montante de reservas que o país tem em cada momento, são referentes, aos **estoques** relativos a operações que envolvem residentes e não residentes e não aos **fluxos**. Mas existe uma peça contábil que faz, para esses estoques, aquilo que o BP faz para os fluxos. Seu nome é **Posição Internacional de Investimentos**[37] e, tal como ocorre no caso do BP, ela também é elaborada no Brasil pelo Banco Central, nossa autoridade monetária.

---

37 Para entender bem a diferença entre as duas peças, podemos fazer uma analogia com os documentos contábeis de uma empresa. Uma empresa registra no seu demonstrativo de receitas e despesas todas as transações efetuadas em determinado período e que envolveram pagamentos ou recebimentos. É com base em tais registros que ela pode saber se, nesse período, teve lucro ou prejuízo, qual a natureza do eventual lucro ou da maior parte dele (por exemplo, se é operacional ou não operacional), quais foram os itens mais pesados em termos de despesas, quais os mais expressivos do ponto de vista da receita etc. Mas, ao lado desse documento tão importante e que registra o que aconteceu com a empresa, por exemplo, no ano de 2019, existe também o **balanço** da empresa, que vai mostrar, em 31 de dezembro de 2019, qual é o valor e a composição de seus ativos, qual é o valor e a composição de seus passivos e qual é, nesse momento, o patrimônio líquido. Assim, a primeira peça registra os fluxos ocorridos em determinado período (de 1º de janeiro a 31 de dezembro de 2019), enquanto a segunda indica o valor dos estoques de ativos e passivos da empresa em dado momento do tempo (em 31 de dezembro de 2019, por exemplo).

O **Balanço de Pagamentos (BP)** registra os **fluxos** de recursos envolvidos nas transações ocorridas entre residentes e não residentes em determinado **período**, enquanto a **Posição Internacional de Investimentos (PII)** registra o valor dos **estoques** de ativos e passivos externos em determinado **momento**.

O passivo externo líquido nada mais é que o valor de todos os passivos externos que a economia possui em determinado momento (dentre eles, a dívida externa), descontado do valor de todos os ativos, incluindo as reservas internacionais. Sobre estas últimas, lembremos que a informação trazida pelo BP na conta **Ativos de reserva** não é o valor do estoque de reservas, mas sua variação, ou seja, se elas aumentaram ou diminuíram no período a que se refere o BP e em qual montante. O Quadro 6.8 mostra a estrutura da PII, tal como é hoje elaborada no Brasil, tomando por base o BPM 6.

Quadro 6.8 – Posição Internacional de Investimento (PII)

Posição Internacional de Investimento = A – B
Ativos (A)
1. Investimento Direto no Exterior (IDE) Participação no capital Operações intercompanhia
2. Investimentos em Carteira (IC) Ações Títulos de dívida
3. Derivativos Financeiros (DF)
4. Outros Investimentos (OI) Moeda e depósitos Empréstimos Crédito comercial e adiantamentos Outros ativos
5. Ativos de Reserva (AR)

Posição Internacional de Investimento = A – B
Passivos (B)
1. Investimento Direto no País (IDP) Participação no capital Operações intercompanhia
2. Investimentos em Carteira (IC) Ações Títulos de dívida
3. Derivativos Financeiros (DF)
4. Outros Investimentos (OI) Moeda e depósitos Empréstimos Crédito comercial e adiantamentos Outros ativos

Fonte: elaborado pelos autores.

Como indica o quadro, a PII traz nove grupos de contas, sendo cinco do ativo e quatro do passivo, exatamente os mesmos nove grupos de contas que aparecem na conta financeira do BP. Aqui, tal como lá, o item a mais no ativo refere-se ao registro do valor do estoque de reservas internacionais possuídas pelo país no momento ao qual se refere a PII. A diferença entre uma e outra peça contábil é que o BP nos mostra apenas a variação de cada uma delas em determinado período, enquanto a PII nos traz o valor do estoque de cada uma delas em dado momento. Assim, por exemplo, podemos verificar pelo BP que o fluxo de investimentos estrangeiros em carteira no Brasil alcançou a cifra de US$ 71,6 bilhões em 2010, mas é só pela investigação da PII que poderemos saber que o estoque desses investimentos no Brasil em 31 de dezembro de 2010 era de US$ 646,5 bilhões. Vejamos, então, na Tabela 6.2 qual o valor atingido por essas rubricas no Brasil nos últimos anos, para que possamos fazer uma breve análise e voltar a um dos temas iniciais desta seção: o passivo externo líquido.

Tabela 6.2 – Posição Internacional de Investimento – Brasil – US$ milhões (valores em 31 dez.)

Ano	2010	2011	2012	2013	2014	2015	2016	2017	2018
Posição Int. Invest. = A – B	−906.150	−820.350	−794.826	−723.914	−705.912	−374.683	−583.538	−669.781	−618.357
Ativos (A)	579.224	650.579	739.042	759.740	822.721	808.358	829.668	880.902	875.524
Invest. Direto no Ext. (IDE)	191.349	206.187	270.864	300.791	334.375	323.293	342.975	386.869	377.584
Investimentos em carteira	38.203	28.485	22.124	25.437	35.009	30.916	31.597	40.132	40.889
Derivativos	797	668	555	647	594	680	730	988	2.395
Outros investimentos	60.300	63.228	72.352	74.058	89.193	97.006	89.350	78.940	79.941
Moedas e depósitos	27.608	26.738	31.248	36.215	44.003	51.783	45.057	32.387	32.964
Empréstimos	22.357	23.011	27.372	23.365	24.342	23.889	22.881	19.328	17.605
Crédito com. e adiantam.	6.727	8.538	8.096	8.420	7.963	7.214	7.328	12.193	14.733
Outros ativos	3.608	4.941	5.635	6.059	12.884	14.119	14.083	15.032	14.638
Ativos de reserva	288.575	352.012	373.147	358.808	363.551	356.464	365.016	373.972	374.715
Passivo (B)	1.485.374	1.470.929	1.533.868	1.483.654	1.528.634	1.183.042	1.413.207	1.550.683	1.493.881
Invest. Direto no País (IDP)	682.346	695.505	731.175	724.781	725.872	568.226	703.328	778.287	761.958
Investimentos em carteira	646.481	584.765	603.941	554.298	526.380	365.606	480.468	553.247	494.809
Derivativos	3.781	4.678	3.028	6.296	37.984	12.219	250	250	250
Outros investimentos	152.766	185.981	195.723	198.279	238.398	236.991	229.161	218.899	236.864
Moedas e depósitos	450	636	874	860	896	519	627	539	621
Empréstimos	145.822	178.986	188.547	191.301	231.808	231.064	223.371	212.913	223.849
Crédito com. e adiantam.	2.048	1.926	1.865	1.672	1.512	1.407	1.282	1.336	8.378
Outros passivos	–	–	–	–	–	–	–	–	–
Dir. Esp. Saque (DES)	4.446	4.433	4.437	4.446	4.183	4.001	3.881	4.111	4.015

Fonte: elaborada pelos autores, a partir de dados primários estimados pelo Banco Central.

A tabela nos mostra que, no período 2010-2018, do ponto de vista dos estoques, a posição do Brasil é deficitária, sendo tais déficits bastante substantivos. Assim, se a dívida externa em si hoje não preocupa tanto (o valor total alcançado pelos estoques de empréstimos de não residentes a residentes era de pouco mais de US$ 200 bilhões em dezembro de 2018 – vide a rubrica *Empréstimos* do passivo da tabela), a situação muda quando levamos em conta a totalidade dos ativos e passivos, pois aí aparece um saldo negativo em dezembro de 2018 de mais de US$ 600 bilhões.

A **Posição Internacional de Investimentos** indica o valor do **passivo externo líquido**
do país em dado **momento** (totalidade do passivo, descontados os valores
de todos os ativos, inclusive das reservas internacionais).

Aquilo que anteriormente tanto preocupava as autoridades, a famosa dívida externa, é na realidade apenas um dos itens do passivo, nos anos 1980, de fato, o mais importante deles. Hoje, porém, com os fenômenos decorrentes da internacionalização financeira, o que é preciso considerar é o **passivo externo como um todo**, e não apenas os valores referentes a empréstimos. No caso do Brasil, os números da tabela revelam alguns pontos inquietantes e que questionam a posição supostamente confortável do setor externo de nossa economia nos últimos anos do período considerado. Com exceção do ano de 2015 (quando foi um pouco mais baixo), em todos os anos do período considerado, o passivo externo esteve na casa de US$ 1,5 trilhão, para um volume de reservas que girou em torno de US$ 350 bilhões. Além disso, os investimentos em carteira, constituídos por ações e títulos de renda fixa (como títulos públicos), sempre representaram parcela substantiva desse passivo (em dezembro de 2018, cerca de um terço). Trata-se de uma situação delicada, porque diferentemente de outros tipos de passivo, como os decorrentes de investimentos diretos, essas aplicações podem ser rapidamente negociadas nos mercados secundários e sair do país.[38]

Assim, apesar da significativa melhora em alguns de nossos indicadores externos e do substantivo volume de reservas internacionais de que hoje dispõe o país, não se pode dizer que esteja completamente seguro no que diz respeito a suas contas externas. Além disso, os continuados períodos de apreciação de nossa moeda têm levado o país de volta a uma posição em que já esteve no passado e que se pensou que tivesse sido superada: a de exportador de produtos primários, predominantemente. Com o Real tão valorizado, nossos produtos industriais perdem mercado externo (e interno), pois se tornam muito caros. Isso acontece também com os produtos primários, ainda que, em períodos de elevação internacional da demanda e dos preços das *commodities*, como no período 2002-2008, esse fator negativo possa ser compensado.

A política que inunda nossa economia de dólares provenientes da conta financeira do BP pode parecer saudável no curto prazo, pois financia os déficits em transações correntes e mantém em níveis elevados os ativos de reserva, mas revela-se temerária no

---

38 Vide, por exemplo, o que aconteceu em 2008, quando, por conta da crise, o valor dos investimentos externos em carteira caiu de cerca de US$ 560 bilhões, ao final de junho, para US$ 290 bilhões ao final de dezembro.

médio e longo prazos, pois aprecia nossa moeda e produz uma situação de fragilidade, além das consequências que tem com relação ao perfil produtivo do país e ao padrão de sua inserção internacional. As informações trazidas pela PII nos ajudam a perceber com mais clareza essa fragilidade.

Resumo

A seguir, estão os principais pontos vistos neste capítulo.

1. O **Balanço de Pagamentos** (BP) registra a totalidade das transações entre o país e o resto do mundo, e sua mecânica contábil obedece ao princípio das partidas dobradas. Em termos mais formais, dizemos que o balanço de pagamentos registra todas as transações entre residentes e não residentes de um país em determinado período.

2. Definem-se como **residentes** de um país todas as pessoas, físicas ou jurídicas, que tenham esse país como seu principal centro de interesse: pessoas que moram permanentemente no país; todas as empresas sediadas nele, inclusive as filiais de empresas estrangeiras; e o próprio governo. Incluem-se ainda, na categoria de residentes, embaixadas e consulados que se encontram em outros países. Por exclusão, temos a definição de **não residentes**.

3. A responsabilidade pela elaboração do balanço de pagamentos é, em geral, da autoridade monetária do país, no caso do Brasil, o **Banco Central do Brasil (Bacen)**. Até 2015, o Brasil seguia, para tal elaboração, a quinta edição do Manual do FMI (**BPM 5**). A partir desse ano, o Bacen adotou a sexta edição (**BPM 6**), que fora divulgada em 2008. Como as alterações implementadas foram substantivas, o Bacen interrompeu a série histórica de estatísticas que tínhamos sobre todas as rubricas do BP desde 1947. A nova série, divulgada em 2015, foi retroagida até 1995.

4. O balanço de pagamentos é formado por três grandes grupos de contas. No **grupo I**, temos as contas de **bens e serviços** (**balança comercial** e **balança de serviços**), de **rendas primárias** e de **renda secundária**. A **balança comercial** registra as exportações e as importações de bens tangíveis; a **balança de**

serviços registra as operações relacionadas com transportes, viagens e serviços governamentais, ou seja, bens intangíveis; a **balança de rendas primárias** registra o pagamento e o recebimento de juros, lucros e demais formas de remuneração de fatores de produção; por fim, a **balança de renda secundária** registra as transferências de mercadorias ou recursos (transações sem contrapartida).

5. No **grupo II**, temos a **conta capital**, que registra a aquisição de ativos não financeiros não produzidos (como direitos autorais, patentes e marcas) e as transferências de patrimônio (transações sem contrapartida que envolvem ativos e, portanto, transferência de direitos de propriedade).

6. O **grupo III** é o grupo da **conta financeira**, que registra os investimentos externos no Brasil e os de brasileiros no exterior, os empréstimos entre residentes e não residentes, os adiantamentos comerciais e o crédito comercial e outras transações que envolvem ativos e passivos. Também no grupo III se encontra a conta **Ativos de reserva**, que registra a variação, decorrente das operações do BP em dado período, das disponibilidades de divisas do país. Além desses grupos, registra-se ainda a rubrica **Erros e omissões**, para fazer frente a eventuais diferenças contábeis.

7. A metodologia proposta pelo BPM 6 trouxe substanciais alterações relativas à forma até então adotada. Agora, ao invés de lançamentos a crédito (positivos) e a débito (negativos), os lançamentos são de dois tipos. As contas que compõem a balança de transações correntes (**grupo I**) e a conta capital (**grupo II**) só admitem lançamentos positivos, os quais se dão em contas de **despesa** (quando implicam saída de recursos em divisas do país) e de **receita** (quando implicam entrada de recursos em divisas no país); o saldo dessas contas em cada período, que pode ser positivo ou negativo, é efetuado deduzindo-se das receitas as despesas contraídas.

8. As contas que compõem o **grupo III** são contas de **ativos** e **passivos**. Nesse caso, as operações podem ser lançadas com sinais positivos (quando elevam o valor dos ativos ou dos passivos) ou com sinais negativos (quando reduzem o valor dos ativos ou passivos). A conta dos **ativos de reserva**, incluída como vimos na conta financeira, também obedece a esse princípio (na metodologia anterior, ela funcionava como uma conta de caixa).

9. Somando-se os saldos das contas do grupo I, chegamos ao saldo do **balanço de pagamentos em transações correntes** ou da **conta-corrente do balanço de pagamentos**. Na ausência de erros e omissões, o saldo da conta financeira

deve ser igual ao saldo conjunto das contas do grupo I (transações correntes) e do grupo II (capital).

10. **O saldo total do BP não aparece mais explicitamente**, apenas indiretamente, por meio do resultado da conta Ativos de reserva. Assim, se, para dado período, o resultado dos ativos de reserva foi positivo (negativo), ou seja, houve acúmulo (redução) de divisas, deduz-se que o resultado total do BP também foi positivo (ou negativo) em igual montante.

11. De acordo com o conceito adotado no Brasil, define-se **taxa de câmbio** como o preço, em moeda nacional, de uma unidade de moeda estrangeira. Assim, uma elevação na taxa de câmbio representa uma **desvalorização** nominal. O oposto, uma **valorização**. Uma desvalorização tende a estimular as exportações e desestimular as importações, ao passo que uma valorização tende a surtir efeitos opostos.

12. Para conhecermos o valor da **taxa real de câmbio** tendo por base a **taxa de câmbio nominal**, devemos considerar a inflação interna e a inflação externa, ou seja, a inflação do país cuja moeda está entrando no cálculo da taxa nominal.

13. Além das taxas nominal e real de câmbio, existe também a taxa conhecida por **Paridade do Poder de Compra (PPC)**. A taxa de câmbio PPC estabelece ajustes na taxa de câmbio nominal de modo que o preço de uma moeda em relação à outra reflita de modo mais adequado o efetivo poder de compra das populações envolvidas. Teoricamente, a taxa de câmbio PPC pode ser entendida como a taxa de câmbio de equilíbrio de longo prazo.

14. Pode-se classificar o **regime cambial** em três categorias:

    i) regime de câmbio flutuante, em que a taxa é determinada integralmente pelo mercado;

    ii) regime de câmbio fixo, em que a taxa é determinada pela autoridade monetária por meio da compra e da venda de divisas no mercado a essa taxa; e

    iii) o regime misto (ou administrado), em que a taxa flutua no mercado, mas a autoridade monetária tem forte poder de intervenção, seja estabelecendo bandas de flutuação (regime de câmbio fixo atenuado), seja intervindo por meio de operações de compra e venda a fim de direcionar o comportamento da taxa (regime de câmbio flutuante atenuado).

15. Como instrumentos de ajuste do balanço de pagamentos, podem ser considerados teoricamente: **i)** a desvalorização cambial; **ii)** a elevação das tarifas de importação; **iii)** o estabelecimento de cotas de importação; **iv)** a concessão de subsídios às exportações; **v)** a imposição de restrições à saída de capitais e à

remessa de recursos ao exterior; **vi)** a redução do nível de atividade da economia; e **vii)** a elevação da taxa interna de juros.

16. A **desvalorização cambial** muda o relativo de preços interno/externo, tornando mais baratos os bens produzidos internamente e mais caros os produzidos externamente. Tal medida, *coeteris paribus*, produz a um só tempo um desestímulo às importações e um estímulo às exportações de bens e serviços, permitindo, em período não muito longo, o reequilíbrio das balanças comercial e de serviços.

17. A **desvalorização cambial** atua também sobre a balança de rendas, pois torna mais caras as remessas de recursos ao exterior. A **elevação de tarifas alfandegárias** e o **estabelecimento de cotas de importação** agem no mesmo sentido da desvalorização cambial, mas têm seu foco nas compras externas.

18. A **concessão de subsídios à exportação** busca conferir estímulos adicionais às vendas externas. A **imposição de restrições à saída de capitais** visa impedir a obtenção de resultados deficitários na conta financeira do BP, enquanto a **restrição à remessa de recursos** visa melhorar a balança de rendas.

19. A **redução do nível de atividade econômica** é uma medida de cunho mais genérico, que busca reduzir as compras externas pela via da redução do ritmo de crescimento da economia.

20. A **elevação da taxa interna de juros** tem duplo efeito: um direto, ao elevar o fluxo de recursos para a conta financeira, e um indireto, ao desestimular o investimento e restringir o nível de atividade da economia, diminuindo, por essa via, as importações de bens e serviços e as remessas de recursos ao exterior. Cada uma dessas medidas apresenta vantagens e desvantagens.

21. Nossa balança comercial apresenta um desempenho bastante satisfatório, exceção feita a alguns períodos, mas nossas balanças de serviços e rendas são tradicionalmente deficitárias. Assim, o nível da taxa de câmbio torna-se uma variável de fundamental importância no desempenho da conta-corrente do BP, dada a importância que essa variável tem para o movimento das compras e das vendas externas de bens e serviços.

22. Entre 2003 e 2011, a taxa de câmbio brasileira, repetindo outros períodos, sofreu um processo de forte apreciação cambial, o que produziu déficits muito fortes na balança de transações correntes. A principal causa dessa apreciação cambial foi o nível muito alto de nossa taxa interna de juros, que, desde meados dos anos 1990, colocou-se, quase ininterruptamente, como a mais elevada do mundo em termos reais. Depois da crise de setembro de 2008, a maior parte

dos países do mundo reduziu abruptamente suas taxas de juros. Como o Brasil não fez o mesmo, a arbitragem entre as taxas interna e externa intensificou-se, produzindo uma elevação muito forte no afluxo de capitais externos ao país.

23. Em 2011, começou um período de redução dessa apreciação, que se intensificou com o advento da crise iniciada em 2015. Mesmo assim, a taxa de câmbio continuou muito valorizada, o que levou o déficit em conta-corrente em 2014 a mais de US$ 100 bilhões, valor absolutamente inédito em nossa história. O resultado da conta financeira, por seu lado, também foi recorde, fazendo o passivo externo aumentar também em quase US$ 100 bilhões, com crescimento de US$ 10,8 bilhões nos ativos de reserva.

24. A **Posição Internacional de Investimentos (PII)** indica o valor do **passivo externo líquido** do país em determinado momento. Passivo externo líquido é o valor da totalidade dos passivos externos do país, descontados os valores dos ativos externos, incluídos os ativos de reserva. Passivos externos são créditos de qualquer tipo que não residentes detenham contra residentes, ou seja, créditos decorrentes de empréstimos, financiamentos, investimentos diretos, investimentos de portfólio etc. Em 31 de dezembro de 2018, o valor do passivo externo do Brasil alcançou cerca de US$ 1,5 trilhão, o valor do passivo externo líquido pouco mais de US$ 600 bilhões e o valor das reservas internacionais cerca de US$ 375 bilhões.

Questões para revisão

1. Quais são os grupos de contas que compõem o BP? O que os caracteriza?
2. Como se dá a contabilização de cada um desses grupos de contas de acordo com o BPM 6, agora adotado pelo Brasil?
3. O que significam os ativos de reserva? Como deve ser lido o saldo dessa conta?
4. Explique o significado econômico de um déficit no balanço de pagamentos em transações correntes. Procure explicitar em quais situações esse déficit pode ser benéfico e em quais ele é indesejável.
5. Explique as diferenças existentes entre os diversos tipos de recursos que ingressam no país por meio da conta de transações correntes e por meio da conta financeira.

6. Defina taxa de câmbio e explique a influência de valorizações e desvalorizações no desempenho do balanço de pagamentos.

7. Defina taxa de câmbio nominal, taxa real de câmbio e câmbio PPP.

8. Avalie os impactos de uma expectativa de desvalorização cambial sobre o movimento da conta financeira.

9. Analise cada um dos regimes cambiais possíveis, procurando identificar vantagens e desvantagens de cada um deles. Enfatize o papel da autoridade monetária em cada um deles.

10. Analise os impactos econômicos de cada uma das medidas de ajuste do balanço de pagamentos.

11. Analise as consequências de déficits do balanço de pagamentos serem recorrentemente compensados pelo crescimento do passivo externo. Analise particularmente o caso dos investimentos de curto prazo, como aqueles típicos da conta de investimentos em carteira.

12. Explique o que é a posição internacional de investimentos e qual sua relação com o balanço de pagamentos e com o passivo externo líquido da economia.

Exercícios de fixação

1. Considere as seguintes transações a serem registradas no BP do país X no período N.

   A) Banco não residente recebe $ 500 de empresa residente referente à liquidação de empréstimos anteriormente contraídos.

   B) Companhia aérea de residente faz *leasing* de aviões de não residentes no valor de $ 550.

   C) Empresa residente paga dividendos a acionistas não residentes no valor de $ 250.

   D) Empresa de propriedade de não residentes que opera no país aufere lucros no valor de $ 500, reinvestindo $ 350.

   E) Empresa não residente adquire empresa residente no valor de $ 1 mil pagando $ 750 à vista e financiando $ 250.

F) Exportador vende bens no valor de $ 10 mil, recebendo à vista, sendo $ 4 mil depositados em sua conta bancária nos Estados Unidos.

G) Governo vende títulos de sua dívida pública fora do país no valor de $ 350.

H) Imigrantes que trabalham fora do país enviam recursos a seus familiares residentes no país no valor de $ 220.

I) Importador compra, da China, mercadorias no valor de $ 3.500 e paga à vista.

J) Importadores não residentes pagam à empresa seguradora de propriedade de residentes $ 300 em seguro.

K) Organização social operada por residentes recebe ajuda do exterior para projetos sociais no valor de $ 300.

L) País realiza ajuda humanitária a país vizinho, sob a forma de remédios, no valor de $ 160.

M) Residente importa mercadorias no valor de $ 5.500, pagando $ 2 mil à vista e parcelando o restante.

N) Residentes perdoam dívidas de não residentes no valor de $ 200.

O) Trabalhadores não residentes recebem salários de $ 400 de empresa residente.

P) Turistas não residentes gastam $ 600 em cartão de crédito no país X.

Com base nesses dados, monte o balanço de pagamentos do país X no período N e interprete os seguintes resultados:

a) balança comercial e balança de serviços;

b) balança de rendas primárias;

c) balança de transações correntes;

d) conta financeira;

e) ativos de reserva

2. Considere os dados a seguir:

- taxa de câmbio no período 1 = 1,05
- taxa de câmbio no período 2 = 1,25
- inflação interna ao longo do período 1 = 40%
- inflação externa ao longo do período 1 = 5%

Tendo em mente os conceitos de taxa nominal e taxa real de câmbio, calcule os itens abaixo e interprete os resultados:

a) a valorização/desvalorização nominal;

b) a valorização/desvalorização real.

Anexo: A internacionalização financeira

Nas três últimas décadas, vem ocorrendo na economia mundial um processo que se tem convencionado chamar de internacionalização financeira, ou globalização financeira. Considerado por alguns teóricos como uma fase inovadora da integração da economia mundial, que, em um primeiro momento, teria sido caracterizada pelo fluxo de mercadorias, serviços e fatores de produção, esse processo manifesta-se como uma forte intensificação do fluxo de capitais entre os países e é caracterizado pela agressiva estratégia de expansão das instituições financeiras no mercado internacional. Tal expansão vai-se dando não apenas nos sistemas bancários, mas também entre instituições financeiras não bancárias, como fundos de pensão, fundos de investimentos, corretoras e seguradoras.

Vários fatores são apontados como causas desse processo, dentre os quais os mais citados são:

- a **desregulamentação dos mercados financeiros**, que não só estimulou a expansão das instituições financeiras nos mercados mundiais como também facilitou (e continua facilitando) o movimento de capitais entre os países, uma vez que tais capitais podem, na maior parte dos casos, cruzar fronteiras sem restrições de tempo e/ou quantidade;
- o desenvolvimento dos chamados **mercados de derivativos** – como mercados futuros, a termo, de opções e *swaps* –, que permitem maior diversificação do risco nas carteiras de investimento das instituições financeiras; e
- as **inovações tecnológicas nos sistemas de comunicação e informação**, que têm permitido o estabelecimento de posições financeiras em diversas partes do globo em tempo real, além de elevar a qualidade e a quantidade das informações relevantes para as decisões financeiras.

A liberalização e a desregulamentação do mercado financeiro foram adotadas, no final da década de 1970, pelos Estados Unidos, em seguida pela Inglaterra e, finalmente, por todos os chamados países industrializados. Foi também nessa época que surgiram os mercados derivados (opções e futuros) também para moedas e taxas de juros (antes, eles existiam principalmente para as *commodities reais*, como milho, soja, petróleo etc.). Contudo, nem a desregulamentação, nem os derivativos de moedas e juros – e tampouco o desenvolvimento das comunicações – teriam criado um espaço financeiro mundial na ausência de uma "matéria-prima" que lhes desse carne e osso, ou seja, que justificasse e saudasse a desregulamentação, que impusesse como necessidade aqueles derivativos e transformasse em realidade econômica a prodigiosa virtualidade das novas tecnologias.

Essa "matéria-prima" começou a ser criada, ao final dos anos 1960, com o embrião da crise que se abateu definitivamente sobre o sistema capitalista em meados dos anos 1970.[39] Dadas as pouco otimistas perspectivas de crescimento, depois de mais de duas décadas de crescimento elevado e ininterrupto, os lucros dos grupos multinacionais foram se transformando cada vez menos em investimentos produtivos e acabaram por criar o chamado mercado de eurodólares, uma espécie de mercado paralelo de dólares (*off shore*), que se foi constituindo paralelamente aos sistemas financeiros nacionais e que tinha em Londres sua praça. O choque do petróleo que ocorreu em 1973 e elevou junto consigo os preços de outras matérias-primas estratégicas (metais não ferrosos, por exemplo), forneceu o combustível que faltava para dar o impulso definitivo a esse processo, visto que foi o mercado de eurodólares que operou a reciclagem dos chamados *petrodólares*. A enorme dívida externa que os países subdesenvolvidos e em desenvolvimento, particularmente os da América Latina, começaram a assumir por essa época constituiu parte importante dessa operação. Ao longo desse processo, foram se tornando cada vez mais fortes as pressões das instituições financeiras pela liberalização das operações, que a Inglaterra acabou por adotar em meados dos anos 1980.[40]

Apesar da participação expressiva dos bancos, os principais atores desse movimento de internacionalização foram os fundos de investimento (fundos de pensão, fundos mútuos e fundos de *hedge*), que vão, ao mesmo tempo, encontrando nas necessidades de financiamento dos Estados – inicialmente os Estados de bem-estar social do primeiro mundo, depois os Estados desenvolvimentistas do terceiro mundo – novas e atraentes alternativas de aplicação. Tem origem aí o espantoso crescimento dos chamados capitais de curto prazo (investimentos de portfólio) nas balanças de capitais dos países menos desenvolvidos, agora chamados *emergentes*. Outra consequência da situação de recorrentes déficits orçamentários dos governos, que se combina com a abertura dos mercados financeiros internos ao exterior, é a formação dos mercados de bônus liberalizados, permitindo ampliar o mercado para papéis como bônus do Tesouro e outros títulos de dívida pública.

---

39 As reflexões que se seguem estão baseadas em: CHESNAIS, F. (Org.). *A mundialização financeira*. São Paulo: Xamã, 1998; PAULANI, L. M. Brazil in the crisis of finance-led regime of accumulation. *Review of Radical Political Economics*, v. 42, p. 363-372, 2010.

40 Segundo algumas interpretações, são também os interesses financeiros, particularmente os interesses dos credores, que viabilizaram, a partir do final dos anos 1970, em um mundo ainda keynesiano, a virada monetarista.

Paralelamente, a desvinculação do dólar ao ouro por decisão do presidente Nixon, em 1971, pôs fim ao regime de Bretton Woods e seu sistema de taxas fixas de câmbio, que tinha vigorado por quase três décadas. Abriram-se, então, as portas não só para a predominância do regime de câmbio flutuante como para uma situação de instabilidade monetária em âmbito mundial. O mercado de câmbio e seus derivativos passaram a constituir, assim, para esse capital financeiro "cigano" e cada vez mais inflado, mais uma atraente alternativa de valorização, que trouxe ainda a vantagem de assegurar a máxima liquidez.

Como resultado de todo esse processo, os estoques de ativos financeiros foram crescendo de modo muito mais rápido que os investimentos em capital fixo, realimentando o movimento e repondo-o em escala cada vez mais ampliada. Segundo dados da McKinseys Global Institute (uma das poucas instituições internacionais a acompanhar esse tipo de variável), o estoque mundial de ativos financeiros, que era da ordem de US$ 11 trilhões em 1980, ou seja, o equivalente ao valor do PIB mundial de então (US$ 11,8 trilhões), encerrou 2013 na casa dos US$ 230 trilhões, o equivalente a três vezes o PIB mundial – isso sem colocar na conta (dadas as dificuldades conceituais e técnicas que existem para sua mensuração) os investimentos em derivativos. Apesar de estarmos aqui comparando um dado de estoque (riqueza financeira) com um dado de fluxo (PIB), esse exercício é útil para nos dar uma ideia não só da velocidade de crescimento da riqueza financeira como do crescente descompasso entre o valor dessa riqueza e o valor da riqueza real (que se supõe, esteja crescendo em velocidade semelhante à do PIB).

Para países como o Brasil, tradicionalmente deficitários em sua balança de serviços e rendas primárias, pode parecer vantajosa a existência de um mercado de capitais mais integrado e internacionalizado, uma vez que se ampliam os mercados para os haveres financeiros de curto prazo emitidos pelo país e, por conseguinte, melhoram as possibilidades de compensar os déficits na conta-corrente do balanço de pagamentos com o movimento da conta financeira, particularmente com os investimentos de portfólio. Entretanto, como vimos, a realização desse tipo de aplicação pelo capital internacional visa, quase sempre, a fins especulativos (realizar arbitragens com câmbio e juros internos e externos), buscando a maior rentabilidade possível e resguardando o máximo de liquidez. Uma grande dependência desse tipo de capital obriga, portanto, a manutenção de elevadas taxas reais de juros, além de gerar persistentes pressões sobre a política cambial. A vulnerabilidade do país a crises externas e a ataques especulativos contra sua moeda cresce *pari passu* ao aumento de sua dependência em relação aos chamados capitais de curto prazo.

Mas o problema maior talvez seja o fato de, uma vez iniciados nessa roda-viva, tornar-se muito difícil aos países encontrarem o caminho de volta, visto que, pela sua própria dinâmica, ela tende a tornar os países tradicionalmente importadores de capital cada vez mais dependentes e menos autônomos. As exigências dos capitais de curto prazo acabam por ditar as regras não só das políticas cambial, monetária e comercial como também daquelas voltadas para o crescimento, para o emprego e para os gastos sociais, que passam a ser continuamente prejudicadas.

Dada, porém, a engrenagem da internacionalização financeira, mesmo os países que se comportam da melhor forma possível relativamente às exigências dos capitais de curto prazo, arcando com todos os custos dessa decisão em termos de renda e emprego, podem ser vítimas, a qualquer momento, de um ataque especulativo, seguido de fuga em massa de capitais. Pouco importa, no caso, se o ataque tem fundamento real ou se é mero reflexo condicionado de crises que se deram em outros lugares. A vulnerabilidade do país é a mesma.

Com a intensificação do processo de internacionalização financeira e sua difusão também para o mercado de ações, o mundo assistiu, a partir de meados dos anos 1980, a uma onda sem precedentes de crises que atravessou o planeta e atingiu praticamente todos os mercados: em 1987, a crise das bolsas de Wall Street, seguida de uma forte crise imobiliária em 1990; em 1992, a crise da libra esterlina; ao final de 1994, a quebra do México; em julho de 1997, a Tailândia e, em menos de dois meses, todo o sudeste asiático; menos de um ano depois, em agosto de 1998, a Rússia; em janeiro de 1999, foi a vez do Brasil, seguido, pouco depois, pela Argentina; em 2000/2001, a crise das chamadas "empresas.com", que atingiu as bolsas de Nova York e do mundo inteiro; por fim, a crise *subprime*, que deu seus primeiros indícios em 2007 e estourou de vez em setembro de 2008. A julgar pelo descompasso anteriormente indicado entre riqueza financeira e riqueza real, a tendência é que continuemos a assistir a crises em série, pois a valorização financeira da riqueza traz consigo inevitavelmente a formação das chamadas **bolhas de ativos**, que sempre acabam por estourar, e a intensidade do barulho varia.

A maior integração e internacionalização dos mercados financeiros aprofunda, assim, o chamado risco sistêmico. Este último pode ser definido como o risco de propagação de problemas em empresas que apresentam características semelhantes em sua atividade econômica. O risco sistêmico é mais evidente no sistema bancário: a falência de um banco tende a se propagar ao longo do sistema bancário; se as pessoas acreditam que o problema é comum a todos os bancos, isso pode gerar uma corrida bancária com consequências drásticas para o sistema de pagamentos da economia. Assim, diante da internacionalização das atividades financeiras, o risco sistêmico passa a não se limitar às economias nacionais. Tal contingência alia-se aos riscos mais elevados, associados às estratégias naturalmente mais agressivas dos fundos, bancos e outras instituições financeiras, em um ambiente dominado pela concorrência internacional. É em função de considerações como essas que tem crescido a preocupação com a estabilidade do sistema financeiro internacional e que propostas têm surgido a fim de se encontrar alguma forma de controle que minimize o risco sistêmico.

Capítulo 7

Moeda: importância e funções

7.1 A importância da moeda na sociedade moderna

No mundo moderno, a moeda está presente em praticamente todos os momentos da vida. Sua imperiosa presença e necessidade são percebidas não apenas nos grandes negócios e nas cotações do chamado *mercado financeiro* mas também nas ações mais triviais. Uma dona de casa, evidentemente, não precisa de moeda para levar a cabo seus afazeres domésticos. Mas tão logo perceba que falta sal, ela sentirá a necessidade da moeda, sem a qual o sal, que está na prateleira do mercado, não encontrará o caminho de sua cozinha. Da mesma maneira, um operário não precisa de moeda para desempenhar suas tarefas dentro da fábrica. Mas se, na hora do almoço, ele resolver tomar um cafezinho no bar da esquina, ter uma moeda (ou um cartão) no bolso é condição *sine qua non* para que possa satisfazer a seu desejo.

Assim, hoje em dia, praticamente todas as relações que garantem a reprodução material da sociedade exigem a presença da moeda, de modo que, para satisfazer a suas necessidades materiais, quaisquer que elas sejam, os indivíduos são obrigados a utilizar a unidade monetária de referência, ou seja, a moeda local. Assim, na medida em que ela constitui algo tão presente em nossas vidas, temos todos, intuitivamente, uma ideia sobre o que vem a ser a moeda. Mas será que sabemos de fato o que ela é? Por que ela existe? Sob que condições determinado bem pode ser considerado moeda? Se a presença da moeda é algo inquestionável no dia a dia das pessoas, as respostas a essas perguntas não são tão simples quanto nossa intuição possa fazer crer.

....

Para responder às perguntas sobre a natureza da moeda e sua finalidade, a primeira coisa que temos de lembrar é que, do ponto de vista *material*, nossa sociedade é inteiramente organizada pelas *trocas* e que as trocas são *intermediadas* pela *moeda*.

....

Mas nem sempre foi assim. No mundo feudal, por exemplo, ainda que existissem eventuais trocas e surgissem episodicamente moedas, a reprodução material da sociedade não dependia das trocas, mas, sim, de relações pessoais de dependência que hierarquicamente obrigavam alguns (os servos) a trabalhar para outros (os senhores). No nosso mundo, porém, praticamente tudo que diz respeito à existência material da sociedade depende das trocas. Assim, pode-se afirmar que a importância que a moeda hoje tem está diretamente ligada à natureza de nossa moderna organização social, que é *mercantil* e *capitalista*. O aprofundamento e a difusão das relações de troca, provocados pelo processo histórico de constituição e consolidação desse tipo de organização, estimularam e foram estimulados pelo também crescente e cada vez mais intenso processo de *divisão do trabalho*. E a divisão do trabalho ficaria impossibilitada de produzir todos os seus frutos, em termos de crescimento da produtividade e da riqueza, na inexistência da moeda.

Para entendermos esse ponto, imaginemos uma economia hipotética extremamente simplificada com apenas dois indivíduos, A e B. Evidentemente, seria mais vantajosa para ambos a especialização em determinadas atividades. Explicando melhor, não teria muito sentido que tanto A quanto B produzissem individualmente todos os bens necessários a sua sobrevivência. Certamente, a especialização seria mais eficiente, ou seja, cada qual produzindo determinado tipo de bem em uma quantidade maior que aquela necessária para si mesmo e trocando o excedente com o outro. Assim, por exemplo, A poderia se especializar na caça, e B, no cultivo de cereais, ambos trocando o excedente de sua produção e, assim, atendendo a suas necessidades de forma mais eficiente, com maior abundância. Com isso, já teríamos o embrião de uma sociedade organizada materialmente pela troca, mas não se trata ainda de uma sociedade parecida com aquela que hoje conhecemos, visto que a moeda ainda não existe. Trata-se aí apenas de uma **economia de escambo**.

. . . .

Uma economia simples, em que os agentes trocam entre si, diretamente, os bens que produzem, é uma economia de escambo ou de troca pura. Não existem aí a venda e a compra, que são relações de troca que necessariamente envolvem, em uma das pontas, a moeda.

. . . .

O escambo, entretanto, é muito limitado em suas potencialidades. Senão vejamos. O que acontecerá se introduzirmos mais um indivíduo em nossa economia hipotética, digamos o indivíduo C? Mais uma vez, a especialização apresenta-se como forma de garantir a eficiência na satisfação das necessidades dos três indivíduos. Entretanto, a troca torna-se um pouco mais complexa, pois a necessária coincidência de interesses que a viabilize pode não ocorrer. É bem verdade que isso pode acontecer também em uma economia de apenas dois agentes; mas o que se quer destacar é que esse problema tende a ficar cada vez maior e mais complicado à medida que cresce o número de agentes econômicos.

Vamos supor que A continue com sua especialização na caça, B na produção de cereais e C, nosso novo agente econômico, comece a atuar na pesca. Assim, A poderá trocar parte do seu excedente com B e parte com C; B fazendo o mesmo com A e C; e C com A e B. Entretanto, tais transações só serão possíveis se A desejar peixe e cereais, trocando seu excedente de caça por ambos; se B desejar peixe e caça, trocando seu excedente de cereais por ambos; e se C desejar caça e cereais, trocando seu excedente de pesca por ambos. Ora, essa múltipla coincidência de desejos pode simplesmente não existir. E a situação torna-se ainda mais complexa quando levamos em conta que, além da coincidência de desejos, as quantidades de cada bem a serem trocadas também devem ser compatíveis entre si para que as trocas se realizem. O indivíduo A, por exemplo, pode desejar determinada quantidade de cereais que não necessariamente coincide com a quantidade desse bem que B está disposto a trocar pela caça.

Notemos quanto as trocas ficaram mais complexas por causa da introdução de apenas mais um agente. E se isso acontece em uma economia de apenas três agentes, imagine o tamanho da complicação em uma economia verdadeira, com milhões de agentes interagindo. Esse simples exemplo mostra com clareza que:

> A depender *apenas* do *escambo,* a existência de uma *economia* inteiramente estruturada pelas *trocas* seria *impossível*. O que viabiliza tal tipo de organização econômica é a existência de uma *unidade de troca comum* e de *aceitação geral* denominada *moeda*. Tal elemento elimina a necessidade da coincidência de desejos, permitindo a *dissociação das trocas* em duas operações: a *venda* e a *compra* de mercadorias.

Já temos com isso os elementos básicos para estudarmos em detalhes as funções da moeda.

7.2 As funções da moeda: meio de troca, unidade de conta e reserva de valor

Em uma economia de escambo, a troca da mercadoria X pela mercadoria Y é o resultado de uma única transação que envolve dois agentes, uma vez que a compra de X é necessariamente a venda de Y e vice-versa. Nessas condições, a coincidência de interesses é indispensável. Mas, se existe a moeda, essa única transação dissocia-se em duas: troca de X por moeda (venda) e troca de moeda por Y (compra). Ao final desse movimento, o proprietário da mercadoria X trocou, como pretendia, parte de sua mercadoria por Y, mas para conseguir isso não teve de procurar quem tivesse Y para trocar por seu X na quantidade por ele desejada. Bastou-lhe vender seu X para quem por ele tivesse interesse, obter moeda em troca e, em seguida, comprar Y de quem o tivesse para vender. Aquela única transação transformou-se em duas e envolve agora não apenas dois mas três agentes (o proprietário de X, o comprador de X e o vendedor de Y). Isso posto, já deve estar agora bastante claro que:

....

Uma das principais funções da moeda é justamente a de ser meio de troca, ou, em outras palavras, a de ser exatamente aquele elemento que viabiliza a ocorrência de milhares de trocas a cada momento, porque *intermedia* o *movimento das mercadorias*, permitindo que elas troquem de mãos.

....

Seu papel como meio de troca não basta, porém, por mais importante e indispensável que seja, para definir completamente a moeda. Existem duas outras importantes funções que um bem qualquer deve necessariamente desempenhar para que possa ser considerado moeda: a de ser unidade de conta e a de funcionar como reserva de valor. Vejamos o significado de cada uma dessas funções.

A função **unidade de conta** está diretamente ligada à função *meio de troca*. Para facilitar o raciocínio, imaginemos que determinado bem, o ouro, por exemplo, esteja desempenhando o papel de moeda – exemplo que vem a calhar, na medida em que o ouro desempenhou de fato esse papel em vários momentos da história do capitalismo. Nesse caso, é o ouro que, ao mudar de mãos, viabiliza a troca das diferentes mercadorias produzidas, por maior que seja seu número. Mas como ele consegue esse resultado? Uma primeira e imediata resposta é dizer que tal feito é possível porque é aceito por todos os agentes econômicos. Mas por que ele é assim tão indistintamente aceito? Dizer simplesmente que é porque é valioso não é uma boa resposta, visto que, nos dias de hoje, todos nós aceitamos como moeda pedaços de papel pintado, sem nenhum valor intrínseco (ou impulsos eletrônicos, que além de tudo são intangíveis). Uma resposta melhor é dizer que ele funciona como *medida do valor* das diferentes mercadorias e que a sociedade, de uma forma ou de outra, legitimou esse seu papel. Em outras palavras, os agentes econômicos, proprietários de diferentes mercadorias, foram pouco a pouco consentindo que *o valor de suas mercadorias fosse mensurado pelo ouro* e, então, *monetariamente expresso* como uma *dada quantidade de ouro*. Em outras palavras, uma vez consagrado o ouro como moeda, as diferentes mercadorias vão todas expressar seus valores em uma *única mercadoria* e essa única mercadoria será *a mesma* para todas elas, qual seja, o ouro. Portanto, ele *mede o valor* das diferentes mercadorias e *forja*, além disso, um *padrão convencional*[1] por meio do qual seus preços (valores monetários)[2] podem ser apresentados. Entendamos um pouco melhor tudo isso.

Qual é o significado de uma mercadoria poder ter seu valor expresso monetariamente? Imaginemos uma economia de escambo. Como poderiam ser aí apresentados os valores das diferentes mercadorias? Necessariamente, cada uma delas teria seu valor expresso em relação a todas as demais. Em uma economia de, por exemplo, quatro mercadorias, cada uma teria pelo menos três valores: a mercadoria A teria seu valor em termos de B, em termos de C e em termos de D, o mesmo acontecendo com as outras três. É fácil imaginar a complexidade que tal situação geraria em uma economia com milhares ou até mesmo milhões de diferentes mercadorias. Em uma economia monetária, tudo fica infinitamente mais simples.

. . . .

Em uma economia monetária, uma mercadoria A tem seu valor expresso não de inúmeras formas, mas de uma *única* forma e, melhor ainda, a mercadoria que está servindo para a expressão do valor de A é a *mesma* que está servindo para expressar os valores de todas as demais. É nesse sentido que se diz que a moeda é unidade de conta. Se um bem qualquer não for unidade de conta, ele poderá ocasionalmente funcionar como meio de troca, mas não será moeda.

. . . .

Assim, uma vez existindo a moeda, torna-se natural pensarmos o valor de determinada mercadoria não em relação ao de outra mercadoria, mas em termos de *unidades monetárias*. Sabemos quanto custa uma refeição, um tíquete de metrô ou um refrigerante.

---

1   Isso significa que se dão nomes a uma ou mais frações de peso do ouro, e são esses nomes que vão constituir a linguagem na qual serão monetariamente expressos os valores das mercadorias. A história monetária da Inglaterra é pródiga em exemplos dessas convenções, que geraram inúmeros nomes para a moeda inglesa e suas diferentes frações (como xelim, pence e libra). Traduzindo tudo isso para uma economia em que a moeda é um papel emitido pelo governo (que tem curso forçado e ao qual se dá o nome de moeda fiduciária), uma unidade de moeda chama-se, por exemplo, dólar (ou Real) e sua décima fração chama-se *cents* (ou centavos). Daí que, hoje, os valores monetários das diferentes mercadorias são todos expressos em dólares e *cents*, se estamos nos Estados Unidos, ou em reais e centavos se estamos no Brasil.

2   A partir daqui, utilizaremos indistintamente os termos *preço* e *valor monetário*.

Sabemos também que um carro vale mais que uma bicicleta, uma casa mais que um refrigerador. Entretanto, não precisamos saber exatamente quantas bicicletas são necessárias para adquirir um carro, ou quantos refrigeradores são necessários para totalizar o valor de uma casa. Ficamos satisfeitos apenas em saber o valor, em unidades monetárias, de ambas as mercadorias. Evidentemente, na medida em que a moeda é unidade de conta, ou seja, na medida em que *ela mede o valor de todo o universo de mercadorias* e *apresenta esses valores de uma forma única*, temos à nossa disposição, a qualquer momento, o valor de qualquer mercadoria em termos de qualquer outra com a qual desejamos compará-la, bastando, para tanto, que façamos uma simples conta.

Se eu sei que o pãozinho francês custa R$ 0,10 e o litro de leite custa R$ 1,00, não terei muita dificuldade em perceber que um litro de leite vale dez pãezinhos franceses. E se, por acaso, um dia qualquer, o preço do litro de leite subir para R$ 1,20, e o do pãozinho francês permanecer em R$ 0,10, também saberei facilmente que, agora, um litro de leite vale 12 e não mais 10 pãezinhos franceses, ou seja, que subiu o valor do leite em termos de pãozinho francês.

Assim como posso facilmente descobrir quanto vale o litro de leite em termos de pãozinho francês, posso também descobrir quanto ele vale em termos do pastel da barraca de feira, do copo de água mineral, do quilo de açúcar, do bilhete de metrô ou de qualquer outro bem. Quando faço cálculos como esse, é nos *preços relativos* que estou interessado, ou seja, quero saber quanto vale o litro de leite *relativamente*, por exemplo, ao pãozinho francês ou ao pastel da feira.

> Considerado todo o universo das mercadorias, as relações que os preços
> dos diversos bens estabelecem entre si constituem aquilo que
> denominamos estrutura de preços relativos.

O conceito de **preço relativo** é importante porque permite que percebamos que as oscilações que os preços das mercadorias sofrem podem dever-se a causas de natureza distinta. Se, por exemplo, em determinado momento sobem, em média, 15% os preços de determinado grupo de bens, digamos as hortaliças, temos de observar o que é que está acontecendo com os preços dos demais bens para descobrir a causa daquela elevação. Se os preços de todos os demais bens também tiverem subido, em média, 15%, então a elevação do preço das hortaliças se deveu pura e simplesmente à existência de um processo inflacionário, que desvalorizou a moeda e fez, por conseguinte, com que todos os bens da economia passassem a valer, em moeda, mais do que valiam antes. Nesse caso, a estrutura de preços relativos não se alterou. Mas se foi apenas o preço das hortaliças que subiu, devemos procurar a explicação para essa oscilação em outro lugar, muito provavelmente em uma situação climática adversa. Nesse caso, há alteração na estrutura de preços relativos, uma vez que todos os demais bens valerão agora menos em termos de hortaliças. Raciocínio idêntico pode também ser feito para o caso de queda de preços. Resumindo, podemos dizer que:

> Se o preço de um bem ou de um grupo homogêneo de bens sobe (ou desce) em relação aos preços dos outros bens, isso significa que a estrutura de preços relativos da economia sofreu alteração. Entretanto, se os preços de todos os bens sobem (ou descem) na mesma proporção, as relações existentes entre eles não se modificam, ou seja, a estrutura de preços relativos permanece a mesma, e é a unidade de conta que está sofrendo alteração em seu valor.

Agora que já sabemos que a moeda é meio de troca e unidade de conta, tentemos compreender qual o significado de seu papel como *reserva de valor* – papel, aliás, que ela deve também obrigatoriamente desempenhar para ser uma moeda de verdade. Essa terceira função da moeda – e as consequências que dela derivam – constitui fonte de intermináveis polêmicas e querelas teóricas, mas ela tem, na sua base, algo bastante simples, perceptível pela observação do próprio desempenho da moeda como *meio de troca*.

Como vimos, a existência da moeda permite a dissociação da troca em duas operações distintas, a venda e a compra. Assim, ao receber moeda em troca de determinada mercadoria ou serviço, o indivíduo não precisa imediatamente converter a moeda em outra mercadoria. Ele pode guardá-la e realizar a troca quando melhor lhe convier, ou seja, a moeda permite ao indivíduo *preservar o valor* que ele tem em mãos, pelo tempo que julgar necessário. Em outras palavras:

> A moeda permite-nos *alocar* nossas *transações no tempo,* de acordo com nossas conveniências, e é nesse sentido que ela funciona como reserva de valor.

É fácil, porém, perceber que não é só a moeda que pode desempenhar tal papel. Qualquer bem que não se deteriore com o tempo pode ser mantido como reserva de valor. Assim, uma casa, um terreno ou qualquer tipo de imóvel também pode cumprir esse papel. No entanto, esses bens não são moeda porque não podem desempenhar suas duas outras funções (meio de troca e unidade de conta).

Outra forma de dizer a mesma coisa é dizer que esses bens não são *líquidos*, ao passo que a moeda é o bem de maior liquidez existente na economia. Isso significa que, apesar de funcionarem como reserva de valor, sua transformação efetiva em dinheiro, ou seja, em poder de compra imediatamente disponível, leva certo tempo (a venda de um imóvel pode levar meses) e, além disso, pode impor perda de capital a seus detentores. Por exemplo, se o proprietário de um imóvel, por alguma razão, tem pressa de transformá-lo em dinheiro, pode ter de se sujeitar a vendê-lo por um preço abaixo do que conseguiria se tivesse tempo para esperar um comprador que pagasse por ele um valor mais elevado, ou, ainda, pode acontecer de esse proprietário ter de vender o imóvel em um momento em que o mercado imobiliário esteja desaquecido e os preços, baixos. Esse tipo de argumento, porém, implica considerar que, com o dinheiro, a perda de capital nunca acontece, o que não é bem verdade.

Evidentemente, o papel da moeda como reserva de valor pode ficar inteiramente comprometido na presença de processos inflacionários crônicos, que sistematicamente reduzem o valor da moeda. Nessas situações, utilizar a moeda como reserva de valor implica necessariamente *perda de valor*, e qualquer um percebe logo que não é vantajoso utilizá-la para esse fim. Nesses casos, o que acaba ocorrendo é que os indivíduos procuram outros instrumentos para manter o valor de sua riqueza e encontram disponíveis, além dos *bens imóveis*, já citados, uma série de outros ativos denominados **ativos financeiros**, que podem protegê-los da perda de valor imposta pela posse de moeda. Voltaremos a essas questões mais adiante.

7.3 A moeda mercadoria e o papel-moeda (e a moeda eletrônica...)

As três funções da moeda aqui analisadas são condições necessárias para que determinado bem ou ativo seja considerado moeda. Se uma delas falha, como a de reserva de valor, sua manutenção como moeda começa logo a ser questionada. Quando o processo de deterioração da moeda se intensifica, outras funções também podem ser colocadas em xeque. Vivemos em nosso país, em vários momentos de nossa história econômica recente, situações como essa. O último desses momentos (e, nesse caso, ao menos em parte, intencionalmente provocado pelas autoridades) foi o período de março a junho de 1994, em que a moeda oficial do país, o cruzeiro real, funcionava apenas como meio de troca, uma vez que perdera há tempos sua capacidade de funcionar como reserva de valor, em função da elevada e persistente taxa de inflação, e seu papel como unidade de conta era então desempenhado pela Unidade Real de Valor (URV).[3]

Consideradas as três funções da moeda, podemos então avaliar que tipo de bem pode exercer esse papel. Como já comentamos, antes de nossa sociedade vir a ser inteiramente organizada pelas trocas, ou, em outras palavras, antes que a economia de mercado fosse dominante, as trocas existiam eventualmente e de modo episódico. Nesses vários momentos, o papel da moeda foi desempenhado pelos mais variados tipos de bem, como o sal, os animais, as conchas e os metais. Na maior parte desses casos, porém, a única função que esses bens desempenhavam era a de meio de troca. Eles não desempenhavam o papel de unidade de conta porque, uma vez que as trocas eram eventuais, eles não serviam como instrumentos de mensuração do valor de toda a riqueza material produzida pela sociedade, e nem isso se fazia necessário. De outro lado, também não desempenhavam o papel de reserva de valor, visto que a manutenção da riqueza, bem como sua alocação, estava na dependência de outros critérios, como poder, nobreza e hereditariedade.

Contudo, à medida que a nova sociedade foi-se constituindo e consolidando, além da função de meio de troca, as outras funções da moeda foram se impondo e se mostrando cada vez mais necessárias. Nessas circunstâncias, um grupo de bens passou a ser naturalmente eleito para desempenhar esse papel. Os *metais preciosos* – o *ouro*, principalmente, mas também a *prata* – reuniam qualidades que os tornavam candidatos imbatíveis ao posto de moeda. Além de carregarem muito valor em pouco peso, o que facilitava em

---

3   Esse período constituiu a segunda fase do chamado Plano Real, um plano de estabilização monetária criado pelo governo para tentar colocar um fim ao processo de alta inflação que vitimava a economia brasileira havia pelo menos duas décadas. A primeira fase, iniciada no ano anterior, consistiu em ajustes macroeconômicos e medidas fiscais que buscaram preparar a economia para as fases seguintes. Na segunda fase, partindo-se do pressuposto de que era preciso apagar a memória inflacionária da economia e, simultaneamente, conceder um tempo para que os agentes econômicos definissem seus preços relativos em um ambiente de estabilidade, criou-se a situação atípica mencionada no texto, em que tínhamos uma moeda funcionando como meio de troca (eram os cruzeiros reais que circulavam nas transações de compra e venda), mas que não desempenhava o papel de unidade de conta, o qual cabia à URV. Os preços eram cotados em URV, uma moeda indexada diariamente, mas as transações eram efetivadas em cruzeiros reais. Apesar de utilizarmos aqui o termo, é preciso salientar que rigorosamente a economia brasileira naqueles dias não tinha moeda, pois suas três funções estavam sendo desempenhadas por elementos distintos: a unidade de conta era a *URV*, o meio de troca era o *cruzeiro real* e a reserva de valor era o *dólar americano*. Para que a moeda existisse efetivamente enquanto tal, era preciso que esses três papéis fossem desempenhados pela mesma coisa. É a partir da terceira fase do Plano, quando a URV deixa de existir e transforma-se no Real, que a economia volta a ter uma moeda.

muito o transporte, eles não se deterioravam com o tempo e eram quase infinitamente divisíveis, permitindo todo e qualquer tipo de fracionamento de valor que as transações pudessem exigir.

> Em função de suas características materiais específicas, o *ouro* e a *prata* transformaram-se em *moeda*, cunhados nas mais diferentes frações de valor, e seu uso foi se difundindo e se intensificando *pari passu* ao processo histórico de constituição da economia capitalista.

Ao longo do processo histórico que transformou os metais preciosos, particularmente o ouro, em moeda e que forjou o *padrão* por meio do qual os *preços* passaram a ser expressos, cada fração de peso desses metais passou a representar um valor, que ganhou um nome próprio, *convencionalmente* atribuído, grafado no metal cunhado. Enquanto o ouro e a prata funcionaram de fato como moeda, tivemos aquilo que se chama de **moeda mercadoria**. Contudo, com o passar do tempo, o valor que cada moeda representava foi se tornando mais importante que a quantidade propriamente dita de metal que cada uma delas continha. Na medida em que as moedas eram *socialmente* aceitas pelo *valor que diziam portar*, não fazia muita diferença qual era a quantidade de ouro que elas de fato carregavam. Isso permitiu um processo de *dissociação* entre o valor e a matéria-prima na qual, em princípio, ele deveria estar associado.

É esse mesmo tipo de processo que vai dar origem ao **papel-moeda**. Por questão de segurança e por várias outras razões, muitas vezes os indivíduos, em vez de carregarem ou manterem consigo as moedas, colocavam-nas sob a guarda de alguém de sua confiança, ou seja, depositavam-nas em determinadas casas – que existiam para esse fim e que mais tarde viriam a constituir os bancos – e recebiam em troca um certificado de depósito, vale dizer, um papel que atestava a existência efetiva da moeda na casa em questão.

Previsivelmente, na medida em que representavam valor tanto quanto as moedas, esses papéis foram sendo indistintamente aceitos e foram circulando de modo cada vez mais intenso, até substituir de vez as moedas de ouro e prata. Esses metais continuavam a funcionar como **lastro**, ou seja, como garantia do valor efetivo dos tais papéis, mas não precisavam mais estar presentes nas trocas cotidianas.

Atualmente, o papel-moeda é a forma dominante de moeda, designação essa utilizada também para as moedas metálicas; neste último caso, o metal está aí presente tal como o papel, ou seja, apenas como material que carrega a forma de moeda, e não pelo seu valor intrínseco, como ocorreu no início, quando os metais preciosos foram socialmente eleitos para desempenhar o papel de moeda. Dados sua história e o lastro que efetivamente a sustenta como moeda, qual seja, a **fidúcia** – que significa simplesmente confiança, tratando-se, nesse caso, de confiança social avalizada pelo governo do país –, o papel-moeda é também conhecido como **moeda fiduciária**. O papel-moeda recebe ainda o nome de **moeda manual** ou **moeda corrente**, para distingui-lo da **moeda escritural**, denominação que se aplica aos depósitos à vista nos bancos comerciais, que, junto com o papel-moeda, conformam o conjunto daquilo que denominamos meios de pagamento. Mas adentramos com isso o tema do próximo capítulo, que versa justamente sobre a estrutura do sistema monetário.

Antes, porém, de finalizar este capítulo, cabem algumas poucas informações e reflexões sobre algo cada vez mais presente em nosso cotidiano e que aponta para a existência e a efetivação das trocas, mesmo na ausência da moeda física. Como sabemos todos, existe hoje a possibilidade de comprarmos e pagarmos, o que quer que seja, ainda que seja um cafezinho no bar da esquina, sem termos uma moeda sequer na carteira (pagar um cafezinho com um cheque, por conta de seu valor muito baixo, seria, de todo modo, bastante estranho). Estamos falando, é claro, da existência dos cartões, de débito ou de crédito, que a maior parte das pessoas carrega consigo na sociedade moderna. Associados à enorme difusão dessas possibilidades de pagamento eletrônico, existem elementos mais complexos (e mais controvertidos), como as moedas *virtuais*, ou *criptomoedas*, dentre as quais o *bitcoin* é a mais antiga e, por isso, talvez, a mais conhecida.

Como se percebe, parece estar em intensa ebulição a história dos veículos que carregam (e já carregaram historicamente) esse símbolo universal da riqueza material que é o dinheiro. Da concreta moeda mercadoria (ouro e prata) para o papel-moeda e a moeda escritural – apesar de mais abstratas que a moeda mercadoria, ainda fisicamente presentes nas trocas (a moeda escritural potencialmente presente por meio da posse de um talão de cheques) – chegamos agora a um momento em que a moeda é uma ideia que não precisa mais se objetivar ou se corporificar no que quer que seja: um impulso eletrônico resolve o problema. Essa situação é resultante da profunda revolução produzida pelas chamadas Tecnologias da Informação e Comunicação (TICs), que vão dar ensejo também ao surgimento das *criptomoedas* ou moedas *virtuais*.

Quais as consequências de todos esses fenômenos para a importância e as funções da moeda, tal como apresentadas neste capítulo? A definição e o papel da moeda são alterados de forma substantiva pelo fato de um impulso eletrônico num sistema virtual e abstrato deter o mesmo poder de liquidação de débitos que um tanto de moeda corrente física? O conceito de moeda fiduciária se altera? O Estado continua com o mesmo papel? Existem diferenças entre moeda eletrônica, moeda virtual e criptomoeda? As cripto-moedas são de fato moedas?

Com as poucas linhas que se seguem não temos o objetivo de elaborar uma reflexão profunda sobre esses novos fenômenos (nem seria este o local adequado), mas simplesmente de apresentar algumas informações e observações que nos ajudem a compreendê-los nos marcos das considerações teóricas sobre a moeda que elencamos no presente capítulo. Em primeiro lugar, cabe separar os diferentes elementos desse novo cenário, ou seja, por um lado, a possibilidade de pagamentos eletrônicos e a existência de moeda eletrônica e, por outro, a existência de moedas virtuais ou criptografadas. A referência a um alerta feito em 2017 pelo Banco Central do Brasil nos ajudará a mostrar com clareza essa distinção.

No Comunicado nº 31.379, de 16 de novembro de 2017,[4] o Bacen alertou para o risco presente nas operações que envolvem guarda e negociação de moedas virtuais. Nesse mesmo documento, nossa autoridade monetária distinguiu as moedas virtuais da moeda eletrônica e, sobre esta última, diz que ela é meramente um modo de expressão de créditos denominados em Reais (R$), ou seja, na moeda do Brasil. O comunicado remete à Lei Federal n. 12.865, de 2013, para lembrar que devem ser considerados moeda eletrônica "os recursos em Reais armazenados em dispositivo ou sistema eletrônico que permitem ao usuário final efetuar transação de pagamento". Já as moedas virtuais não são referenciadas em Reais ou em outras moedas estabelecidas por governos soberanos, ou seja, elas constituem outra unidade de conta, distinta tanto da moeda brasileira quanto de outras moedas fiduciárias emitidas em outros países, como o dólar emitido pelo governo dos Estados Unidos, por exemplo. Não por acaso, existe, em cada momento, uma taxa de câmbio para cada moeda virtual, ou seja, um preço, denominado em Reais (ou em qualquer outra moeda nacional, como dólar, libra, iene), de uma unidade de cada uma dessas moedas. No momento em que são escritas estas linhas (11 de novembro de 2019), um *bitcoin*, por exemplo, vale R$ 36.214,12.

A mera existência dessa taxa de câmbio já é suficiente para mostrar que a cripto-moeda não pode ser confundida com a moeda eletrônica: enquanto esta última é apenas outra forma, ainda mais abstrata que as anteriores, de carregar a moeda nacional – no nosso caso, o Real –, as criptomoedas são ativos distintos do Real (e de outras moedas nacionais), cujo valor, em cada momento, pode ser "traduzido", por meio da taxa de câmbio, para o Real (ou para qualquer outra moeda nacional).

---

4   BANCO CENTRAL DO BRASIL. *Comunicado n. 31.279, de 16 de novembro de 2017.* Disponível em: https://www.bcb.gov.br/estabilidade financeira/exibenormativo?tipo=Comunicado&numero=31379. Acesso em: 15 jan. 2020.

Mas o que são afinal as criptomoedas?[5] Elas são de fato *moedas*? Qual ou quais são as diferenças que existem entre as criptomoedas e as moedas comuns com as quais estamos acostumados? O *bitcoin*, por exemplo, pode ser comparado ao Real em sua capacidade de funcionar como moeda no Brasil? Em primeiro lugar, é preciso observar que, diferentemente das moedas comuns, as criptomoedas não apresentam sua contraparte física, ou seja, não são emitidas fisicamente ou produzidas numa Casa da Moeda (sob o comando e a supervisão de uma autoridade monetária); elas existem apenas virtualmente e só funcionam como meio de pagamento em transações comerciais realizadas na internet.

Em segundo lugar, elas se denominam *criptomoedas* porque seu "valor" e integridade são garantidos pela *criptografia*, uma tecnologia pertencente ao mundo digital que garante a privacidade das transações em rede e a identidade digital dos participantes. Como as moedas virtuais são emitidas e geridas descentralizadamente, ao desabrigo de controles centrais ou governamentais, a criptografia, combinada a uma administração algorítmica, garante a qualidade da moeda, bem como a adequabilidade de sua emissão. O processamento das transações com a moeda virtual é feito em blocos, por seus próprios usuários, numa espécie de livro aberto, de modo que as transações se tornam "auditáveis" por todos eles.

Todos esses cuidados com a segurança da moeda virtual justificam-se por sua emissão ser privada. Sem o controle público exercido pelo Estado (representado pela autoridade monetária), as criptomoedas, na ausência de tais cuidados, veriam a todo momento ser questionadas sua integridade e sua capacidade de funcionar como moeda. A principal função afetada seria seu papel como reserva de valor. O livro aberto (*blockchain*) e a possibilidade de auditoria que se estende a todos os usuários garantem que não haja "emissão" indevida de moeda (por exemplo, com a moeda entrando na conta de um vendedor sem ter saído da conta de um comprador). Mas isso é suficiente para fazer das criptomoedas moedas efetivas? Bem, temos aqui um elemento fundamental e problemático, que torna o funcionamento monetário das criptomoedas uma coisa não muito simples: como elas não são emitidas pelo Estado, elas não têm curso forçado, de modo que, ainda que funcionem como meio de circulação para determinados grupos e em determinados espaços virtuais, sua utilização universal nunca está garantida. O *bitcoin*, a primeira criptomoeda, nasceu em 2009, criada por um programador (ou grupo de programadores) sob o pseudônimo Satoshi Nakamoto. Desde então, ela foi cada vez mais utilizada nas compras *on-line*, e assim várias e várias outras criptomoedas surgiram (atualmente, há

---

5   A maior parte das informações sobre criptomoeda foi retirada da excelente tese de doutorado sobre o tema: SANTANA JÚNIOR, E. C. *Dinheiro e poder social:* um estudo sobre o bitcoin. 2018. Tese (Doutorado em Sociologia) – UnB, Brasília, 2018.

no mundo mais de 2 mil delas).[6] Nem por isso, esse problema, que decorre da essência desse tipo de "moeda", foi resolvido.

Por fim, cabe mencionar outro fator que também dificulta o funcionamento efetivo da criptomoeda como moeda. Dada a inevitável existência de taxas de câmbio entre as criptomoedas e as moedas fiduciárias (moedas nacionais emitidas por governos soberanos), as primeiras acabam por se transformar em objeto de intensa especulação, ou seja, de continuadas apostas no comportamento futuro de seu preço, o que produz uma volatilidade muito grande nas referidas taxas. Na medida em que todo o universo econômico exterior ao espaço virtual da criptomoeda continua funcionando com as moedas nacionais, essa tendência de se tornar objeto de especulação constitui-se um grande problema para sua aceitação mais ampla, uma vez que perdas substantivas de valor na moeda comum podem vir a ser experimentadas por seus usuários. Por sinal, é alertar para esses riscos o intuito do mencionado comunicado do Banco Central de novembro de 2017 que trouxemos aqui para nos ajudar a entender as moedas eletrônicas e as criptomoedas. O Bacen lembra ali, aos eventuais usuários das criptomoedas, que elas não são emitidas nem garantidas por qualquer autoridade monetária, não tendo, por isso, garantia de conversão para moedas soberanas, e lembra ainda que elas tampouco são lastreadas em qualquer tipo de ativo real, ficando, por isso, com seus detentores, todo o risco envolvido em seu carregamento.

Isso posto, o que se pode dizer até agora é que, apesar de as criptomoedas funcionarem como meio de circulação em determinados espaços econômicos virtuais e de ter utilização crescente em todo o mundo, elas ainda não podem ser consideradas propriamente moedas, sendo mais correto qualificá-las como ativos virtuais, que podem trazer ganhos de natureza especulativa a seus detentores, mas também pesadas perdas.

Resumo

A seguir, estão os principais pontos vistos neste capítulo.

1. A importância que a *moeda* tem na sociedade moderna decorre do fato de nossa sociedade ser, do ponto de vista material, inteiramente organizada pela *troca*.

---

6   Informações sobre todas as criptomoedas do mundo podem ser encontradas em: COINMARKETCAP. Disponível em: https://coinmarketcap. com/all/views/all/. Acesso em: 15 jan. 2020.

2. Em uma **economia de escambo**, ou seja, uma economia de *troca pura* na qual não existe a moeda, o processo de troca torna-se muito complexo à medida que cresce o número de agentes.

3. O surgimento da moeda como unidade de troca comum e de aceitação geral permite a difusão do processo de troca e a potencialização do processo de *divisão do trabalho*.

4. São três as funções da moeda: ela funciona como unidade de conta, como meio de troca e como reserva de valor.

5. Como **unidade de conta**, a moeda funciona como *medida de valor* e, portanto, como o meio de expressão do valor de todas as demais mercadorias.

6. Um bem qualquer pode funcionar ocasionalmente como **meio de troca**, mas se ele não for **unidade de conta**, não será moeda.

7. O funcionamento da moeda como **unidade de conta** permite que conheçamos, para todo o universo de mercadorias, as relações que os preços dos diversos bens estabelecem entre si, constituindo aquilo que denominamos **estrutura de preços relativos**.

8. Se o preço de um bem ou de um grupo homogêneo de bens sobe (ou desce) em relação aos preços dos outros bens, isso significa que a estrutura de preços relativos da economia sofreu alteração. Contudo, se os preços de todo os bens sobem (ou descem) na mesma proporção, as relações existentes entre eles não se modificam, ou seja, a **estrutura de preços relativos** permanece a mesma, e é a **unidade de conta** que sofre alteração em seu valor.

9. A moeda permite-nos *alocar* nossas transações *no tempo*, de acordo com nossas conveniências, e é nessa medida que ela funciona como **reserva de valor**.

10. Todos os demais ativos da economia (imóveis, títulos financeiros etc.) também podem funcionar como reserva de valor, mas são menos *líquidos* que a moeda.

11. O papel da moeda como reserva de valor pode ficar inteiramente comprometido na presença de processos inflacionários crônicos, que sistematicamente reduzem seu valor.

12. Para que um bem qualquer seja considerado moeda, ele precisa desempenhar a contento e simultaneamente suas três funções.

13. Os metais preciosos (ouro e prata) reúnem condições que os tornaram candidatos imbatíveis ao posto de moeda. Por isso, no processo histórico de constituição do capitalismo, eles foram naturalmente eleitos para funcionar como moeda. Foi o tempo da **moeda mercadoria**.

14. Com o passar do tempo, o valor que cada moeda representava foi se tornando mais importante que a quantidade propriamente dita de metal que cada uma delas continha. Isso permitiu um *processo de dissociação* entre o valor dele mesmo e a matéria-prima na qual, em princípio, ele deveria estar associado.

15. É esse mesmo tipo de processo que deu origem ao surgimento do *papel-moeda*, uma moeda cujo **lastro** assenta-se apenas na **fidúcia**, ou seja, na garantia fornecida pelo Estado emissor.

16. Atualmente, a forma dominante de moeda é o papel-moeda, designação utilizada também para as moedas metálicas.

Questões para revisão

1. Qual é a relação entre o fato de nossa sociedade ser organizada pela troca e que importância a moeda tem nela?

2. Explique por que, em uma economia de escambo, fica obstaculizado o processo de expansão das relações de troca e de intensificação da divisão do trabalho.

3. Compare uma relação de troca direta entre a mercadoria A e a mercadoria B com a mesma relação intermediada pela moeda.

4. Indique as três funções da moeda.

5. O que significa dizer que a moeda deve funcionar como unidade de conta e qual é a relação entre essa função e seu papel de meio de troca?

6. Explique o que você entende por estrutura de preços relativos.

7. O que significa o funcionamento da moeda como reserva de valor?

8. Que outros tipos de bem, além da moeda, podem desempenhar o papel de reserva de valor?

9. O que significa liquidez?

10. Por que os processos inflacionários crônicos impedem que a moeda funcione como reserva de valor?

11. De que maneira o ouro e a prata vieram a se tornar moeda?

12. Explique o processo histórico de constituição do papel-moeda.

13. Qual é o lastro que sustenta a moeda mercadoria e qual é o lastro que sustenta o papel-moeda? Em qualquer dos casos, qual é a condição básica para que eles funcionem de fato como moeda?

Anexo: A moeda na história do pensamento econômico

Do ponto de vista da história do pensamento econômico, pode-se escrever um verdadeiro tratado sobre a moeda, visto que a história das ideias sobre ela formuladas pode-se confundir com a própria história da ciência econômica. Nosso objetivo aqui é evidentemente bem menos ambicioso. Interessa-nos apenas mostrar rapidamente o percurso desse objeto social pela história das ideias econômicas, porque tal percurso demonstra bem sua complexidade e o porquê da enorme controvérsia que a moeda provoca. Para fazer isso, tomaremos como esquema analítico as funções da moeda apresentadas na **Seção 6.2**.

O primeiro conjunto de ideias mais ou menos articuladas sobre o funcionamento da economia capitalista nasceu com os mercantilistas, no século XVII. Para eles, a moeda, que era então o ouro e a prata, constituía a verdadeira riqueza da sociedade, e um país seria tanto mais rico quanto maior fosse a quantidade de metais preciosos que ele conseguisse manter dentro de seus limites geográficos. Os mercantilistas, portanto, prezavam indiscutivelmente pelo papel de reserva de valor desempenhado pela moeda, mas de modo tão radical que ele chegava a substituir a própria riqueza material (bens e serviços que satisfazem necessidades humanas), cuja circulação a moeda viabilizava.

Já os fisiocratas, pensadores, em geral franceses, do século XVIII, consideravam a moeda exclusivamente pelo seu papel de meio de circulação. Para Quesnay, certamente o autor mais famoso entre os fisiocratas, o dinheiro era, para a vida econômica, o que o sangue era para a vida humana: sem sua circulação, o organismo perecia, porque a produção não circulava, não podia ser consumida e não se recompunham as condições necessárias para o estabelecimento de um novo ciclo produtivo.

Para Adam Smith, considerado o pai da ciência econômica, a principal importância da moeda também estava aí, qual seja, a de funcionar como uma espécie de lubrificante das trocas, portanto, fundamentalmente como meio de circulação. No capítulo sobre a origem e a utilidade da moeda de seu famoso *A riqueza das nações*, publicado em 1776, Smith mostra as dificuldades enfrentadas pelas trocas diretas (economia de escambo) e de que maneira o processo de extensão das trocas levou naturalmente à busca de um bem para funcionar como moeda, tendo sido eleitos os metais preciosos, por serem duráveis e divisíveis.

David Ricardo, outro autor de extrema importância da chamada escola clássica inaugurada por Smith e que escreveu no início do século XIX, acabou por direcionar suas reflexões mais para o papel da moeda como unidade de conta (ou seja, medida do valor) do que propriamente para seu papel como meio de troca. Uma de suas maiores preocupações foi justamente encontrar uma medida invariável do valor, que seria para ele a moeda ideal.

Para Ricardo, as variações que a moeda sofria em seu próprio valor constituíam um problema, porque impediam que se percebessem as variações de valor experimentadas pelas demais mercadorias. Sua ênfase no desejo de chegar a uma medida invariável do valor fez com que Ricardo se tornasse uma espécie de pai do moderno monetarismo, dadas suas prescrições em defesa do *padrão-ouro* e do estrito controle da emissão monetária, particularmente por ocasião do acalorado debate sobre o chamado *bulionismo*, que teve lugar na Inglaterra nas primeiras décadas do século XIX.

Marx, que escreveu sua principal obra, *O capital*, na segunda metade do século XIX, talvez tenha sido o primeiro autor a tentar considerar, de maneira integrada e orgânica, as três funções da moeda, acabando por estabelecer uma distinção entre moeda e dinheiro. Para ele, a função primeira do dinheiro era ser medida do valor; sem isso, afirmava, a moeda não podia funcionar como meio de troca. Mas, para entender exatamente o que é o dinheiro, não basta percebê-lo como medida do valor e como meio de circulação. Para Marx, a característica determinante da sociedade moderna, organizada pelas trocas, era sua natureza capitalista, ou seja, ela tinha na valorização do capital sua principal finalidade. Uma série de coisas eram produzidas não pela sua utilidade, vale dizer, pela capacidade que possuíam de satisfazer necessidades humanas, mas pela possibilidade que geravam de, por seu intermédio, fazer crescer o valor do capital inicialmente aplicado no negócio. Assim, o objeto que funcionava como medida do valor não era apenas *meio* de troca, isto é, tão somente um instrumento necessário para viabilizar as transações, mas tinha se transformado em um *fim em si mesmo*. A existência do crédito, em que a troca ocorria a despeito da ausência da moeda, e o fato de a moeda se transformar em objeto de entesouramento (reserva de valor) eram para Marx os sinais inequívocos de que, na sociedade moderna, a *moeda* – ou seja, a medida do valor que funcionava apenas como meio de troca das diferentes mercadorias – já havia se transformado em *dinheiro*. Portanto, só se compreenderia perfeitamente o dinheiro se se considerassem, em sua integração orgânica, todas suas três funções.

A ciência econômica do final do século XIX sofreu uma enorme transformação com a chamada revolução marginalista e a teoria do equilíbrio geral do francês León Walras. Esse novo enfoque, conhecido como economia neoclássica, gerou uma visão bipartida do sistema econômico: de um lado, a esfera real; de outro, a monetária. A ideia era que o dinheiro funcionava apenas como um véu, necessário para dar às transações reais sua expressão quantitativa. A economia de fato se movia presidida por seu lado real (produção, produtividade), e os preços eram determinados pelas relações de trocas entre os bens; a moeda entrava aí simplesmente como fator multiplicativo. Assim, se a moeda não tinha de fato nenhuma influência no funcionamento do lado real da economia, cabia às autoridades diligenciar para não afetar a estabilidade monetária, pois um excesso de moeda no sistema simplesmente multiplicaria igualmente todos os preços monetários – deixando intactos os preços relativos, que realmente importavam – e não teria nenhum efeito sobre o lado real (sobre a produção, por exemplo); em uma palavra, só produziria inflação. Portanto, apesar de admitir que a moeda também funcionava como reserva de valor, os neoclássicos conferiam a sua função de unidade de conta o principal papel.

John M. Keynes, que escreveu *Teoria geral* em 1936, insurgiu-se decididamente contra tal concepção. Para ele, a economia em que efetivamente vivemos é uma economia monetária, ou seja, uma economia que se move pela busca do lucro monetário. Logo, a moeda não pode ter o papel coadjuvante que a ela foi conferido no mundo neoclássico, nem faz sentido a divisão do mundo econômico entre duas esferas, que, de fato, são conjuntamente determinadas o tempo todo.

Para Keynes, apesar da admissão do papel de reserva de valor desempenhado pela moeda, a economia neoclássica nunca o tinha levado em conta de modo coerente. Colocando a determinação da taxa de juros no lado real da economia, os economistas dessa escola não tinham percebido que o dinheiro funciona, de fato, como um elo entre o presente e o futuro, elo necessário para que os agentes enfrentem a incerteza que existe com relação a esse futuro.

Quando essa incerteza cresce, por qualquer que seja a razão, aumenta também a preferência pela liquidez, dada a segurança que a propriedade de dinheiro propicia. Nesses momentos, o papel de reserva de valor carregado pelo dinheiro acaba por ter absoluta primazia e isso traz consequências drásticas para o funcionamento da economia: queda do nível dos investimentos, queda do produto e da renda, e desemprego. Portanto, também para Keynes, era preciso considerar, de modo igualmente importante, as três funções da moeda.

Evidentemente, a história do pensamento econômico não termina com Keynes. A chamada ciência econômica tem pelo menos mais 75 anos de história, que deveriam ser investigados do ponto de vista de sua forma de encarar a moeda e seu papel no funcionamento da economia. Contudo, nesse trajeto do século XVII até as primeiras décadas do século XX, as principais correntes de pensamento já se fazem presentes. Elas são suficientes para mostrar por que tudo que se refere à moeda é tão complexo e controvertido. Talvez o mais difícil seja encarar o dinheiro como um objeto social e, portanto, percebê-lo como síntese de todas as suas funções.

Capítulo 8

O sistema monetário

No capítulo anterior, estudamos a moeda do ponto de vista conceitual e contamos um pouco de sua história e das formas que ela já assumiu e vem assumindo (moeda mercadoria, papel-moeda e moeda eletrônica). Falamos também de sua importância na sociedade moderna e dos diferentes papéis que ela desempenha. Neste capítulo, mostraremos como funcionam os sistemas monetários modernos.

8.1 Os meios de pagamento: moeda corrente e moeda escritural

Quando discutimos o sistema monetário, entendido como o conjunto das instituições responsáveis pela emissão de moeda no país, a moeda ganha um nome técnico: **meios de pagamento**.

Em termos agregados, a quantidade de meios de pagamento (ou oferta de moeda) presente em uma economia em determinado momento está relacionada com a quantidade de papel-moeda existente (moeda corrente) e com os depósitos à vista do público (moeda escritural).

Para entendermos melhor o que são meios de pagamento e por que sua quantidade depende, em cada momento, da moeda corrente e da moeda escritural, precisamos de uma série de outros conceitos. O primeiro deles é o de **Papel-Moeda Emitido (PME)**. Nas sociedades modernas, quem emite o papel-moeda é o governo, que é também quem se responsabiliza por sua validade e aceitação geral pela sociedade, ou seja, pelo conjunto dos agentes econômicos.[1] A instituição governamental responsável pela produção do papel-moeda é a Casa da Moeda e a instituição responsável pela autorização de sua emissão é a **autoridade monetária** do país que, em geral, atende pelo nome de **Banco**

---

1 Por isso, o papel-moeda (ou moeda fiduciária) é também conhecido por *moeda de curso forçado*, pois ninguém pode, em princípio, recusar-se a recebê-la como pagamento por qualquer bem ou serviço.

Central (**BC** ou **Bacen**).[2] O PME indica, portanto, em determinado momento, o saldo de papel-moeda emitido com autorização do Banco Central.

O segundo conceito de que precisamos é o de **Papel-Moeda em Poder do Público** (**PMPP**), mas, para compreendê-lo de forma rigorosa, precisamos previamente definir o que significa *público*, para efeitos desta discussão. Define-se aqui *público* como o conjunto de todos os agentes econômicos (famílias, empresas e o próprio governo), exceto o *sistema monetário*, ou seja, os bancos comerciais e outras entidades financeiras que captam depósitos à vista, além do próprio Banco Central. Bancos comerciais são instituições legalmente autorizadas a receber depósitos à vista. Os bancos múltiplos, quando possuem carteira comercial, têm igualmente tal autorização. Mas nem todas as instituições financeiras, muitas vezes designadas como bancos, são consideradas bancos comerciais. Existem bancos que têm por finalidade apenas realizar investimentos e não estão autorizados a captar depósitos à vista. Portanto, essas instituições integram, como qualquer outro agente econômico, o conjunto daquilo que estamos denominando aqui como *público* (no Brasil, além dos bancos comerciais e dos bancos múltiplos, a Caixa Econômica Federal (CEF) e as cooperativas de crédito também estão autorizadas a captar depósitos à vista).

Os bancos comerciais e outras entidades que recebem os depósitos à vista do público são atualmente denominadas Sociedades Depositárias Monetárias (SDM). Recebendo os depósitos, as SDM devolvem parte substantiva deles à circulação, não só porque sempre há agentes fazendo a operação inversa, ou seja, sacando moeda ao invés de depositá-la, mas principalmente porque eles emprestam a outros agentes econômicos os recursos que recebem como depósitos à vista. Com esse tipo de operação, as SDM acabam por multiplicar a quantidade de meios de pagamento presentes na economia, mas não devemos, por ora, nos preocupar em compreender esse processo, porque ele será explicado em detalhes mais adiante. O que nos interessa reter no momento é que, apesar disso, as SDM não devolvem à circulação a totalidade do papel-moeda que recebem para depósito. Para poder fazer frente a eventuais excessos de pagamentos contra recebimentos em papel-moeda, elas mantêm uma parte desses recursos em seu próprio caixa, parcela essa que podemos, então, denominar de **Caixa em Moeda Corrente das Sociedades Depositárias Monetárias (CMSDM)**. Assim, na medida em que as SDM não fazem parte do

---

2   Nem sempre, porém, isso acontece. Um dos bancos centrais mais poderosos do mundo, senão o mais poderoso, chama-se *Federal Reserve*, o Banco Central dos Estados Unidos.

público, podemos definir o PMPP como o saldo do papel-moeda emitido deduzido do CMSDM, tal como na equação 8.1:

$$PMPP = PME - CMSDM \qquad (8.1)$$

O que ela mostra é que, em determinado momento, se quisermos saber qual é o saldo do PMPP, precisamos descontar do PME a parcela que fica no caixa das próprias sociedades depositárias monetárias e que, por definição, não está com o *público*. Obviamente, se somarmos o PPMP com o CMSDM, obteremos o saldo do papel-moeda emitido e posto em circulação pelo BC em um dado momento.[3]

Vejamos agora o que é a *moeda escritural* e de que maneira as SDM a criam. Como dissemos, a origem dos bancos, que são as SDM mais conhecidas, está historicamente ligada à própria origem do papel-moeda, visto que as casas comerciais onde se depositavam as moedas de ouro e prata em troca de recibos de depósito, que depois ganhavam circulação própria, foram as instituições que se transformaram naquilo que hoje conhecemos como bancos comerciais.

Acontece que essas casas rapidamente perceberam uma coisa interessante: era extremamente pequena a probabilidade de que todos aqueles que lá tinham depositado suas moedas de ouro e prata viessem reclamá-las ao mesmo tempo. Logo, uma vez que os recursos eram ali depositados, eles podiam ser emprestados a outros agentes, mediante o pagamento de juros. Assim, se uma dessas casas dispusesse, por exemplo, de $ 100 mil em moedas de ouro depositadas, poderia emprestar uma parcela razoável delas, digamos $ 80 mil, a outros agentes, pois dificilmente mais do que 20% do valor desses depósitos viria a ser simultaneamente exigido por seus detentores. Feito isso, o montante de moeda na economia teria sido imediatamente transformado em $ 180 mil, pois aqueles que tomaram os empréstimos ficaram com um poder de compra de $ 80 mil em mãos, sem que os proprietários originais desses recursos tivessem perdido seu direito a eles – não nos esqueçamos de que eles tinham em mãos seus recibos de depósitos, os quais passaram a ser tão aceitos como forma de pagamento quanto as próprias moedas de ouro e prata. Desse modo, cada depósito feito gerava, para a economia, um valor adicional de moeda da ordem de 80%. Assim que as casas que guardavam as moedas de ouro e prata descobriram esse fenômeno, elas se transformaram em bancos.

---

3 O conceito de Papel-Moeda em Circulação (PMC) foi utilizado por algum tempo para fazer referência a um saldo de papel-moeda emitido, mas não colocado em circulação pelo Banco Central. Como o BC também faz parte do sistema monetário, esse valor, se existir, tem de ser excluído do PME, de modo que o PMC se torna igual à diferença entre o PME e esse saldo. Não existindo esse saldo, que é a situação hoje vigente, o PMC é igual ao PME.

Os bancos comerciais e as demais sociedades depositárias monetárias, portanto, possuem esse poder de multiplicar a moeda existente, gerando maior liquidez (ou seja, poder de compra imediatamente disponível) na economia. Esse processo de geração de moeda pelos bancos comerciais acontece em vários *rounds*. Vejamos um exemplo simples. Suponha que o agente A deposite $ 1.000 em moeda corrente no Banco X. O Banco X mantém $ 250 em seu caixa e empresta $ 750 para o agente B, que toma o empréstimo para pintar a casa. O agente C, o pintor, recebendo os $ 750, deposita-os no Banco Y. O Banco Y, por sua vez, retém $ 200 em seu caixa e empresta $ 550 para o agente D, que paga o vizinho para quem estava devendo. O vizinho, nosso agente E, deposita seus $ 550 no Banco W, que, por sua vez, fica com $ 150 em seu caixa e empresta $ 400 para o agente F, que paga o aluguel de sua casa para o agente G, que resolve não fazer nada com o dinheiro por ora e deixa-o na carteira.

É fácil notar que, por meio desse processo, os $ 1.000 originais em moeda corrente de propriedade de nosso agente A transformaram-se em $ 2.700, assim distribuídos: os agentes A, C e E possuem, em depósitos à vista, respectivamente, $ 1.000, $ 750 e $ 550, totalizando $ 2.300, e o agente G possui $ 400 em moeda corrente. Os $ 600 restantes de moeda corrente estão nos caixas dos bancos comerciais ($ 250 no caixa do Banco X, $ 200 no caixa do Banco Y e $ 150 no caixa do Banco W) e não fazem mais parte dos meios de pagamento, visto que não mais estão nas mãos do público. Portanto, graças à atuação dos bancos, a moeda multiplicou-se por 2,7. Mais adiante retomaremos essa questão, definindo formalmente o **multiplicador bancário**, que é a variável que determina qual o poder que as SDM têm de emitir moeda.

Resumindo, podemos então dizer que o sistema monetário produz dois tipos de moeda: o papel-moeda, ou *moeda corrente*, de emissão do Banco Central, e os Depósitos à Vista (DV), ou *moeda escritural,* de emissão das sociedades depositárias monetárias. Isso posto, podemos definir os meios de pagamento (MP) por meio da equação 8.2 (mais adiante veremos que esse conceito de MP constitui, na realidade, o conceito de *MP restrito*):

$$MP = PMPP + DV \qquad\qquad (8.2)$$

Já deve estar clara a razão pela qual o saldo de papel-moeda que entra na definição de meios de pagamento é aquele em poder do público, e não o saldo de papel-moeda emitido: quando falamos em moeda, falamos em liquidez, ou seja, em disponibilidade imediata de recursos que funcionam como poder de compra; portanto, macroeconomicamente, uma vez definido o que é moeda e qual o conjunto de instituições responsáveis por sua emissão, o que importa é determinar a liquidez de fato à disposição dos agentes, não devendo ser computado aquilo que está sob controle do próprio sistema emissor. O Quadro 8.1 traz o resumo das relações até aqui estudadas.

Quadro 8.1 – Resumo: papel-moeda e meios de pagamento

Papel-moeda emitido = total de moeda (metálica ou não) emitida com autorização do BC.
Papel-moeda em poder do público = papel-moeda emitido menos o CMSDM.
Meios de pagamento = papel-moeda em poder do público mais depósitos à vista do público nas sociedades depositárias monetárias (ou entidades criadoras de moeda)

Fonte: elaborado pelos autores.

Em termos técnicos, os meios de pagamento, tal como definidos na equação 8.2, constituem um **agregado monetário**. Tal agregado, também conhecido como **M1**, é o agregado de maior liquidez da economia, pois congrega os ativos monetários (papel-moeda e depósitos à vista), que representam poder de compra imediato, portanto, capacidade de, sem custo, transformar-se em bens e serviços. No entanto, outros agregados monetários também podem ser definidos, e todos eles serão necessariamente menos líquidos que o **M1**. Na medida em que se definem esses novos agregados, também vai se alterando, paralelamente, o conceito de *público*, uma vez que, mudando-se o sistema emissor dos haveres, altera-se também o conjunto dos agentes que dele não fazem parte.

Considerando os ativos financeiros do ponto de vista de sua liquidez, existem ativos mais próximos e mais distantes dos ativos monetários propriamente ditos. Muitos autores conferem aos ativos financeiros mais próximos dos monetários a denominação de **quase-moedas**. Contudo, escolher os critérios para classificar um ativo como mais ou menos líquido é uma questão nem sempre consensual. Além disso, existe um fator mais concreto que torna complicada tal tarefa, que é a existência de mercados secundários para os haveres financeiros. A compra de um Certificado de Depósito Bancário (CDB) de 90 dias, por exemplo, implica alguma perda de liquidez. O agente que se decidiu por tal aplicação certamente concluiu que a taxa de juros oferecida pelo banco compensava suficientemente a perda de liquidez pelo prazo estipulado. Se porventura o agente precisar desses recursos antes que o prazo se esgote, ele perderá o rendimento previsto para a aplicação, mesmo que seu dinheiro tenha ficado aplicado boa parte dos 90 dias. Contudo, sua situação ficará menos ruim se houver, para seu papel, um mercado secundário no qual ele possa vendê-lo, recuperando, ao menos em parte, o rendimento que ele esperava obter.

Até o ano de 2000, a classificação dos agregados monetários no Brasil era feita a partir do critério de liquidez, dando origem aos conceitos de M1, M2, M3 e M4. Essa classificação é apresentada no Quadro 8.2. Note que o primeiro agregado, o M1, é o agregado mais líquido da economia. Quanto mais distante do M1, menor é a liquidez do agregado.

Quadro 8.2 – Antiga classificação dos agregados monetários

M1 = Papel-moeda em poder do público + depósitos à vista do público.
M2 = M1 + títulos públicos em poder do setor privado.
M3 = M2 + depósitos de poupança.
M4 = M3 + depósitos a prazo e demais títulos privados.

Fonte: elaborado pelos autores.

A partir de 2001, foi alterado o critério de classificação: ao invés da liquidez, passou-se a utilizar, para a compilação dos agregados, o critério do **sistema emissor**. Para compreender melhor como funciona esse novo método, precisamos de algumas definições adicionais. A primeira diz respeito à forma de considerar os agentes econômicos no que concerne às suas relações com os meios de pagamento. Seguindo os padrões internacionais, o Bacen os divide em três grupos:

a) os *emissores de moeda* (o Banco Central e todas as sociedades emissoras de haveres que compõem os diferentes agregados);
b) os *detentores de moeda* (sociedades financeiras não emissoras, empresas não financeiras, Instituições Sem Fins Lucrativos a Serviço das Famílias (ISFLSF), famílias e governos estaduais e municipais); e
c) neutros (quando se considera que os agentes não são nem emissores nem detentores).

As sociedades emissoras, por sua vez, vão se dividir em sociedades depositárias monetárias – aquelas autorizadas a captar depósitos à vista e capazes, portanto, de criar moeda escritural (também conhecidas como entidades criadoras de moeda) – e as sociedades depositárias não monetárias – aquelas não autorizadas a captar depósitos à vista, incapazes, portanto, de criar moeda escritural, mas capazes de emitir títulos e captar depósitos de poupança e depósitos a prazo.

Voltando agora à alteração de critérios para a compilação dos diferentes agregados, a justificativa do Bacen para essa alteração foi, em 2001, além da necessidade de colocar a classificação dos agregados em linha com o padrão internacional, a necessidade também de, em um ambiente de inflação baixa, avaliar com mais propriedade a exposição do conjunto do sistema financeiro à demanda por liquidez. Assim, os agregados foram organizados a fim de se poder avaliar as pressões por liquidez observando-se o movimento dos diferentes sistemas emissores.

O primeiro agregado, em relação ao qual não houve mudança, continuou a ser o **M1,** sendo seu sistema emissor composto do Banco Central (emissor da moeda corrente), de bancos comerciais (incluindo a CEF) e de bancos múltiplos com carteira comercial (emissores da moeda escritural). Esse primeiro agregado, portanto, vai ter, como sistema emissor, o chamado *consolidado monetário*, ou seja, o conjunto das instituições autorizadas a emitir haveres estritamente monetários. Daí porque esse primeiro agregado é conhecido também como **MP restrito**. Em relação a M1, todos os próximos agregados são considerados **MP ampliados**.

O segundo agregado, **M2**, vai adicionar ao conjunto das instituições capazes de emitir moeda primária (Bacen) e multiplicá-la (as sociedades depositárias monetárias), aquelas capazes de multiplicar o crédito, ou seja, as demais sociedades depositárias que não têm autorização para captar depósitos à vista, mas que captam depósitos a prazo e emitem títulos. Assim, o M2 agrega ao BC e às sociedades depositárias monetárias também as sociedades depositárias não monetárias. Só não estão incluídos nesse agregado os fundos de renda fixa. Trata-se aqui de fundos de investimento com características de fundos monetários, vale dizer, fundos que buscam taxas de retorno próximas às negociadas nas operações de *mercado aberto* (as operações com títulos públicos), cujas cotas podem ser resgatadas no curto prazo. Em outras palavras, as cotas desses fundos são quase-moedas (têm baixo rendimento, mas elevadíssima liquidez). Apesar de possuírem personalidade jurídica própria, esses fundos não multiplicam crédito e, portanto, não integram o M2.

Os fundos de renda fixa vão integrar o agregado seguinte, o **M3**, que é, portanto, constituído pelo M2 mais esses fundos com características de fundos monetários. Somam-se também a esse agregado os montantes líquidos de títulos públicos provenientes das operações compromissadas sob custódia dos agentes detentores de moeda. Operações compromissadas são operações de venda de haveres já emitidos, com cláusula de recompra (ou de compra de haveres já emitidos com cláusula de revenda). Essas operações assemelham-se a empréstimos de curtíssimo prazo (que têm como garantia o título financeiro objeto da transação) e devem necessariamente ter, em uma das pontas, uma instituição depositária. Os títulos que servem de lastro às operações são títulos públicos federais registrados no Sistema Especial de Liquidação e Custódia (Selic) do Banco Central, ou títulos emitidos por agentes privados. O sistema emissor do M3 chama-se *consolidado bancário*.

Por fim, para o último agregado, o **M4**, soma-se ao sistema emissor do M3 também o governo federal, como emissor de títulos de elevada liquidez. Segundo o Bacen, embora não usual na maioria dos países, a inclusão da dívida mobiliária pública em agregados monetários baseia-se nas especificidades da economia brasileira. Isso porque, no Brasil, os agentes detentores carregam parte significativa de seus ativos financeiros sob a forma de títulos públicos de alto grau de liquidez emitidos pelo governo federal, o que torna possível considerá-lo agente pertencente ao sistema *emissor*, em vez de agente *neutro*, como seria a recomendação inicial.

No final de 2018, foi realizada nova alteração na metodologia de classificação. Segundo o Bacen, desde 2001, por ocasião da última atualização metodológica, foram criados novos instrumentos de captação de recursos, como as letras financeiras e de crédito. Além disso, novas instituições ganharam relevância no sistema emissor, como as cooperativas de crédito, que aumentaram suas captações tanto em depósitos à vista quanto a prazo. Em paralelo, para dar conta desses fenômenos, observados não só no Brasil, mas em várias outras economias, foi publicada, em 2016, uma nova versão do *Monetary and Financial Statistics Manual and Compilation Guide* (MFSM),[4] documento elaborado pelo FMI que estabelece o padrão internacional para a apuração dos agregados monetários. A necessidade de dar conta dos novos fenômenos e de adequar o Brasil às novas orientações do FMI levou o Bacen a realizar mais essa alteração. A nova série de dados retroagiu até 2001.[5]

A nova metodologia, porém, manteve o critério de classificação anterior, pautado pelo **sistema emissor**. A delimitação da abrangência de cada sistema emissor continua sendo, assim, o princípio fundamental para a compilação dos diferentes agregados. Para efetuar tal delimitação, o Bacen efetua uma classificação das sociedades depositárias vinculando-as aos agregados aos quais pertencem. O Quadro 8.3 apresenta essa classificação, acrescentando ao quadro os tipos de haveres que cada sociedade emite.

---

4   INTERNATIONAL MONETARY FUND. *Monetary and financial statistics manual and compilation guide*. Washington, DC: IMF, 2016. Disponível em: https://www.imf.org/en/Publications/Search?series=IMF%20Working%20Papers&when=During&year=2016. Acesso em: 15 jan. 2020.

5   Todas as informações sobre as alterações efetuadas pela nova metodologia foram retiradas da Nota Técnica do Banco Central do Brasil n. 48, disponível em: https://www.bcb.gov.br/content/publicacoes/notastecnicas/NT%2048_Dstat_Dimob_novembro_2018.pdf. Acesso em: 6 fev. 2020.

Quadro 8.3 – Agregados monetários, sociedades depositárias e haveres (MFSM 2016)

Agregado monetário	Sociedades depositárias que fazem parte do agregado	Haveres emitidos que justificam sua participação no agregado
M1 (meio de pagamento restrito)	• Banco Central (autoridade monetária) • Bancos comerciais • Bancos múltiplos • Caixa Econômica Federal • Cooperativas de crédito	✓ Moeda corrente ✓ Depósitos à vista (moeda escritural)
M2	Todas as integrantes de M1 e mais • Bancos de investimento • Bancos de desenvolvimento • Sociedades de crédito, financiamento e investimento • Companhias hipotecárias • Sociedades de crédito imobiliário • Associações de poupança e empréstimos	✓ Depósitos de poupança ✓ Certificados de depósito bancário (depósitos a prazo) ✓ Letras financeiras ✓ Letras de crédito imobiliário ✓ Letras de crédito do agronegócio
M3	Todas as integrantes de M2 e mais • Fundos de investimento com características de fundos dos mercados monetários	✓ Cotas de fundos depositários passíveis de resgate a curto prazo ✓ Saldo em títulos públicos ou privados provenientes de operações compromissadas com o sistema emissor sob custódia dos detentores de moeda
M4	Todas as integrantes de M3 e mais • Governo federal	✓ Títulos públicos de elevada liquidez

Fonte: elaborado pelos autores.

O leitor pode perceber com facilidade que aquilo que chamamos, no início deste capítulo, de *sistema monetário* é constituído pela autoridade monetária (o Bacen) mais a parcela monetária das sociedades depositárias, ou seja, os bancos comerciais, os bancos múltiplos – porque também são bancos comerciais –, a Caixa Econômica Federal – porque funciona igualmente como banco comercial – e, agora, também as cooperativas de crédito. O Quadro 8.4 apresenta a atual classificação dos agregados monetários de acordo com seus respectivos sistemas emissores. Na sequência, comentaremos as alterações mais importantes trazidas pela nova metodologia.

Quadro 8.4 – Classificação atual dos agregados monetários

M1	**Sistema emissor => consolidado monetário:** Banco Central (emissor da moeda corrente) + sociedades depositárias monetárias (entidades criadoras de moeda escritural)
	M1 = Papel-moeda em poder do público + depósitos à vista
M2	**Sistema emissor => consolidado bancário menos fundos com características de fundos monetários:** entidades pertencentes ao M1 mais bancos de investimento, bancos de desenvolvimento, sociedades de crédito, financiamento e investimento, companhias hipotecárias, sociedades de crédito imobiliário, associações de poupança e empréstimo.
	M2 = M1 + depósitos de poupanças + depósitos a prazo + demais haveres emitidos pelas instituições depositárias
M3	**Sistema emissor => consolidado bancário:** entidades pertencentes ao M2 mais fundos com características de fundos monetários
	M3 = M2 + cotas de fundos com resgate a curto prazo + operações compromissadas lastreadas em títulos públicos ou privados
M4	**Sistema emissor => consolidado bancário mais governo federal:** entidades pertencentes ao M3 mais governo federal
	M4 = M3 + títulos públicos de alta liquidez

Fonte: elaborado pelos autores.

A primeira mudança importante trazida pela alteração promovida em 2018 e já mencionada é a inclusão das cooperativas de crédito no sistema emissor do M1. A razão aqui não foi tanto metodológica, mas, sim, o fato de as captações de depósitos à vista efetuadas por essas instituições terem crescido substantivamente. Segundo o Bacen, a participação das cooperativas nos depósitos era de 1,3% ao final de 2001 e passou para 4,7% ao final de 2017. Como as cooperativas também captam depósitos a prazo, o valor dessas captações passou a ser igualmente incluído nos agregados, mas, desta feita, no M2.

Além da inclusão dos depósitos a prazo captados pelas cooperativas de crédito, destaca-se também, como alteração importante na compilação do M2, a exclusão do valor das letras financeiras, imobiliárias e de crédito do agronegócio que estiverem custodiadas nas próprias sociedades depositárias (ou seja, em poder dessas sociedades). A lógica aqui é a mesma que faz com que se exclua dos meios de pagamento o Caixa em Moeda Corrente das Sociedades Depositárias Monetárias (CMSDM), ou seja, se não estão com o público, e sim de posse do sistema emissor, os haveres não fazem parte dos meios de pagamento (nesse caso, meios de pagamento ampliados). Essa exclusão não era feita antes em função de limitações nas bases de dados disponíveis ao Bacen, limitações que agora deixaram de existir. Por fim, seguindo determinação do FMI, também passaram a ser excluídos do valor do M2 os títulos em poder de não residentes, uma vez que estes passaram a ser entendidos como agentes neutros (ou seja, nem emissores, nem detentores) no que tange à sua relação com os meios de pagamento nacionais.

No caso do M3, uma alteração adicional importante foi a inclusão de operações compromissadas que envolvam também títulos privados, principalmente debêntures (antes eram incluídas apenas as operações compromissadas lastreadas em títulos públicos). Segundo o Bacen, essa inclusão se justifica porque esse instrumento é similar a uma aplicação em depósito a prazo feita pelo público não financeiro. O Bacen alerta também que, nesse caso, a entidade emissora do meio de pagamento a ser considerada é a instituição financeira que oferece esse tipo de aplicação (a operação compromissada), e não a empresa emissora do título privado que a lastreia. As cotas de fundos monetários em poder de não residentes, pelas mesmas razões já mencionadas, também passaram a ser excluídas do cálculo desse agregado.

Por fim, considerado o agregado mais amplo, que, como sabemos, adiciona ao M3 os títulos públicos federais de elevada liquidez adquiridos pelos detentores de moeda no mercado primário, a alteração mais importante trazida pela nova metodologia foi a exclusão, de seu cômputo, do valor dos títulos públicos adquiridos no mercado doméstico pelos não residentes.

E concluímos, com isso, o primeiro passo no estudo do sistema monetário, que é a compreensão da definição de **meios de pagamento** segundo seus vários critérios. Contudo, existe ainda outro conceito de grande importância para a completa compreensão desse sistema. Trata-se do conceito de **base monetária**, mas, para que possamos compreendê-lo corretamente, é preciso que nos detenhamos nas funções do Banco Central.

8.2 O Banco Central e o controle dos meios de pagamento

8.2.1 As funções do Banco Central

Além de ser o responsável pela emissão do papel-moeda de um país, o Banco Central também tem outras funções, todas elas, de uma forma ou de outra, relacionadas a seu papel principal, que é o de garantir a estabilidade do sistema econômico do ponto de vista monetário, o que inclui tanto a preocupação com o comportamento dos preços dos bens e serviços que circulam na economia quanto com a solvabilidade do sistema bancário. A Figura 8.1 apresenta as principais funções do Banco Central. Discutiremos, em seguida, cada uma delas.[6]

Figura 8.1 – Funções do Banco Central

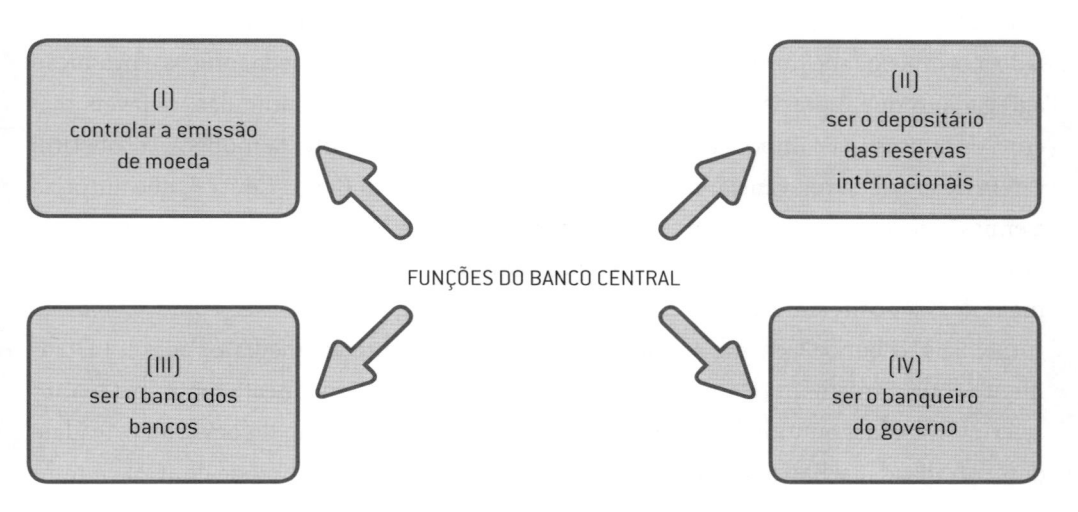

Fonte: elaborada pelos autores.

Na medida em que o Banco Central é a instituição **responsável pela emissão de moeda**, ele deve exercer tal autoridade por meio da obediência a alguns critérios determinados, num plano mais geral, pela orientação que preside a condução da política econômica em curso no país em cada momento. A necessidade do controle sobre a emissão de moeda decorre de sua grande importância no que diz respeito não só à estruturação do sistema econômico como um todo mas também, principalmente, à sua *performance*. Por isso, a chamada *política monetária*, que tem como uma de suas tarefas básicas precisamente o controle da quantidade de meios de pagamento que circula no sistema, é uma das peças básicas na execução da política econômica e congrega diversos instrumentos de ação dos quais o governo pode lançar mão para atingir seus objetivos.

Uma das relações macroeconômicas mais importantes é aquela que liga os meios de pagamento (ou oferta monetária) ao nível geral de preços. Outra é a que vincula quantidade de moeda e nível de atividade. Neste último caso, porém, é enorme a controvérsia

---

6   No **Anexo** deste capítulo, o leitor encontrará um pouco da história da constituição dos bancos centrais, bem como sua relação com essas funções.

existente e a forma de enxergar tal relação varia de acordo com cada corrente teórica.[7] Há os que afirmam que, quando existe muita capacidade ociosa, como desemprego e máquinas paradas, uma elevação na liquidez da economia pode fazer crescer o produto. Outros acreditam que isso pode ocorrer só no curto prazo, pois, no longo prazo, esse efeito não se mantém. Há ainda os que, finalmente, afirmam que, qualquer que seja a situação, uma elevação da liquidez não tem impacto algum sobre o nível de atividade, nem no curto prazo, e serve apenas para elevar o nível geral de preços. Mas, deixando de lado a complexidade dos modelos econômicos que relacionam moeda, preços e produção agregada, o que é preciso reter é que a quantidade de moeda é uma das variáveis macroeconômicas mais importantes, de modo que o controle da oferta monetária constitui tarefa de extrema relevância. Esse controle é realizado pelo Banco Central, que autoriza a emissão de moeda, que então é produzida pela Casa da Moeda. Esse controle imediato, porém, diz respeito à moeda corrente. Quanto à moeda escritural, aquela produzida por meio dos depósitos à vista pelas sociedades depositárias monetárias, como os bancos comerciais, o Banco Central, apesar de não deter um controle imediato, possui instrumentos que diretamente a afetam, os quais veremos mais adiante neste capítulo. Quanto às criptomoedas, ou moedas virtuais, na medida em que elas são de emissão privada e descentralizada, o Banco Central não detém sobre elas nenhum tipo de controle e tampouco tem em relação a elas qualquer responsabilidade.

A segunda função do Banco Central é a de ser o **depositário das reservas internacionais** do país. O que significa isso? Como vimos no **Capítulo 5**, todas (ou quase todas) as transações que o país estabelece com outros países (ou seja, todas as transações que têm, em uma das pontas, um agente residente e, na outra, um agente não residente) geram um fluxo de divisas, de dentro para fora ou de fora para dentro do país. Contudo, como a moeda que circula no país é a moeda local, e não a divisa internacional – no caso do Brasil é o Real, e não o dólar americano –, todos os agentes que, por qualquer motivo, recebem divisas, trocam essas divisas pela moeda local nas casas de câmbio ou instituições financeiras autorizadas, que, por sua vez, vendem-nas ao Banco Central. Desse modo, o Banco Central serve como depositário de todas as divisas que, pelos mais variados motivos, entram no país. De outro lado, ele também é o responsável pelo fornecimento de divisas aos agentes. Em outras palavras, quando se demandam divisas para, por exemplo, importar bens e serviços ou enviar lucros ao exterior, o Banco Central tem

---

7 Na verdade, a controvérsia existe também no primeiro caso (o da relação entre oferta monetária e nível de preços). Contudo, como ninguém pode negar que a inflação é um fenômeno que se expressa monetariamente, existe aí pelo menos um ponto em comum, o que não acontece no segundo caso.

de garantir que essas divisas apareçam e cheguem às mãos dos que delas precisam. Ou seja, o Banco Central tem de garantir, à taxa de câmbio vigente (o preço da divisa em moeda doméstica), a venda da quantidade de divisas que, em cada momento, a economia demanda. Assim, quando se fala em **crise cambial**, o que se está querendo dizer é que as autoridades monetárias do país não dispõem da quantidade de divisas demandada pela economia em determinado momento.

O fato de o Banco Central funcionar como depositário oficial das reservas internacionais facilita sua atuação no mercado de câmbio, particularmente nos regimes de câmbio flexível (ou flutuante) ou misto. Nesses regimes, o controle da quantidade disponível de reservas por parte das autoridades (no caso, o Banco Central) constitui condição básica para que o governo, quando julgar necessário, intervenha no mercado visando alterar o comportamento do câmbio. De outro lado, o nível das reservas internacionais, em cada momento, é por si mesmo uma das variáveis que pode exigir esse tipo de intervenção. Tanto num quanto noutro caso – intervir no mercado de câmbio ou tentar alterar o nível de reservas –, reveste-se de extrema importância o fato de o Banco Central ser o depositário oficial das reservas do país. No caso dos regimes de câmbio fixo, essa função do Banco Central é igualmente importante, visto que ele funciona como uma espécie de caixa geral de divisas da economia e é por meio de sua atuação que a taxa de câmbio se mantém fixa.

Vejamos agora o que significa dizer que o Banco Central tem de funcionar como o **banco dos bancos**. Como vimos, os bancos comerciais, assim como as demais sociedades depositárias monetárias, quais sejam, aquelas instituições autorizadas a receber depósitos à vista, mantêm consigo, de fato, só uma parcela dos recursos que recebem do público, parcela essa à qual se dá o nome de **encaixe**, utilizando o restante para realizar operações de empréstimo e dando origem à criação de moeda escritural. Vimos também que eles podem agir assim porque é muito reduzida a probabilidade de os detentores de depósitos à vista virem reclamar seus direitos todos ao mesmo tempo, de modo que é suficiente, para cada banco comercial em particular, reter um montante de recursos capaz de, a cada momento, satisfazer às demandas. Em função disso, é natural que os bancos mantenham encaixes muito inferiores ao volume de seus depósitos à vista. Esses encaixes podem tomar três formas:

- encaixes em moeda corrente (CMSDM);
- encaixes voluntários junto ao Banco Central; e
- encaixes compulsórios junto ao Banco Central.

Os encaixes em moeda corrente correspondem ao papel-moeda (inclusive moeda metálica) guardado nos cofres e nos caixas dos bancos comerciais que, como já vimos, é mantido por essas instituições para fazer frente, a cada momento, a eventuais excessos de pagamentos contra recebimentos em papel-moeda. Corresponde, portanto, ao conceito CMSDM, anteriormente estudado. Mas existem ainda os outros dois tipos de encaixe já assinalados, ambos efetuados junto ao Banco Central. Vejamos por que eles existem e qual é sua ligação com o papel de banco dos bancos desempenhado pelo Banco Central. Como se sabe, todos os dias, milhares de cheques são depositados nos bancos comerciais. Quando alguém recebe um pagamento em cheque, ele pode fazer duas coisas: ir ao banco responsável pela emissão do cheque e sacar em papel-moeda esses recursos ou depositá-lo em sua própria conta-corrente bancária para poder utilizar os recursos emitindo seus próprios cheques. Em boa parte dos casos, essa segunda alternativa é a escolhida.

Em função disso, milhares de cheques são todos os dias depositados no sistema bancário, e cada banco em particular não recebe apenas cheques de sua própria responsabilidade, mas também cheques que devem ser pagos por outros bancos. Ao mesmo tempo, cheques que seriam de sua responsabilidade são igualmente depositados em outros bancos. Para acertar todas essas transações cruzadas, existe o que se chama de **compensação**.[8]

Um exemplo ilustra a situação. Suponha um sistema bancário constituído por apenas três bancos: X, Y e W. Agora suponha que, em determinado dia, o banco X tenha recebido para depósito $ 200 em cheques do banco Y e $ 500 em cheques do banco W. Ao mesmo tempo, o banco Y recebeu $ 100 em cheques do banco X e $ 250 em cheques do banco W, e este último recebeu $ 150 em cheques do banco X e $ 150 em cheques do banco Y. Assim, o resultado da compensação nesse dia será o seguinte:

- banco X: +$ 450;
- banco Y: 0;
- banco W: –$ 450.

O resultado positivo do banco X resulta do fato de, nesse dia, ele ter recebido depósitos em cheques a serem pagos por outros bancos no valor de $ 700, sendo que só teve

---

8   A utilização cada vez mais intensa de cartões de débito e de pagamentos e transferências feitas via internet sem a utilização de cheques não muda nada nessa história. Seja por meio de cheques ou por via eletrônica, cada banco comercial recebe todos os dias uma série de depósitos de responsabilidade de outros bancos, assim como tem depósitos de seus clientes efetuados em outros bancos, gerando a necessidade da compensação. Na reforma conduzida pelo BC em 2002, entrou em funcionamento o Sistema de Transferência de Reservas (STR), marcando o início de uma nova fase do Sistema de Pagamentos Brasileiro (SPB). Com esse sistema, o Brasil ingressou no grupo de países em que transferências de fundos interbancárias podem ser liquidadas em tempo real, em caráter irrevogável e incondicional. Esse fato, por si só, possibilita redução dos riscos de liquidação nas operações interbancárias, com consequente redução também do risco sistêmico, isto é, o risco de que a quebra de um banco provoque a quebra em cadeia de outros bancos, no chamado "efeito dominó".

de pagar $ 250 a outros bancos por cheques de sua responsabilidade neles depositados. Assim, o banco X teve uma entrada líquida de recursos de $ 450. No caso do banco Y, esse balanço empatou: ele recebeu depósitos em cheques de outros bancos no valor de $ 350 e teve de pagar a outros bancos por cheques de sua emissão nele depositados os mesmos $ 350. Já no caso do banco W, o resultado foi negativo: ele recebeu depósitos à vista em cheques de outros bancos no valor de apenas $ 300 e teve $ 750 em cheques de sua responsabilidade depositados em outros bancos. Para enfrentar esse déficit, o banco W pode utilizar seu caixa em moeda corrente ou fazer uso de seus encaixes voluntários junto ao Banco Central. Esses encaixes constituem, portanto, uma fração de seus depósitos à vista que os bancos comerciais retêm voluntariamente para enfrentar esse tipo de déficit.[9]

Já os encaixes compulsórios, como o próprio nome indica, constituem exigência legal. Os bancos comerciais, incluindo-se aí os bancos múltiplos com carteira comercial e a Caixa Econômica Federal, são obrigados a recolher ao Banco Central determinada proporção de seus depósitos à vista e a prazo.[10] Contudo, diferentemente dos encaixes voluntários, eles não podem ser livremente utilizados pelos bancos para enfrentar seus déficits de compensação. É claro que, na medida em que os déficits representam redução no volume de depósitos à vista, o valor desse encaixe se reduz, pois ele é uma proporção desses depósitos. Portanto, alguma liberação desses recursos ocorre nesses casos, mas nunca em montante suficiente para zerar o déficit. Por se organizarem de forma distinta (não visam lucro) e poderem oferecer crédito apenas a seus associados, as cooperativas de crédito, apesar de estarem sob o controle do Banco Central e serem consideradas sociedades depositárias monetárias, não são obrigadas a efetuar o recolhimento compulsório.

Temos com isso informações suficientes para entender o papel de banco dos bancos exercido pelo Banco Central. Retomemos nosso exemplo e suponhamos que os recursos que o banco W consegue obter por meio de seus encaixes não sejam suficientes, naquele dia, para honrar seus compromissos, ou seja, para pagar todos os cheques de sua emissão depositados em outros bancos. Nesse caso, supondo que essa não seja uma situação frequente na vida do banco, ou, em outras palavras, que a ocorrência dos déficits não seja sistemática, o banco pode enfrentar esse momentâneo desequilíbrio pedindo recursos emprestados ao Banco Central. Quando este atende a esse tipo de pedido, está funcionando como **emprestador de última instância**, e os recursos que

---

9   Em determinadas condições, os bancos comerciais podem manter, de modo parcialmente alternativo aos encaixes voluntários no Banco Central, uma carteira de títulos públicos de curto prazo e de alta liquidez no mercado, que funciona, então, como um quase caixa. Existindo tais títulos, essa alternativa tende a ser utilizada, pois permite auferir juros, o que não acontece com os encaixes usuais.

10 Eventualmente, o Banco Central pode permitir que uma parcela desses encaixes compulsórios seja mantida, não sob a forma de dinheiro, mas sob a forma de títulos da dívida pública, opção que com certeza é muito mais interessante para os bancos comerciais, que podem então obter juros desses recolhimentos obrigatórios.

ele está emprestando chamam-se **redescontos de liquidez**. O Banco Central cobra uma taxa de juros sobre o montante dos empréstimos de liquidez que concede aos bancos comerciais. Essa taxa tem o nome de **taxa de redesconto**. Na medida em que os bancos comerciais mantêm encaixes muito inferiores a seus depósitos, a existência desse tipo de empréstimo é fundamental para a credibilidade e a solvabilidade do sistema bancário. Na sua inexistência, o sistema bancário, que tem a estrutura de suas operações ativas e passivas baseada em probabilidades, estaria sujeito a uma permanente e substantiva vulnerabilidade, com consequências deletérias sobre o funcionamento de todo o sistema econômico.

Por outro lado, porém, cabe ao Banco Central atuar de modo prudencial para evitar quebras de bancos e o desencadeamento de uma crise bancária generalizada. Em outras palavras, se é, de certa forma, normal a concessão de empréstimos de liquidez por parte do Banco Central, a ocorrência sistemática de episódios como esse com determinado banco pode indicar justamente que este está se tornando insolvente ou próximo da falência. Como a quebra de um banco insolvente pode contaminar vários outros, tecnicamente saudáveis, por simples contágio, desencadeando o chamado "efeito dominó" e gerando uma situação de grande instabilidade na economia como um todo, cabe ao Banco Central fiscalizar as atividades dos bancos comerciais para evitar que situações como essa ocorram.[11]

Mas, retomando o papel de banco dos bancos desempenhado pelo Banco Central, ele assim se define porque é, por um lado, o agente que detém os encaixes dos bancos comerciais e, por outro, o agente que empresta dinheiro aos bancos comerciais, quando necessário. Assim, ele funciona, em relação aos bancos comerciais, do mesmo modo que estes funcionam em relação ao público em geral. Por isso, ele é o banco dos bancos.

Resta finalmente elucidar por que o Banco Central desempenha o papel de **banqueiro do governo**, esclarecendo, desde o início, que *governo* se refere aqui a governo federal. Em primeiro lugar, é no BC que o Tesouro Nacional deposita os recursos que arrecada sob a forma de impostos, taxas e contribuições e onde ficam depositadas todas as disponibilidades financeiras (inclusive fundos) da União e de suas autarquias e fundações.[12] Teoricamente, o BC poderia atuar também na outra ponta da atividade bancária, ou seja, não só recebendo depósitos mas também concedendo empréstimos ao governo. No caso do Brasil, porém, a Constituição de 1988 proibiu esse tipo de empréstimo. De qualquer maneira, mesmo quando essas operações são proibidas, é por meio do Banco Central que o

---

11 Vide nota 8 referente à criação do Sistema de Pagamentos Brasileiro (SPB) e sua relação com o efeito dominó.

12 No Brasil, o governo federal faz isso por meio da chamada **conta única do tesouro**.

governo federal capta recursos, pois o BC atua em nome do Tesouro Nacional nos leilões de títulos públicos federais.[13] Assim, da mesma maneira que, por motivos similares, o Banco Central é considerado o banco dos bancos, ele também é considerado o banqueiro do governo. Cabe, no entanto, frisar que é distinta a natureza das operações efetivadas em cada caso. Na relação dos bancos comerciais com o Banco Central, estamos falando de operações intramuros do próprio setor monetário (Banco Central mais sociedades depositárias monetárias), que, como vimos, é o responsável pela emissão dos meios de pagamento. Já no caso das relações entre o Banco Central e o governo federal, temos uma relação entre o sistema monetário e o sistema não monetário, uma vez que o governo federal (assim como os demais níveis de governo) faz parte, para efeitos desta discussão, daquilo que chamamos de *público* (o governo federal, como vimos, é incluído no grupo dos agentes emissores de moeda por conta de sua forte presença na emissão de títulos de dívida de alta liquidez; contudo, ele só faz parte do conceito mais amplo de meios de pagamento, que é o agregado M4). É importante assinalar essa diferença porque, como veremos, os impactos dessas operações são distintos do ponto de vista da criação e da destruição de meios de pagamento no conceito M1.

8.2.2 As contas monetárias

Em termos operacionais, podemos entender melhor as operações dos bancos comerciais e do Banco Central por meio de seus balancetes, que, conjuntamente considerados, constituem as **contas monetárias** do país e conformam o balancete do sistema monetário. Investigando esses balancetes, compreenderemos, por exemplo, como funciona o sistema monetário, o que é base monetária, qual o significado das operações dos bancos comerciais e demais sociedades depositárias monetárias, de que maneira as funções do Banco Central, recém-consideradas, geram operações ativas e passivas, e qual seu impacto sobre os meios de pagamento.

Um *balancete* é um instrumento contábil em que é possível analisar, para determinada instituição, num dado momento, as fontes de recursos e suas aplicações. Já vimos vários exemplos desse tipo de instrumento nos capítulos anteriores. Contudo, vale relembrar que:

i) um balancete é composto de dois lados, o passivo, que elenca as fontes de recursos, e o ativo, que mostra onde esses recursos estão aplicados; e

---

13 No Brasil, o BC é também responsável pelo acompanhamento da execução orçamentária do governo federal e, quando cabível, representa o país junto a organismos internacionais, como o Fundo Monetário Internacional (FMI) e o Bank for International Settlements (BIS).

ii) que, sendo um instrumento contábil, ele deve obedecer ao método das partidas dobradas e à exigência de equilíbrio interno, isto é, a soma dos valores do ativo tem de ser exatamente igual à soma dos valores do passivo.

Comecemos pelas sociedades depositárias monetárias. O balancete apresentado a seguir tem o título de balancete consolidado das entidades criadoras de moeda, ou seja, bancos comerciais, bancos múltiplos com carteira comercial, Caixa Econômica Federal e cooperativas de crédito. Isso significa que:

- cada uma dessas entidades possui um balancete desse tipo, de modo que os lançamentos aí apresentados indicam as operações que são típicas desse tipo de instituição;
- para efeitos da compreensão do sistema monetário como um todo, não nos interessa o balancete de cada entidade em particular, mas um instrumento que mostre o comportamento do conjunto de todos os entes criadores de moeda. Para se obter isso, basta somar, lançamento a lançamento, os balancetes de todas as entidades desse tipo em operação no país e, ao assim procedermos, estaremos gerando um balancete consolidado das entidades criadores de moeda, tal como apresentado na Quadro 8.5.

Quadro 8.5 – Balancete consolidado das entidades criadoras de moeda

ATIVO	PASSIVO
A – Encaixes	**F – Recursos monetários**
1. Em moeda corrente (CMSDM)	Depósitos à vista
2. Em depósitos no Banco Central (DEP)	
a) voluntários	
b) compulsórios	
B – Empréstimos	**G – Recursos não monetários**
1. Ao setor público	1. Depósitos a prazo, poupança e outros depósitos
2. Ao setor privado	
C – Títulos	2. Recursos provindos do BC (inclusive redesconto)
1. Públicos	
2. Privados	3. Passivo externo
D – Outras aplicações	4. Outras exigibilidades
E – Imobilizado	5. Recursos próprios

Fonte: elaborado pelos autores.

Vejamos o significado de cada item do balancete, lembrando que, na realidade, para cada uma das entidades do sistema, cada item constitui, por si só, uma conta, com lançamentos a débito e a crédito, cujo resultado é trazido para seu balancete. Como exemplo, podemos tomar a situação de um banco comercial que recebe uma aplicação em depósitos a prazo (pela venda de um CDB, por exemplo). Essa operação vai gerar um lançamento a crédito na conta *Depósitos a prazo* e um lançamento a débito na conta *Caixa em moeda corrente* (se a aplicação tiver sido feita em dinheiro) ou na conta *Depósitos à vista* (se a aplicação tiver sido feita em cheque). No momento em que esse CDB for resgatado, o resgate vai gerar lançamentos inversos a esses: um lançamento a crédito na conta caixa ou na conta *Depósitos à vista* e um lançamento a débito na conta *Depósitos a prazo*. Ao final de cada período, os saldos de todas as contas são trazidos para o balancete do banco, aparecendo como seus itens. Como estamos trabalhando com o balancete consolidado do conjunto de todas as entidades criadoras de moeda, cada um dos itens aqui apresentados indica, portanto, em determinado momento, a soma dos saldos das contas de mesmo nome de todas as entidades do sistema.

Isso posto, comecemos nosso exame desse balancete pelo passivo, que elenca todas as fontes de recursos. Inicialmente, temos os Depósitos à Vista (DV), que são os recursos que o público mantém em suas contas-correntes. No item **F**, aparece, portanto, o saldo dos depósitos à vista que, no momento a que se refere o balancete, o público mantém junto a todas as sociedades depositárias monetárias. Como já vimos, esses recursos são **recursos monetários**, ou seja, fazem parte dos meios de pagamento no conceito restrito (M1), possuindo, portanto, liquidez imediata: um pagamento de qualquer mercadoria ou serviço efetuado com cheque, ou com um cartão de débito, constitui pagamento à vista tanto quanto aquele feito com dinheiro em espécie (a menos, é claro, que se trate, no caso do cheque, de um documento pré-datado).

Dentre os **recursos não monetários**, temos, em primeiro lugar, os *depósitos a prazo*, que incluem depósitos de poupança, aplicações em Certificados de Depósitos Bancários (CDBs) e em fundos de diversos tipos, que o público pode efetuar nos bancos comerciais visando valorizar seu capital monetário pelo recebimento de juros. De modo similar ao que acontece com os depósitos à vista, aparece, no item G1 do balancete, o valor total de depósitos a prazo de vários tipos que, no momento em questão, o público mantém nas sociedades depositárias monetárias. A liquidez desses depósitos é evidentemente menor que a dos depósitos à vista, uma vez que o resgate fora do prazo estipulado em cada tipo de aplicação impõe custos a seus detentores sob a forma de perda (total ou parcial) do rendimento previsto.

O item G2 refere-se fundamentalmente aos empréstimos de redescontos tomados pelos bancos comerciais para enfrentar desequilíbrios momentâneos de compensação. O valor aí lançado indica, no momento em questão, o saldo de exigibilidades desse tipo relativamente às quais os bancos comerciais devem prestar contas ao Banco Central. Além do redesconto clássico, os bancos também podem receber recursos do BC com a finalidade de operar programas especiais, como financiamento a exportações e a pequenas e médias empresas, as quais, regra geral, trabalham com base em juros subsidiados, ou seja, menores que aqueles normalmente praticados no mercado.

No caso do Brasil, que, como vimos no **Capítulo 5**, é um importador líquido de capitais, os bancos podem ainda tomar recursos no exterior e repassá-los aos residentes sob a forma de empréstimos. O item G3 mostra, pois, no momento a que se refere o balancete, o saldo dos *recursos externos*, ou seja, daqueles recursos tomados pelos bancos comerciais do país junto a não residentes.[14] Mas só é interessante para os bancos comerciais fazer esse tipo de operação quando houver um diferencial de juros entre o mercado interno e o externo do qual eles possam se beneficiar. Em outras palavras, se a taxa de juros no mercado externo for menor que a praticada no mercado interno, vale a pena tomar emprestado recursos externos e emprestá-los internamente.

As outras exigibilidades (item G4) referem-se ao saldo, no momento em questão, dos recursos provenientes de uma série de outras fontes, como repasses do governo e FGTS, aos quais os bancos também têm acesso e que não podem ser caracterizados nem como depósitos à vista, nem como depósitos a prazo, nem como recursos externos. Por fim, incluem-se entre as fontes de recursos à disposição das entidades seu próprio capital, ou seja, seus recursos próprios (muitas vezes denominados patrimônio líquido), cujo valor, no momento a que se refere o balancete, aparece indicado no item G5 do passivo.

Tendo compreendido de onde vêm os recursos à disposição das sociedades depositárias monetárias, tentemos agora entender onde eles são aplicados. Fazer isso implica investigar as contas do ativo. Como já vimos, uma parte dos recursos que essas entidades recebem deve ser mantida como *encaixes*. Portanto, o item A indica, no momento a que

---

14 O leitor atento já terá percebido que um dos instrumentos disponíveis para enfrentar desequilíbrios no balanço de pagamentos é precisamente a elevação da taxa interna de juros. E isso é assim não só porque com a desregulamentação financeira se estimula a entrada de capitais de curto prazo (para aplicação em títulos da dívida pública, por exemplo), que vêm se beneficiar de um rendimento maior, como também porque estimula a captação de recursos externos pelos bancos comerciais, dado o benefício advindo do diferencial de juros. Em ambos os casos, tais operações vão engordar os ativos de reserva do país e o passivo externo. Contudo, como já comentamos no **Capítulo 6**, apesar de aparentemente fácil e eficaz para corrigir desequilíbrios nas contas externas, esse tipo de expediente é bastante arriscado no longo prazo, pois, além de desestabilizar o sistema econômico como um todo, torna o país cada vez mais dependente de capitais especulativos e acaba por subordinar toda a política econômica às exigências desses capitais. Além disso, pode trazer como subproduto a valorização excessiva da moeda doméstica, acarretando problemas para muitos setores da produção interna, os quais não conseguirão competir com preços de bens importados cada vez mais reduzidos.

se refere o balancete, qual é o montante total de moeda corrente nos caixas das sociedades depositárias monetárias (CMSDM, item A1) e qual é o saldo dos encaixes voluntários e compulsórios mantidos pelo conjunto dessas entidades junto ao Banco Central (A2).

Como se sabe, os empréstimos constituem as atividades-fim dos bancos comerciais. Em outras palavras, a finalidade precípua de sua atuação é precisamente a de funcionar como um intermediário entre a oferta e a demanda por recursos líquidos. Assim, uma boa parte dos recursos que restam à disposição das sociedades depositárias monetárias, depois de efetuados os encaixes, é emprestada em troca do pagamento de juros, e os tomadores de tais empréstimos podem ser tanto agentes e instituições do setor privado quanto instituições do setor público. O item B do ativo indica, pois, no momento em questão, o saldo total dos *empréstimos* concedidos ao *público* (setor privado e setor público) pelo conjunto dessas entidades. Além de emprestar recursos, elas também podem aplicá-los na compra de títulos de dívida, que, mais uma vez, podem ser de emissão tanto do setor privado, como debêntures ou *commercial papers*, quanto do setor público, como títulos da dívida pública. O item C indica, então, o valor total de tais aplicações no momento a que se refere o balancete. Tal como no caso das fontes, podem existir também aplicações que não se enquadram em nenhum dos itens anteriores. Para essas outras aplicações existe, no ativo do balancete, o item D, que indica seu saldo no momento em questão.

Finalmente, como acontece com as empresas de qualquer setor, parte dos recursos das sociedades depositárias monetárias está aplicada naquilo que se chama *imobilizado,* ou seja, em capital físico, que tem a forma de prédios e máquinas. Como se trata de bancos comerciais, boa parte desse imobilizado é constituído pelas agências bancárias e pelos equipamentos, particularmente de informática (como caixas eletrônicos, computadores, máquinas de xerox, impressoras), utilizados tanto no atendimento ao público quanto nas atividades internas (eventuais ativos intangíveis, como patentes e marcas, também estão incluídos nesse item). O valor total do estoque desses bens de propriedade do conjunto das sociedades depositárias monetárias no momento a que se refere o balancete é indicado no item E.

Como já indicamos, o balancete consolidado das entidades criadoras de moeda constitui uma parte importante daquilo que se chama contas monetárias de um país. A outra parte diz respeito ao resultado das operações do próprio Banco Central. Portanto, existe também um balancete das operações do Banco Central, que devemos investigar para poder compreender o funcionamento do sistema monetário como um todo. A observação feita para o balancete anterior vale também aqui, ou seja, os itens que aparecem no balancete do Banco Central referem-se, na verdade, a contas permanentemente mantidas pela instituição para registro das operações por ela desenvolvidas, cujo saldo, em determinado momento, é transferido para o balancete. Vale lembrar que, no caso do Banco Central, tais contas e consequentes itens do balancete refletem também as funções da instituição discutidas anteriormente. O Quadro 8.6 apresenta o balancete do BC tal como ele é elaborado no Brasil. Comentaremos, na sequência, o significado de cada um de seus itens. Como recurso didático e porque nos facilitará o trabalho mais à frente, indicaremos cada item desse balancete com uma letra diferente das usadas no Quadro 8.5, referente ao balancete dos bancos comerciais.

Quadro 8.6 – Balancete sintético do Banco Central

ATIVO	PASSIVO MONETÁRIO

H – Reservas internacionais	M – **Base monetária (PME + DEP)** **(PME = PMPP + CMSDM)**
	 1. PMPP
	 2. Encaixes totais dos bancos comerciais
	    a) Em moeda corrente (CMSDM)
	    b) Em depósitos voluntários e compulsórios junto ao BC (DEP)

I – **Créditos junto a instituições financeiras (redesconto)**	N – **Depósitos compulsórios em espécie** 1. Sobre poupança 2. Outros
J – **Créditos junto ao governo federal**	O – **Operações compromissadas** **(lastro em títulos públicos federais)**
K – **Títulos públicos federais**	PASSIVO NÃO MONETÁRIO
L – **Outros**	P – **Conta única do Tesouro**
	Q – **Obrigações externas**
	R – **Outras**
	S – **Recursos próprios**

Fonte: elaborado pelos autores.

Para facilitar a indicação do significado de cada um dos itens apresentados pelo balancete do Banco Central, lembremos de antemão – e isso vale para todos os itens – que eles indicam o saldo da respectiva conta no momento a que se refere o balancete. Suponhamos que o balancete em questão se refira a 31 de dezembro de 2019. Nesse caso, o valor do papel-moeda em poder do público, no item M_1, por exemplo, indicará qual é o saldo do papel-moeda que se encontra em poder do público nessa data.

Isso posto, consideremos o significado de cada um dos itens desse balancete. Comecemos pelo lado do passivo. Já no primeiro item vamos encontrar a **base monetária**, o segundo agregado monetário mais importante, depois dos meios de pagamento no sentido restrito (M1). Como indicado a seguir:

....

A **Base Monetária** (BM) é constituída pela totalidade do papel-moeda emitido mais os encaixes em depósitos voluntários e compulsórios junto ao BC (dep). Outra forma de indicar essa definição é afirmar que a base monetária é constituída pela soma de três parcelas, quais sejam: o saldo do Papel-Moeda em Poder do Público (PMPP), o saldo do Caixa em Moeda Corrente das Sociedades Depositárias Monetárias (CMSDM) e o saldo dos depósitos voluntários e compulsórios dos bancos comerciais (DEP).

....

Escrevendo essa definição sob a forma de equação, teremos:

$$BM = PME + DEP \text{ ou } BM = PMPP + CMSDM + DEP \qquad (8.3)$$

O **passivo monetário** do Banco Central é constituído por todos os ativos monetários cuja emissão e/ou controle são prerrogativas do BC mais os depósitos de ativos monetários que as entidades criadoras de moeda voluntariamente fazem junto à autoridade monetária. Na primeira categoria, encontram-se o volume de papel-moeda emitido (PMPP mais CMSDM) e os depósitos compulsórios dos bancos (a parcela da variável DEP que é constituída pelos depósitos compulsórios mais o item N); na segunda, encontram-se os depósitos voluntários feitos pelos bancos comerciais (a parcela da variável DEP que é constituída pelos depósitos voluntários mais o saldo das operações compromissadas tendo por lastro títulos de emissão do governo federal – item O).[15]

O item N refere-se a depósitos compulsórios que os bancos devem fazer junto ao BC, mas cuja base de cálculo não é o montante dos depósitos à vista. No caso do Brasil, entram nesse grupo os depósitos compulsórios sobre os recursos aplicados em cadernetas de poupança, bem como outros derivados de sobras de depósitos à vista não aplicados nos percentuais exigidos legalmente em modalidades específicas de crédito, como o microcrédito. A soma da base monetária com esses recursos (item N) mais o saldo das

---

15 No Brasil, até o advento da Lei da Responsabilidade Fiscal (Lei n. 101, de 2001), o BC podia emitir títulos próprios para efeitos de condução da política monetária. A LRF vedou essa possibilidade e hoje o BC opera a política monetária exclusivamente com títulos emitidos pelo Tesouro Nacional.

operações compromissadas com títulos emitidos pelo governo federal (item O) constituem a chamada **base monetária ampliada**. Eles são apresentados separadamente para que se possa conhecer com precisão o valor da **base monetária estrita** (item M), que não os inclui. O conceito de *base monetária ampliada* foi introduzido com o Plano Real, considerando o princípio de que, na economia brasileira, os agregados mais amplos são mais bem correlacionados com os preços. Assim, além da base monetária restrita, essa base ampliada inclui também os principais passivos do Banco Central e do Tesouro Nacional (ou seja, depósitos compulsórios em espécie e títulos públicos federais fora do Banco Central registrados no Sistema Especial de Liquidação e Custódia – Selic). As operações compromissadas, que têm por lastro títulos emitidos pelo governo federal, são utilizadas pelo Banco Central para efeitos da execução da política monetária, que visa regular, a cada momento, o nível de liquidez existente na economia.

O leitor deve reparar que a soma dos itens M2 e N desse balancete do BC corresponde exatamente ao item A do balancete consolidado das entidades criadoras de moeda, ou seja, refere-se aos encaixes em moeda corrente e aos recursos voluntários e compulsórios depositados por essas entidades no Banco Central. O que configura crédito para essas entidades e, por isso, encontra-se do lado do ativo, representa exigibilidade para o Banco Central e encontra-se do lado do passivo. Em outras palavras, se determinado banco possui, junto ao Banco Central, determinado volume de recursos monetários sob a forma de encaixe voluntário, o BC tem de liberar esses recursos, ou qualquer parcela deles, assim que forem exigidos por esse banco. A liberação dos recursos vinculados aos encaixes compulsórios, como se viu, não é tão simples, visto que obedece a critérios determinados por lei, mas, de qualquer maneira, eles constituem recursos monetários dos bancos comerciais que estão sob a guarda do Banco Central e, por isso, figuram como item do passivo monetário estrito de seu balancete (item M, que corresponde à base monetária). No que tange aos encaixes em moeda corrente que estão nos caixas dos bancos comerciais, eles constam como passivo do BC, porque a emissão da moeda corrente é prerrogativa deste e ele deve, por isso, prestar contas do montante de moeda emitida, ou seja, zelar pelo seu controle e pelo seu valor.

Com isso, demos conta de todos os itens do passivo monetário do BC, incluindo a base monetária (item M). Mais adiante veremos de que forma o controle que essa instituição detém sobre a maior parte desses itens influencia o saldo dos meios de pagamento em cada momento, estando, portanto, associado à primeira das funções dela, que é controlar a oferta de moeda.

A conta única do Tesouro (item P), primeiro item do **passivo não monetário**, está associada à quarta função do Banco Central – funcionar como banqueiro do governo. Como já indicamos, o governo federal deposita no BC os recursos que arrecada sob a forma de impostos, taxas e outras contribuições, recursos que ficam então sob sua guarda, constituindo, portanto, um passivo. Esses recursos são de livre movimentação pelo governo e remunerados pela taxa média da rentabilidade dos títulos públicos federais existentes na carteira do BCB (item K do ativo).

O segundo item do passivo não monetário são as obrigações externas (item Q), nas quais se registram os saldos, em determinado momento, de uma série de diferentes operações que envolvem divisas e em relação às quais o BC tem de prestar contas, como depósitos de organismos financeiros internacionais, contratação de operações em ouro e em moedas estrangeiras que ainda não foram liquidadas, obrigações decorrentes de processos de reestruturação da dívida externa, venda de títulos estrangeiros com compromisso de recompra etc. Os itens R e S, que fecham o passivo não monetário, têm significados análogos ao dos itens G4 e G5 do balancete sintético dos bancos criadores de moeda.

Investiguemos as contas do ativo. O primeiro item (H) está relacionado à segunda das funções do Banco Central, que é ser o depositário oficial das *reservas em divisas* do país. Quando determinado volume de divisas chega ao caixa do BC é porque, em contrapartida, dada a taxa de câmbio vigente, um fluxo de idêntico valor em moeda doméstica saiu dessa instituição. Suponhamos um exportador que tenha recebido US$ 5 mil pela venda de suas mercadorias ao exterior. Recebendo esses dólares, ele vai vendê-los ao banco comercial no qual tem conta-corrente ou a uma casa de câmbio, recebendo em troca a moeda doméstica. O banco ou a casa de câmbio, por sua vez, vão trocá-los por moeda doméstica no Banco Central, que, sendo o depositário oficial das divisas, não pode recusá-los e é obrigado a trocá-los por moeda doméstica. O BC, portanto, comprou essas divisas e tem, por isso, junto à sociedade, um "direito" em moeda doméstica correspondente ao valor do montante de reservas que está depositado em seu caixa. Assim, esse item aparece lançado no ativo do balancete do Banco Central.

O item I está associado à terceira função do Banco Central, que, como vimos, é ser o banco dos bancos e, nessa medida, o emprestador de última instância do sistema bancário. Ele corresponde ao item G2 do balancete consolidado dos bancos comerciais. Os recursos emprestados pelo BC aos bancos comerciais, a título de empréstimos de liquidez, geram direitos (ou seja, crédito) a ele junto aos bancos comerciais e, inversamente, um débito dos bancos comerciais para com ele. Daí serem lançados no ativo do balancete do Banco Central e no passivo do balancete consolidado dos bancos criadores de moeda.

O item J refere-se a créditos que o Bacen tenha, em cada momento, junto ao governo federal. No Brasil, normalmente eles derivam de custos atribuídos à autoridade monetária por força de sua obrigação de carregar as reservas internacionais como ativos. Eles são dados pela diferença entre o custo médio de captação do Bacen e a rentabilidade gerada pelas reservas (a maior parte das reservas são aplicadas e geram rendimentos). Os resultados da estimativa desses custos, chamado de *equalização cambial*, são transferidos ao Tesouro e geram créditos junto ao governo federal. Assim, essa rubrica está associada à segunda das funções do Bacen.

O item K refere-se à carteira de títulos que o Bacen possui à sua disposição em cada momento e está associada à primeira de suas funções. Segundo essa instituição, ela administra sua carteira de títulos a fim de dispor de instrumentos adequados à execução da política monetária, ou seja, a realização de operações de compra e venda de títulos, de forma definitiva ou compromissada.[16] Assim, em cada momento, o Bacen possui, dentre seus ativos, determinado montante de títulos públicos, cujo valor aparece nessa rubrica.

Em princípio, poderia também constar do ativo da autoridade monetária um item em referência aos empréstimos que o Bacen poderia fazer ao Tesouro Nacional. Em outras palavras, isso significa que o BC poderia financiar o governo central para que este pudesse fazer face a suas despesas, ou seja, o governo poderia sacar, em moeda nacional, junto ao BC, um volume de recursos maior que aquele disponível sob a forma de depósitos ali efetuados (rubrica P). Operacionalmente, não há grande dificuldade em viabilizar tal financiamento. Como a emissão monetária é de controle exclusivo do Banco Central, basta que ele ordene um aumento de emissão de moeda corrente para atender à maior demanda do governo central por recursos líquidos. Nossa legislação, no entanto, proíbe esse tipo de relação.

Considerando o equilíbrio interno desse balancete, podemos perceber que as alterações no ativo, decorrentes da modificação no valor de uma ou mais de suas contas, têm de ter, como contrapartida, alterações ou no passivo monetário (que tem na base monetária estrita seu componente mais importante) ou no passivo não monetário. As alterações nas contas do ativo são conhecidas como operações ativas do Banco Central. Temos, então, uma característica importante da base monetária: ela pode ser diretamente administrada pelo Banco Central por meio do controle de suas operações ativas. Tomemos, como exemplo, uma elevação das reservas internacionais (item H). Se, por uma razão

---

16 BANCO CENTRAL DO BRASIL. *Demonstrações financeiras*. Brasília: Bacen, 2018. p. 22. Disponível em: https://www.bcb.gov.br/content/acessoinformacao/balanceteslai/Demonstra%C3%A7%C3%B5es%20financeiras%20cont%C3%A1beis%20-%20Banco%20Central%20do%20Brasil.pdf. Acesso em: 15 jan. 2020.

qualquer, eleva-se subitamente o volume de divisas no ativo do Banco Central, isso significará, imediatamente, um aumento da base monetária em igual valor, decorrente da compra de divisas de propriedade do público por parte do Banco Central. A única possibilidade de isso não acontecer, ou acontecer apenas parcialmente, é esse volume adicional de reservas, ou ao menos parte dele, transformar-se em algum outro item do passivo que não seja a base monetária estrita. No caso do Brasil, por exemplo, houve vários momentos, no período 2002-2014, em que a volumosa entrada de divisas no país, seja por conta do chamado *boom das commodities*, seja por conta de recursos em demasia fluindo através da conta financeira, obrigou o Banco Central a elevar as operações compromissadas para *esterilizar* (esse o nome da operação), ao menos em parte, o impacto sobre o nível de liquidez da economia (base monetária estrita) desse aumento involuntário de suas operações ativas.

Assim, de maneira geral, podemos dizer que só existirá expansão da base monetária estrita se ocorrer um aumento das operações ativas do Banco Central não compensado por aumento de igual valor em seus outros recursos, ou se ocorrer uma mudança na composição do passivo total com a redução desses recursos e consequente aumento da base monetária estrita. Inversamente, só ocorrerá contração da base monetária se houver uma redução nas operações ativas do Banco Central não compensada por uma redução de igual valor em seus outros recursos, ou se houver uma mudança na composição do passivo, com aumento desses recursos e consequente redução da base monetária estrita. A inexorabilidade desses resultados decorre da natureza do balancete, que, como instrumento contábil, exige o equilíbrio interno, ou seja, igualdade entre ativo e passivo.

Surge dessa análise uma questão importante. Tomando o conceito de meios de pagamento restrito (M1), isto é, papel-moeda em poder do público mais depósitos à vista do público nas sociedades depositárias monetárias, percebe-se que o Banco Central não tem controle direto sobre esse agregado. Isso porque, como vimos, os depósitos à vista do público também são moeda (moeda escritural), de modo que a criação de moeda não é privilégio dele: os bancos comerciais, por meio das operações de empréstimos, também detêm o poder de criar moeda. Entretanto, se o BC possui, como vimos, o controle sobre a base monetária e se existe uma relação estável entre base monetária e os meios de pagamento, podemos afirmar que ele tem o poder de controlar, ainda que indiretamente, a quantidade de moeda na economia. Essa relação estável é dada pelo chamado *multiplicador bancário,* uma variável que indica, dada a base monetária, qual é o volume de meios de pagamento, no conceito restrito (M1), que está circulando na economia num determinado momento.

Na próxima seção, estudaremos com mais detalhes essa variável, seus determinantes e como influencia os meios de pagamento. Antes, porém, resta-nos construir, com base no balancete consolidado das entidades criadoras de moeda e no balancete sintético do Banco Central, o balancete consolidado do sistema monetário, que será um somatório dos dois primeiros. O Quadro 8.7 apresenta esse balancete. Discutiremos, na sequência, quais foram as operações contábeis necessárias para se chegar a ele e qual o significado de cada uma de suas partes.

Quadro 8.7 – Balancete consolidado do sistema monetário

ATIVO	PASSIVO
ATIVOS DO BC	**PASSIVO MONETÁRIO**
H – Reservas internacionais	T – Meios de pagamento
J – Créditos junto ao governo federal	1. PMPP
K – Outros	2. Depósitos à vista do público nos bancos comerciais (DV)
	O – Operações compromissadas (lastro em títulos públicos federais)
ATIVOS DOS BANCOS COMERCIAIS	**PASSIVO NÃO MONETÁRIO DO BC**
B – Empréstimos aos setores público e privado	P – Conta única do Tesouro
C – Títulos públicos e privados	Q – Obrigações externas
	U – Outros
	PASSIVO NÃO MONETÁRIO DOS BANCOS COMERCIAIS
	G1 – Depósitos a prazo
	G2 – Obrigações externas
	V – Outros

Fonte: elaborado pelos autores.

Como observamos, o balancete consolidado do sistema monetário resulta da soma do balancete consolidado das entidades criadoras de moeda com o balancete sintético do Banco Central, contemplando assim a totalidade do sistema monetário. Num processo de soma de balancetes, evidentemente desaparecem os lançamentos referentes a operações casadas entre os dois tipos de instituição – o Banco Central, de um lado, e o conjunto das sociedades depositárias monetárias, de outro. Foi o que aconteceu com o item A, registrado no ativo do primeiro balancete, e o conjunto M2 + N, registrado no passivo do balancete sintético do Banco Central, ambos indicando o saldo dos encaixes voluntários e compulsórios mantidos junto ao Banco Central pelas sociedades depositárias monetárias.

Com isso, o passivo monetário do sistema monetário como um todo é determinado pela soma do papel-moeda em poder do público (PMPP), que é parte da base monetária estrita e passivo monetário do Bacen, com os depósitos à vista do público (DV), que constituem o passivo monetário das entidades criadoras de moeda. Em outras palavras, o passivo monetário do sistema como um todo é constituído pelo agregado monetário M1. Consta também do passivo monetário do sistema como um todo o valor das operações compromissadas do Bacen lastreadas em títulos públicos federais, que, como vimos, faz conceitualmente parte do passivo monetário por constituir-se em passivo do Tesouro Nacional.

O mesmo jogo de cancelamento entre rubricas aconteceu com os itens I (ativo) e G2 (passivo) dos balancetes do Banco Central e das sociedades depositárias monetárias, respectivamente, ambos indicando o saldo dos empréstimos de liquidez efetuados pelo Banco Central (redesconto).

Outros lançamentos desapareceram meramente para efeito de simplificação, como a consideração dos itens D, E, G4 e G5 do balancete consolidado das sociedades depositárias monetárias pelo seu saldo líquido, gerando o item V (portanto, V = G4 + G5 – D – E) e a consideração conjunta dos itens R e S, do balancete sintético do Banco Central, que deram origem ao lançamento U (portanto, U = R + S).

De maneira análoga ao que acontece com o balancete sintético do Banco Central, pelo balancete do sistema monetário, podemos perceber de que modo as operações ativas dessa instituição e das entidades criadoras de moeda influenciam a quantidade de moeda (meios de pagamento) em circulação na economia. Em resumo, podemos dizer que só haverá uma expansão dos meios de pagamento se houver um aumento das operações ativas do Banco Central ou das entidades criadoras de moeda não compensado por seus respectivos passivos não monetários; ou, alternativamente, se houver uma alteração na composição do passivo total com a redução do passivo não monetário do Banco Central ou das entidades criadoras de moeda e consequente aumento dos meios de pagamento. Antes de estudarmos em mais detalhes como as diferentes operações do sistema bancário implicam criação ou destruição de moeda, veremos os determinantes do multiplicador bancário.

8.2.3 O multiplicador bancário e a criação e destruição de meios de pagamento

Como adiantamos, a relação entre o agregado meios de pagamento no conceito M1, que aparece no *balancete consolidado do sistema monetário*, e o agregado Base Monetária (BM), que aparece no *balancete sintético do Banco Central*, é dada pelo multiplicador bancário. A oferta de meios de pagamento, como já observado, é estabelecida pelo sistema monetário, que é composto do Banco Central e das entidades criadoras de moeda (ou sociedades depositárias monetárias). O BC é legalmente responsável pela emissão de papel-moeda, enquanto as referidas entidades podem influir sobre a oferta monetária por meio de suas operações de empréstimo. De fato, como também já vimos, as sociedades depositárias monetárias acabam por movimentar um volume de recursos muito maior que aquele que realmente possuem, visto que, ao realizarem operações de empréstimo, acabam criando novos depósitos e, portanto, elevando os meios de pagamento.

....

O multiplicador bancário ou **multiplicador dos meios de pagamento**, como também é conhecido, é uma variável que sintetiza o mecanismo de multiplicação da base monetária pelo processo de criação de moeda operado pelas sociedades depositárias monetárias.

....

Mas do que depende esse multiplicador, ou seja, quais variáveis determinam sua magnitude? O multiplicador dos meios de pagamento depende, basicamente, de dois parâmetros. O primeiro é um parâmetro comportamental, ou seja, ele está ligado ao comportamento das pessoas com relação a seus recursos líquidos: que parcela deles as pessoas, em média, mantêm em papel-moeda e que parcela deixam em depósito à vista nos bancos comerciais. O segundo é um parâmetro que depende tanto da decisão dos bancos comerciais e de outras entidades criadoras de moeda com seus encaixes quanto do Banco Central, no que diz respeito aos critérios que regulamentam os encaixes compulsórios dos bancos comerciais. Vejamos formalmente qual é a fórmula que define o multiplicador bancário (m), sabendo que ele multiplica a Base Monetária (BM), gerando os meios de pagamento (M1), ou seja, que m = M1/BM e que chamaremos de *dv* os depósitos à vista do público nos bancos comerciais e de *r* os encaixes totais (ou seja, compulsórios e voluntários) das entidades criadoras de moeda no Bacen. Seja então:

$$c = PMPP/M$$
$$d = dv/M$$
$$R = r/dv$$

Obviamente, c + d = 1 e consideradas as definições anteriores de base monetária e meios de pagamento, temos, então, que:

$$M = cM + dM \qquad (8.4)$$

e

$$B = cM + RdM \qquad (8.5)$$

Logo, podemos encontrar os determinantes de **m** fazendo:

$$m = \frac{M\,(c + d)}{M\,(c + Rd)} \qquad (8.6)$$

Simplificando a expressão 8.6 (cancelando os Ms) e considerando que c = 1 − d, temos que m = (1 − d + d)/(1 − d + Rd). Com isso, finalmente, encontramos a fórmula do multiplicador bancário:

$$m = \frac{1}{[1 - d\,(1 - R)]} \qquad (8.7)$$

Para entendermos melhor as aplicações práticas dessa fórmula, vamos considerar, como exemplo, que o público mantenha 70% de seus recursos líquidos sob a forma de depósitos à vista e que os encaixes totais dos bancos comerciais representem 30% do total de seus depósitos. Substituindo esses valores na fórmula do multiplicador, temos o seguinte resultado:

$$m = \frac{1}{[1 - 0{,}7(1 - 0{,}3)]} \quad \text{e, logo } m = 1{,}96$$

Esse número pode ser interpretado da seguinte forma: cada unidade adicional de base monetária dá origem a 1,96 unidade monetária adicional de meios de pagamento.[17] É fácil provar matematicamente que, quanto maior for d, maior será o multiplicador. Mas, intuitivamente, também não é difícil perceber isso: quanto maior a parcela de meios de pagamento que o público deixa nos bancos, maior o montante de recursos que potencialmente os bancos podem oferecer em suas operações de empréstimo. Assim, por

---

17 Para efeitos de manejo da política monetária, utiliza-se a abordagem do "requerimento de reservas", ou da "drenagem de moeda", e a variável utilizada é a relação c/d, além do percentual requerido de reservas bancárias. A fórmula, no entanto, é menos intuitiva e os resultados, para o multiplicador, são os mesmos.

exemplo, se na situação anterior, d for igual a 0,9, o multiplicador passará de 1,96 para 2,7 e, se d for igual a 0,5, o multiplicador passará de 1,96 para 1,54. Contudo, como observamos anteriormente, d é um parâmetro comportamental, de modo que é difícil tentar deliberadamente alterá-lo. Mas, como veremos, com R não é bem assim.

A fórmula do multiplicador indica claramente que, quanto maior for R, menor será o multiplicador (e vice-versa). Intuitivamente, é fácil perceber isso visto que os encaixes funcionam como uma espécie de redutor da capacidade de criar moeda dos bancos, uma vez que reduzem os recursos disponíveis para empréstimos. Assim, se lembrarmos que R é a razão encaixes totais/depósitos à vista, veremos que não é apenas pelo controle de suas operações ativas e da composição de seu passivo que o Banco Central pode controlar os meios de pagamento. Fazendo isso, ele controla a base monetária, mas pode influir também sobre os meios de pagamento mexendo nas regras que determinam o montante de encaixes compulsórios e assim, indiretamente, mexendo no valor do multiplicador. Imaginemos que ele eleve o montante dos encaixes compulsórios para fazer com que R suba de 0,3 para 0,4. É fácil ver que o multiplicador passará de 1,96 para 1,72. Se ele fizer uma mudança no sentido inverso, fazendo R cair para 0,2, o multiplicador passará para 2,27.

Compreendida a relação entre a base monetária e os meios de pagamento – e lembrando da composição das contas monetárias –, podemos listar os principais instrumentos que estão à disposição do Banco Central para provocar uma expansão dos meios de pagamento em circulação na economia. São eles:

i) expandir seus empréstimos ao Tesouro e às outras esferas de governo (quando permitido);
ii) aumentar as reservas cambiais;
iii) comprar títulos da dívida pública de emissão do governo federal (*open market*);
iv) expandir os redescontos aos bancos comerciais;
v) diminuir os encaixes compulsórios.

O efeito expansivo das operações (i) e (ii) é facilmente perceptível pela observação do balancete do sistema monetário. Em ambos os casos, trata-se de um aumento das operações ativas do Banco Central, que tem como contrapartida um aumento da base monetária, a menos que haja possibilidade de tanto o aumento de empréstimos quanto o aumento de cambiais transformarem-se em passivo não monetário.

Evidentemente, o Banco Central não pode, pura e simplesmente, decidir expandir os meios de pagamento por meio da elevação das reservas internacionais, visto que o comportamento dessa variável não é algo que esteja inteiramente a seu arbítrio, mas depende de uma série de outras variáveis, cujo controle o Banco Central não detém. Mesmo assim, ela se encontra arrolada dentre os instrumentos de política monetária porque, indiretamente, o BC pode ter influência sobre ela, seja ao determinar a política cambial, seja ao decidir quanto à tomada de empréstimos externos. O importante a frisar, porém, é que, seja qual for a razão – ou seja, querendo ou não o Banco Central –, um aumento no nível das reservas significa ampliação de suas operações ativas (uma vez que ele tem obrigação legal de comprar as divisas) e, portanto, elevação dos meios de pagamento.[18]

Pela mesma razão, a compra de títulos da dívida pública de emissão do governo federal (operação iii) também expande os meios de pagamento. Aqui duas observações são importantes. A primeira é lembrar que o governo federal também faz parte do *público* para efeitos da discussão sobre o funcionamento do sistema monetário (lembremos mais uma vez que a inclusão do governo federal no grupo dos agentes emissores de moeda só vale para o agregado monetário mais amplo, o M4; para efeitos do M1, que é o que está aqui em discussão, ele continua fazendo parte do *público*). Assim, se o Banco Central compra, por exemplo, uma Letra do Tesouro Nacional e paga à vista (em papel-moeda ou em depósitos à vista nos bancos comerciais, no Banco do Brasil, por exemplo), temos uma operação entre o setor monetário (Banco Central) e o setor não monetário da economia, em que o primeiro elevou sua liquidez. Portanto, temos uma expansão nos meios de pagamento.

A outra observação está relacionada com o fato de o Banco Central poder comprar títulos públicos de emissão do governo federal que estejam nas mãos de quaisquer outros agentes e, sempre que essa compra for feita a um agente do setor não bancário, ele estará criando meios de pagamento. As operações de *open market*, como são chamadas essas compras e vendas, constituem instrumentos de grande valia para o BC na condução de sua política monetária. Dada sua capacidade de rapidamente alterar os montantes de recursos líquidos (meios de pagamento) em circulação na economia, elas são utilizadas como meios de realizar uma espécie de "sintonia fina monetária", que, diante de comportamentos não antecipados de algumas variáveis, permite ao Banco Central manter suas metas monetárias.

Suponhamos, por exemplo, que por um imprevisto qualquer o nível das reservas internacionais do país experimente uma súbita elevação, considerada preocupante pelo

---

18 Alterações legais quanto ao destino das divisas obtidas pelos residentes também podem funcionar como mecanismos atenuadores do impacto da obtenção dessas divisas sobre as operações ativas do Banco Central. No caso do Brasil, desde meados dos anos 2000, os exportadores não têm mais a obrigação de internalizar a totalidade dos recursos obtidos com suas vendas a não residentes. Eles são autorizados a manter os recursos em contas bancárias fora do país. Com isso, reduz-se o impacto sobre o passivo monetário que a expansão dos ativos de reserva do Bacen provocaria.

Bacen do ponto de vista da expansão por ela provocada na base monetária e, por consequência, nos meios de pagamento. Ele tem a sua disposição um instrumento que lhe permite rapidamente esterilizar essa expansão: basta que ele promova uma operação de venda de títulos públicos federais no montante estimado do aumento provocado na base monetária pela elevação das reservas. Nesse caso, evidentemente, ele estará usando o *open market* não para expandir, mas para contrair os meios de pagamento, pois estará reduzindo seus ativos.

A operação (iv), expansão das operações de redesconto aos bancos comerciais, não significa expansão imediata dos meios de pagamento, pois os recursos líquidos a ela correspondentes vão ficar alocados no próprio sistema bancário e, portanto, não aumentarão a quantidade de papel-moeda em poder do público. Contudo, é bem provável que, em função dessa expansão, os bancos comerciais aumentem suas operações de empréstimo, expandindo posteriormente os meios de pagamento. Outra forma, esta indireta, que o Banco Central tem de mexer na liquidez da economia via operações de redesconto é pela fixação da taxa de juros desse tipo de operação. Uma taxa muito elevada torna custosa aos bancos comerciais a busca desses recursos e a desestimula, desencorajando, por tabela, a expansão dos meios de pagamento decorrente das operações ativas dos bancos comerciais e outras entidades criadoras de moeda. Ao contrário, uma taxa muito reduzida acaba por levar à expansão das operações ativas dos bancos comerciais e, portanto, à expansão dos meios de pagamento. Em outras palavras, quando o "preço" que o banco comercial paga para "comprar" recursos líquidos do Banco Central é muito baixo, os bancos tornam-se menos conservadores e emprestam esses recursos mais facilmente, pois sabem que, se tiverem um desequilíbrio momentâneo qualquer, encontrarão no BC os recursos necessários para reencontrar o equilíbrio sem pagar muito por isso. Emprestando mais ou, como se diz no mercado financeiro, "alavancando" mais suas operações, eles estão criando mais moeda escritural. Na prática, o que acontece hoje em dia é que dificilmente os bancos comerciais demandam recursos de liquidez ao Bacen. Existe um protocolo informal entre os bancos que faz com que eles socorram uns aos outros no caso de desequilíbrios momentâneos de liquidez. Isso é feito por meio da emissão, pelas instituições financeiras, do chamado Certificado de Depósito Interbancário (CDI). Trata-se de títulos de curtíssimo prazo, lastreados em títulos do Tesouro, que são transacionados exclusivamente entre instituições financeiras e têm por objetivo justamente sanar déficits momentâneos de fluxos de caixa.[19]

---

19 O CDI fornece também a taxa-base que serve de referência a todos os demais tipos de aplicação no mercado financeiro.

Finalmente, a operação (v), diminuição dos encaixes compulsórios, decorre diretamente da fórmula do multiplicador e, como vimos, é intuitivamente fácil de perceber. Se, por exemplo, os bancos comerciais fazem um grande esforço de captação de depósitos à vista, mas boa parte do aumento assim obtido tem de ficar legalmente depositado no Banco Central, então sua capacidade potencial de criação de moeda fica muito enfraquecida. Ao contrário, encaixes reduzidos potencializam essa capacidade, pois tornam disponíveis para empréstimos uma parcela maior dos recursos líquidos captados.

Resumindo, podemos dizer que o Banco Central tem à sua disposição um bom arsenal de instrumentos para influir de modo decisivo no comportamento da oferta monetária: diretamente, ele pode mexer em suas operações ativas ou alterar a composição de seu passivo, influindo assim na parcela de moeda corrente dos meios de pagamento; indiretamente, ele pode influir na parcela de moeda escritural (depósitos à vista) dos meios de pagamento, seja alterando o valor do multiplicador, via alteração da parcela compulsória de R, seja alterando o comportamento das entidades criadoras de moeda ao mudar a taxa de juros dos redescontos de liquidez (taxa de redesconto). Além disso, o fato de o Banco Central ser o banqueiro do governo e, nessa medida, o comprador primeiro dos títulos públicos de emissão do governo federal, confere-lhe uma posição privilegiada no *open market*, transformando este último em um instrumento de grande valia para a consecução dos objetivos visados pela política monetária. Mas quem é que determina esses objetivos? De que natureza eles são? Que importância eles têm? No próximo capítulo, tentaremos oferecer algumas respostas a essas questões.

Resumo

Abaixo, estão os principais pontos vistos neste capítulo.

1. A quantidade de **meios de pagamento** de uma economia, em determinado momento, é dada pela soma do saldo de **papel-moeda em poder do público** com o volume de **depósitos à vista** nos bancos comerciais.

2. Para efeitos da discussão sobre o funcionamento do sistema monetário, define-se **público** como o conjunto dos agentes que **não faz parte do sistema emissor de moeda**. O sistema emissor, ou sistema monetário, é composto do **Banco**

Central mais o conjunto das entidades criadoras de moeda, **ou sociedades depositárias monetárias** (no Brasil, os bancos comerciais, os bancos múltiplos com carteira comercial, a Caixa Econômica Federal – CEF – e as cooperativas de crédito).

3. A quantidade de **papel-moeda em poder do público** em determinado momento é dada pelo saldo do papel-moeda emitido, deduzido do caixa em moeda corrente das entidades criadoras de moeda.

4. O chamado **M1** é o **agregado monetário** mais importante, pois é o de **maior liquidez.** Contudo, também pode ser útil observar e, eventualmente, controlar outros agregados de menor liquidez.

5. São quatro as **funções do Banco Central**: controlar a emissão de moeda, ser o depositário oficial das reservas internacionais, ser o banco dos bancos e ser o banqueiro do governo.

6. Como órgão que controla a emissão de moeda, o Banco Central atua sobre a emissão da moeda corrente, sobre os depósitos compulsórios das entidades criadoras de moeda e sobre a taxa de redesconto dos empréstimos de liquidez. Com os dois últimos expedientes, ele consegue interferir no processo de criação da moeda escritural.

7. O Banco Central controla o nível de liquidez da economia também por meio da compra e venda de títulos de dívida emitidos pelo governo federal. Ao comprar títulos, ele enxuga a liquidez (troca um ativo monetário que estava nas mãos do *público*, moeda ou depósitos à vista por um ativo não monetário, o título de dívida). Ao vender títulos, ele faz a operação inversa, ou seja, aumenta a liquidez.

8. Como **depositário oficial das reservas internacionais,** o Banco Central é obrigado, em cada momento, a comprar e a vender, à taxa de câmbio vigente, e de acordo com as regras vigentes, as quantidades de divisas ofertadas e demandadas pelos agentes.

9. Nos regimes de câmbio flutuante ou misto, o fato de o Banco Central ser o depositário oficial das reservas internacionais permite que ele intervenha no mercado, seja para influenciar o comportamento da taxa de câmbio, seja para regular o nível das reservas.

10. Como o **banco dos bancos,** cabe ao Banco Central conceder aos bancos comerciais **redescontos de liquidez,** ou seja, empréstimos destinados a permitir que os bancos comerciais enfrentem eventuais déficits na compensação bancária não cobertos pelos encaixes voluntários e compulsórios.

11. Como **banqueiro do governo**, o Banco Central é o depositário dos recursos captados pela União sob a forma de impostos, taxas e contribuições. Ao mesmo tempo, teoricamente, também pode conceder empréstimos ao governo federal. No Brasil, isso não é permitido.

12. O conjunto formado pelo balancete consolidado das entidades criadoras de moeda, balancete sintético do Banco Central e balancete consolidado do sistema monetário constitui as **contas monetárias** do país.

13. As principais **fontes de recursos das entidades criadoras de moeda** são: os depósitos à vista, os depósitos a prazo, os depósitos de poupança, os redescontos de liquidez e os recursos externos, além de seus recursos próprios. Desse conjunto, só os depósitos à vista são recursos monetários.

14. Os **recursos** à disposição **das entidades criadoras de moeda** estão **aplicados** principalmente em: encaixes junto ao Banco Central, empréstimos aos setores privado e público, títulos privados e públicos, além do imobilizado (agências bancárias, equipamentos para autoatendimento etc.).

15. Os itens constantes do balancete sintético do Banco Central refletem suas funções.

16. O passivo do balancete sintético do Banco Central é composto da **base monetária** mais os recursos não monetários. A base monetária é composta do **papel-moeda em poder do público** mais os **encaixes totais** dos bancos comerciais (caixa em moeda corrente mais encaixes voluntários e compulsórios junto ao Banco Central).

17. Por se constituírem passivo do Tesouro Nacional, as operações compromissadas lastreadas em títulos públicos de emissão do governo federal também fazem parte da base monetária, esta última, porém, considerada *em seu sentido ampliado*.

18. Os principais itens do passivo não monetário do Banco Central são os recursos da conta única do Tesouro e os recursos externos.

19. Os itens do ativo do balancete sintético do Banco Central indicam as **operações ativas do Banco Central**. São eles: as reservas internacionais, os redescontos de liquidez, os empréstimos ao Tesouro Nacional e a outros órgãos públicos e esferas de governo (quando permitidos), os empréstimos ao setor privado e os títulos públicos federais.

20. Qualquer **aumento** (redução) nas **operações ativas do Banco Central** não compensado por aumento (redução) de igual valor em seu passivo não monetário implica **expansão** (contração) **da base monetária**.

21. O balancete consolidado do sistema monetário é um somatório dos balancetes consolidados das entidades criadoras de moeda e sintético do Banco Central. Em seu passivo, ele traz os meios de pagamento, o passivo não monetário dos bancos comerciais e o passivo não monetário do Banco Central. Ele mostra que qualquer **expansão** (redução) nas **operações ativas do sistema bancário** não compensada por expansão (redução) de igual valor no passivo não monetário das entidades criadoras de moeda ou do Banco Central implica **expansão** (contração) **dos meios de pagamento**.

22. O **multiplicador bancário** é uma variável que sintetiza o processo de multiplicação da base monetária pelo processo de criação de moeda operado pelos bancos comerciais.

23. O multiplicador bancário depende do **comportamento dos agentes** com relação a seus recursos líquidos, ou seja, que parcela eles, em média, mantêm em papel-moeda (**variável c**) e que parcela eles mantêm em depósitos à vista (**variável d**). Depende também do encaixe total dos bancos comerciais com relação aos depósitos à vista (**variável R**). Os encaixes totais dependem das **decisões dos bancos comerciais** (encaixe em moeda corrente e encaixes voluntários no Banco Central) e das **determinações do Banco Central** quanto aos encaixes compulsórios.

24. Quanto maior **d**, maior o multiplicador. Quanto maior **R**, menor o multiplicador.

Questões para revisão

1. Qual é a relação entre o papel-moeda emitido e σ papel-moeda em poder do público?

2. De que maneira os bancos comerciais participam do processo de criação de moeda?

3. O que é que determina, em cada momento, o montante de meios de pagamento em circulação na economia?

4. Por que, existem, além do M1, outros agregados monetários? Qual é o critério atualmente utilizado na compilação dos diferentes agregados?

5. Quais são as funções do Banco Central? A que se relacionam todas elas?

6. Por que é importante que haja algum tipo de controle sobre a emissão monetária e por que é o Banco Central a instituição que exerce esse controle?

7. Explique quais são as consequências, para o Banco Central, do fato de ele ser o depositário oficial das reservas internacionais do país.

8. Por que os bancos comerciais mantêm recursos depositados junto ao Banco Central? Qual a relação disso com a função de banco dos bancos desempenhada pelo Banco Central?

9. Que diferença existe entre os encaixes voluntários e compulsórios dos bancos comerciais junto ao Banco Central? Quais são as condições em que eles podem ser acionados pelos bancos comerciais?

10. Por que o Banco Central é o emprestador de última instância do sistema bancário?

11. O que são os redescontos de liquidez?

12. Suponha que o Banco Central decida elevar a taxa de redesconto. Que tipo de resultado ele está buscando quando toma uma decisão como essa?

13. O que significa o papel de banqueiro do governo desempenhado pelo Banco Central?

14. Quais são as peças contábeis que compõem as chamadas contas monetárias?

15. Quais são as principais fontes de recursos à disposição das entidades criadoras de moeda? Quais são os principais itens do ativo dessas entidades?

16. Relacione os itens do passivo do balancete do Banco Central com suas funções. Faça o mesmo com os itens do ativo.

17. Explique o que é base monetária e de que maneira ela pode ser determinada com base no balancete sintético do Banco Central.

18. Explique qual é a diferença entre a base monetária estrita e a base monetária ampliada.

19. Explique o que são as operações ativas do Banco Central e a relação entre essas operações e o comportamento da base monetária.

20. Indique em que condições pode haver expansão ou contração da base monetária e dos meios de pagamento.

21. Qual é a relação entre a base monetária e os meios de pagamento?

22. Por que um súbito afluxo de capitais externos pode provocar problemas do ponto de vista do controle da emissão de moeda?

23. Explique de que maneira as operações de *open market* afetam os meios de pagamento.

24. De que maneira uma expansão das operações de redesconto do Banco Central pode ter influência sobre o nível dos meios de pagamento?

Exercícios de fixação

1. Prove que:
   a) com tudo o mais constante, quanto maior a proporção de papel-moeda em poder do público relativamente a M1, menor o multiplicador bancário;
   b) com tudo o mais constante, quanto maior a proporção depósitos à vista nas entidades criadoras de moeda relativamente a M1, maior o multiplicador bancário;
   c) com tudo o mais constante, quanto maior a proporção dos encaixes totais das entidades criadoras de moeda em relação a seus depósitos à vista, menor o multiplicador bancário.

2. Considere os seguintes dados: d = 0,6; R = 0,3. Calcule o multiplicador dos meios de pagamento em relação à base monetária e interprete o resultado.

3. Com base nos dados do exercício anterior, calcule o multiplicador considerando um aumento de 20% na proporção de papel-moeda em poder do público em relação aos meios de pagamento. Explique o porquê do resultado encontrado.

4. Suponha que o Banco Central aumente sua carteira de títulos comprando uma porção adicional de títulos do governo federal. O que acontece com a base monetária? Suponha agora que parte dos recursos obtidos pelo governo com essa venda fique alocada na conta única do Tesouro. Muda alguma coisa no resultado anterior? Por quê?

5. Classifique as afirmações a seguir como verdadeiras, falsas ou dúbias, justificando sua resposta.
   a) O valor do multiplicador depende do comportamento das pessoas quanto à forma de guardarem seus recursos líquidos.
   b) Ocorrerá uma expansão da base monetária sempre que houver uma retração nas operações ativas do Banco Central e uma expansão dos meios de pagamento sempre que houver uma elevação nas operações ativas do sistema bancário.
   c) Considerando o balancete sintético do Banco Central, percebemos que a única forma que o Banco Central tem para influir sobre a oferta de moeda é por meio do controle de suas operações ativas.

Anexo: A história do Banco Central e a discussão sobre sua independência[20]

A questão da independência do Banco Central é efetivamente polêmica. Os argumentos que normalmente aparecem são de natureza teórica, mas, não raro, a discussão acaba descambando para um debate puramente emocional. O tom carregado e tenso que, muitas vezes, marca essa querela é expressão do caráter flagrantemente ideológico do problema: em geral, os adeptos do monetarismo batem-se pela independência, enquanto os heterodoxos de todos os matizes pregam o contrário.[21]

Ou, traduzindo sob outro ângulo, os advogados do mercado querem um Banco Central independente para que o governo, supostamente sempre irresponsável, não perturbe o necessário e justo equilíbrio que ele sempre encontra. Enquanto isso, os críticos da independência pretendem que o governo possa salvar o mercado de si mesmo e, nesse caso, um Banco Central verdadeiramente independente pode atrapalhar por se colocar como uma espécie de quarto poder.

Assim, não fará mal a discussão tão acalorada que se lhe acrescentem novos elementos, não de natureza teórica, mas histórica. Sua consideração, como veremos, implica levar em conta, no âmbito dessa controvérsia, a questão da oposição entre o público e o privado.

A história da constituição dos principais Bancos Centrais parece mostrar que eles são instituições anfíbias, ambivalentes. Pois, se, por um lado, o Banco Central é o banco do governo, isso não basta para constituí-lo: é preciso, por outro lado, considerar também sua função oposta de banco dos bancos. Enquanto a função de banco do governo está associada à emissão de dinheiro de curso forçado, ou seja, de meio circulante, de natureza fiduciária, a de banco dos bancos refere-se à sua função de *lending of last resort* (emprestador de última instância), vale dizer, à emissão de dinheiro escritural de responsabilidade dos bancos privados. Qual das duas é eminentemente pública?

---

20 O texto que compõe este anexo é uma versão ligeiramente modificada de um artigo de Leda Paulani publicado no *Boletim de Informações Fipe*, n. 177, de junho de 1995, e que tomou por base a tese: CORAZZA, G. *A interdependência dos bancos centrais em relação ao governo e ao setor privado*. 1995. Tese (Doutorado em Economia) – Instituto de Economia da Unicamp, Campinas, 1995.

21 Apesar de introduzido neste capítulo, no qual explicitamente se encontram as informações sobre as diferentes funções de um Banco Central, existem aqui alguns termos que ainda não são de conhecimento do leitor que vem lendo os capítulos deste livro na ordem em que se apresentam. No próximo capítulo, contudo, todos eles serão discutidos, de modo que o leitor leigo certamente se sentirá mais confortável.

A história do Banco da Inglaterra mostra que ele teve origem como banco do governo, ou seja, como o detentor do monopólio da emissão, mas que, enquanto tal, ele não era ainda Banco Central, e sim banco comercial e, mais interessante, banco privado. Ele só se transformou efetivamente em Banco Central quando assumiu, depois de muita relutância – precisamente porque isso conflitava com sua natureza de banco comercial –, a função de emprestador de última instância, ou seja, de banco dos bancos. O próprio *Banking Act* de 1844 seria uma demonstração dessa relutância, em razão dos limites de emissão então impostos – e que viraram letra morta nas crises de 1847, 1857 e 1866. Alguma coisa parecida acontece na história do Banco da França, do Reichsbank e do Federal Reserve americano.

Ora, a julgar por essa história, o caráter eminentemente público que marca a instituição Banco Central não decorre de seu papel de banco do governo, mas de seu papel de banco dos bancos. Assim, paradoxalmente, se por Banco Central entendermos *banco do governo*, ele não precisará ser estatal, poderá ser privado. Mas se por tal entendermos *banco dos bancos*, ou seja, banco do setor financeiro privado, então ele não poderá ser privado e terá obrigatoriamente de se apresentar como instituição pública. Estranho? Nem tanto. A moderna teoria dos jogos tem sido pródiga em mostrar que o tipo de racionalidade que marca o comportamento das empresas do setor privado coloca a classe empresarial na situação típica do "dilema do prisioneiro", o que não é senão outra forma de dizer que as empresas por definição concorrem entre si. Isso significa que, para cada empresa em particular, a estratégia de não cooperar aparece sempre como a mais indicada, o que, dependendo da situação, pode resultar em um desastre do ponto de vista da classe como um todo. Não é diferente com o setor financeiro: para cada banco em particular, o mais racional é manter o mais baixo nível de reservas possível, o que resulta em uma fragilidade extrema para todos: se qualquer um deles "errar a mão", pode colocar em risco a totalidade do sistema.

Daí a necessidade de um *lending of last resort* (ou seja, um emprestador de última instância), que não pode evidentemente operar segundo a lógica privada. Seu papel é, dessa forma, rigorosamente público; a *rationale* que ele deve exibir tem necessariamente de escapar dos estreitos limites da lógica privada da taxa de lucro. É por isso que o Banco Central tem de ser estatal – e não em função de seu papel de produtor de base monetária –, pois, obviamente, se ele precisa escapar da racionalidade privada, não pode permanecer uma organização privada.

As implicações de tais considerações na questão da independência do Banco Central parecem evidentes: pode-se tratar aí de uma falsa questão, porque, considerado o problema sob esse ângulo, não há como torná-lo uma instituição verdadeiramente independente. A independência, na melhor das hipóteses, expressaria uma situação meramente formal e funcionaria como um princípio ou, menos ainda, como um símbolo. Em outras palavras, a independência do Banco Central, tão defendida pelos monetaristas como regra fiadora da estabilidade monetária, não é objetivo tão fácil de alcançar, visto que, considerada sob o enfoque aqui analisado, não se afigura mera questão de vontade política.

Capítulo 9

Sistema monetário e inflação

9.1 Introdução

No capítulo anterior, demonstramos como funciona o sistema monetário e falamos dos mecanismos por meio dos quais o Banco Central pode exercer o controle sobre a *oferta de moeda* na economia. O controle da oferta monetária é o elemento mais importante da chamada **política monetária**. Quais são os objetivos que determinam o desenho da política monetária de um país? A resposta a essa pergunta passa pela relação entre moeda, inflação e nível de atividade, uma questão extremamente polêmica, tão polêmica que está na raiz de diferentes correntes teóricas, cada uma das quais advogando, a esse respeito, uma posição distinta. Assim, o desenho de política monetária de cada uma delas é também bastante diferente. Na **Seção 9.2**, discutiremos essa questão e as diferentes posições sobre ela.

Como vimos no capítulo anterior, a moeda do mundo contemporâneo é fiduciária. Mesmo no plano internacional isso é verdade, visto que o meio de pagamento internacional é o dólar americano, ou seja, um papel emitido pelo governo dos Estados Unidos e por ele garantido. (A utilização cada vez mais intensa da chamada moeda eletrônica não muda nada nessa história, porque trata-se apenas de um novo veículo de carregamento da mesma moeda nacional, produzida centralizadamente pelo Estado e por ele garantida). Assim, a discussão sobre a relação entre moeda, inflação e nível de atividade está inexoravelmente ligada à discussão sobre o papel desempenhado pelo governo como elemento gerador de demanda na economia. Em outras palavras, na medida em que a moeda é fiduciária, o Estado acaba desempenhando dupla função: de um lado, ele é o elemento garantidor da totalidade de papel-moeda em curso; de outro, ele conforma um dos elementos constitutivos da demanda agregada e, enquanto tal, demanda moeda para fazer frente a seus gastos. É em função disso que a discussão sobre a relação entre moeda, inflação e nível de atividade passa também pela discussão sobre o chamado déficit público. Na **Seção 9.3**, trataremos dessa questão.

9.2 Moeda, inflação e nível de atividade

Até agora falamos dos mecanismos pelos quais se dá o controle da oferta monetária na economia. Entretanto, ainda não sabemos muito sobre os motivos que tornam importante tal controle. Como já observamos, na teoria econômica, existe um amplo debate acerca da importância da moeda para o desempenho econômico e a estabilidade dos preços. Alguns economistas são extremamente "ortodoxos" ao afirmar que, qualquer que seja a situação, a emissão de moeda deve ser objeto de um estrito e implacável controle, sob pena de se desestabilizar monetariamente o sistema, ou seja, gerar **inflação**. Outros acreditam que as coisas não são bem assim. Vale dizer que, em determinados momentos, particularmente naqueles em que a economia está trabalhando em um nível muito abaixo de seu potencial, com enorme taxa de desemprego e capacidade ociosa nas empresas (ou seja, máquinas e instalações paradas ou com um grau de utilização muito inferior ao possível), um aumento na emissão de moeda para financiar gastos do governo – por exemplo, via empréstimos ao Tesouro Nacional – pode ser positivo, pois gera, no médio prazo, a produção adicional que virá contrabalançar esse aumento de emissão. Mas, antes de entrar mais fundo nessa questão, cabe definir este termo-chave:

> Inflação é um processo, persistente no tempo,
> de elevação do índice geral de preços.

Os economistas **ortodoxos** filiam-se, regra geral, à corrente chamada **monetarista**. Com várias nuances, essa corrente afirma que a emissão injustificada de moeda é sempre ruim, porque acaba sempre tendo como resultado um aumento da inflação e a instabilidade do sistema, sem nenhum efeito sobre o nível de produto e emprego em que a economia opera. O principal argumento que esses economistas utilizam na defesa de sua posição é a chamada **equação quantitativa da moeda**:

$$M \times V = P \times Y \tag{9.1}$$

em que:

    M = meios de pagamento;
    V = velocidade de circulação da moeda;
    P = nível geral de preços;
    Y = produto agregado real.

A **velocidade de circulação da moeda** representa, na média, o número de transações que podem ser liquidadas, pela mesma unidade monetária, em determinado período. Vamos a um exemplo que nos permitirá entender com facilidade o que V significa. Suponhamos uma economia muito simples, que produza apenas quatro tipos de bem (a, b, c e d), cada um deles produzido por um agente (A, B, C e D, respectivamente). O agente A, além de seu produto a, tem no bolso $ 100 e deseja o produto b. Ele vai até B e compra $ 100 em produto b. O agente B, que deseja o produto c, toma esses mesmos $ 100, vai até C e compra $ 100 em produto c. O agente C, de seu lado, de posse dos $ 100, vai até D e compra $ 100 em produto d. Finalmente, o agente D, que desejava o produto A, dispondo agora de dinheiro, vai até A e compra $ 100 em produto a. O que aconteceu nesse movimento todo? Bem, a primeira coisa a observar é que foram realizadas vendas no valor de $ 400 ($ 100 em produto b vendido a A; $ 100 em produto c vendido a B; $ 100 em produto d vendido a C; e $ 100 em produto a vendido a D). No entanto, para viabilizar tal volume de transações, não foi preciso circular na economia moeda no valor de $ 400. Bastaram os $ 100, que, girando quatro vezes ao longo desse período, permitiram que um volume de $ 400 em transações fosse realizado. Assim, se, para esse exemplo, tomarmos a equação quantitativa da moeda (expressão 9.1), teremos:

$$M = \$ 100;$$
$$V = 4;$$
$$P \times Y = \$ 400.$$

Tendo compreendido o que é a velocidade de circulação da moeda, fica fácil perceber o que significa a equação quantitativa da moeda. Ela diz apenas que, dados V – que se supõe relativamente estável, visto que depende do comportamento dos agentes – e o nível de preços em que opera a economia (P), a quantidade de moeda em circulação ou oferta monetária (M) é determinada, em cada momento, pelo nível de produto (Y). Evidentemente, para o mesmo nível de produto (ou seja, para o mesmo Y) e um nível mais elevado de preços (ou seja, para P maior), maior deverá ser a quantidade de moeda (M) para transacionar esse mesmo volume de produto real.

Da mesma maneira, para o mesmo P e para um nível de produto maior (para Y maior), também deverá ser maior a quantidade de moeda em circulação na economia (M). Finalmente, se por uma razão qualquer houver alteração em V, por exemplo, se ela cair – porque as pessoas passam a ficar, em média, mais tempo com o dinheiro no bolso –, M também tem de crescer para que, dado o nível de preços (P), o mesmo volume de produto real possa ser transacionado. No fundo, a equação quantitativa da moeda é uma identidade contábil e deveria, rigorosamente, ser escrita como:

$$M \times V \equiv P \times Y \tag{9.2}$$

Mas, voltando a nossa questão, de que maneira os monetaristas utilizam a expressão 9.2 para defender seus pontos de vista? Como vimos, logo no **Capítulo 1** e também no **Capítulo 3**, uma relação de identidade entre A e B ($A \equiv B$) não implica nenhuma relação de causa e efeito de A para B ou vice-versa. O argumento ortodoxo (ou monetarista) faz exatamente isso, ou seja, considera a identidade contábil expressa em MV = PY como uma relação de causa e efeito entre M e P. Valendo-se da constatação de que V é relativamente estável e tomando Y também como estável – no curto prazo, pelo menos –, os monetaristas concluem que quanto maior M, maior P; portanto, aumentos na oferta de moeda são inexoravelmente acompanhados por elevação de preços, ou seja, inflação.

Ninguém duvida, é claro, de que a inflação é um fenômeno monetário e, portanto, aumentos generalizados de preços têm alguma relação com a quantidade de moeda em circulação – que é, aliás, o que demonstra a identidade que constitui a equação quantitativa da moeda. Mas há quem considere questionável metodologicamente saltar daí para a conclusão de que aumentos em M geram sempre aumentos em P ou, o que é outra forma de dizer a mesma coisa, de que aumentos em P são sempre resultado de aumentos em M.

Economistas filiados a diversas outras correntes de pensamento – que chamaremos aqui, por facilidade de exposição, simplesmente de **heterodoxos**, por oposição aos ortodoxos, normalmente associados com o monetarismo – não pensam assim. Como já adiantamos, eles acreditam que, em determinados contextos, elevações em M podem produzir elevações em Y em vez de elevações em P, principalmente se tais elevações decorrerem de aumentos nos gastos do governo. Se houver capacidade ociosa nas empresas e elevado nível de desemprego da mão de obra, certamente a economia está sofrendo um problema de escassez de demanda agregada, de modo que o aumento nessa demanda, provocado pela elevação dos gastos do governo, pode dinamizar a economia, reduzir a ociosidade, melhorar as expectativas e elevar o nível de produto e emprego sem afetar, ou afetando apenas marginalmente, os preços.

Esses economistas acreditam também que nem sempre elevações em P são resultado de elevações em M. Quem afirma que isso é verdade está considerando que a oferta monetária é sempre autônoma ou exógena, ou ainda que é ela a variável independente do sistema, uma vez que a decisão sobre sua magnitude está nas mãos do governo e que os preços são sempre a variável dependente, cuja magnitude determina-se inteiramente pelo comportamento de M.

Para os economistas heterodoxos, porém, há situações em que são os preços que sobem autonomamente – por exemplo, pela existência de gargalos estruturais pressionados pelo crescimento econômico ou pela existência de mecanismos de propagação que levam para a frente aumentos de preços ocorridos no passado – e acabam por exigir o aumento na oferta de moeda, sob pena de se estrangular financeiramente a economia. Nesses casos, a oferta monetária passa de exógena a endógena, ou seja, determinada pelo ritmo de crescimento dos preços. Logo, se há alguma relação de causa e efeito entre M e P, ela teria a elevação de P como causa e a elevação de M como efeito, e não o contrário, como defendem os monetaristas.

Além do controle *stricto sensu* da oferta monetária, os gestores da política monetária têm ainda a seu dispor outro instrumento bastante importante, cuja natureza e manejo causam também enorme controvérsia. Esse instrumento é a taxa de juros. O governo possui uma enorme capacidade de influir sobre ela por uma razão muito simples: em princípio, ele é o emissor dos papéis mais seguros do mercado. Explicando melhor: na medida em que o governo pode emitir títulos da dívida pública, a taxa média de juros que ele paga para os carregadores de seus papéis, ou seja, para seus credores, acaba determinando um piso de referência para todas as demais taxas de juros praticadas no mercado, visto que papéis emitidos pelo setor privado embutem, regra geral, um risco maior, em razão de falências e atrasos.

A taxa de juros tem, por sua vez, um papel muito importante na determinação do nível de demanda da economia e, portanto, de seu nível de atividade. Uma taxa de juros muito elevada reduz a disposição dos empresários em investir, visto que, nessas condições, o rendimento futuro que eles esperam obter de seus novos investimentos produtivos (mais máquinas, aumento das instalações, adoção de nova tecnologia etc.) não se mostra suficiente para determinar uma taxa de retorno que compense. Assim, uma queda na taxa de juros pode tornar atraentes investimentos que antes não o eram, assim como uma elevação da taxa de juros pode tornar não atraentes investimentos antes assim considerados.

Isso posto, suponha que o governo fixe como meta de sua política monetária em determinado período (um ano, por exemplo) um crescimento de 4% na oferta de moeda, crescimento julgado suficiente para fazer frente ao crescimento esperado de 4% no PIB, mantendo estáveis os preços. Para alcançar essa meta, o governo pode controlar diretamente a oferta monetária por meio dos vários mecanismos discutidos no capítulo anterior, como controle das operações ativas do Banco Central, política de *open market*, alteração do compulsório dos bancos comerciais etc. Mas ele também pode monitorá-la indiretamente, acompanhando o comportamento da taxa de juros. Se ela eventualmente começar a cair além do previsto, o governo pode tomar suas providências para voltar a elevá-la, induzindo a economia a retomar a trajetória anteriormente prevista.

Elevando a taxa de juros que paga por seus papéis, o governo provoca uma elevação em todo o espectro de taxas de juros do mercado e isso tem duas consequências: em primeiro lugar, o investimento deve diminuir, reduzindo a demanda agregada e, por conseguinte, o nível de renda e produto em que opera a economia; em segundo lugar, em função do maior rendimento, deve crescer a demanda pelos papéis do governo, fazendo com que ele consiga, por esse caminho, reduzir a oferta de moeda e desaquecer a economia. Assim, em vez de controlar diretamente a oferta de moeda, o governo pode manipulá-la indiretamente por meio da taxa de juros. Evidentemente, em uma situação inversa (qual seja, de uma elevação da taxa de juros além do previsto), o governo pode se comportar de modo inverso e conseguir os resultados inversos: elevação do nível de investimentos e, portanto, do nível de produto e renda, e aumento da oferta de moeda via redução na demanda por papéis públicos.

Mas qual é a ligação entre oferta de moeda e taxa de juros? Mais uma vez, temos aqui uma grande controvérsia. Segundo a leitura ortodoxa, a taxa de juros é o preço que equilibra a oferta de poupança com a demanda de fundos para investimentos. É em função dessa visão que se acreditava, até antes de Keynes, que a economia de mercado dispunha de mecanismos automáticos de regulação. O raciocínio é simples. Suponha que, por uma razão qualquer, caia o nível de consumo da economia, ou seja, que as pessoas passem a consumir, em média, uma proporção de sua renda menor do que a anteriormente vigente. De acordo com essa visão, isso implicaria, automaticamente, o crescimento da oferta de poupança e, consequentemente, a queda da taxa de juros, o que levaria a uma elevação do nível de investimentos que compensaria a queda no nível do consumo e impediria a queda no nível de renda e produto.

Mas esse raciocínio só faz sentido se estivermos supondo, como os ortodoxos, que a taxa de juros é determinada no **lado real** da economia, ou seja, que ela é de fato o preço que equilibra a oferta de poupança (disposição de trocar consumo presente por consumo futuro) com a demanda de fundos para investimento (demanda de máquinas, equipamentos, imóveis etc.). Nessa visão, portanto, a taxa de juros não tem nenhuma relação com a demanda e a oferta de moeda, visto que seus determinantes se encontram no lado *real* da economia, e não no **lado monetário**.

Como já discutimos no segundo capítulo, Keynes discordou radicalmente da ideia de que a economia de mercado possuísse mecanismos automáticos de regulação que a impedissem de operar por longo tempo abaixo de seu potencial, vale dizer, daquilo que chamamos **pleno emprego**. De fato, se a qualquer queda no nível de consumo se seguisse automaticamente uma elevação no nível do investimento, então dificilmente a economia operaria abaixo do pleno emprego. Mas se isso era verdade, como explicar a enorme e dolorosa recessão que se abateu sobre a economia mundial, particularmente sobre as economias mais ricas, a partir de 1929 e que, por longo tempo, não deu sinais de reversão? Foi buscando uma explicação para isso que Keynes acabou por construir um novo paradigma teórico, que, como já tivemos oportunidade de comentar, acabou por fazer uma verdadeira revolução.

Na visão de Keynes, os determinantes da taxa de juros não se encontravam no lado real da economia, mas no mercado monetário. Em outras palavras, para ele, o cotejo entre a demanda e a oferta de moeda determinava a taxa de juros. E a moeda, para Keynes, não era demandada apenas para que se pudesse fazer transações com ela, ou seja, ela não era demandada apenas como meio de troca mas também como reserva de valor, conformando aquilo que ele denominou **demanda especulativa por moeda** – para diferenciá-la da **demanda transacional**, motivada pela necessidade de numerário para efetuar as trocas.

O problema todo é que, em um contexto de crescimento da incerteza, esse tipo de demanda cresce porque aumenta aquilo que Keynes chama de **preferência pela liquidez**. Em outras palavras, quanto maior a incerteza, maior o prêmio de liquidez carregado pela moeda, de modo que maior tem de ser a taxa de juros para que os agentes abram mão de sua posse. De outro lado, um ambiente como esse provoca também um grande estrago nas expectativas de rendimento futuro dos investimentos, fazendo reduzir aquilo que Keynes chamou de **eficiência marginal do capital**. A combinação desses dois elementos é desastrosa para os investimentos, pois o aumento na preferência pela liquidez reduz a disposição dos agentes de investir e a queda na eficiência marginal do capital age no mesmo sentido. Pior ainda, em um contexto de queda do nível de consumo, a tendência de crescimento da incerteza é muito forte, gerando todos esses efeitos e deprimindo os investimentos. Portanto, para Keynes, a hipótese ortodoxa de que os investimentos sempre cresceriam o suficiente para compensar eventuais quedas no nível de consumo da economia se afigurava um grave equívoco teórico, decorrente da forma equivocada de os ortodoxos compreenderem a moeda.

É em função disso que, na visão keynesiana, o aumento da oferta de moeda pode ajudar a tirar a economia de um quadro recessivo. Com raras exceções, um crescimento da oferta monetária tende a reduzir a taxa de juros e, portanto, incentivar os investimentos, alavancando o nível de renda e produto. Contrariamente, na visão ortodoxa, o crescimento da oferta de moeda gera tão somente inflação e não tem nenhum impacto no nível de produto, renda e emprego. O "velho monetarismo", cujo expoente é o economista americano Milton Friedman, concebe que, ao menos no curto prazo, algum impacto pode haver sobre o nível de atividade decorrente de um aumento na oferta de moeda, ainda que tal efeito acabe por se diluir no longo prazo. Contudo, o "novo monetarismo", que nasce nos anos 1970, assentado na chamada **teoria das expectativas racionais**, nem isso admite.

Não poderíamos concluir esta seção sem mencionar dois eventos recentes que estão no centro da discussão sobre a relação entre moeda, inflação e nível de atividade, um de cunho teórico, outro de cunho fático. Começando pelo último, não parece haver dúvida de que os desdobramentos provocados pela grande crise financeira internacional de 2008 colocaram uma enorme saia justa na teoria ortodoxa, que advoga a inexorabilidade de um impacto nos preços a qualquer mexida na oferta de moeda que não acompanhe o crescimento do produto. Isso porque, para evitar consequências ainda mais drásticas da citada crise, os Estados nacionais do mundo desenvolvido adotaram a política de resgatar os títulos podres que as pirâmides de investimento *subprime* haviam produzido em profusão. Ao fazerem isso, passaram a trocar ativos não monetários de baixíssima qualidade e elevado risco por ativos monetários. Iniciou-se, assim, a política conhecida como *quantitative easing*, ou política de relaxamento monetário. Em consequência, nos Estados Unidos, por exemplo, a base monetária multiplicou-se por cinco entre o advento da crise e meados de 2016 (cresceu em oito anos pós-crise o mesmo que tinha levado quase 40 anos para crescer antes disso). A inflação nem por isso explodiu. Ao contrário, reduziu-se.

O segundo evento, de cunho teórico, é a emergência da chamada *Modern Money Theory* (MMT), que, no Brasil, vem sendo divulgada por meio de artigos em jornal, publicados pelo economista André Lara Resende (vide, por exemplo, "A crise da macroeconomia", no jornal *Valor Econômico,* de 8 de março de 2019). Um dos primeiros livros a tratar desse assunto foi escrito pelo economista americano Larry Randall Wray e foi lançado em 2012.[1] A MMT pode ser entendida, de certa forma, como uma inversão completa da teoria ortodoxa. Ela advoga que, num país soberano, que produz sua própria moeda, os gastos do governo se financiam a si mesmos por meio dos depósitos que geram nos portfólios privados (sem necessidade dos tributos). Para a MMT, os tributos existem por

---

1   WRAY, L. R. *Modern Money Theory:* A Primer on Macroeconomics for Sovereign Monetary Systems. London: Palgrave Macmillan. 2012. 294 p.

duas razões: a primeira seria obrigar o uso dessa moeda produzida pelo Estado Nacional pela população (uma vez que apenas pagamentos em moeda nacional são por ele aceitos); a outra seria a de funcionar como instrumento para recolher moeda da economia, quando a capacidade produtiva estivesse chegando a seu limite em todos os setores, capacidade essa vista como o único elemento capaz de limitar a emissão monetária (e os gastos públicos). Extremamente controversa, considerado o domínio que a teoria ortodoxa exibe atualmente, a MMT apresenta ecos das teorias cartalistas sobre a moeda, do início do século XX,[2] bem como das proposições keynesianas.

Essas poucas considerações parecem suficientes para se perceber o caráter extremamente controvertido da discussão a respeito do vínculo entre moeda, preços e nível de produto. O mais complicado é que não se trata, nesse caso, de mero debate acadêmico sem nenhuma importância prática. Ao contrário, o desempenho da economia acaba por se tornar bastante dependente da filiação teórica de quem está no comando da política econômica, visto que as prescrições são distintas entre os dois grupos. Mas não é esse, certamente, o espaço indicado para explorar em profundidade todas essas questões.

9.3 Sistema monetário, inflação e déficit público

Frequentemente, a crise financeira do setor público no Brasil é acusada de ser a causa maior da crise econômica, outrora manifestada pela inflação crônica e, no final dos anos 1990, pelas dificuldades na retomada do crescimento econômico e pelos problemas no *front* externo. Entretanto, essa relação costuma estar baseada mais na retórica que em fundamentos técnicos ou teóricos efetivamente convincentes. Não obstante, o ajuste fiscal, bem como a redução do papel do Estado na economia com a consequente redução de seus gastos, é reiteradamente apontado como solução para os problemas nacionais. Vejamos mais de perto essa questão.

---

2   O principal nome da teoria cartalista é o economista alemão Georg Friedrich Knapp, que publicou, em 1905, o livro *State theory of money*.

Se tomarmos a conta-corrente das administrações públicas do sistema de contas nacionais que vigorou até 1996 (ver **Capítulo 2**), poderemos definir de forma bastante simples a poupança do governo em conta-corrente como:

$$Sg = (Ti + Td + Or) - (Cg + Sub + Tap + J) \qquad (9.3)$$

em que:

Sg = Poupança do governo em conta-corrente;
Ti   = Tributos indiretos;
Td = Tributos diretos;
Or = Outras receitas correntes líquidas;
Cg = Consumo final das administrações públicas;
Sub = Subsídios;
Tap = Transferências de Assistência e Previdência;
J   = Juros da dívida pública.

Contudo, as despesas do governo não se restringem às despesas correntes registradas nessa conta. O governo também efetua gastos para manter e ampliar a infraestrutura econômica e social – como construção de estradas, pontes, viadutos, hidrelétricas, hospitais e escolas. Assim, a definição de **déficit público** deve levar em conta também os investimentos públicos efetuados no período em questão. Temos, então:

$$Dp = Ig - Sg \qquad (9.4)$$

em que:

Dp = Déficit público;
Ig = Investimento do governo;
Sg = Poupança do governo.

O déficit público assim definido determina aquilo que se conhece como **Necessidade de Financiamento do Setor Público (NFSP)**, que engloba os governos federal, estadual e municipal, as empresas estatais e as agências descentralizadas, e toma por base de cálculo todo tipo de gasto público, incluindo, além dos gastos correntes (que incluem os juros sobre a dívida pública), os gastos com investimentos públicos.

Existem vários conceitos de NFSP ou de déficit público. Inicialmente, podemos distinguir o **déficit nominal**, que engloba toda e qualquer demanda por recursos proveniente do setor público, inclusive o pagamento de juros nominais sobre a dívida, do **déficit operacional**,[3] que exclui do cálculo da dívida (e, portanto, do déficit) as **correções monetária**[4] e **cambial**. Em realidade, essa distinção foi muito importante enquanto o país conviveu com elevadas taxas de inflação e com a correção monetária como instituição oficial avalizada pelo governo na caracterização de seus títulos (em sua maioria com taxas de juros pós-fixadas que embutiam, assim, a correção monetária do valor de face pelos índices de inflação experimentados ao longo do período de vigência dos papéis). Com a estabilidade monetária alcançada a partir de julho de 1994 e a extinção da correção monetária, essa distinção perdeu importância e acabou se resumindo à correção cambial de parcela dos títulos públicos. Existe, finalmente, o conceito de **déficit primário**, que exclui do cálculo as receitas e as despesas financeiras e, portanto, também os gastos com pagamentos de juros (incluídos no conceito operacional).

Até que ponto o fato de o governo incorrer em déficits pode constituir efetivamente um problema? Para responder a essa pergunta, precisamos nos deter na questão das formas de financiamento que o governo tem a sua disposição para tal. Duas são as alternativas de financiamento do governo: por meio de **emissão de dívida** ou **emissão monetária** (ou seja, aumento da base monetária). Assim, temos a seguinte igualdade:

$$Dp = \Delta B + \Delta Div \qquad (9.5)$$

em que:

Dp = déficit público;

B = base monetária;

Div= dívida pública.

Assim, a emissão monetária desbragada e sem nenhum critério – por exemplo, em uma situação em que a economia já está claramente operando no pleno emprego – pode

---

3 Não apenas existem vários conceitos de déficit público como há também certa confusão no que diz respeito à denominação desses vários conceitos. O conceito de déficit operacional aqui utilizado, por exemplo, é diferente daquele utilizado por Simonsen e Cysne (SIMONSEN, M. H.; CYSNE, R. P. *Macroeconomia*, 2. ed. Rio de Janeiro: Fundação Getulio Vargas, 1996. p. 162-165), que, por sua vez, difere do utilizado pelo Banco Central. Assim, sempre que esse tipo de questão estiver em discussão é necessário que nos certifiquemos do conteúdo preciso de cada um dos conceitos de déficit em foco.

4 Correção monetária é o nome dado ao ajuste do valor de um ativo pela variação do índice de preços oficial em determinado período. No Brasil, ela foi criada no âmbito do Programa de Ação Econômica do Governo (Paeg), implementado pelo primeiro governo militar (governo do Marechal Humberto de Alencar Castelo Branco) em 1964. Mais à frente, outros títulos foram emitidos, garantindo não a correção monetária, mas a correção cambial, destinada a recompor o valor original do título em termos do dólar americano. Na última seção deste capítulo voltaremos a esse assunto.

acabar resultando em inflação e tornar-se contraproducente como instrumento de política econômica, uma vez que inflações muito elevadas instabilizam o sistema econômico e tendem a desorganizar o setor produtivo. Contudo, nem sempre isso acontece. Em alguns casos, o governo pode efetivamente lançar mão dessa alternativa sem gerar problemas inflacionários: em uma situação em que a economia está operando abaixo de seu nível potencial, por exemplo, pois ele consegue dinamizá-la pelo efeito multiplicador do aumento de seus gastos; ou em uma situação em que o crescimento econômico está sendo emperrado pelo congelamento da oferta de moeda, pois ele concede, então, ao sistema o nível de liquidez necessário. Nesses casos, o governo está conseguindo se financiar aumentando a **base real**. Contudo, nos momentos em que a inflação cresce e desvaloriza a moeda, possibilitando que o governo emita mais apenas para manter essa base real no mesmo lugar, ele está conseguindo se financiar com a emissão, mas está gerando aquilo que se chama **imposto inflacionário**.[5] A soma das duas receitas (o aumento da base e o imposto inflacionário) é conhecida como **senhoriagem real**.

Caberia agora discutir uma alternativa, qual seja, o aumento da **dívida pública**. Contudo, é preciso voltarmos à expressão 9.5 para entender precisamente seu significado. O que significa dizer que o valor do déficit público, em determinado período, é igual ao somatório do aumento da dívida pública com o aumento da emissão de moeda nesse mesmo período? A resposta mais imediata que nos vem à cabeça é dizer que tanto o aumento da dívida quanto o aumento da base têm como único fato gerador a ocorrência de déficits nas operações do governo. Isso, porém, não é correto.

Quando raciocinamos dessa forma estamos nos esquecendo de algo que aprendemos no capítulo anterior: se olharmos o balancete sintético do Banco Central, veremos que os empréstimos ao Tesouro Nacional e aos governos estaduais e municipais, bem como a emissão de títulos públicos, não são os únicos fatores que podem fazer expandir a base monetária. Estão também incluídas nesse grupo a expansão do crédito ao setor privado e a acumulação de reservas cambiais. Assim, o aumento da emissão (ou do estoque da dívida) pode ocorrer simplesmente por conta de um aumento no nível das reservas, que não tem rigorosamente nada a ver com geração de déficits nas operações do governo. Da mesma maneira, uma expansão dos empréstimos ao setor privado gera aumento de emissão, mas não decorre de déficits do governo.

---

5 Não é demais lembrar que o imposto inflacionário incide não só sobre a moeda corrente mas também sobre a moeda escritural. Portanto, além do governo, o setor bancário comercial, também se beneficia com o imposto inflacionário.

Torna-se necessário, portanto, descontar daquilo que pode aparecer como déficit público aqueles fatores que geram expansão monetária, mas não têm seu fato gerador em déficits públicos. Isso é feito segundo o conceito de dívida líquida do governo. Assim, a expressão 9.5 tem de ser reescrita como:

$$Dp = \Delta B + \Delta Divl \qquad (9.5a)$$

em que: $\Delta Divl$ = dívida líquida do governo.

A **dívida líquida do governo** é definida como o excesso dos débitos do governo sobre os créditos do Banco Central com o setor privado (empréstimos ao setor privado) e com o setor externo (acúmulo de reservas cambiais).

Esclarecido esse ponto, podemos discutir a alternativa de financiamento do déficit público via aumento do estoque da dívida. Antes de passarmos à discussão propriamente dita, vale lembrar que a situação do governo no que tange à relação entre receitas e despesas pode ser observada de dois pontos de vista. Se olharmos, como fizemos até agora, o cotejo entre receitas e despesas em dado período, estaremos observando o comportamento dos fluxos e aquilo que se conhece como **resultado acima da linha**. Todavia, esse resultado tem impactos sobre a situação dos estoques de ativos e passivos do governo. Assim, se o resultado foi positivo, muito provavelmente isso implicou resgate de parcela da dívida pública e, portanto, redução de seu estoque. Se, ao contrário, o resultado foi negativo, muito provavelmente isso implicou emissão adicional de dívida pública e, portanto, elevação de seu estoque. Quando observamos o comportamento das contas públicas olhando para o comportamento do estoque de dívida pública, então se diz que estamos observando o **resultado abaixo da linha**.

A primeira e óbvia condição para que o governo possa utilizar a dívida pública como alternativa para financiar seus déficits é que os títulos de sua emissão sejam aceitos pelo público. Essa aceitação está relacionada com os juros pagos pelos títulos e com o prazo de seu resgate. Mas o volume já alcançado pelo estoque da dívida pode ser também uma variável importante, particularmente por conta do risco de não pagamento (ou "risco de calote"). A medida usualmente utilizada para avaliar a magnitude desse estoque é relacionar seu valor em determinado momento, por exemplo, ao final de um dado ano, com o valor do PIB do país nesse mesmo ano. A Tabela 9.1 mostra a relação dívida/PIB em vários países em 2017.

Tabela 9.1 – Relação dívida pública/PIB em vários países do mundo

País	Dívida líquida: % do PIB (dados de 2017)
África do Sul	50,1
Alemanha	64,1
Brasil*	78,4
Canadá	89,7
Estados Unidos	82,3
França	98,5
Grécia	180,0
Itália	131,2
Japão	223,8
México	51,5
Portugal	127,7
Reino Unido	87,0

Fonte: INTERNATIONAL MONETARY FUND (IMF). Disponível em: https://en.wikipedia.org/wiki/List_of_countries_by_public_debt. Acesso em: 6 fev. 2020.

Como se vê, o percentual da dívida pública em relação ao PIB em vários países desenvolvidos é significativamente maior que no Brasil ou no México. Apesar disso, não se vê nenhuma grande preocupação com a magnitude dessa relação no que diz respeito, por exemplo, ao Japão ou à França. Cabe, então, perguntar: Em que situação o tamanho da dívida pública pode ser considerado problemático em termos econômicos? A resposta mais aceita para essa questão passa pela análise do perfil da dívida. Se os agentes econômicos percebem que a situação financeira do governo é frágil, isto é, se ele apresenta déficits elevados e sem perspectiva de apresentar superávits no futuro, tais agentes passam a exigir maiores remunerações e prazos cada vez menores de resgate para carregar esses papéis.[6] Com a elevação da remuneração dos títulos, surge um novo componente de gastos que acaba por comprometer ainda mais o déficit: os juros sobre a dívida.

---

6   Cabe notar que a incansável pregação observada desde o início dos anos 1980 em prol da exigência de gastos cada vez menores por parte do Estado, pregação essa exaustivamente repetida pela mídia, vem cumprindo um papel não desprezível nessa tendência de comportamento dos agentes. Isso gera uma situação em que o Estado acaba tendo de mostrar bons resultados financeiros, ainda que isso custe muito em termos de crescimento e emprego, não porque a situação efetiva de fato os requeira, mas simplesmente porque é isso que esperam os agentes relevantes (ou seja, aqueles que carregam os papéis do governo). Boa parte dessa história está relacionada com o processo de internacionalização financeira que abordamos no anexo do **Capítulo 5**. Com o aumento inusitado do fluxo de recursos financeiros e a consequente desregulamentação dos mercados financeiros que a ele se seguiu, a estabilidade monetária, sempre ligada, nesse ideário, ao bom comportamento do governo, ganhou absoluta primazia e passou a presidir todo o comportamento da política econômica, particularmente em países tradicionalmente importadores de capital, como o Brasil.

Assim, podemos ter uma situação perversa, em que os credores do Estado passam a exigir juros mais elevados, os quais pressionam o déficit público, o que leva novamente à necessidade de aumento no endividamento público, que novamente gera pressões por aumento de juros e assim por diante, em um processo tipo "bola de neve". Isso evidentemente vai fazendo crescer a relação dívida/PIB ao longo do tempo de uma forma muito acelerada, o que contribui para piorar ainda mais a avaliação dos agentes carregadores de papéis sobre a solvabilidade desses ativos. Além disso, como vimos, na medida em que o governo se constitui no grande devedor da economia, as elevadas taxas de juros pagas pelos títulos públicos em tal situação acabam servindo de referência para a economia como um todo, penalizando os investimentos produtivos e o crescimento. Isso tudo demonstra que o grande problema não é o tamanho da dívida, mas sua relação com a política econômica e a repercussão dessa situação na disposição dos agentes em financiar o setor público.

Como resolver esse problema? Antes de responder a tal questão, deve-se ter em mente que a dívida é um estoque, enquanto o déficit é um fluxo. Assim, se a opção for pela redução (ou mesmo manutenção desse estoque), mas mantendo-se elevada a taxa de juros, o governo será obrigado a gerar enormes superávits primários – o que significa corte de gastos e/ou aumento de impostos – para compensar as despesas relacionadas com o serviço de sua dívida. Contudo, tal tipo de política, necessariamente recessiva, visto que combina redução nos gastos do governo com taxas de juros elevadas – pressionando para baixo dois dos componentes da demanda agregada: os gastos do governo e os investimentos –, além de lesivo do ponto de vista social por conta do aumento do desemprego, pode ser contraproducente também com relação aos objetivos que com ele se espera alcançar, pois, deprimindo de modo geral as expectativas, pode elevar ainda mais as exigências dos carregadores de papéis públicos. Ademais, cabe lembrar que, quando se opta por manter a qualquer preço o estoque da dívida, impondo-se assim a elevação do resultado primário, são em geral os investimentos públicos os gastos mais afetados. Isso acontece porque, normalmente, os gastos correntes (com funcionalismo, em saúde, educação etc.) são bastante rígidos, sendo difícil reduzi-los. Assim, a linha de menor resistência a cortes é constituída justamente pelos investimentos, que conformam, no entanto, o tipo de gasto de maior poder multiplicador. Cortar investimentos públicos, ou desacelerar seu crescimento, tem efeitos deletérios sobre o desempenho da economia.

No caso do Brasil, apesar de sua situação hoje não ser preocupante, já houve momentos em que o tamanho da dívida pública se tornou um problema e tanto, mas não pelo tamanho em si da dívida, e sim por seu perfil. Em alguns casos, o governo acabou usando a alternativa do calote, como chegou a acontecer explicitamente no Plano Collor.

Antes de encerrarmos este capítulo cabem duas observações finais. A primeira tem a ver com a relação entre a expressão 9.4, anteriormente apresentada, e a conta de acumulação (ou antiga conta de capital) do sistema de contas nacionais. A segunda tem a ver com o conceito de déficit operacional e sua relação com a inflação.

Consideremos a primeira questão. Se tomarmos a conta de acumulação e sua relação com a conta das operações correntes do resto do mundo do sistema de contas nacionais do Brasil, estudado no **Capítulo 4**, perceberemos que o excesso do investimento doméstico (investimento privado mais investimento público) sobre a poupança bruta da economia (poupança privada mais poupança do governo) é idêntico ao déficit em transações correntes no balanço de pagamentos, ou, em outras palavras, à necessidade de poupança externa. Com essas informações, podemos escrever o seguinte:

$$Ipr + Ipu = Spr + Sg + Se \qquad (9.6)$$

em que:

Ipr = investimento privado;
Ipu = investimento público;
Spr = poupança privada;
Sg = poupança do governo;
Se = poupança externa.

A expressão 8.6 pode ser reescrita como:

$$Ipu - Sg = Spr - Ipr + Se \qquad (9.7)$$

Como vimos pela expressão 9.4, o déficit público pode também ser definido como o excesso do investimento público sobre o saldo do governo em conta-corrente, ou poupança do governo, ou seja, ele pode ser definido como Ipu – Sg. Desse modo, podemos escrever:

$$\text{Déficit público} = Spr - Ipr + Se \qquad (9.8)$$

A expressão 9.8 nos diz que o déficit público é financiado internamente pelo excesso da poupança privada sobre o investimento privado e, externamente, pelo afluxo de poupanças (capitais) do resto do mundo. Esse tipo de manipulação matemática, que é verdadeira na medida em que se está trabalhando com identidades, sugere, no entanto, que o déficit público causa o déficit em transações correntes e que, portanto, basta cortar o déficit público para resolver os problemas externos, conclusão que evidentemente não procede. Em primeiro lugar, como se trata de manipulação com identidades, é problemático qualquer tipo de conclusão que implique a definição de relações de causa e efeito. Em segundo lugar, ainda que admitíssemos que o déficit público causa o déficit de transações correntes do balanço de pagamentos, para que fosse verdadeira aquela afirmação (basta cortar o déficit público para resolver os problemas externos), seria preciso supor algo pouco razoável, ou seja, que uma redução no déficit público não teria nenhum efeito sobre as duas outras variáveis (a poupança e o investimento do setor privado).

Passemos à segunda questão. Como vimos anteriormente, um conceito de déficit público (ou de NFSP) importante é o de déficit operacional. Na realidade, a diferença entre o déficit operacional e o nominal está em que o déficit nominal não considera o imposto inflacionário como receita real do governo. Assim, ele é sempre maior que o operacional, diferença essa que é tanto maior quanto maior for a taxa de inflação no período em questão. Em função disso, alguém pode concluir que o déficit público é a causa da inflação, pois ela seria fundamental para gerar o imposto inflacionário necessário, por sua vez, para financiar o déficit do governo, conclusão que, mais uma vez, não procede.[7] Uma coisa é a constatação inescapável de que o imposto inflacionário constitui, de fato, receita do governo e que, portanto, se o déficit público não tiver sido coberto por aumento real da base e/ou aumento da dívida líquida real, certamente o terá sido pelo aumento do imposto inflacionário. Outra coisa é imaginar que o governo possa determinar *a priori* a magnitude de sua receita e, assim, provocar a inflação necessária para obtê-la.

A questão do déficit público ou, dizendo de modo mais genérico, a questão da magnitude dos gastos do governo e das formas que ele tem para financiá-los foi introduzida nesta seção por conta da sua relação direta com a questão da relação entre moeda, inflação e nível de atividade da economia. Para concluir essa discussão e a título de ilustração, faremos agora, de modo bastante breve, uma retrospectiva da questão inflacionária no Brasil, o que nos dará ensejo para comentar o modelo hoje utilizado em nosso país e em vários outros para o controle da oferta de moeda: o modelo de **metas de inflação**.

---

7 Esse tipo de teoria esteve muito em voga no Brasil entre meados dos anos 1980 e meados dos anos 1990, quando nosso país experimentou elevadas taxas de inflação.

9.4 Breve retrospecto da questão inflacionária no Brasil

Até o advento do Plano Real, adotado em 1994, a economia brasileira foi vitimada, às vezes mais, às vezes menos intensamente, pelo problema das elevadas taxas de inflação. A recorrência desse problema em nossa economia foi fruto de uma série de fatores, havendo nessa história elementos para agradar tanto as teses ortodoxas quanto as heterodoxas sobre a natureza da inflação. Para não retroceder em demasia, vamos focar a questão a partir do final dos anos 1950. O último quinquênio dessa década foi marcado pela eleição de Juscelino Kubitschek de Oliveira à Presidência da República e, junto com ele, seu **Plano de Metas** e a disposição de andar "50 anos em 5" na industrialização da economia brasileira. O plano envolvia a instalação no Brasil de indústrias até então inexistentes, além da arrojada decisão de construir Brasília. O presidente percebera que havia uma série de empresas americanas e europeias, principalmente dos setores automobilístico e de eletrodomésticos, desejosas de entrar no Brasil e aqui instalar filiais de suas indústrias. Apesar de o país não contar ainda com um setor de produção de bens de capital e de insumos básicos plenamente desenvolvido,[8] o que tornaria o processo mais equilibrado, o governo considerou que não deveria deixar passar a oportunidade de trazer essas indústrias e fazer o Brasil ingressar de vez no grupo dos países industrializados. Ocorre que tal programa envolvia a concessão de uma série de benefícios e isenções fiscais, o que, aliado às despesas necessárias para a construção de Brasília, acabou por literalmente "quebrar o Estado", situação que foi sendo acomodada com pura e simples emissão monetária. Isso teve um sensível impacto sobre o ritmo inflacionário, uma vez que a economia trabalhava no limite de seu produto potencial. Nesse caso, portanto, havia certa razão em dizer que o aumento da inflação se devera a um descontrole monetário do governo, que apelara para a emissão de moeda como forma de financiar seus gastos. Mesmo aí, contudo, haveria elementos também para as teses não ortodoxas, pois

---

8 Dá-se o nome de **insumos básicos** àqueles produtos sem os quais a indústria e a agricultura que produzem bens finais não são capazes de funcionar. Os principais setores que pertencem ao grupo dos insumos básicos são: petróleo e petroquímicos, aço, cimento e calcário, papel e celulose, metais não ferrosos, fertilizantes e defensivos agrícolas. Quanto aos chamados **bens de capital**, seus principais ramos são: bens de capital sob encomenda, máquinas seriadas, máquinas têxteis e tratores e implementos agrícolas.

o desequilíbrio setorial acima apontado provocava gargalos na esfera produtiva, visto que a indústria nacional era incapaz de fornecer os insumos e bens de capital nas quantidades demandadas pelo arranque industrial do país, ao mesmo tempo que os bens importados também ficavam cada vez mais escassos e caros à medida que o problema com as contas externas se agravava. Portanto, ao menos nesses casos, havia elementos para advogar que a relação de causa e efeito se dava dos preços para a moeda (a oferta de moeda simplesmente acomodava as pressões de preço que surgiam em função de gargalos estruturais ou problemas com as contas externas), e não da moeda para os preços, como advoga a teoria ortodoxa.

Terminado o governo Kubitschek, o período seguinte foi de grande conturbação política, envolvendo a renúncia de Jânio Quadros e a enorme tensão produzida com a chegada à presidência de João Goulart, que, por provir do Partido Trabalhista Brasileiro (PTB – agremiação política do antigo presidente Getúlio Vargas), não era aceito pelos militares nem pela direita do país.[9] Como a economia já vinha de um profundo desequilíbrio macroeconômico anterior, uma vez que, além da inflação, havia problemas com as contas externas, pois as importações tinham aumentado muitíssimo em função das exigências impostas pelo Plano de Metas, esse cenário social e politicamente conturbado jogou ainda mais lenha na fogueira dos aumentos de preços. Em 1961 e 1962, a inflação medida pelo Índice Geral de Preços (IGP) calculado pela Fundação Getulio Vargas do Rio de Janeiro, que era então o índice oficial do país, ficara em torno de 50% ao ano, atingira 80% em 1963 e fora de 90% em 1964. Em 31 de março desse último ano, como se sabe, o governo Goulart foi derrubado por um golpe militar que instalou uma ditadura que permaneceria até 1985. Por força do amordaçamento dos sindicatos e de alguns expedientes adotados pelo Programa de Ação Econômica do Governo (Paeg) do primeiro governo militar, a inflação caiu para a esfera dos 35% em 1965 e 1966, ficando, a partir de 1967, na esfera dos 20%.

A quadruplicação dos preços do petróleo no último trimestre de 1973 fez com que a inflação saltasse para a esfera dos 40% no ano seguinte, aí ficando até 1978. Mas esse era só o primeiro de uma série de choques externos adversos que viriam sacudir a economia brasileira e impedir a continuidade de seu ritmo de crescimento, que atingira a média de 11% ao ano entre 1968 e 1973 (período conhecido como o do "milagre econômico").

---

9   Depois de ter derrubado Vargas, que terminara sua segunda gestão em 1954 com um tiro no peito, a ascensão, menos de uma década depois, ao principal posto do país de um político feito por Vargas, do mesmo partido que o antigo mandatário e com pensamento de esquerda, era algo inaceitável para a direita e para os militares.

Em 1979, dois novos choques ocorreram: um novo aumento dos preços do petróleo, dessa vez mais do que duplicando os anteriormente existentes, e o brutal aumento das taxas de juros internacionais, que saltaram da esfera de 4% para 20% ao ano. Este último choque, em particular, complicou de vez as contas externas brasileiras, uma vez que os empréstimos externos eram contraídos a taxas flutuantes. Essa situação obrigou o governo a promover maxidesvalorizações da taxa de câmbio, fazendo a inflação saltar para 77% em 1979 e para a esfera dos 100% entre 1980 e 1982. Em 1983, com a nova maxidesvalorização ocorrida em fevereiro, a inflação pulou para 200% ao ano, patamar em que permaneceu até 1985.[10]

Em fevereiro de 1986, o primeiro governo civil depois dos 21 anos de ditadura militar pôs em prática a primeira experiência heterodoxa de estabilização dos preços com a adoção do **Plano Cruzado**. O comportamento da inflação brasileira desde o final dos anos 1960, com a escalada dos preços de degrau em degrau (20%, 40%, 100%, 200% ao ano – veja a Figura 9.1 a seguir), fez com que os economistas percebessem que havia algo de diferente em nosso processo inflacionário, pois a inflação, uma vez alterada pelo efeito de um choque, não retornava aos níveis anteriores, permanecendo no novo patamar até que um novo choque acontecesse. Por isso, esse tipo de inflação foi chamado de **inflação inercial**, porque, uma vez dado um impulso, o movimento de elevação dos preços produzido pelo choque continuava, por inércia, no mesmo ritmo de antes, mesmo não existindo mais o fator que o gerara. Em outras palavras, na ausência de novos choques, a inflação de hoje reproduzia a inflação de ontem.[11] Ora, esses elementos em conjunto configuravam uma contraprova flagrante das teses ortodoxas, que enxergavam como meio para derrubar a inflação unicamente a contração da economia com consequente redução da demanda agregada. Segundo estudos feitos na época, a recessão que teria que ser imposta à economia brasileira para driblar uma inflação anual de 100% seria da ordem de 10% ao ano, ao longo de dez anos, o que era irracional e absolutamente inviável do ponto de vista social e político (além do que, a inflação já se encontrava na esfera dos 200% anuais, o que complicava ainda mais a adoção dessa "solução").

---

10 Uma maxidesvalorização tem impacto sobre os índices de inflação porque, com a elevação abrupta do preço do dólar em termos da moeda doméstica, todos os bens importados ficam mais caros (o Brasil, nessa época, como a maior parte dos países do mundo, trabalhava sob o regime de câmbio fixo). A economia brasileira era, então, bastante fechada comercialmente, de modo que não havia muitos produtos finais importados. Contudo, indiretamente, as importações estavam presentes nos preços de quase todos os bens, porque boa parte dos bens de capital e dos insumos básicos, com destaque para o petróleo, eram importados.

11 Não é aqui o lugar de desenvolver em mais detalhes todas as questões teóricas envolvidas nisto que se costumou chamar de *teoria da inflação inercial*, tampouco de apresentar as diferentes visões que existiam dentre aqueles que desenvolveram essa teoria. O leitor interessado pode encontrar toda essa discussão em PAULANI, 1997.

Figura 9.1 – Inflação no Brasil 1967-1985 (medida pelo IGP % ao ano)

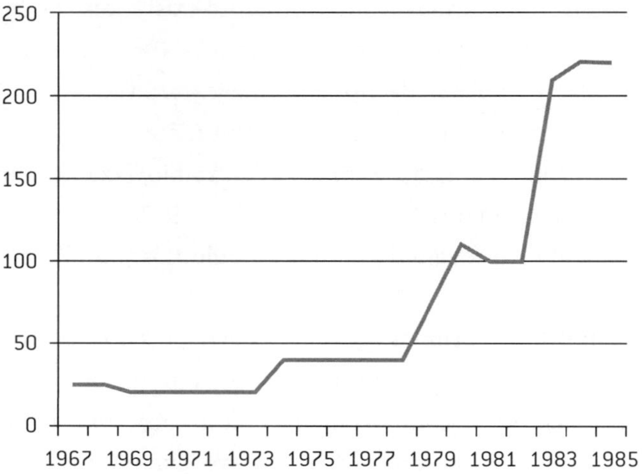

Fonte: elaborada pelos autores.

O principal fator para explicar esse tipo de movimento era a existência da **correção monetária**, um expediente criado pelo Paeg para desenvolver o mercado de títulos públicos no país. Quando esse programa econômico foi editado (1964), o governo considerava que o Brasil deveria ter um mercado de títulos públicos efetivo, em que os papéis do governo encontrassem compradores e a política monetária ganhasse um maior número de instrumentos para operar. Com os elevados níveis de inflação que o país detinha na época, isso era praticamente impossível porque, quando o detentor de um título fosse resgatá-lo, o ganho proporcionado pelos juros pagos pelo título já teria sido inteiramente corroído pela inflação. Para superar esse problema, criou-se a Obrigação Reajustável do Tesouro Nacional (ORTN), um título público emitido pelo governo federal que pagava uma taxa de juros mais a correção monetária, um percentual destinado a recompor o valor original do título, garantindo, assim, que o ganho auferido por seu detentor fosse um ganho real. O problema foi que a correção monetária, cuja utilização deveria ficar restrita ao mundo dos ativos, ou seja, dos estoques de riqueza, acabou por extravasar esses limites, atingindo também as rendas, portanto os fluxos da economia. Assim, de tempos em tempos, salários, aluguéis e preços em geral reivindicavam aumentos que recompusessem seu valor original do início do período. Era isso que fazia a inflação do passado ser jogada para o futuro e reproduzir-se inercialmente. Esse era também um típico caso em que a oferta monetária, ao contrário do que advogavam os ortodoxos, estava completamente endogeneizada, ou seja, o governo não tinha muito o que fazer a não ser "produzir a moeda" que o elevado nível de inflação inercial da economia demandava. Em função disso, começaram a ser buscados remédios não ortodoxos para driblar o problema inflacionário. O diagnóstico geral era que, sem apagar a "memória inflacionária" do sistema, nenhuma solução efetiva para o problema seria possível.

O Plano Cruzado, adotado em fevereiro de 1986, foi a primeira das tentativas heterodoxas de combate à inflação. Assentado basicamente no **congelamento de preços** (uma das receitas geradas pelo diagnóstico inercial), ele conseguiu um relativo sucesso no início, dado o caráter inédito da medida, mas aos poucos começaram a surgir os problemas. A redução repentina do imposto inflacionário promoveu uma sensível distribuição de renda, elevando as rendas das faixas mais baixas, as mais prejudicadas com o nível elevado que a inflação antes apresentava.[12] Essa mudança abrupta, junto com o crescimento econômico que atingiu mais de 8% naquele ano, foi de encontro a uma economia e um dado perfil de oferta que não eram condizentes com a nova realidade. Tampouco o país dispunha de reservas cambiais suficientes para elevar as importações até que a oferta interna se recompusesse (o Plano Cruzado teve início com US$ 11 bilhões de reserva, um volume muito pequeno para bancar o valor de nossa moeda diante do tamanho da economia brasileira). Em janeiro de 1987, o governo reconheceu que o plano fez água e pôs fim ao congelamento de preços. O câmbio desvalorizou-se e a inflação rapidamente voltou a girar nos níveis estratosféricos anteriores.[13]

De 1987 até 1993, houve várias outras tentativas de combate à inflação, todas sem sucesso.[14] Ao final desse último ano, um grupo de economistas abrigado no Ministério da Fazenda, sob o comando do então ministro Fernando Henrique Cardoso (FHC), começou a tomar as medidas necessárias para pôr em prática aquilo que viria a ser conhecido como **Plano Real**. Tendo participado da primeira dessas tentativas, esse grupo, liderado pelos economistas Pérsio Arida e André Lara Resende, defendia a teoria da inflação inercial, mas apostava em uma receita alternativa ao congelamento de preços para dar conta do problema. Essa receita, conhecida como **moeda indexada**, previa o funcionamento, por determinado período, de duas moedas: a moeda corrente doméstica, que continuaria a funcionar como meio de troca, e uma moeda virtual (a moeda indexada),

---

12 Diferentemente das classes média e alta, que tinham acesso aos instrumentos produzidos pelo sistema bancário e financeiro para enfrentar o problema, as classes mais baixas não tinham meios para escapar da inflação elevada, pois a maioria não possuía sequer conta bancária. A maior parte do imposto inflacionário era paga, então, por essas faixas. São as classes mais baixas, portanto, aquelas que mais se beneficiaram com o fim da inflação, o que acabou por promover a redistribuição de renda aqui mencionada.

13 O leitor encontra um relato detalhado da história completa do Plano Cruzado, bem como uma discussão teórica sobre seus fundamentos, em: BIER, A., PAULANI, L.; MESSENBERG, R. *O heterodoxo e o pós-moderno*: o cruzado em conflito. Rio de Janeiro: Paz e Terra, 1987.

14 Um relato competente e exposto de modo didático de todas essas tentativas o leitor encontra em: GREMAUD, A.; VASCONCELLOS. M. A.; Toneto Jr. *Economia brasileira contemporânea*. 7. ed. São Paulo: Atlas, 2008.

que funcionaria apenas como unidade de conta e cujo valor em moeda doméstica variaria diariamente. Portanto, os preços na moeda corrente continuariam a subir no ritmo inflacionário de então, mas permaneceriam relativamente estáveis na moeda indexada, uma vez que ela não sofreria do problema da inflação inercial.

Assim, em 1º de março de 1994, os preços começaram a ser cotados em **URV** (sigla referente à **Unidade Real de Valor**, a moeda indexada do plano), enquanto o cruzeiro real (CR$), a moeda corrente de então, continuava a funcionar como meio de circulação. O plano previa que esse período de funcionamento simultâneo das duas moedas iria até o dia 30 de junho de 1994, quando então a URV mudaria seu nome para **Real (R$)** e o cruzeiro real deixaria de existir. Os arquitetos do plano consideraram que esse período de quatro meses seria necessário e suficiente para que todos os preços antes cotados em cruzeiro real encontrassem seu valor de equilíbrio em URV, a fim de começar sua vida na era do Real sem pressões ascensionistas. E assim aconteceu. Em 1º de julho daquele ano, nossa moeda mudou de nome, passando a chamar-se Real e os preços nela cotados apresentaram uma estabilidade muitíssimo maior do que a que detinham na moeda antiga, uma vez que ela estava liberta da inflação inercial.

O sucesso do Plano Real em estabilizar monetariamente a economia demonstrou o acerto técnico da receita da moeda indexada para enfrentar o tipo de inflação que tínhamos por aqui, mas um elemento adicional foi fundamental para esse sucesso. Diferentemente do que acontecera com o cruzado (a moeda criada no plano de mesmo nome), o Real começava sua vida assentado num volume de divisas quatro vezes maior. Com US$ 40 bilhões de reservas, o governo tinha as condições necessárias para manter o valor da nova moeda e garantir a estabilidade, assim como enfrentar pressões altistas internas porventura ainda remanescentes e/ou pressões decorrentes de mudanças distributivas provocadas pela própria estabilização. Em outras palavras, a economia brasileira naquela época tinha recursos para fazer frente a uma elevação das importações, a fim de aumentar a oferta interna e ativar a concorrência com a produção doméstica sem mexer na taxa de câmbio. O governo adotara, então, o regime de câmbio fixo, de modo que o preço do dólar americano em Reais ficava sob seu total controle e ele dispunha do volume de reservas necessárias para agir dessa forma. É nesse sentido que se pode dizer que, em sua primeira fase, o Plano Real se baseou na âncora cambial, pois era a estabilidade em Reais desse preço fundamental da economia que jogava por terra as pressões altistas dos demais preços.

O plano funcionou dessa forma até janeiro de 1999,[15] quando uma grande crise cambial obrigou o governo a mudar de rumo. Desde 1997, a economia mundial começara a ser

---

15 A taxa anual de inflação, medida pelo IPCA ficara em 22,4%, em 1995; 9,6%, em 1996; 5,2%, em 1997; e 1,7%, em 1998.

assolada por uma série de crises financeiras que iam derrubando, uma a uma, as moedas de vários países emergentes. Começara na Tailândia em julho desse ano e, três meses depois, já tinha se estendido para todo o sudeste asiático. Nesse primeiro *round*, para evitar que a desconfiança com relação às moedas desses países atingisse o Brasil, o governo brasileiro defendeu o real elevando brutalmente a taxa básica de juros, que passou dos 40% anuais. Mas o mesmo remédio não surtiu efeito quando estourou a crise russa, em agosto de 1998. A brutal elevação dos juros, que mais uma vez se promoveu, não foi suficiente para reduzir as desconfianças do capital especulativo que entrara em nossa economia. Em menos de quatro meses, entre setembro daquele ano e janeiro de 1999, o país perdeu cerca de US$ 40 bilhões em reservas. Dessa vez, portanto, o governo não teve outro remédio a não ser recorrer aos empréstimos do FMI para enfrentar as despesas em moeda forte. Também não foi mais possível manter o valor da moeda, nem o regime de câmbio fixo. O real foi fortemente desvalorizado,[16] e o país passou a adotar o regime de câmbio flutuante.

Não podendo mais dispor da âncora cambial para garantir a estabilidade dos preços, o país adotou, então, o chamado **regime de metas de inflação**, que está até hoje em vigor. Esse regime faz com que a política monetária, principalmente a fixação da taxa básica de juros, seja conduzida com o objetivo explícito de obter uma taxa de inflação que é *a priori* determinada. Assim, podemos dizer que, após o fracasso da utilização do câmbio, a âncora de nosso sistema de preços passou a ser uma âncora monetária. Se antes o preço básico da economia que funcionava como âncora era o preço da divisa, agora é o "preço" do próprio dinheiro (ou seja, a taxa de juros). Desde então, de acordo com o Índice de Preços ao Consumidor Amplo (IPCA), calculado pelo IBGE, a inflação anual tem oscilado entre 3% e 7,5% anuais, com exceção dos anos de 2002 (12,5%) e 2003 (9,3%), atribulados por questões políticas, do próprio ano de 1999, durante o qual, pressionada pela própria desvalorização cambial ocorrida em seu início, a elevação dos preços alcançou 8,9%, e de 2015 (10,6%), quando se combinaram a desvalorização do câmbio dada pelo aprofundamento da crise e a recomposição de preços e tarifas de energia que estavam artificialmente contidos. No **Anexo** deste capítulo, o leitor encontrará mais detalhes sobre a construção teórica que está por trás do regime de metas, as variáveis mais importantes que estão envolvidas em seu funcionamento e as críticas existentes à sua utilização. Fechamos o capítulo com a Tabela 9.2, que mostra os valores alcançados pela inflação no Brasil desde 1945.

---

16 O preço do dólar americano passou de R$ 1,20 para R$ 1,90.

Tabela 9.2 – Taxa anual de inflação no Brasil (%)*

1945	11,1	1964	92,1	1983	211,0	2002	12,5
1946	22,2	1965	34,2	1984	223,8	2003	9,3
1947	2,7	1966	39,1	1985	235,1	2004	7,6
1948	8,0	1967	25,0	1986	79,7	2005	5,7
1949	12,3	1968	25,5	1987	363,4	2006	3,1
1950	12,4	1969	19,3	1988	980,2	2007	4,5
1951	12,3	1970	19,3	1989	1.972,9	2008	5,9
1952	12,7	1971	19,5	1990	1.621,0	2009	4,3
1953	20,5	1972	15,7	1991	472,7	2010	5,9
1954	25,9	1973	15,5	1992	1.119,1	2011	6,5
1955	12,1	1974	34,6	1993	2.477,2	2012	5,8
1956	24,5	1975	29,4	1994	916,5	2013	5,9
1957	7,0	1976	46,2	1995	22,4	2014	6,4
1958	24,4	1977	38,8	1996	9,6	2015	10,7
1959	39,4	1978	40,8	1997	5,2	2016	6,3
1960	30,5	1979	77,3	1998	1,7	2017	3,0
1961	47,8	1980	110,2	1999	8,9	2018	3,8
1962	51,6	1981	95,2	2000	6,0	2019	4,3
1963	79,9	1982	99,7	2001	7,7		

*Até 1985, IGPdi (FGV-RJ); daí em diante IPCA (IBGE).
Fonte: IPEADATA.

Resumo

A seguir, estão os principais pontos vistos neste capítulo.

1. Inflação é um processo, persistente no tempo, de elevação do índice geral de preços.
2. Os economistas ortodoxos afirmam que, qualquer que seja a situação, a emissão de moeda deve ser objeto de um estrito e implacável controle, sob pena de se instabilizar monetariamente o sistema, ou seja, gerar inflação.

3. Os **heterodoxos** discordam. Para eles, em determinados momentos, particularmente naqueles em que a economia está trabalhando em um nível muito abaixo de seu potencial, com enorme desemprego e capacidade ociosa, um aumento na emissão de moeda para financiar gastos do governo pode ser positivo, visto que gera, no médio prazo, a produção adicional que virá contrabalançar esse aumento de emissão.

4. Para fundamentar sua posição, os monetaristas se valem da **identidade MV ≡ PY**, na qual M são os meios de pagamento, V é a velocidade de circulação da moeda (ou velocidade-renda da moeda), P é o nível geral de preços e Y é o produto agregado real. A variável V indica o número de transações que podem, em média, ser liquidadas pela mesma unidade monetária em determinado período.

5. Os monetaristas valem-se da constatação de que V é relativamente estável, pois depende do comportamento dos agentes para forjarem, da identidade MV ≡ PY, uma relação de causalidade que coloca M como causa e P como efeito. Nessa visão, a *oferta monetária é exógena*, ou seja, é sempre a variável independente, e os aumentos em M provocam sempre e apenas aumentos em P (ou seja, inflação), sem efeito algum sobre Y.

6. Os heterodoxos não concordam. Para eles, pelo menos em alguns casos, são os aumentos em P que provocam aumentos em M (*oferta monetária endógena* e M como variável dependente) e há situações em que aumentos em M podem provocar aumentos em Y.

7. Além do controle *stricto sensu* da oferta monetária, por meio do controle das operações ativas do Banco Central, os gestores da política monetária têm ainda a seu dispor outro instrumento bastante importante, cuja natureza e cujo manejo geram enorme controvérsia. Esse instrumento é a **taxa de juros**.

8. O governo pode influir diretamente na taxa de juros, porque a remuneração paga aos agentes que carregam os papéis emitidos pelo governo acaba por configurar um piso para todo o espectro de taxas existente no mercado. A taxa de juros é importante porque influencia um dos componentes mais importantes da demanda agregada, que é o nível de investimentos.

9. O governo pode controlar diretamente a oferta monetária por meio de vários mecanismos (como **controle das operações ativas do Banco Central**, política de **open market** e alteração do **compulsório dos bancos comerciais**), mas ele também pode monitorá-la indiretamente, acompanhando o comportamento da taxa de juros.

10. Uma elevação da taxa de juros desestimula os investimentos, desaquece a economia e reduz a oferta de moeda via aumento da demanda pelos papéis públicos. Uma redução da taxa de juros produz os efeitos contrários.

11. Na visão ortodoxa, que embasa o raciocínio monetarista, a taxa de juros é o preço que equilibra a oferta de poupança com a demanda de fundos para investimento. Em função disso, supõe-se que a economia de mercado disponha de mecanismos automáticos de regulação, visto que uma queda eventual do consumo é imediatamente compensada por uma elevação do nível de investimento, graças ao aumento da oferta de poupança e à consequente queda na taxa de juros.

12. Para Keynes, a taxa de juros é determinada no mercado monetário pelo cotejo entre a oferta de moeda e sua demanda. A demanda por moeda não se restringe à procura de numerário para liquidar transações, mas tem um componente ligado a sua função de reserva de valor que ele denomina *demanda especulativa por moeda* e que está ligado àquilo que chamou de **preferência pela liquidez**.

13. A preferência pela liquidez depende do nível de incerteza vigente na economia. Quanto maior a incerteza, maior a preferência pela liquidez e a taxa de juros. A queda no nível de consumo tende a piorar as expectativas quanto ao rendimento futuro dos investimentos, a aumentar a incerteza e a deprimir os investimentos. Não há mecanismo automático de regulação que evite longos períodos recessivos. Para Keynes, o equívoco desse raciocínio deriva de um equívoco na forma de encarar a moeda.

14. Na visão keynesiana, o aumento da oferta de moeda pode ajudar a tirar a economia de um quadro recessivo. Com raras exceções, um crescimento da oferta monetária tende a reduzir a taxa de juros e incentivar os investimentos. Contrariamente, na visão monetarista, o crescimento da oferta de moeda gera tão somente inflação e não tem impacto no nível de produto, renda e emprego.

15. O **déficit público** é equivalente à diferença entre o valor dos investimentos públicos e a poupança do governo em conta-corrente.

16. O **déficit nominal** engloba toda e qualquer demanda por recursos provenientes do setor público, inclusive o pagamento de juros nominais sobre a dívida; o **déficit operacional** exclui do cálculo da dívida – e, portanto, do déficit – as correções monetária e cambial; o **déficit primário** não considera as receitas e as despesas financeiras.

17. Duas são as alternativas de financiamento do governo: por meio de emissão de dívida ou de emissão monetária (aumento da base monetária).

18. Graças ao monopólio de produção da moeda corrente, o governo por meio do Banco Central tem poder de **senhoriagem**, que lhe permite tanto *aumentar a base monetária em termos reai*s quanto se apropriar dos ganhos advindos da desvalorização dessa base provocada pelo aumento dos preços (**imposto inflacionário**).

19. O déficit público não é a única causa de expansão da base monetária. O crescimento dos créditos ao setor privado e o aumento das reservas internacionais também constituem operações ativas do Banco Central. Por isso, a forma correta de entender a equação que liga dívida pública a déficit público é: **déficit público = $\triangle$base monetária + $\triangle$dívida líquida do governo**, em que dívida líquida significa a dívida pública de emissão do governo federal, descontados os créditos do Banco Central junto ao setor privado.

20. Quando se observa o comportamento das contas públicas por meio do cotejo entre receitas e despesas, o que se está observando é o **resultado acima da linha**. Quando a observação é feita por meio da variação da dívida pública, o que se observa é o **resultado abaixo da linha**.

21. A medida usualmente utilizada para avaliar a magnitude do estoque da dívida pública é a **relação dívida pública/PIB**, que contrapõe o valor do estoque dessa dívida em determinado momento, por exemplo, ao final de um dado ano, ao valor do PIB do país nesse mesmo ano.

22. O excesso do investimento doméstico (investimento privado mais investimento público) sobre a poupança bruta da economia (poupança privada mais poupança do governo) é idêntico ao déficit em transações correntes do balanço de pagamentos, ou, em outras palavras, à necessidade de **poupança externa**.

23. A identidade que decorre da conta de capital (atual conta de acumulação) do sistema de contas nacionais indica que o déficit público é financiado internamente pelo excesso da poupança privada sobre o investimento privado e externamente pelo afluxo de poupanças (capitais) do resto do mundo. Isso não quer dizer, porém, que o déficit público "cause" o déficit em transações correntes e que, portanto, basta cortar o déficit público para resolver os problemas externos.

24. O Brasil conviveu com elevadas taxas de inflação durante décadas, fruto da combinação de diversos fatores históricos. A partir do início dos anos 1960, com a criação das Obrigações Reajustáveis do Tesouro Nacional (**ORTNs**) e da difusão dos **mecanismos de indexação à correção monetária**, a elevação dos

preços ganhou um componente inercial, deixando muito frágeis as teses ortodoxas sobre como resolver o problema.

25. A primeira experiência heterodoxa de estabilização monetária assentada na **teoria da inflação inercial** foi o **Plano Cruzado**, lançado em fevereiro de 1986, que
teve o **congelamento de preços** como um de seus principais instrumentos.

26. Malogrado o Plano Cruzado, entre outros fatores pelo exíguo montante de reservas disponíveis para bancar o valor da nova moeda, várias outras experiências sucederam-se, igualmente sem sucesso. Ao longo desse período, a inflação
alcançou, em alguns anos, a esfera dos quatro dígitos (mais de 1.000%).

27. No início de 1994, o governo lançou o **Plano Real**, uma nova experiência, baseada dessa vez não no congelamento de preços, mas na chamada **moeda indexada**. Ao longo de quatro meses (de 1º de março a 30 de junho), uma moeda
virtual – a **Unidade Real de Valor** (**URV**) – conviveu com a moeda doméstica
corrente – o cruzeiro real. A primeira moeda funcionava como unidade de conta
e tinha seu valor na moeda corrente reajustado diariamente. A segunda funcionava como meio de circulação e desvalorizava-se dia a dia.

28. Ao final desse período, necessário, segundo os elaboradores do plano, para que
todos os preços da economia encontrassem seu valor de equilíbrio em URVs,
essa moeda virtual transformou-se em moeda corrente, tendo seu nome muda-
do para **Real (R$)**, enquanto o cruzeiro real desaparecia.

29. O plano foi bem-sucedido, pois estabilizou monetariamente a economia brasileira e teve um auxílio poderoso no substantivo nível de reservas então existente, o qual tornou possível fazer da divisa internacional a âncora do sistema de
preços, adotando-se o regime de câmbio fixo. Até janeiro de 1999, a estabilidade monetária esteve assentada, portanto, na chamada âncora cambial.

30. A partir de então, graças a uma enorme crise cambial vinda de fora, não foi mais
possível manter o real valorizado para sustentar internamente a estabilidade
monetária. O real se desvalorizou fortemente e o regime de câmbio fixo foi
abandonado, sendo substituído pelo regime de câmbio flutuante.

31. A âncora cambial foi substituída, então, pela âncora monetária, sustentada
pela adoção do **regime de metas de inflação**, que passou a orientar a política
monetária do país. Com exceção dos anos de 1995, 2002 e 2015, a inflação
brasileira, depois do lançamento do Plano Real, nunca mais atingiu a esfera
dos dois dígitos.

Questões para revisão

1. Explique quais são os efeitos de um aumento na emissão de moeda de acordo com os economistas ortodoxos e heterodoxos.

2. Defina *velocidade de circulação da moeda* e explique a identidade $MV \equiv PY$.

3. Explique por que, para os monetaristas, a oferta de moeda é sempre tomada como exógena, enquanto para os não monetaristas ela também pode ser considerada endógena.

4. Além do controle sobre as operações ativas do Banco Central, ou seja, além do controle direto sobre a emissão monetária, o governo pode também controlar indiretamente a oferta de moeda. Como?

5. Por que a atuação do governo pode ter uma influência decisiva na taxa de juros? Qual é a importância da taxa de juros no que tange ao nível de produto e renda em que opera a economia?

6. De que forma os ortodoxos enxergam a taxa de juros? Como ela é considerada na visão keynesiana?

7. Como se define, segundo a visão keynesiana, o conceito de preferência pela liquidez? Como se pode articulá-lo com a questão da determinação da demanda agregada e, por essa via, com a questão da existência ou não de mecanismos automáticos de regulação na economia capitalista?

8. Defina déficit público e indique o significado dos conceitos nominal, operacional e primário.

9. Por que o governo tem poder de senhoriagem? O que é imposto inflacionário?

10. Qual é o conceito de dívida pública mais adequado do ponto de vista de sua relação com o déficit público?

Anexo: O regime de metas de inflação e seu funcionamento no Brasil

Nas últimas décadas, tornou-se comum entre os economistas a utilização da palavra **âncora** na análise e formulação de políticas de controle da inflação na América Latina. Na utilização dessa palavra, dois significados têm sido considerados: a âncora cambial e a âncora monetária. Poderíamos acrescentar ainda a âncora de preços para representar o congelamento de preços e salários na economia. Entretanto, diante do fracasso dessa política na década de 1980, século passado, o termo foi desconsiderado no período que se seguiu.

A ideia da ancoragem é a presente no significado da palavra, ou seja, criar forças que possibilitem segurar os preços na economia. Durante o Plano Real, em sua primeira fase (julho de 1994 a janeiro de 1999), a âncora utilizada foi, como vimos, a cambial. Com a utilização de altas taxas de juros e de um regime de câmbio controlado, o governo de Fernando Henrique Cardoso promoveu uma forte valorização de nossa moeda em relação ao dólar americano (e, consequentemente, também em relação a outras moedas conversíveis). Esse ambiente foi beneficiado pela abertura financeira ao capital especulativo ou de curto prazo. Com isso, os preços dos chamados bens comercializáveis, isto é, aqueles que se relacionam com a taxa de câmbio, foram estabilizados ou mesmo sofreram deflação. Foi o caso dos combustíveis (e consequentemente dos fretes), dos importados, dos nacionais que concorrem com os importados, dos produtos nacionais com componentes importados, das *commodities* etc. Junto com outras medidas de política econômica, como a desindexação da economia e a promoção de uma forte contração da demanda agregada, essa ancoragem acabou por contribuir para o sucesso do plano, ainda que com alguns custos para a economia brasileira, como a deterioração das contas externas, as baixas taxas de crescimento econômico, o aumento da vulnerabilidade externa, a elevação do endividamento público e a dificuldade de manutenção de alguns setores industriais importantes. É importante lembrar que a ancoragem cambial somente foi possível porque já se resolvera o problema dos débitos externos pendentes desde a moratória de 1987, o que, por outro lado, implicara atender às exigências dos credores e abrir financeiramente a economia. Essas duas medidas (equacionamento da dívida externa e abertura financeira) trouxeram os capitais externos de volta à economia brasileira, produzindo o volume de reservas necessário para sustentar a âncora cambial.

Como vimos, a partir de 1999, no início do segundo mandato do governo FHC, diante da instabilidade do sistema financeiro internacional, instabilidade essa caracterizada por crises cambiais que estavam ocorrendo em praticamente todos os países emergentes, ficou evidente que o regime de câmbio controlado era insustentável. Em função disso, o governo substituiu o regime de câmbio fixo então adotado pelo regime de câmbio flutuante e criou, ao mesmo tempo, outro tipo de âncora: a âncora monetária. Nessa ocasião foi concebido e, pouco depois adotado, o **regime de metas de inflação** no Brasil.

Segundo a ancoragem monetária, existem duas possibilidades de ação por parte do Banco Central. Para entender a primeira delas, é preciso entender como funcionam os mecanismos de transmissão da política monetária aos preços. (Antes de estudarmos esses mecanismos, é importante assinalar que não se trata aqui de uma abordagem monetarista ortodoxa – ou seja, aquela baseada na simples teoria quantitativa da moeda –, pois o mecanismo que será a seguir descrito passa por variáveis reais, como o consumo e o investimento agregados.) Suponha que o Banco Central, por meio dos instrumentos de política monetária estudados no **Capítulo 8**, reduza a quantidade de moeda na economia. Essa redução vai produzir, por meio do mercado monetário, um aumento na taxa de juros vigente (quanto menor a liquidez, menores serão os recursos para empréstimo e maior será a taxa de juros). A elevação da taxa de juros, por sua vez, reduzirá a demanda agregada, seja pela redução do consumo agregado, seja pela redução dos investimentos produtivos. A queda na demanda agregada provocará a queda no produto, com redução do nível de atividade econômica e, consequentemente, maior desemprego. O resultado será o surgimento de pressões para a queda no nível de preços em que opera a economia e, por conseguinte, redução da taxa de inflação (imagine as empresas experimentando quedas nas vendas ou um aumento nos estoques em uma situação de juros altos; imagine também as pessoas desempregadas cortando o consumo de bens que não sejam essenciais).

Um esquema simples, tal como o apresentado a seguir, facilita o entendimento desses mecanismos de transmissão. Nele, temos que: M = meios de pagamentos; i = taxa de juros; C e I = consumo e investimento agregados, respectivamente; Y = produto; e π = taxa de inflação:

$$M \downarrow \Rightarrow i \uparrow = C \text{ e } I \downarrow \Rightarrow Y \downarrow \Rightarrow \pi \downarrow$$

A possibilidade de atuação descrita por esse esquema pode ser definida como o estabelecimento de **metas monetárias**, visto que o processo se inicia com a redução dos meios de pagamento. Existe, entretanto, uma dificuldade nessa sequência. Até que ponto o Banco Central controla M? Vimos, no **Capítulo 8**, que o processo de controle da liquidez na economia envolve não apenas o Banco Central mas também os bancos comerciais e a sociedade, pois é ela que decide a quantidade de dinheiro que vai colocar nos bancos (e isso pode modificar o multiplicador bancário, influenciando, assim, a oferta monetária). Além disso, existe um complicador adicional. Implícito nesse esquema está o modelo de oferta e demanda por moeda. Para que, a partir da alteração na oferta de moeda, a taxa de juros torne-se previsível, é necessário que a demanda por moeda fique estável, o que não necessariamente acontece.

Diante dessas dificuldades, existe outra possibilidade que podemos definir como **metas para a taxa de juros**. Nesse caso, o Banco Central "queima" uma etapa e escolhe mexer diretamente na taxa de juros, mantendo, a partir daí, a sequência do esquema apresentado anteriormente. Mas como ele faz isso, ou, em outras palavras, qual é o instrumento que permite que a autoridade monetária mexa diretamente no "preço" da moeda? A resposta está no fato de o Estado ser o emissor dos ativos financeiros de menor risco da economia: os títulos públicos. Por isso, a taxa de juros que esses títulos pagam, ou seja, a taxa que o governo oferece para captar recursos junto da sociedade, é considerada a **taxa básica de juros**, e é com base nela que se definem todas as demais taxas, as quais diferem umas das outras em função do tipo, prazo e risco de cada ativo financeiro. No Brasil, essa taxa é conhecida como **taxa Selic** (sigla referente ao **Sistema de Liquidação e Custódia** dos títulos públicos, operado e administrado pelo próprio Banco Central).

O regime de **metas de inflação** do Brasil baseia-se, então, na âncora monetária e tem como meta a taxa de juros. Foi criado em junho de 1999 em substituição à âncora cambial, que vigorou no primeiro mandato do governo FHC. Mas também foi uma demanda das condições do mercado internacional: era praticamente inviável a manutenção de um regime de câmbio controlado em um mundo de grande instabilidade financeira internacional, como o que caracterizou os anos 1990 (e que, por ironia ou irresponsabilidade, ainda caracteriza o mundo atual). Institucionalmente, o regime de metas é gerido pelo **Comitê de Política Monetária (Copom)**, vinculado ao BC e que tem por objetivo definir as diretrizes para a política monetária e definir a taxa básica de juros.

Além de determinar a taxa básica de juros, o Copom fixa uma meta para a taxa de inflação a cada ano, mensurada pelo Índice de Preços ao Consumidor Amplo (IPCA), calculado pelo IBGE. O objetivo do Copom é atingir o que é denominado "centro da meta", em um intervalo que varia em 2 pontos percentuais para mais ou para menos em relação a esse centro. A Tabela 9.3 mostra o histórico das metas desde o início da adoção desse regime. Observando-a, notamos que, desde a adoção do regime de metas no Brasil, nem sempre a meta foi cumprida, apesar de a inflação ter sido relativamente baixa durante todo o período.

Tabela 9.3 – Histórico de metas para a inflação no Brasil

Ano	Norma	Data	Meta	Banda	Inflação efetiva IPCA (% ao ano)
1999			8	2	8,94
2000	Resolução 2.615	30/6/1999	6	2	5,97
2001			4	2	7,67
2002	Resolução 2.744	28/6/2000	3,5	2	12,53
2003	Resolução 2.842	28/6/2001	3,25	2	9,30
	Resolução 2.972	27/6/2002	4,0	2,5	
2004	Resolução 2.972	27/6/2002	3,75	2,5	7,60
	Resolução 3.108	25/6/2003	5,5	2,5	
2005	Resolução 3.108	25/6/2003	4,5	2,5	5,69
2006	Resolução 3.210	30/6/2004	4,5	2	3,14
2007	Resolução 3.291	23/6/2005	4,5	2	4,46
2008	Resolução 3.378	29/6/2006	4,5	2	5,90
2009	Resolução 3.463	26/6/2007	4,5	2	4,31
2010	Resolução 3.584	1/7/2008	4,5	2	5,91
2011	Resolução 3.748	30/6/2009	4,5	2	6,5
2012	Resolução 3.880	22/6/2010	4,5	2	5,8
2013	Resolução 3.991	30/6/2011	4,5	2	5,9
2014	Resolução 4.095	28/6/2012	4,5	2	6,4
2015	Resolução 4.237	28/6/2013	4,5	2	10,7
2016	Resolução 4.345	25/6/2014	4,5	2	6,3
2017	Resolução 4.419	25/6/2015	4,5	2	3,0
2018	Resolução 4.499	30/6/2016	4,5	2	3,8
2019	Resolução 4.582	29/6/2017	4,25	2	4,3
2020	Resolução 4.582	29/6/2017	4,0	2	
2021	Resolução 4.671	26/6/2018	3,75	2	
2022	Resolução 4.724	29/6/2019	3,50	2	

Fonte: BANCO CENTRAL DO BRASIL. *Histórico de metas para a inflação no Brasil*. Disponível em: https://www.bcb.gov.br/Pec/metas/TabelaMetaseResultados.pdf. Acesso em: 6 fev. 2020.

Atualmente, as reuniões do Copom são realizadas a cada 45 dias e, então, é decidida, em um processo de votação entre seus membros, a taxa de juros que vai vigorar nos próximos 45 dias. A escolha da taxa baseia-se na avaliação de três variáveis-chave, a saber:

a) a **expectativa de inflação** vigente no mercado;
b) o hiato do produto, ou seja, a evolução do produto efetivo em comparação com o produto potencial (o máximo de produto que a economia pode alcançar sem gerar pressões inflacionárias); e
c) a ocorrência de choques de preços.

Em relação à primeira variável, se o BC verifica um aumento na inflação esperada pelo mercado, com tudo o mais constante, ele tende a elevar a taxa básica. Em relação à segunda, o BC acompanha o ritmo de crescimento do produto efetivo e o compara com o que seria o produto potencial da economia. Havendo estreitamento do hiato do produto (isto é, da diferença entre os dois valores), a tendência é que o BC eleve a taxa básica. Finalmente, no que concerne à terceira variável, ele tende a elevar a taxa básica sempre que choques de preço não antecipados pelo mercado e/ou pelo BC sejam detectados. Evidentemente, se essas variáveis se movem no sentido contrário, invertem-se também as tendências assinaladas. Fala-se aqui sempre em "tendência" porque a decisão efetiva sobre o valor a ser assumido pela Selic em cada período não depende apenas do movimento de uma ou outra dessas variáveis, mas do conjunto das três, além de vários outros elementos, como a situação da economia mundial, isso sem contar o fato de que são nove os componentes do Copom (os oito diretores do Bacen mais seu presidente) e que nem sempre as avaliações deles coincidem.

Dentre as críticas existentes ao regime de metas, uma das mais pertinentes refere-se à primeira variável-chave. Como o BC avalia as expectativas do mercado, incluindo-se consultas a várias instituições financeiras, a questão é saber até que ponto essas expectativas não são distorcidas, uma vez que levam em conta agentes cujos lucros dependem da própria taxa de juros.[17] Uma segunda crítica que também é amiúde feita é que o produto potencial, elemento importantíssimo na definição da segunda variável, que é o hiato do produto, não é observável, mas estimado com base em modelos teóricos e técnicas estatísticas, podendo por isso levar a decisões equivocadas.

---

17 Existem vários estudos divulgados pelo Banco Central que tratam do assunto, mas infelizmente nenhum acessível ao público leigo.

Cabe também falar alguma coisa sobre a eficácia do regime de metas. De fato, a inflação do Brasil tem sido controlada nos últimos anos. Os custos desse controle, no entanto, têm sido muito elevados. Experimentamos uma das maiores (na maior parte do período, a maior) taxas básicas reais de juros do mundo. O que temos de diferente para ocupar uma posição tão incômoda? A pergunta é: será que uma taxa tão elevada é de fato necessária? Será que não obteríamos o mesmo resultado com taxas de juros bem menores? Além disso, no que concerne às taxas de juros praticadas no mercado, o elevado *spread* bancário (a diferença entre a taxa de captação do banco – que pode ser representada pela própria Selic, pois ela é a base da remuneração de boa parte das aplicações financeiras – e os juros recebidos pelos empréstimos bancários) faz com que elas muitas vezes ultrapassem os 200% ao ano. O que explica isso? Não parece haver explicação plausível. De qualquer forma, a tendência de mais longo prazo tem sido de queda. Quando o regime de metas foi adotado, a taxa era de 45% ao ano. No final de 2019, ela estava em 5% (veja a Figura 9.2).

Figura 9.2 – Selic – Taxa básica de juros determinada pelo Copom (% ao ano)

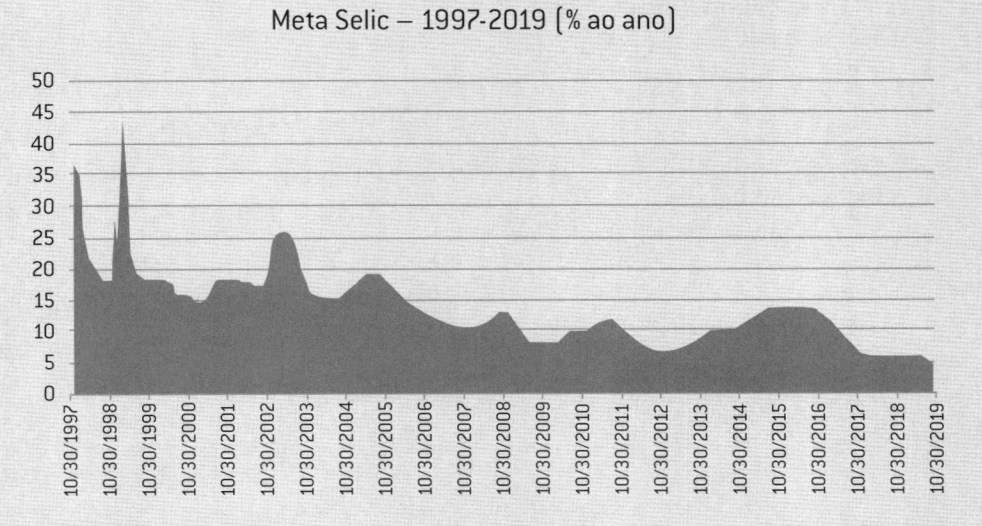

Meta Selic – 1997-2019 (% ao ano)

Fonte: BANCO CENTRAL DO BRASIL.

Finalmente, deve-se lembrar que existe ainda outro mecanismo de transmissão da taxa de juros para a taxa de inflação, mecanismo esse que opera via taxa de câmbio. Ao praticar uma taxa de juros muito elevada, o país atrai capitais financeiros, principalmente de investimentos de portfólio, fazendo crescer a oferta interna de dólares. Como nosso regime cambial é flutuante, isso faz com que nossa moeda se valorize. Não se trata de uma ancoragem cambial, mas de um processo de valorização da moeda doméstica que ocorre pela atração produzida pelas altas taxas de juros. Se, por um lado, essa valorização acaba por contribuir para estabilizar ou reduzir inúmeros preços na economia (como tem acontecido desde o início do Plano Real), por outro, tornou o Real uma das moedas mais valorizadas do mundo, o que tem prejudicado nossas exportações, principalmente as industriais (o leitor deve lembrar aqui do conceito de taxa de câmbio real, estudado no **Capítulo 6**).

Capítulo 10

Indicadores sociais

10.1 Crescimento × desenvolvimento

Conforme vimos nos capítulos anteriores, o sistema de contas nacionais e a consequente mensuração dos agregados possibilitam uma avaliação quantitativa (ou seja, em termos de valor) do produto que uma economia foi capaz de gerar em determinado período. Tal medida é considerada um importante indicador de desempenho econômico, uma vez que mostra a capacidade de geração de renda dessa economia e, com auxílio de algumas outras informações, pode mostrar também o nível de utilização de sua capacidade produtiva. Entretanto, se a preocupação é com a **qualidade de vida** da população, o produto agregado mostra-se inadequado.

> O tamanho e o comportamento do PIB são bons indicadores do desempenho econômico de um país. Entretanto, podem dizer muito pouco, se a questão é conhecer a qualidade de vida da maior parte de sua população.

Em primeiro lugar, mesmo se a intenção é pura e simplesmente mensurar o desempenho econômico, é necessário confrontar o tamanho do produto com o tamanho da população, ou seja, a variável realmente importante não é o **produto agregado**, mas o **produto *per capita***. A China, por exemplo, possui o segundo maior PIB do mundo (dados de 2018),[1] quando medido em dólares (o maior PIB do mundo é o dos Estados Unidos). No entanto, considerando o produto *per capita*, isto é, o produto total dividido pela população, sua posição piora muitíssimo, caindo para o 72º lugar, ou seja, boa parte da explicação para a geração de um PIB tão grande na China recai sobre o tamanho de sua população.

Em segundo lugar, é necessário avaliar de que forma a renda gerada no país (ou pertencente ao país) é distribuída pela população, pois, se a geração de renda for substancial, mas sua divisão for muito desigual, a qualidade de vida da população em geral

---

1 Todos os dados referentes a PIB, PIB *per capita* e PIB *per capita* PPP contidos neste capítulo foram retirados da última edição de: INTERNATIONAL MONETARY FUND. *World Economic Outlook*, out. 2019. Disponível em: https://www.imf.org/en/Publications/WEO/Issues/2019/10/01/world-economic-outlook-october-2019. Acesso em: 16 jan. 2020.

certamente não será boa.[2] Quanto à **distribuição da renda**, o Brasil constitui um exemplo clássico: apesar de sermos hoje a 9ª maior economia do mundo e de estarmos em 77º lugar em termos de produto *per capita* (em um universo de 192 países, dados de 2018),[3] ainda integramos o bloco dos 10 países de pior distribuição de renda do globo.[4] Isso significa que a maior parte da renda gerada pela economia brasileira se concentra nas mãos de poucos, enquanto uma parcela significativa da população vive em condições muito precárias.

Por fim, é necessário avaliar até que ponto a renda produzida pelo país se reverte em benefícios para a população sob a forma, por exemplo, de melhores níveis de **educação**, **saúde** e saneamento. Ou seja, na avaliação da qualidade de vida da população, é necessário considerar não apenas os aspectos *stricto sensu* econômicos (nível de renda, renda *per capita*, distribuição da renda) mas também aqueles ligados à **oferta de bens públicos**, como saúde e educação, que afetam diretamente o **bem-estar**.

A preocupação com o bem-estar da sociedade nos remete ao confronto de dois importantes conceitos: **crescimento econômico** e **desenvolvimento econômico**.

. . . .

O **crescimento econômico** diz respeito à elevação do produto agregado do país e pode ser avaliado com base nas contas nacionais. **Desenvolvimento** é um conceito bem mais amplo, que considera a elevação da qualidade de vida da sociedade e a redução das diferenças econômicas e sociais entre seus membros.

. . . .

Desse modo, uma elevação do produto agregado do país pode não significar elevação da qualidade de vida da população. Em outras palavras: ainda que o crescimento econômico seja fundamental para o processo de desenvolvimento, o último não se reduz ao primeiro. Contudo, surge aqui uma dúvida: sabemos perfeitamente como mensurar o

---

2 Normalmente, por trás de distribuições muito desiguais de renda encontram-se também distribuições muito desiguais de riqueza, ou seja, do estoque de capital da economia. Contudo, se, como veremos, não há grande dificuldade em se mensurar a distribuição da renda e avaliar o perfil distributivo do país, o mesmo não acontece com a riqueza. Em realidade, seria muito difícil estimar o valor do estoque de capital da economia para, posteriormente, investigar como ele se distribui. Problemas conceituais, metodológicos e operacionais dificultam muitíssimo tais estimativas. Assim, quando falamos em questões distributivas, restringimo-nos à distribuição da renda, ainda que, rigorosamente, devêssemos nos referir também à **distribuição da riqueza**. De qualquer maneira, já existem tentativas de se mensurar esse tipo de desigualdade por meio da utilização de outros indicadores aproximativos, como a distribuição fundiária de um país. Voltaremos ao assunto mais adiante no Anexo 1 do presente capítulo.

3 Ao contrário do que normalmente ocorria com nosso país, agora, quando medimos o PIB *per capita* em dólares ajustados pela Paridade do Poder de Compra (PPC), nossa posição piora ao invés de melhorar. Em dólares PPC, nosso *PIB per capita* foi de US$ 16.146,09, em 2018, o que nos confere a 84ª posição dentre os 192 países mensurados pelo FMI. Em dólares correntes, nosso *PIB per capita* é US$ 8.958,58, 77ª posição entre os 192 países.

4 Voltaremos a esse tema na **Seção 10.2**.

produto para verificar se, em determinado período, houve ou não crescimento econômico. Mas como mensurar a qualidade de vida, ou seja, como avaliar o processo de crescimento para verificar se houve desenvolvimento? Evidentemente, não há uma resposta única para essa questão. De fato, a questão de se saber o que deve e o que não deve entrar em uma avaliação do processo de desenvolvimento é bastante controversa. Contudo, há certo consenso quanto à importância de alguns indicadores econômicos e sociais que auxiliam no diagnóstico acerca do estágio de desenvolvimento de um país. Dentre esses indicadores, estão aqueles relativos à distribuição da renda e às condições da população no que diz respeito a educação e saúde. Este capítulo tem por objetivo apresentar esses indicadores e demonstrar que, se a preocupação é com o crescimento do bem-estar social e, portanto, com a qualidade de vida da população em geral, a avaliação do desempenho econômico de um país não pode se reduzir à verificação da renda agregada e de sua distribuição *per capita*.

10.2 Produto agregado e produto *per capita*; pobreza e distribuição de renda

Conforme estudamos no **Capítulo 1**, o produto agregado nos dá uma medida de quanto o país produz ou quanto ele gera de renda em determinado período. Dessa maneira, o valor do produto agregado nos dá, sem dúvida, uma medida do desempenho econômico de uma nação. A Tabela 10.1 apresenta os 15 primeiros países em termos do PIB, usando dados de 2018. O Brasil está destacado.

Tabela 10.1 – Os maiores PIBs do mundo

Classificação	País	PIB (US$ bilhões)
1º	Estados Unidos	20.580,25
2º	China	13.368,07
3º	Japão	4.971,77
4º	Alemanha	3.951,34

Classificação	País	PIB (US$ bilhões)
5º	Reino Unido	2.828,83
6º	França	2.780,15
7º	Índia	2.718,73
8º	Itália	2.075,86
9º	**Brasil**	**1.867,82**
10º	Coreia do Sul	1.720,49
11º	Canadá	1.712,48
12º	Rússia	1.657,29
13º	Espanha	1.427,53
14º	Austrália	1.420,05
15º	México	1.222,05

Fonte: INTERNATIONAL MONETARY FUND. *World Economic Outlook,* out. 2019. Disponível em: https://www.imf.org/en/Publications/WEO/Issues/2019/10/01/world-economic-outlook-october-2019. Acesso em: 16 jan. 2020.

Como se percebe, se julgarmos a questão tomando por base apenas os dados acima, concluiremos equivocadamente que o Brasil figura entre as dez nações mais desenvolvidas do planeta, ficando à frente de países como Coreia do Sul, Austrália e Canadá. Contudo, basta lembrar que a variável mais importante é o produto *per capita* (e não o produto agregado total) para que a situação já mude bastante.

Em outras palavras, isso significa que a classificação do país implica a necessidade de relativizar o tamanho do produto levando-se em conta o tamanho de sua população, visto que, obviamente, é de se esperar que, quanto maior for a população, maior também seja a magnitude do produto. Portanto, como já adiantamos na **Seção 10.1**, mesmo se estivermos investigando apenas o desempenho econômico, ou seja, o crescimento econômico, não é a evolução do produto agregado total que devemos observar, mas a evolução do produto *per capita*.

A Tabela 10.2 mostra os 15 primeiros países em termos de produto *per capita*, bem como suas respectivas classificações quando se considera o PIB em termos absolutos. Traz também dados de outros países, como alguns dos piores em termos de PIB *per capita*, além de alguns que constam da Tabela 10.1, mas que não estão entre os primeiros em termos *per capita* (como é o caso do Brasil).

Tabela 10.2 – PIBs *per capita* – países selecionados

Classificação em termos de PIB *per capita*	País	Valor do PIB *per capita* (US$)	Classificação em termos de PIB
1º	Luxemburgo	115.536,21	72º
2º	Suíça	83.161,90	20º
3º	Macau	81.728,23	83º
4º	Noruega	81.549,98	29º
5º	Irlanda	78.334,87	32º
6º	Islândia	74.515,47	107º
7º	Catar	70.379,49	54º
8º	Singapura	64.578,77	35º
9º	Estados Unidos	62.868,92	1º
10º	Dinamarca	60.897,23	38º
11º	Austrália	56.420,20	14º
12º	Suécia	54.356,07	23º
13º	Holanda	53.228,27	17º
14º	Áustria	51.343,51	27º
15º	Finlândia	49.737,55	44º
18º	Alemanha	47.662,49	4º
26º	Japão	39.303,96	3º
64º	Argentina	11.658,22	25º
71º	México	9.796,98	15º
72º	China	9.580,24	2o
77º	**Brasil**	**8.958,58**	**9º**
132º	Ucrânia	3.112,88	59º
144º	Índia	2.037,69	7º
152º	Paquistão	1.565,43	41º
188º	Níger	414,33	144º
189º	Sudão do Sul	353,17	156º
190º	Malawi	349,94	148º
191º	Eritreia	331,86	168º
192º	Burundi	306,97	159º

Os cinco últimos países desta tabela são os cinco piores em termos de produto *per capita* dentre 192 países mensurados. O universo trabalhado pelo FMI é de 194 países, mas não há dados para Somália e Síria, o que reduz o número dos países mensurados para 192.

Fonte: INTERNATIONAL MONETARY FUND. *World Economic Outlook*, out. 2019. Disponível em: https://www.imf.org/en/Publications/WEO/Issues/2019/10/01/world-economic-outlook-october-2019. Acesso em: 16 jan. 2020.

Os dados da Tabela 10.2 são suficientes para que tenhamos uma visão mais realista acerca da classificação dos diversos países no *ranking* de desempenho econômico. No caso do Brasil, por exemplo, percebe-se que a nona maior economia mundial está longe de figurar entre as dez maiores potências mundiais quando utilizamos o conceito de produto *per capita*. Como mostram os dados, nosso país apresenta um produto *per capita* bem inferior ao de países como Estados Unidos, Japão e Irlanda e mesmo de países latino-americanos vizinhos cujos dados não constam da tabela, como Uruguai (52º) e Chile (57º). Percebe-se também que países que não figuravam entre os primeiros, sob o critério do produto agregado, ganham posição de destaque na nova classificação. Os três primeiros países da lista encontram-se nesse caso: mesmo que apenas o segundo figure entre as 20 maiores economias do planeta – Luxemburgo (72º), Suíça (20º) e Macau (83º) encabeçam a lista dos maiores quando utilizamos o critério do produto *per capita*. Portanto, a primeira conclusão que devemos tirar é:

. . . .

Na análise do desempenho econômico de um país, devemos investigar inicialmente
não o valor de seu produto agregado, mas o valor de seu produto *per capita*,
isto é, o produto agregado dividido pela população total.

. . . .

Como fica claro, o produto *per capita* constitui um indicador qualitativamente superior ao mero produto agregado total quando buscamos avaliar o desempenho econômico de determinado país. Contudo, ainda estamos nos restringindo aqui à questão do crescimento econômico, visto que o produto *per capita* e sua evolução não nos dizem nada (ou nos dizem muito pouco) sobre o processo de desenvolvimento experimentado pelo país em questão. Tomemos como exemplo o caso brasileiro. Como mostra a Tabela 10.2, seu produto *per capita* é de US$ 8.958 por ano – quando ajustado pela Paridade do Poder de Compra (PPC) é de US$ 16.146 –, o que deveria indicar que a população brasileira, em sua grande maioria, possui condições dignas de vida, uma vez que em termos de dólar PPC não está tão distante da renda *per capita* média mundial, que é de US$ 21.732 (dados de 2018). Contudo, sabemos que isso não acontece, pois uma parte significativa de nossa população não dispõe de condições de vida minimamente decentes. Por quê? A primeira coisa que temos de lembrar é que o produto *per capita* é uma média. Assim:

· ·

Na ausência de informações sobre como o produto é verdadeiramente distribuído, o mero conhecimento do valor do produto *per capita* de determinado país é insuficiente para que possamos tirar qualquer conclusão quanto ao estágio de desenvolvimento em que esse país se encontra.

· ·

E de que maneira podemos avaliar a distribuição de renda de um país? Por meio de um índice denominado **índice de Gini**.[5] Esse índice, cuja metodologia de cálculo é apresentada no **Anexo 1** deste capítulo, varia entre zero e um. Quanto mais próximo de um, pior a distribuição de renda do país; quanto mais próximo de zero, melhor. A Tabela 10.3 apresenta o índice de Gini para países selecionados. Vemos aí alguns dos países com as melhores distribuições, bem como alguns dos piores. A tabela traz também os dados de alguns países importantes, como Estados Unidos e Japão, e de alguns vizinhos latino-americanos.[6]

Tabela 10.3 – Índice de Gini – Países selecionados (quanto mais próximo de zero, menos desigual)

País	Valor do Gini	Ano de obtenção das informações	Classificação em termos de PIB *per capita* (2018)	Parcela dos 10% mais ricos (%)	Parcela dos 10% mais pobres (%)
Ucrânia	0,250	2016	132º	21,2	4,3
República Tcheca	0,259	2015	43º	22,1	3,9
Eslováquia	0,265	2015	45º	20,9	3,1
Finlândia	0,271	2015	15º	22,4	3,9
Noruega	0,275	2015	4º	22,3	3,5
Dinamarca	0,282	2015	10º	23,8	3,7
Suécia	0,292	2015	12º	22,9	3,0
Japão	0,321	2008	26º	24,7	2,7
Etiópia	0,350	2015	172º	28,5	2,9

5   Na verdade, o índice de Gini mede não apenas o grau de concentração da renda mas de qualquer tipo de distribuição. Dessa maneira, teoricamente, pode medir também o grau de concentração da riqueza. Contudo, a mensuração desse tipo de concentração é muito difícil de operacionalizar, ainda que algumas aproximações tenham sido feitas para o Brasil. Voltaremos ao tema no **Anexo 1** deste capítulo.

6   O leitor notará, em algumas tabelas como esta, uma heterogeneidade quanto ao momento a que se referem os dados nos diversos países. Tal heterogeneidade decorre da dificuldade de se obter dados homogêneos para vários países numa mesma data. Acreditamos, contudo, que tal problema não comprometa a análise aqui realizada, visto que mudanças substantivas em dados desse tipo só ocorrem no médio prazo. Os *sites* apresentados ao final do capítulo são referência obrigatória para aqueles que desejam acompanhar estatísticas econômicas e sociais das diversas economias do globo em diversos momento.

País	Valor do Gini	Ano de obtenção das informações	Classificação em termos de PIB *per capita* (2018)	Parcela dos 10% mais ricos (%)	Parcela dos 10% mais pobres (%)
Índia	0,357	2011	144º	30,1	3,5
China	0,386	2015	72º	29,4	2,6
Uruguai	0,395	2017	52º	29,7	2,3
Argentina	0,412	2017	64º	29,7	1,8
Estados Unidos	0,415	2016	9º	30,6	1,7
Haiti	0,411	2012	171º	31,2	2,1
Equador	0,447	2017	90º	33,8	1,6
Venezuela	0,469	2006	127º	34,1	0,5
Colômbia	0,497	2017	89º	39,0	1,4
Brasil	**0,533**	**2017**	**77º**	**41,9**	**1,0**
Botsuana	0,533	2015	82º	41,5	1,5
Namíbia	0,591	2015	96º	47,3	1,0

Fonte: INTERNATIONAL MONETARY FUND. *World Economic Outlook,* out. 2019. Disponível em: https://www.imf.org/en/Publications/WEO/Issues/2019/10/01/world-economic-outlook-october-2019. Acesso em: 16 jan. 2020; WORLD BANK. *World Economic Indicators 2011.* Disponível em: http://siteresources.worldbank.org/DATASTATISTICS/Resources/wdi_ebook.pdf. Acesso em: 16 jan. 2020.

Analisando a Tabela 10.3, a primeira coisa que o leitor perceberá com facilidade é que, tomando-se como grau de riqueza do país sua classificação no *ranking* do produto *per capita*, encontram-se, dentre os países de perfil mais igualitário, tanto países muito ricos, como Noruega e Dinamarca, como países muito pobres, como Etiópia e Índia. Da mesma forma, dentre os países mais desiguais, encontram-se tanto países de renda bem elevada, como o Brasil, quanto países muito pobres, como o Haiti e a Namíbia. Percebe-se, assim, que se trata aqui de dois fenômenos distintos: um é a **pobreza** e outro a **desigualdade**. Um país pode ser pobre, mas pouco desigual, ou rico, mas muito desigual. Os próprios Estados Unidos constituem um bom exemplo. Apesar de terem a maior economia do planeta e serem o nono país em termos de produto *per capita*, seu Gini está bem distante do índice do Japão e do de países da Escandinávia e do leste da Europa.

A análise comparativa do índice de Gini é também bastante elucidativa da posição desconfortável do Brasil. Ainda que tenha melhorado até 2015, voltando a piorar desde então, o índice de Gini do Brasil encontra-se dentre os piores do mundo, enquanto países bem mais pobres que o nosso, como a Etiópia e a Índia, apresentam índices bem melhores. Os percentuais de renda detidos pelos 10% mais pobres e pelos 10% mais ricos da população confirmam tal posição. Tomemos, para efeitos de comparação, aquele último país mais parecido com o Brasil em termos do tamanho de sua economia e, por isso, citado junto com nosso país, mais a China, a Rússia, a Índia e a África do Sul, compondo o grupo dos países emergentes de maior importância (os **Brics**, sigla que junta as letras iniciais dos nomes, em inglês, desses cinco países). Enquanto na Índia (144º lugar em termos de produto *per capita*), os 10% mais pobres detêm 3,5% da renda, contra os 30,1% detidos pelos 10% mais ricos no Brasil (77º em termos de produto *per capita*), essas participações são de 1,0% e 41,9%, respectivamente. No caso da Índia, a segunda parcela é 8,6 vezes maior que a primeira, enquanto no caso do Brasil ela é 41,9 vezes maior.

....

Uma avaliação de como a renda é distribuída na economia pode ser realizada com base no índice de Gini. Esse índice varia de zero a um. Quanto mais próximo da unidade, pior a concentração da renda. O Brasil, que detém o 77º produto *per capita* do mundo (dados de 2018), apresenta, porém, uma das piores distribuições de renda do planeta (índice de Gini de 0,533 em 2017).

....

O Brasil sempre foi um país de enormes desigualdades, nascidas do papel que historicamente desempenhamos no próprio capitalismo, da natureza do processo de colonização e de uma série de outras variáveis de cunho cultural, cuja investigação mais aprofundada foge ao escopo deste livro. Contudo, cabe observar que esse processo de concentração da renda, típico de nossa economia, intensificou-se no período conhecido como "milagre econômico" (fins dos anos 1960 e início dos 1970), em que a economia brasileira apresentou taxas de crescimento acima dos 10% ao ano, extremamente elevadas para os padrões internacionais.

Nesse período, a pouca atenção dada à concentração da renda era justificada pela chamada "teoria do bolo", segundo a qual o "bolo" (ou seja, o volume de bens e serviços produzido pela economia a cada ano) deveria primeiramente crescer para depois ser distribuído. Para o discurso oficial da época, a concentração seria um mal necessário, na medida em que se constituía em uma estratégia para elevar o nível de poupança e viabilizar os investimentos necessários ao processo de crescimento econômico. Após esse crescimento, todos estariam em melhor situação e haveria condições concretas para a redução das desigualdades; porém, sem crescimento, alegava-se, não haveria o que distribuir. A desconfortável posição detida pelo Brasil nesse quesito até hoje, ou seja, compondo o grupo dos piores em termos distributivos (contando de baixo para cima, o Brasil é o

11º pior), indica que a tal distribuição do "bolo" acabou por não ocorrer, a despeito do crescimento verificado no produto *per capita* desde então.[7]

Como é fácil perceber, tomando como variável de análise o desenvolvimento do país e não apenas o crescimento econômico, o perfil de distribuição da renda constitui variável de enorme importância, uma vez que um país pode ser substancialmente rico e crescer a taxas razoáveis, mas reproduzindo padrões de desigualdade inaceitáveis e carregando consigo, portanto, substantivos contingentes de populações miseráveis, desprovidas das condições mínimas de subsistência. Para se ter uma ideia mais precisa do grau de miséria que atinge determinada economia, construiu-se aquilo que se chama **linha de pobreza** (ou como se diz hoje, **limiar da pobreza de rendimento**). A linha de pobreza indica qual é o mínimo de renda, em termos de valor monetário, que cada habitante deve possuir para satisfazer a suas necessidades básicas. A construção do indicador ocorre calculando-se qual é a parcela da população em cada país que tem renda inferior a esses limites.

Em casos como esse, não há normalmente um consenso quanto ao valor que efetivamente representaria esse mínimo de renda. Por algum tempo, convencionou-se traçar duas linhas de pobreza: população vivendo com renda abaixo de US$ 1,00 PPC por dia *per capita* e população vivendo com renda abaixo de US$ 2,00 PPC por dia *per capita*. Mais adiante, no final dos anos 1990, criaram-se linhas de pobreza distintas para países já desenvolvidos – população vivendo com renda abaixo de US$ 4,00 PPC por dia *per capita* e população vivendo com renda abaixo de US$ 11,00 PPC por dia *per capita* – permanecendo as duas anteriores como parâmetros válidos apenas para países pouco desenvolvidos. Essas diferentes soluções foram acompanhando os esforços do Programa das Nações Unidas para o Desenvolvimento (PNUD), com o intuito de encontrar indicadores cada vez mais fiéis sobre a real situação das populações nos diversos países. A partir de 2010, o PNUD apresentou um novo indicador: o Índice de Pobreza Multidimensional (IPM), que acabou por substituir, em termos de importância, tanto as linhas de pobreza anteriormente definidas quanto os Índices de Pobreza Humana (IPH) anteriormente existentes. De qualquer forma, as informações sobre o IPM vêm acompanhadas de estatísticas sobre a população abaixo do limiar da pobreza de rendimento em cada país, definido esse limiar como US$ 1,90 PPC por dia *per capita*. A Tabela 10.4 apresenta esses valores para países selecionados, além (quando há) dos mesmos valores, levando-se em conta as linhas de

---

7   Contudo, é preciso registrar que, apesar de ainda pouco confortável, a posição do Brasil melhorou sensivelmente nos últimos anos, visto que o índice de Gini passou de 0,589, em 2002, para 0,539, em 2009, chegando a 0,533, em 2017. Três fatores combinaram-se para produzir esse resultado: a substantiva ampliação dos programas de renda compensatória, do tipo Bolsa Família, o significativo crescimento do valor do salário mínimo real (elevação de 53% entre 2003 e 2010) e a retomada do processo de crescimento econômico a partir de 2004, depois de quase duas décadas de estagnação. Ainda é necessário observar os efeitos da recessão econômica vivida em 2015-2016 e os efeitos da quase estagnação subsequente em 2017-2018 sobre as próximas medidas do índice de Gini no Brasil.

pobreza nacionais, ou seja, os parâmetros do que é pobreza traçados pelo próprio país. Falaremos sobre o IPM mais adiante. Os valores foram retirados do relatório do PNUD de 2018 e referem-se ao ano com informações disponíveis mais recentes, no período 2006-2017.

Tabela 10.4 – População vivendo abaixo do limiar da pobreza de rendimento – US$ 1,90 PPC por dia *per capita* e abaixo das linhas de pobreza nacionais (%) 2006-2017

País	US$ 1,90 PPC	Linhas nacionais de pobreza
China	1,4	3,1
Paraguai	1,7	28,9
México	2,5	43,6
Brasil	**3,4**	**8,7**
Colômbia	4,5	28,0
Indonésia	6,5	10,6
Filipinas	8,3	21,6
África do Sul	18,9	55,5
Índia	21,2	21,9
Haiti	23,5	58,5
Libéria	38,6	54,1
Tanzânia	49,1	28,2
Burundi	71,7	64,9

Fonte: PROGRAMA DAS NAÇÕES UNIDAS PARA O DESENVOLVIMENTO (PNUD). *Human development indices and indicators 2018:* statistical update. Disponível em: http://hdr.undp.org/sites/default/files/2018_human_development_statistical_update.pdf. Acesso em: 16 jan. 2020.

Como é fácil notar, os países com maiores percentuais da população vivendo abaixo do limiar da pobreza de rendimento de US$ 1,90 PPC estão na África, havendo países com percentuais muito elevados também na Ásia, com destaque para a Índia. A enorme maioria dos países considerados desenvolvidos, ou seja, aqueles de renda *per capita* muito elevada, tem percentual zero ou praticamente zero de populações vivendo sob essas condições (por isso não há nenhum país desse tipo na tabela). A situação do Brasil hoje não é das piores, perante a outros países da América Latina, mas foi pior, em um passado não tão distante. Até o início dos anos 2000, por exemplo, o Brasil tinha 8,2% de sua população vivendo abaixo do limiar de pobreza de rendimento – na época, de US$ 1,00 PPC por dia *per capita*. Hoje, como mostra a Tabela 10.4, temos 3,4%, para um limiar mais alto.[8]

Mas, além do índice de Gini, indicador do perfil distributivo e das estatísticas baseadas no limiar da pobreza de rendimento, existem outros indicadores que funcionam

---

8   Mesmo assim, são mais de sete milhões de pessoas vivendo em condições de vida absolutamente inaceitáveis, o que está longe de ser desprezível.

como *proxi*[9] para a avaliação da qualidade de vida propiciada pelo estágio de desenvolvimento de um país a sua população. Na próxima seção, discutiremos com mais detalhes esses indicadores.

10.3 Indicadores de qualidade de vida

A utilização de indicadores sociais como parte da avaliação da condição socioeconômica de um país insere-se na discussão entre crescimento e desenvolvimento econômico. Como vimos, crescimento econômico pode ser entendido como o crescimento do produto *per capita* ao longo do tempo, enquanto desenvolvimento é um conceito mais amplo, que inclui não apenas o crescimento econômico mas também a elevação da qualidade de vida da população. Desse modo, é perfeitamente possível haver crescimento sem desenvolvimento. Se o crescimento econômico for muito concentrado, isto é, mal distribuído, a maior parte da população não estará se beneficiando da elevação da renda gerada na economia. Por isso, é fundamental acompanhar, além dos dados de produto (renda), a evolução de algumas outras variáveis. Verificar a evolução de indicadores relativos à **saúde** e à **educação** é uma forma de averiguar o que está acontecendo com determinado país em termos de desenvolvimento, porque seu comportamento fornece uma boa aproximação do que está ocorrendo com a qualidade de vida da população.

· ·

Crescimento não leva necessariamente a desenvolvimento. Se o crescimento for mal distribuído, a maior parte da população não será beneficiada pela elevação da renda gerada na economia. Os indicadores de qualidade de vida, relacionados em geral à saúde e à educação, são fundamentais, quando o que está em discussão é o nível de desenvolvimento de um país.

· ·

---

9 A ideia que está por trás do conceito de *proxi* é, como o próprio nome indica, a de aproximação. Em geral, variáveis *proxi* são utilizadas quando não se tem condição, seja por complicações técnicas, seja por problemas de definição, de avaliar a variável principal. Os casos de saúde e educação são típicos. Como avaliar, por exemplo, a saúde da população de um país? Em primeiro lugar, há de se resolver o problema conceitual. Ainda que todos tenhamos uma ideia razoável do que vem a ser saúde, na hora de construir algum índice capaz de mensurá-la socialmente certamente vão aparecer divergências quanto ao que deve e o que não deve integrá-lo. Mas, ainda que se chegue a uma definição consensual quanto à composição de tal índice, talvez não seja possível mensurar todas as variáveis, o que acaba por inviabilizá-lo. Em casos como esse, investigam-se variáveis que, se não traduzem plenamente a variável principal, funcionam ao menos como uma boa aproximação dela. Por exemplo, a taxa de mortalidade infantil constitui uma boa indicação do nível de saúde de um país, visto que é de se supor que ela seja bastante reduzida se os serviços de assistência à saúde forem de boa qualidade e acessíveis à população. Assim, a taxa de mortalidade infantil é uma *proxi* do nível de saúde de um país. Da mesma maneira, o índice de analfabetismo pode ser uma *proxi* do nível de educação.

Algumas instituições internacionais, como o Banco Mundial e a ONU, vêm divulgando sistematicamente dados, como os de expectativa de vida, mortalidade infantil, condições sanitárias, nível e qualidade da educação, dos diversos países. Tais estatísticas, além de permitirem avaliar a qualidade de vida de cada país, possibilitam comparações, o que nos proporciona uma ideia mais precisa do que vem a ser um país desenvolvido. Dentre os indicadores de saúde, a **mortalidade infantil** e a **esperança de vida ao nascer** ou **expectativa de vida** são dos mais expressivos. Espera-se que, quanto mais desenvolvido seja o país, menor seja a taxa de mortalidade infantil e maior seja a expectativa de vida de seus habitantes. A Tabela 10.5 mostra esses indicadores para países selecionados.

Tabela 10.5 – Expectativa de vida e expectativa de vida ajustada à saúde (em anos) e taxa de mortalidade infantil (número) de países selecionados (dados de 2016)

País	Esperança de vida ao nascer	Esperança de vida ao nascer ajustada à saúde	Mortalidade infantil por mil nascidos vivos*
Japão	83,9	74,8	2,0
Suíça	83,5	73,5	3,6
Austrália	83,1	73,0	3,1
Islândia	82,9	73,0	2,1
Cuba	79,9	69,9	4,2
Chile	79,7	69,7	7,2
Estados Unidos	79,5	68,5	5,6
Argentina	76,7	68,4	9,9
Equador	76,6	67,9	7,8
China	76,4	68,7	8,5
Brasil	**75,7**	**66,0**	**13,5**
Colômbia	74,6	67,1	13,1
Indonésia	69,4	61,7	22,2
África do Sul	63,4	55,7	34,2
Zimbábue	61,7	54,4	40,0
Serra Leoa	52,2	47,6	83,3

(*) Número de crianças que morrem antes de completar um ano a cada mil nascidos vivos.

Fonte: PROGRAMA DAS NAÇÕES UNIDAS PARA O DESENVOLVIMENTO (PNUD). *Human development indices and indicators 2018:* statistical update. Disponível em: http://hdr.undp.org/sites/default/files/2018_human_development_statistical_update.pdf. Acesso em: 16 jan. 2020.

A tabela está classificada em ordem decrescente de expectativa de vida, que é o indicador mais sintético, pois sofre diretamente os impactos da mortalidade infantil. A partir de 2011, o PNUD passou a divulgar a expectativa de vida ajustada à saúde, que é o número médio de anos que uma pessoa pode esperar viver num dado país gozando de plena saúde, tendo em consideração os anos vividos em estado de menos saúde por causa de doenças e lesões. Observando-a, podemos perceber uma discrepância muito grande, em termos de expectativa de vida e mortalidade infantil, entre os países pobres, como Serra Leoa e Zimbábue, e os países mais ricos, como Japão e Suíça. No caso de nosso país, embora essas diferenças também se verifiquem, elas não são tão significativas. Mas cumpre registrar que, mesmo assim, a expectativa de vida do Brasil encontra-se abaixo daquelas de países vizinhos latino-americanos, inclusive mais pobres que nosso país em termos de renda *per capita*, como é o caso de Equador e Cuba. Outra comparação importante é com a China, que é o 72º classificado em termos de produto *per capita*, ultrapassando o Brasil recentemente, e que melhorou as taxas de expectativa de vida e de mortalidade infantil em relação às do Brasil (que é o 77º em termos de produto *per capita*).

Pode-se inferir daí que a expectativa de vida se relaciona com outros fatores econômicos e sociais, como a concentração de renda e a oferta à população de determinados bens e serviços.[10] Dentre esses bens e serviços, o **acesso à água potável e a tratamento sanitário** relaciona-se diretamente com a saúde da população e, portanto, com a esperança de vida e a mortalidade infantil. A Tabela 10.6 apresenta informações, para países selecionados, sobre o percentual da população sem acesso a tratamento sanitário e água potável.

Tabela 10.6 – População sem acesso a serviços de água e saneamento em países selecionados – dados de 2015 (%)

País	Água potável	Saneamento
Chile	0,0	0,1
Argentina	0,4	5,2
Turquia	1,1	3,6
México	1,7	10,8
Ucrânia	2,3	4,1
Brasil	**2,5**	**13,9**
Colômbia	3,5	15,6

---

10 No caso do Brasil, a existência de uma expectativa de vida não condizente com seu nível de renda *per capita* encontra explicação na concentração de renda, na qualidade deficiente dos serviços públicos de saúde (o que explica também nossa ainda elevada taxa de mortalidade infantil) e no alto nível de mortalidade por causas externas (homicídios, em decorrência da violência urbana, e acidentes, principalmente de trânsito).

País	Água potável	Saneamento
China	4,2	25,0
África do Sul	15,3	26,9
Camboja	25,0	51,2
Timor-Leste	29,8	56,0
Nigéria	32,7	67,4
Haiti	35,8	69,5
Togo	37,2	86,1
Madagascar	49,4	90,3
Congo	58,2	80,3

Fonte: PROGRAMA DAS NAÇÕES UNIDAS PARA O DESENVOLVIMENTO (PNUD). *Human development indices and indicators 2018:* statistical update. Disponível em: http://hdr.undp.org/sites/default/files/2018_human_development_statistical_update.pdf. Acesso em: 16 jan. 2020.

Como mostra a Tabela 10.6, mais uma vez os países da África são os que detêm os piores índices em termos de população sem acesso aos serviços de água e saneamento. Tal como acontece com os indicadores de pobreza de rendimento, também aqui, na enorme maioria dos países mais ricos, é zero, ou praticamente zero, a parcela da população que não tem acesso a tais serviços (daí não aparecer nenhum país desse tipo na tabela). Quanto ao Brasil, sua situação não é tão ruim, embora, mais uma vez, apresente percentuais da população sem acesso a esses serviços maiores que os observados em muitos de seus vizinhos latino-americanos.

Além da saúde, a educação revela-se outro importante elemento determinante da qualidade de vida de um país. Assim, a análise sobre o nível de desenvolvimento de determinado país passa inescapavelmente pela investigação de seus indicadores de educação. Dentre esses indicadores, alguns se destacam por sua capacidade de expressar a qualidade da educação e o acesso da população a ela, quais sejam: a **taxa de alfabetização de adultos** e as **taxas de matrícula** nos vários níveis de ensino. Evidentemente, é de se esperar que, quanto melhores e mais disponíveis forem os serviços de educação, maiores serão as taxas de alfabetização. Quanto às taxas de matrícula, é preciso distinguir **taxas brutas** de **taxas líquidas**. Ambas são calculadas com relação à faixa etária relevante para cada nível, ou seja, entre 6 e 10 anos para o ensino primário (correspondente ao ciclo I de nosso Ensino Fundamental, que vai do 1º ao 5º ano) e entre 11 e 18 anos para o ensino secundário (correspondente ao ciclo II de nosso Ensino Fundamental, que vai do 6º ao 9º ano, mais o Ensino Médio). Na taxa bruta, entram todos os alunos matriculados em dado nível. Na taxa líquida, apenas os pertencentes à faixa etária adequada. Quanto às taxas líquidas, é de se esperar que quanto mais desenvolvido seja o país, mais próximas de 100% elas estejam. Quanto às taxas brutas, elas podem ficar acima de 100%, mas isso não indica uma situação boa, pois informa que uma parcela da população não estudou na faixa etária adequada. A Tabela 10.7 apresenta as taxas de alfabetização e as taxas brutas de matrícula para países selecionados.

Tabela 10.7 – Taxa de alfabetização de adultos[a] e taxas de matrícula no ensino primário e secundário[b] (%) – países selecionados

País	Taxa de alfabetização de adultos (%)	Taxa bruta de matrícula no nível primário (%)	Taxa bruta de matrícula no nível secundário (%)
Noruega	100,0	100,0	114,0
Japão	100,0	100,0	102,0
Finlândia	100,0	100,0	152,0
Estados Unidos	100,0	99,0	97,0
Uruguai	98,5	107,0	112,0
Argentina	98,1	110,0	107,0
México	94,5	104,0	97,0
África do Sul	94,4	103,0	103,0
Brasil	**91,7**	**115,0**	**100,0**
Paquistão	57,0	98,0	46,0
Moçambique	50,6	106,0	33,0
Senegal	42,8	83,0	48,0

[a] Os dados referem-se ao ano mais recente disponível no período de 2006-2016.

[b] Para cada país, os dados referem-se ao ano mais recente disponível no período de 2012-2017.

Fonte: PROGRAMA DAS NAÇÕES UNIDAS PARA O DESENVOLVIMENTO (PNUD). *Human development indices and indicators 2018:* statistical update. Disponível em: http://hdr.undp.org/sites/default/files/2018_human_development_statistical_update.pdf. Acesso em: 16 jan. 2020.

Mais uma vez, os dados mostram a enorme diferença entre países menos e mais desenvolvidos no que diz respeito à taxa de analfabetismo e à taxa de matrícula. E, tal como acontece com os indicadores de saúde, a situação do Brasil não é tão ruim quanto a de alguns países da África, mas ainda está aquém das cifras alcançadas por países desenvolvidos e mesmo por seus vizinhos latino-americanos mais pobres, principalmente em relação à taxa de alfabetização. As taxas de matrícula são bastante elevadas e significativas. Contudo, a discrepância entre altas taxas de escolarização e taxas de alfabetização não tão chamativa talvez mereça um olhar mais atento. O elevado índice de escolarização primária, por exemplo, é recente e ainda incapaz de afetar os índices de alfabetização, que dizem respeito a pessoas com 15 anos ou mais. Ademais, a diferença de cerca de 15% entre as taxas de escolarização primária e secundária indica ou alto grau de evasão escolar ou alto grau de repetência. Assim, apesar da pequena evolução nas últimas décadas, quando a taxa de alfabetização passa de 87%, no início dos anos 2000, para os 92% atuais, o que se atesta são os indícios daquilo que inúmeras pesquisas apontam há tempos: a ineficiência do sistema educacional brasileiro.

10.4 O Índice de Desenvolvimento Humano (IDH) e seus qualificadores

O conjunto das tabelas anteriores fornece uma boa ideia das variáveis que devem ser investigadas quando nossa preocupação é avaliar o desenvolvimento de um país, e não apenas seu desempenho econômico, ou seja, sua capacidade de gerar produto e renda. Partindo da ideia de que o produto agregado ou o produto *per capita* não necessariamente capta a qualidade de vida de um país e o bem-estar de seus habitantes, ainda que seja de fundamental importância para seu desenvolvimento, a Organização das Nações Unidas desenvolveu um índice misto que considera a renda *per capita* de um país, mas a pondera com alguns indicadores sociais. Esse índice, publicado nos Relatórios do Desenvolvimento Humano do **Programa das Nações Unidas para o Desenvolvimento (PNUD)**, é conhecido como **Índice de Desenvolvimento Humano (IDH)**. Vários economistas estiveram e estão envolvidos com sua definição e metodologia de cálculo, mas o destaque é para os nomes de Amartya Sen, economista indiano e Prêmio Nobel de Economia em 1998, que tem dedicado sua vida de pesquisador ao estudo da pobreza, e Mahbub ul Haq, economista paquistanês. O PNUD calcula o IDH desde o início dos anos 1990 e atualmente o estima para 189 países. Desde o início de seu cálculo, o IDH passou por várias alterações metodológicas, sempre respeitando, contudo, o princípio básico de associar, aos indicadores de renda, indicadores de educação e saúde que expressem a qualidade de vida da população. Atualmente, o IDH agrega, em sua metodologia de cálculo, as seguintes três variáveis:

i) **um indicador de rendimento**, que é a Renda Nacional Disponível Bruta (RDB) *per capita*, ajustada para refletir a paridade do poder de compra entre os países (portanto, renda avaliada em US$ PPC);[11]

ii) **um indicador das condições de saúde**, que é a esperança de vida ao nascer; e

iii) **um indicador das condições de educação**, que é uma média ponderada de outros dois indicadores: a **média de anos de escolaridade** e os **anos de escolaridade esperados**.

Com relação aos indicadores que compõem o índice de educação do IDH, a média de anos de escolaridade é obtida considerando-se o número de anos de ensino formal que a população adulta acima dos 25 anos tem. O pressuposto na determinação desse limiar é que aqueles que percorrem um processo normal de escolarização só terão atingido e concluído seu último estágio (o nível superior) em torno dessa idade. Os anos de escolaridade esperados referem-se ao número de anos de escolaridade que uma criança em idade de entrada na escola pode esperar receber se os padrões prevalecentes das taxas de matrícula por idades em seu país permanecerem iguais ao longo de sua vida. Até 2009, esse indicador era construído como a média ponderada de outros dois indicadores: a taxa de alfabetização de adultos, que entrava com peso de 2/3, e a taxa de escolarização bruta combinada dos níveis de ensino primário, secundário e superior, que entrava com peso de 1/3. Em relação à fórmula atual, a média de anos de escolaridade substitui a de alfabetização, enquanto as taxas brutas de matrícula são reformuladas para aparecerem como anos de escolaridade esperados. A justificativa do PNUD para tal alteração é que a média de anos de escolaridade é estimada, com maior frequência, para mais países e permite uma melhor distinção entre eles, enquanto os anos de escolaridade esperados são consistentes com a recomposição dessa dimensão do IDH em termos de anos (diferentemente das taxas de matrícula, que aparecem em porcentagem).

. . . .

O que está por trás da combinação de indicadores que constitui o IDH é a ideia de que o crescimento material de um país, refletido na renda *per capita*, deve vir acompanhado de um aumento na esperança de vida de seus habitantes e de uma expansão nas condições de educação, a fim de tornar efetivamente universal esse crescimento.

. . . .

---

11 Até 2009, o agregado utilizado para a mensuração *per capita* do indicador de rendimento era o PIB. A partir de 2010, passou a ser a RDB, tal como estimada pelas contas nacionais. De fato, se o que se quer apurar é qualidade de vida, o correto é utilizar o agregado RDB, que, como vimos nos capítulos anteriores, dá conta do volume de renda que efetivamente fica nas mãos dos residentes de um país em determinado período. No Brasil, a diferença entre o PIB e a RDB é praticamente desprezível e nem sempre tem o mesmo sinal, mas há países para os quais ela é muito alta. O relatório do PNUD de 2010 (PNUD, 2010) cita, como exemplo, as Filipinas, que recebem grandes volumes de remessas de imigrantes que trabalham no exterior, e o Timor-Leste, cuja RDB é, algumas vezes, maior que seu PIB graças ao enorme volume de transferências de ajuda humanitária que recebe.

Esses três **indicadores** são apresentados em unidades diferentes: em dólar PPC, o primeiro, e em anos, o segundo e o terceiro. Isso leva à necessidade de efetuar algumas manipulações estatísticas para que cada um desses três indicadores se transforme em um número que varie entre zero e um (ou seja, num **índice**), a fim de ser possível, posteriormente, agregá-los na produção do IDH. Atualmente, essa agregação é feita calculando-se a média geométrica desses três índices.[12]

Calculado o valor do IDH, que é sempre um número que varia entre 0 e 1, o país é classificado de acordo com seu resultado. Até 2009, essa classificação era feita em três categorias de desenvolvimento humano (baixo, médio e alto) e por meio de pontos de corte fixos. A partir de 2010, isso foi alterado incluindo-se um quarto nível (desenvolvimento humano muito elevado) e, em vez de utilizar um critério absoluto para definir a classificação de desenvolvimento humano de um país, a metodologia de classificação criou o que se chama uma **medida endógena**, ou seja, os valores dos parâmetros que balizam essa classificação são determinados, ano a ano, pelos valores encontrados no próprio universo de valores obtidos com o cálculo do IDH.

Já em 2014, o relatório voltou a utilizar parâmetros de classificação. Para sua construção, foram definidos Pontos de Corte (PCs) para cada uma das quatro categorias de desenvolvimento humano, utilizando-se os quartis (q) das contribuições dos indicadores que compõem o IDH, ou seja, Expectativa de Vida ao Nascer (EVN), Anos Esperados de Escolaridade (AEE), Anos de Escolaridade Média (AEM) e Renda Nacional Bruta *per capita* (RNP). Assim, $PC_q = IDH(EVN_q, AEE_q, AEM_q, RNP_q)q$[13]. Em termos práticos, isso significou definir a necessidade de um IDH igual ou acima de 0,800 para classificar um país como de **desenvolvimento humano muito elevado**, de um IDH entre 0,700 e 0,799 para classificar um país como de **elevado desenvolvimento humano**, de um IDH entre 0,550 e 0,699 para classificar um país como de **médio desenvolvimento humano** e, por fim, de um IDH abaixo de 0,550 para classificar um país como de **baixo desenvolvimento humano**. Esses valores foram calculados com base em dados médios colhidos entre 2004 e 2013 e continuaram a ser utilizados até o último relatório, publicado em 2018. A Tabela 10.8 apresenta uma amostra desses quatro grupos retirada do Relatório do PNUD de 2018. No primeiro bloco, estão os dez mais bem colocados. No segundo,

---

12 O **Anexo 2** deste capítulo apresenta em detalhes a metodologia atual de cálculo do IDH, bem como dá conta das últimas alterações experimentadas por ela.

13 Para maiores detalhes sobre os pontos de corte para classificação dos países segundo o IDH, consulte: PROGRAMA DAS NAÇÕES UNIDAS PARA O DESENVOLVIMENTO (PNUD). *Human development indices and indicators 2018:* statistical update. Disponível em: http://hdr.undp.org/sites/default/files/2018_human_development_statistical_update.pdf. Acesso em: 16 jan. 2020.

países selecionados do nível de desenvolvimento humano elevado; no terceiro, países selecionados como de médio desenvolvimento humano; e, finalmente, no quarto, os dez piores classificados na categoria baixo desenvolvimento humano.

Tabela 10.8 – Índice de Desenvolvimento Humano (IDH) – Países selecionados – 2018

Desenvolvimento humano muito elevado (total de 59 países)		Elevado desenvolvimento humano (total de 53 países)	
Valor do IDH	País	Valor do IDH	País
0,953	Noruega (1º)	0,798	Irã (60º)
0,944	Suíça (2º)	0,777	Cuba (73º)
0,939	Austrália (3º)	0,774	México (74º)
0,938	Irlanda (4º)	0,761	Venezuela (78º)
0,936	Alemanha (5º)	0,759	**Brasil (79º)**
0,935	Islândia (6º)	0,752	China (86º)
0,933	Hong Kong (7º)	0,752	Equador (87º)
0,933	Suécia (8º)	0,751	Ucrânia (88º)
0,932	Singapura (9º)	0,702	Paraguai (111º)
0,931	Holanda (10º)	0,700	Moldávia (112º)
Médio desenvolvimento humano (total de 39 países)		Baixo desenvolvimento humano (total de 38 países)	
Valor do IDH	País	Valor do IDH	País
0,699	Filipinas (113º)	0,437	Moçambique (180º)
0,694	Vietnã (117º)	0,435	Libéria (181º)
0,650	Guatemala (127º)	0,427	Mali (182º)
0,640	Índia (130º)	0,423	Burkina Faso(183º)
0,617	Honduras (133º)	0,419	Serra Leoa(184º)
0,608	Bangladesh (136º)	0,417	Burundi (185º)
0,581	Angola (147º)	0,404	Chade (186º)
0,574	Nepal (149º)	0,388	Sudão do Sul (187º)
0,562	Paquistão (150º)	0,367	República Centro- Africana (188º)
0,556	Camarões (151º)	0,354	Níger (189º)
Média mundial: 0,728		**América Latina e Caribe: 0,758**	

Fonte: PROGRAMA DAS NAÇÕES UNIDAS PARA O DESENVOLVIMENTO (PNUD). *Human development indices and indicators 2018:* statistical update. Disponível em: http://hdr.undp.org/sites/default/files/2018_human_development_statistical_update.pdf. Acesso em: 16 jan. 2020.

Conforme mostra a Tabela 10.8, agora, como a classificação é feita parametricamente, os blocos dos países em cada categoria (muito elevado, elevado, médio e baixo desenvolvimento humano) não têm mais o mesmo tamanho, como necessariamente acontece quando os limites entre os grupos são endogenamente construídos. A tabela mostra ainda que sete dentre os dez países de maior IDH são europeus e que todos os dez países de menor IDH são africanos. Vale registrar que os Estados Unidos, o maior PIB do mundo e a nona maior renda *per capita* do mundo, não se encontra no seleto grupo dos dez países com maior IDH (eles estão na 13ª posição). Vale registrar também os limites efetivos entre as quatro categorias na pesquisa de 2018, cujos dados selecionados estamos apresentando: o desenvolvimento humano muito elevado vai de 0,953 (Noruega) a 0,800 (Cazaquistão); o desenvolvimento humano elevado vai de 0,798 (Irã) a 0,700 (Moldávia); o médio desenvolvimento humano vai de 0,699 (Filipinas) a 0,556 (Camarões); e o baixo desenvolvimento humano vai de 0,546 (Ilhas Salomão) a 0,354 (Níger). A próxima tabela traz os componentes do IDH para países selecionados.

Tabela 10.9 – Índice de Desenvolvimento Humano (IDH) e seus componentes – 2018

País (posição no IDH)	IDH	Expectativa de vida (anos)	Média de anos de escolaridade (anos)	Escolaridade esperada (anos)	RDB *per capita* (US$ PPC)
Noruega (1º)	0,953	82,3	12,6	17,9	68.012
Austrália (3º)	0,939	83,1	12,9	22,9	43.560
Estados Unidos (13º)	0,924	79,5	13,4	16,5	54.941
França (24º)	0,901	82,7	11,5	16,4	39.254
Portugal (42º)	0,847	81,4	9,2	16,3	27.315
Argentina (47º)	0,825	76,7	9,9	17,4	18.461
Federação Russa (49º)	0,816	71,2	12,0	15,5	24.233
Turquia (64º)	0,791	76,0	8,0	15,2	24.804
Venezuela (78º)	0,761	74,7	10,3	14,3	10.672
Brasil (79º)	**0,759**	**75,7**	**7,8**	**15,4**	**13.755**
China (86º)	0,752	76,4	7,8	13,8	15.270
Ucrânia (88º)	0,751	72,1	11,3	15,0	8.130
Colômbia (90º)	0,747	74,6	8,3	14,4	12.938
Filipinas (113º)	0,699	69,2	9,3	12,6	9.154
Indonésia (116º)	0,694	69,4	8,0	12,8	10.846
Índia (130º)	0,640	68,8	6,4	12,3	6.353

País (posição no IDH)	IDH	Expectativa de vida (anos)	Média de anos de escolaridade (anos)	Escolaridade esperada (anos)	RDB *per capita* (US$ PPC)
Laos (139º)	0,601	67,0	5,2	11,2	6.070
Haiti (168º)	0,498	63,6	5,3	9,3	1.665
Rep. Dem. do Congo (176º)	0,457	60,0	6,8	9,8	796
Serra Leoa (184º)	0,419	52,2	3,5	9,8	1.240

Fonte: PROGRAMA DAS NAÇÕES UNIDAS PARA O DESENVOLVIMENTO (PNUD). *Human development indices and indicators 2018:* statistical update. Disponível em: http://hdr.undp.org/sites/default/files/2018_human_development_statistical_update.pdf. Acesso em: 16 jan. 2020.

O cálculo do IDH e sua divulgação sistemática conferiram um pouco mais de precisão à discussão crescimento × desenvolvimento. Como ele é estimado para quase todos os países (hoje é calculado para 189 países/territórios de um total de 195)[14], torna possível o estabelecimento de comparações entre as posições de vários deles, bem como sua confrontação com indicadores que captam apenas o crescimento econômico, como o produto *per capita*. Como afirmamos no **Capítulo 1**, se o termo social agregado à contabilidade é para ser levado a sério, torna-se imprescindível uma análise das condições de vida da sociedade e não apenas de sua geração de produto, de suas contas externas ou da evolução de suas variáveis monetárias. Enfim, analisar a riqueza de uma nação do ponto de vista das contas que ela tem de prestar à sociedade que a gera sob a forma de bem-estar e qualidade de vida é tarefa bem mais complexa do que simplesmente olhar para os agregados macroeconômicos.

Buscando aprimorar as mensurações de desenvolvimento humano efetuadas, o PNUD vem não só compondo outros indicadores como também fazendo ajustes no próprio IDH. Dentre essas iniciativas, encontra-se, por exemplo, a estimativa do Índice de Pobreza Humana (IPH), uma espécie de reverso da medalha do IDH. O cálculo do IPH permite apurar qual é, em cada país, o percentual da população que vive abaixo de um padrão mínimo de vida em termos de rendimento e/ou em termos dos indicadores de saúde e educação. Evidentemente, o que se espera é que, quanto maior o IDH do país, menor seu IPH, mas o pressuposto aqui é que mesmo um país classificado como de desenvolvimento humano muito elevado pode conter bolsões de pobreza não captados pelo IDH, visto que esse índice trabalha com base em médias. Assim, o IPH funciona como uma espécie de qualificador do resultado do IDH, de modo que, se

---

14 Os seis países/territórios cujas informações não são suficientes para o cálculo do IDH são: Coreia do Norte, Mônaco, Nauru, São Marino, Somália e Tuvalu.

quisermos ter uma ideia do nível de desenvolvimento de um país, é preciso olhar os dois indicadores em conjunto.

No relatório de 2010,[15] no bojo das significativas mudanças metodológicas adotadas, o PNUD substituiu o IPH[16] pelo Índice de Pobreza Multidimensional (IPM), do qual trataremos adiante. Por ora nos interessa destacar um dos ajustes mais importantes efetuados no próprio IDH, que é seu ajuste pela desigualdade. Segundo o próprio PNUD, o IDH apresenta médias, ocultando grandes disparidades de desenvolvimento humano entre as pessoas de um mesmo país. Assim, o **IDH ajustado pela desigualdade (IDHA)** busca qualificar o IDH obtido em cada país ajustando-se seu valor em função do valor do índice de Gini e das desigualdades verificadas nas dimensões da saúde e da educação. Esse tipo de ajuste pode fazer uma significativa diferença, principalmente para países extremamente desiguais, como o Brasil. Ainda segundo o PNUD, o IDH, por trabalhar com base em médias, pode ser visto como um índice de desenvolvimento humano "potencial" (ou o IDH máximo que poderia ser atingido caso não houvesse nenhuma desigualdade), enquanto o IDHA representaria o nível de desenvolvimento humano real (incorporando a desigualdade). Assim, a diferença entre o IDH e o IDHA mensuraria a "perda" de desenvolvimento humano potencial produzida pela desigualdade.

....

O IDH ajustado pela desigualdade (IDHA) corrige os valores encontrados pelo IDH de cada país impondo-lhe uma perda tanto maior, quanto mais elevada for sua desigualdade distributiva.

....

A Tabela 10.10 reapresenta os países da Tabela 10.9 colocando lado a lado o IDH original e aquele ajustado pela desigualdade. Como se poderá perceber, o IDH do Brasil é um dos que mais perde com esse ajuste, o que é coerente com o fato de termos uma das piores distribuições de renda do mundo.

---

15 PROGRAMA DAS NAÇÕES UNIDAS PARA O DESENVOLVIMENTO (PNUD). *Relatório do desenvolvimento humano 2010*. Washington, DC: PNUD, 2010.

16 Até ser substituído pelo IPM, o IPH apresentava duas metodologias de cálculo. Assim, o IPH1 mensurava o índice de pobreza para os países e as áreas em vias de desenvolvimento, enquanto o IPH2 mensurava o mesmo índice para os países da OCDE, além de outros países da Europa (ocidental e oriental) aí não incluídos. O IPH1 era calculado com base em informações sobre três variáveis: a probabilidade de não viver até os 40 anos, a taxa de analfabetismo de adultos e a média não ponderada da população sem acesso sustentável a uma fonte de água melhorada e das crianças com baixo peso para a idade. Para o IPH2, as variáveis integrantes de seu cálculo eram: a probabilidade de não viver até os 60 anos, a taxa de adultos funcionalmente analfabetos, o percentual da população vivendo abaixo do limiar da pobreza de rendimento e a taxa de desemprego de longa duração.

Tabela 10.10 – IDH e IDH ajustado à desigualdade – Países selecionados – 2018

País (posição no IDH)	IDH	IDH ajustado à desigualdade	Perda global em %
Noruega (1º)	0,953	0,876	8,0
Austrália (3º)	0,939	0,861	8,2
Estados Unidos (13º)	0,924	0,797	13,8
França (24º)	0,901	0,808	10,3
Portugal (42º)	0,847	0,732	13,6
Argentina (47º)	0,825	0,707	14,3
Federação Russa (49º)	0,816	0,738	9,5
Turquia (64º)	0,791	0,669	15,4
Venezuela (78º)	0,761	0,636	16,5
Brasil (79º)	**0,759**	**0,578**	**23,9**
China (86º)	0,752	0,643	14,5
Ucrânia (88º)	0,751	0,701	6,6
Colômbia (90º)	0,747	0,571	23,6
Filipinas (113º)	0,699	0,574	17,9
Indonésia (116º)	0,694	0,563	18,8
Índia (130º)	0,640	0,468	26,8
Laos (139º)	0,601	0,445	26,1
Haiti (168º)	0,498	0,304	39,0
República Democrática do Congo (176º)	0,457	0,319	30,3
Serra Leoa (184º)	0,419	0,266	36,5

Fonte: PROGRAMA DAS NAÇÕES UNIDAS PARA O DESENVOLVIMENTO (PNUD). *Human development indices and indicators 2018:* statistical update. Disponível em: http://hdr.undp.org/sites/default/files/2018_human_development_statistical_update.pdf. Acesso em: 16 jan. 2020.

A Tabela 10.10 mostra as variações que ocorrem em termos absolutos no IDH, mas, principalmente, a alteração em termos relativos que o ajuste pela desigualdade produz. Como igualdade absoluta não existe em nenhum lugar do mundo, ao menos em termos de rendimento, todos os países perdem pontos no valor do IDH por conta desse ajuste, ou seja, seu IDHA é sempre menor que seu IDH original. Assim, mesmo os países detentores de índices de Gini muito baixos, como a Noruega, perdem pontos em termos absolutos (quando ajustado, o IDH da Suécia, por exemplo, passa de 0,953 para 0,876). Assim, o que importa averiguar é a perda relativa sofrida pelo país, uma vez considerado o IDH ajustado. A última coluna da tabela mostra exatamente isso. Como se percebe, o Brasil sofre bastante com o ajuste, tendo uma perda de 23,9%,[17] marca que está acima da média mundial (20%). Considerando-se o conjunto dos países para os quais o IDHA é mensurado – 151, contra os 189 para os quais se mensura hoje o IDH –, o valor do IDHA do Brasil lhe dá o 78º lugar, mas, com esse conjunto menor de países, se fosse para manter sua posição relativa intocada (ou seja, o 79º lugar que ele possui na lista do IDH), ele teria que alcançar o 63º lugar.

Outras informações do relatório do PNUD de 2018 sobre o IDHA indicam que, nas mensurações efetuadas, as perdas nas três dimensões (saúde, educação e rendimento) variam nos diferentes países, por exemplo, de 0,8% na educação (Uzbequistão) até 56,4% no rendimento (África do Sul), e que elas tendem a ser maiores nos países com baixo IDH. Contudo, segundo o próprio PNUD, apesar de o IDHA captar a desigualdade que o IDH não consegue medir, ele ainda não capta as desigualdades sobrepostas – ou seja, não identifica se as mesmas pessoas sofrem uma ou várias privações, o que nos leva ao próximo ponto desta seção.

Conforme antecipado, um **Índice de Pobreza Multidimensional (IPM)** vem substituir o antigo Índice de Pobreza Humana (IPH), buscando mensurar o problema da privação simultânea. Pobreza multidimensional significa a existência de diversas privações na mesma família quanto a educação, saúde e padrão de vida. A ideia aqui é que a pobreza é, por definição, multifacetada, não sendo suficiente nem fidedigna sua mensuração apenas por meio de indicadores de rendimento monetário. Segundo o PNUD, estima-se que um terço da população de 104 países em desenvolvimento – ou cerca de 1,7 bilhão de pessoas – viva em pobreza multidimensional, sendo que mais da metade desse contingente vive no sul da Ásia, embora as taxas sejam superiores na África Subsaariana. De qualquer forma, mesmo nos países mais desenvolvidos podem existir grupos de pessoas que sofrem com a pobreza multidimensional, e a intenção do IPM é justamente mensurar, em cada país, a fração da população que se enquadra nesses grupos, podendo, dessa forma, funcionar, tal como o IDHA, como um qualificador do resultado bruto do IDH.

O IPM trabalha as mesmas três dimensões que aparecem no IDH e no IDHA, ou seja, educação, saúde e rendimento. No quesito rendimento, porém, o IPM é mais focado e busca informações sobre o padrão de vida das famílias, e não do rendimento monetário de seus membros. Investiga, para tanto, seis itens: **1)** não ter eletricidade; **2)** não ter acesso à água potável limpa; **3)** não ter acesso a saneamento adequado; **4)** usar combustível "sujo"

---

17 Se tomarmos o conjunto dos países formado por América Latina e Caribe, num total de 32, o Brasil é o 6º país em termos de perda, o que o coloca em uma posição muito ruim diante da realidade de seu próprio continente. Perdas piores são sofridas apenas por Haiti, Guatemala, Bolívia, Honduras e Paraguai. Cumpre registrar, porém, que, de acordo com o PNUD, as perdas do Brasil em razão da desigualdade caíram nos últimos anos, passando, entre 2000 e 2018, de 31% para 23,92%.

para cozinhar (estrume, madeira ou carvão); **5)** ter uma casa com pelo menos um de três elementos – piso, telhado e paredes – inadequados (por exemplo, piso de terra, parede de bambu ou papelão, telhado de plástico etc.); e **6)** não ter carro, caminhão ou veículo motorizado semelhante, e possuir, no máximo, um dos bens seguintes: bicicleta, motocicleta, carroça, computador, rádio, refrigerador, telefone ou televisor. Trata-se, no total, de um conjunto de dez indicadores, cada um com peso igual dentro de sua dimensão. Quanto à educação, são dois os componentes mensurados: não ter nenhum membro da família com 10 anos ou mais que tenha concluído seis anos de escolaridade e ter pelo menos uma criança em idade escolar (até o 8º ano) que não esteja frequentando a escola. Os componentes da saúde são também dois: ter pelo menos um membro da família que sofra de má nutrição e uma ou mais crianças que tenham falecido.[18]

Para identificar os multidimensionalmente pobres, as pontuações decorrentes de privação em cada família são somadas, e o valor máximo que o indicador pode ter é 10. As famílias que tiverem pontuação igual ou superior a três são consideradas multidimensionalmente pobres.[19] O valor do IPM para cada país resulta, então, do produto de duas medidas: a taxa de contagem de pessoas em pobreza multidimensional (ou seja, o percentual da população que teve pontuação de privação igual ou maior que 3,0) e a intensidade ou amplitude da pobreza (o número médio de privações que cada uma das famílias multidimensionalmente pobres sofre).[20] A Tabela 10.11 apresenta o IPM para um grupo de países selecionados classificados por grupo de IDH.

Tabela 10.11 – Índice de Pobreza Multidimensional (IPM) – Países em desenvolvimento selecionados.

País	Valor do IPM	População em pobreza multidimensional (%)	Intensidade da privação (%)	Valor do IDH
Desenvolvimento humano elevado				
Sérvia (2014)	0,001	0,3	42,5	0,787
Ucrânia (2012)	0,001	0,2	34,5	0,751
Brasil (2015)	**0,016**	**3,8**	**42,5**	**0,759**

18 Considerando que, em um valor total de dez (dez indicadores), cada uma das três dimensões vale 3,33, isso significa que, na dimensão educação, cada um dos indicadores vale 1,67, o mesmo ocorrendo com a dimensão saúde. Já para a dimensão padrão de vida, cada um dos indicadores vale 0,56.

19 Considera-se que as famílias com uma pontuação de privação entre 2 e 3 são vulneráveis ou estão em risco de se tornarem multidimensionalmente pobres.

20 No caso dessa última medida, toma-se, apenas para as famílias consideradas multidimensionalmente pobres, a pontuação total de privações a elas atribuídas, dividindo-se esse número pelo número de indicadores e pelo número de pessoas.

País	Valor do IPM	População em pobreza multidimensional (%)	Intensidade da privação (%)	Valor do IDH
México (2016)	0,025	6,3	39,2	0,774
Equador (2014)	0,018	4,5	40,0	0,752
Peru (2012)	0,052	12,4	41,5	0,750
Médio desenvolvimento humano				
Tailândia (2016)	0,003	0,8	39,1	0,755
Egito (2014)	0,020	5,2	37,6	0,696
Filipinas (2013)	0,038	7,4	51,8	0,699
Bolívia (2008)	0,094	20,5	46,0	0,693
Congo (2014)	0,378	72,5	52,2	0,457
Índia (2016)	0,121	27,5	43,9	0,640
Baixo desenvolvimento humano				
Djibuti (2006)	0,170	34,6	49,0	0,476
Haiti (2012)	0,231	47,6	48,6	0,498
Angola (2016)	0,283	51,2	55,3	0,581
Guiné-Bissau (2012)	0,373	67,4	55,4	0,455
Mali (2015)	0,457	78,1	58,5	0,427
Níger (2012)	0,591	90,6	65,3	0,354

Fonte: PROGRAMA DAS NAÇÕES UNIDAS PARA O DESENVOLVIMENTO (PNUD). *Human development indices and indicators 2018:* statistical update. Disponível em: http://hdr.undp.org/sites/default/files/2018_human_development_statistical_update.pdf. Acesso em: 16 jan. 2020.

A observação da Tabela 10.11 mostra que até mesmo países considerados de desenvolvimento humano elevado podem conter frações não desprezíveis de sua população que sofrem múltiplas privações. Esse é o caso do México, com um IDH que o coloca no grupo dos países com desenvolvimento humano elevado, mas que apresenta um valor de IPM maior que o do Brasil, consideradas suas condições (na contagem de pessoas, temos, para esse país, 6,3% de sua população em situação de pobreza multidimensional, contra 3,8% no Brasil). A tabela mostra também que, muitas vezes, um país considerado em determinado grupo de IDH possui valores de IPM superiores aos de países considerados pertencentes a grupos inferiores. A Sérvia, por exemplo, classificada no grupo de países de desenvolvimento elevado, tem um IPM inferior aos de vários dos países do grupo de desenvolvimento humano muito elevado presentes na tabela. Do mesmo modo, a Tailândia, classificada no grupo de países de médio desenvolvimento humano, tem IPM inferior ao de vários dos países do grupo de desenvolvimento humano elevado, dentre eles o Brasil.

Esses exemplos (existem outros nessa tabela) são suficientes para demonstrar aquilo que indicamos anteriormente, ou seja, que o IPM serve como um qualificador do valor do IDH de cada país. Esse é o caso do Brasil. Apesar de seu IPM não ser tão elevado, há vários países mais pobres e com IDHs inferiores que possuem IPMs muito mais reduzidos. O desdobramento do IPM em suas duas variáveis constitutivas (população em pobreza multidimensional e intensidade da privação) mostra que nosso país tem 3,8% de sua população em situação de pobreza multidimensional, o que significa 7,9 milhões de brasileiros sofrendo, em média, privações sobrepostas em 42,5% dos indicadores ponderados. Apesar das melhoras observadas recentemente na redução da pobreza absoluta (em 2003, esse mesmo número chegava aos 16 milhões),[21] trata-se de um contingente de proporções significativas para um país classificado no conjunto daqueles de elevado desenvolvimento humano, com um rendimento *per capita* em torno da média mundial. Mais uma vez, a explicação para tal situação está na grande desigualdade distributiva que temos por aqui, o que é também revelado pelo elevado valor de nosso índice de Gini e pela grande perda que sofremos no IDH quando ele é ajustado pela desigualdade.

Todos esses aprimoramentos e ajustes que vêm sendo desenvolvidos pelo PNUD para qualificar o IDH têm representado um grande avanço em termos da possibilidade de se mensurar, de modo mais fidedigno, o efetivo grau de desenvolvimento de um país. Mas eles não esgotam a questão. No último Relatório de Desenvolvimento Humano, o PNUD reconhece as limitações do IDH e trata de outros temas que devem ser considerados quando se fala em desenvolvimento. Em alguns deles, o avanço já é também notável. O caso emblemático é o da desigualdade de gênero, para a qual já existe um indicador específico, bem como a mensuração do ajuste a ser efetuado no IDH por conta desse tipo de desigualdade. Para outros temas, contudo, a questão da mensuração ainda é problemática, pois existem variáveis de difícil quantificação. Só para citar um exemplo, os países desenvolvidos, exceto os Estados Unidos, vêm experimentando um grande surto de desemprego desde o início dos anos 1990. Com as crises do final dos anos 2000 e começo dos anos 2010 nos Estados Unidos e na Europa, essa situação agravou-se ainda mais. Na Espanha, por exemplo, a taxa de desemprego foi maior que 25% ao final de 2011. Apesar de todas as garantias sociais que lá gozam os desempregados e que lhes asseguram a sobrevivência (estas estão sob ameaça em muitos países, com destaque para os mais frágeis da chamada zona do euro – Grécia, Portugal, Espanha), o problema não é de todo solucionado. Apesar de resolvida a questão material, permanece uma grande

---

21 O principal responsável por essa redução da pobreza extrema são os programas de renda compensatória, do tipo Bolsa Família, que atingem hoje cerca de 14 milhões de famílias no Brasil.

insatisfação, visto que uma parcela substantiva da população se vê excluída do processo de reprodução social e os jovens não vislumbram qualquer perspectiva para suas vidas. Resulta daí uma espécie de anomia social que empana um pouco o brilho das vistosas primeiras colocações que esses países ostentam, seja nos indicadores *stricto sensu* econômicos (PIB, produto *per capita*), seja nos indicadores de qualidade de vida e desenvolvimento humano, como o IDH. Como mensurar, porém, esse tipo de incômodo? Como incluí-lo no cálculo de um índice de desenvolvimento? Que *proxi* utilizar? Evidentemente, não há respostas simples e consensuais para todas essas perguntas, de modo que não há ainda nenhum indicador mais completo sobre o grau de desenvolvimento humano de um país do que o IDH. Em países de dimensões continentais, como o Brasil, o desenvolvimento passa também pela inexistência de desigualdades regionais muito flagrantes. Na próxima seção, que trata do IDH no Brasil, discutiremos brevemente essa questão.

10.5 O IDH no Brasil e as desigualdades regionais

Ao analisar os indicadores dos diversos países ao longo da seção anterior, já falamos bastante sobre o Brasil e sobre sua posição em relação aos demais países de seu continente e de todo o globo. Nesta última seção, vamos falar da evolução do IDH do Brasil nos últimos anos (ou seja, acompanhá-la no tempo), bem como das marcadas diferenças regionais que ainda existem em seu interior. Comecemos com o primeiro tema. Conforme comentamos, o IDH foi passando, ao longo de seus 30 anos de existência (ele começou a ser mensurado em 1990, mas trouxe informações também de anos anteriores), por uma série de mudanças metodológicas que, em princípio, não tornariam possível apresentar uma evolução do IDH brasileiro ao longo do tempo. Contudo, de 2010 para cá, o próprio PNUD vem trazendo em seus relatórios anuais uma série histórica comparável dos IDHs dos diversos países.[22] O objetivo do PNUD com essa apresentação é desenhar tendências

---

22 O relatório explica que, nas séries históricas, foi utilizada a composição antiga do IDH, e não a nova, descrita na seção anterior. Em suas palavras: "para essa avaliação histórica, os dados dos indicadores originais (esperança de vida, taxa de alfabetização, taxas brutas de matrícula, e PIB *per capita*) estão disponíveis de forma mais ampla e permanecem pertinentes". Explica ainda que, apesar da composição antiga, foi utilizada a fórmula funcional mais moderna, ou seja, com média geométrica ao invés de média aritmética entre os indicadores. Chamaram tal indicador, por isso, de **IDH híbrido**. No relatório de 2011, acrescenta-se que: "dado que as agências de dados internacionais melhoram continuamente as suas séries de dados, os dados apresentados neste Relatório [...] não são comparáveis com os publicados em edições anteriores". (PROGRAMA DAS NAÇÕES UNIDAS PARA O DESENVOLVIMENTO (PNUD). *Relatório do desenvolvimento humano 2011*. Washington, DC: PNUD, 2011. p. 129). Afirma também que as tabelas de tendências usam dados consistentes – calculados em intervalos de cinco anos para o período 1980-2011.

para o IDH de cada um dos países. A Tabela 10.12 mostra a evolução do IDH brasileiro, tal como aparece no relatório de 2018.

Tabela 10.12 – Evolução do IDH brasileiro

Evolução do IDH brasileiro		Média anual de crescimento (%)	
1980	0,549	1980-1990	1,08
1990	0,611		
2000	0,684	1990-2000	1,14
2010	0,727	2000-2010	0,61
2012	0,736	2010-2012	0,62
2015	0,757	2012-2015	0,94
2017	0,759	2015-2017	0,13
		1980-2017	0,88

Fonte: PROGRAMA DAS NAÇÕES UNIDAS PARA O DESENVOLVIMENTO (PNUD). *Human development indices and indicators 2018:* statistical update. Disponível em: http://hdr.undp.org/sites/default/files/2018_human_development_statistical_update.pdf. Acesso em: 16 jan. 2020.[23]

Como demonstra a Tabela 10.12, o IDH brasileiro vem evoluindo positivamente nas últimas três décadas, ainda que a velocidade dessa evolução venha se desacelerando ao longo do tempo. A trajetória do Brasil nesse período não é diferente daquela da maioria dos países considerados "em desenvolvimento". A redução da velocidade nos últimos anos está associada à importância da variável *renda*. Na medida em que nossa *renda per capita* vai se aproximando da média mundial, sua importância relativa vai declinando, de modo que, daqui por diante, serão mais expressivos para ganhos no IDH os melhoramentos que o país conseguir produzir nos indicadores de educação e saúde. Isso indica que há muito chão a percorrer até que nosso país possa ser considerado um país de desenvolvimento humano (de fato) elevado ou muito elevado. Dentre os problemas que existem pela frente, está o das desigualdades regionais, que agora exploraremos.

Na avaliação do grau de desenvolvimento, além dos indicadores de distribuição de renda e daqueles diretamente associados à qualidade de vida (saúde, educação), ganha relevância, principalmente em países de grande dimensão territorial como o nosso, a questão das desigualdades regionais. Uma distribuição muito desigual entre as regiões pode gerar uma série de problemas sociais, como os grandes fluxos migratórios e o inchamento das grandes cidades, os quais, por sua vez, acabam por levar a outros, como o

---

23 Exceto o dado de 1980, que foi colhido de: PNUD, 2011.

sobrecarregamento, em determinadas regiões, da infraestrutura de serviços industriais de utilidade pública (energia, comunicações, transportes) e da rede de serviços públicos (saúde, saneamento, educação), além do aumento da criminalidade e da violência urbanas. Tais desigualdades tendem a gerar também a necessidade de transferências compulsórias de renda entre as regiões, podendo ocasionar conflitos políticos, seja no âmbito da repartição das receitas tributárias, seja nas disputas pelo poder propriamente ditas.

Uma breve investigação do IDH dos estados brasileiros nos permitirá perceber a gravidade da questão das disparidades regionais em nosso país. Os dados apresentados a seguir foram todos retirados da obra *Radar IDHM: evolução do IDHM e de seus índices componentes no período 2012-2017*, publicada em 2019 pelo Ipea[24] em conjunto com a Fundação João Pinheiro, sob os auspícios do PNUD. Trata-se de um esforço feito pelos pesquisadores dessas instituições para atualizar o *Atlas do desenvolvimento humano municipal brasileiro*, com base nas informações da Pesquisa Nacional por Amostra de Domicílios (PNAD) contínua, disponibilizadas pelo IBGE. O Radar busca, assim, antecipar informações que só estarão plenamente disponíveis após a realização do Censo de 2020 (a última edição do atlas, publicada em 2013, tomou por base o Censo de 2010). A Tabela 10.13 apresenta o valor do IDH de cada unidade da federação e seu *ranking*. Os parâmetros utilizados para classificar os estados são os definidos pelo PNUD para 2018.

A Tabela 10.13 mostra com clareza a magnitude de nossas diferenças regionais, uma vez que nosso IDH varia de 0,850 a 0,683 (de um pouco mais que Portugal até um pouco menos que a Palestina). A grande maioria das unidades da Federação (20 delas) estão classificadas no grupo de elevado desenvolvimento humano. As exceções são as três unidades classificadas como tendo desenvolvimento humano muito elevado – o Distrito Federal, o estado de São Paulo e o estado de Santa Catarina – e as quatro classificadas como de médio desenvolvimento humano (três das quais no Nordeste) – Pará, Piauí, Maranhão e Alagoas. Outra coisa que chama a atenção é que, se dividirmos as 27 unidades em três grupos de nove unidades, veremos que todos os sete estados das regiões Sudeste e Sul se encontram no primeiro bloco (o dos mais bem classificados), e, dos nove estados nordestinos, seis se encontram no último bloco (o dos mais mal classificados). O estado nordestino mais bem classificado é o Ceará, que aparece na 15ª posição, enquanto os estados das regiões Sul e Sudeste mais mal classificados são o Rio Grande do Sul (6º lugar) e o Espírito Santo (9º lugar). Esses registros são claras evidências de que nossa desigualdade tem um forte componente territorial.

---

24 IPEA; PNUD; FUNDAÇÃO JOÃO PINHEIRO. *Radar IDHM:* evolução do IDHM e de seus índices componentes no período 2012-2017. Brasília: Ipea, 2019. Disponível em: http://www.ipea.gov.br/portal/images/stories/PDFs/livros/livros/190416_rada_IDHM.pdf. Acesso em: 16 jan. 2020.

Tabela 10.13 – IDH no Brasil por unidade da Federação (dados de 2017)

Desenvolvimento humano muito elevado			14º	Amapá	0,740
1º	Distrito Federal	0,850	15º	Ceará	0,735
2º	São Paulo	0,826	16º	Amazonas	0,733
3º	Santa Catarina	0,808	17º	Rio Grande do Norte	0,731
Elevado desenvolvimento humano			18º	Pernambuco	0,727
4º	Rio de Janeiro	0,796	19º	Rondônia	0,725
5º	Paraná	0,792	20º	Paraíba	0,722
6º	Rio Grande do Sul	0,787	21º	Acre	0,719
7º	Minas Gerais	0,787	22º	Bahia	0,714
8º	Mato Grosso	0,774	23º	Sergipe	0,702
9º	Espírito Santo	0,772	Médio desenvolvimento humano		
10º	Goiás	0,769	24º	Pará	0,698
11º	Mato Grosso do Sul	0,766	25º	Piauí	0,697
12º	Roraima	0,752	26º	Maranhão	0,687
13º	Tocantins	0,743	27º	Alagoas	0,683

Fonte: IPEA; PNUD; FUNDAÇÃO JOÃO PINHEIRO. *Radar IDHM:* evolução do IDHM e de seus índices componentes no período 2012-2017. Brasília: Ipea, 2019. Disponível em: http://www.ipea.gov.br/portal/images/stories/PDFs/livros/livros/190416_rada_IDHM.pdf. Acesso em: 16 jan. 2020.

Quando olhamos os dados dos municípios brasileiros, essa desigualdade regional fica ainda mais acentuada. O último *ranking* do Índice de Desenvolvimento Humano dos Municípios (IDHM)[25] disponível até o momento em que esta 5ª edição está sendo finalizada (janeiro de 2020) é aquele que, utilizando os dados do Censo de 2010 do IBGE, compara as posições dos mais de 5.500 municípios brasileiros entre 1991 e o próprio ano de 2010. Um *ranking* mais atualizado só estará disponível depois que os dados do último Censo do IBGE, que serão divulgados ao final de 2021, forem devidamente trabalhados. De qualquer forma, se o que nos interessa é averiguar desigualdades regionais, esse *ranking*, apesar de antigo, traz informações importantes. Em primeiro lugar, o valor do IDHM varia aí de 0,418 a 0,862 (de um nível comparado aos dos países mais pobres do mundo, como Burundi ou Serra Leoa, até um nível muito elevado de desenvolvimento humano, como o dos Emirados Árabes Unidos ou o da Polônia), indicando a existência

---

25 PROGRAMA DAS NAÇÕES UNIDAS PARA O DESENVOLVIMENTO (PNUD). *Ranking IDHM municípios 2010.* Disponível em https://www.br.undp.org/content/brazil/pt/home/idh0/rankings/idhm-municipios-2010.html. Acesso em: 16 jan. 2020.

de um espectro de diferenças bem maior que o apresentado pelo *ranking* das unidades da Federação. Em segundo lugar, e isso é o mais importante, verifica-se que, dentre os 20 primeiros municípios de IDHMs mais elevados, todos são das regiões Sudeste e Sul. Por outro lado, quando tomamos os 20 piores municípios, vamos encontrar cinco na região Nordeste e 15 na região Norte. Se alargarmos a amostra para contemplar os 50 melhores e os 50 piores, a situação praticamente não se altera. Dentre os 50 melhores, continuam a figurar apenas municípios das regiões Sudeste e Sul, com apenas uma exceção, o município de Brasília, que, por ser a capital do país, desfruta também de uma situação singular, não existente nos demais municípios da região Centro-Oeste, à qual pertence. Dentre os 50 piores, vamos encontrar 22 da região Nordeste e 28 da região Norte. Esses dados são suficientes para mostrar que, além do gravíssimo problema da enorme concentração de renda vigente, o Brasil tem também de encarar a questão das disparidades regionais. Ainda que nos últimos anos tenham ocorrido melhoras na situação da região mais pobre do país, que é a Nordeste, elas certamente ainda estão longe de promover um ambiente socioeconômico mais equilibrado em nosso país. Sem encarar esse problema, pode ficar eternamente comprometida a possibilidade de nosso país chegar ao primeiro mundo, ainda que continuem a crescer seu PIB e seu produto *per capita*.

Finalmente, cabe aproveitar este espaço para tecer uma consideração de ordem geral sobre o significado desses indicadores. Como qualquer indicador do tipo dos aqui estudados, eles trabalham com médias. Isso implica que sua capacidade de trazer informações sobre determinada realidade é limitada. Vejamos apenas um exemplo. O estado do Rio de Janeiro, dada a metodologia de cálculo do IDH, aparece como um estado de desenvolvimento humano elevado. Ora, como enxergar tal realidade na pobreza espantosa da Baixada Fluminense e no imenso contingente de favelas da própria cidade do Rio de Janeiro? Como enxergar tal realidade na absoluta falta de perspectivas de um enorme contingente populacional que acaba sendo atraído para atividades criminosas, deixando fora do controle do Estado a questão da segurança pública? Por que, com tudo isso, o Rio de Janeiro alcança um IDH que o coloca como estado de elevado desenvolvimento humano? Isso acontece porque os indicadores que compõem o IDH, com destaque para a renda, são médias e, enquanto tal, não captam a desigualdade que caracteriza sua distribuição. É a desigualdade que produz a terrível realidade que o índice não captura. Por isso, é preciso olhar sempre com muito cuidado esses indicadores. Ainda que eles tragam informação, nunca são capazes de, isoladamente considerados, traçar um retrato da realidade social que seja mais próximo da verdade.

Resumo

1. A magnitude do **PIB** (ou **RDB**) é uma importante medida do desempenho econômico de um país. Contudo, para que ela funcione efetivamente como indicador do potencial de geração de renda e produtividade, é preciso relativizá-la pelo tamanho da população do país. Assim, a mais importante variável de desempenho é o **produto *per capita***, e não o valor absoluto do produto agregado.

2. No entanto, esses indicadores mostram-se insuficientes para uma avaliação da qualidade de vida. Primeiro, porque o produto *per capita*, por ser uma média, nada nos diz acerca da distribuição de renda. Em segundo lugar, porque ele não capta as condições concretas de vida da população em termos, por exemplo, de longevidade, condições sanitárias, saúde e nível educacional.

3. Ao considerar tanto a distribuição da renda quanto os indicadores sociais variáveis importantes, estamos indo além do conceito de **crescimento econômico**. Na verdade, estamos avaliando o **desenvolvimento econômico**, que mede não apenas o crescimento do produto *per capita* como também o perfil distributivo e os benefícios sociais trazidos por esse crescimento.

4. A **distribuição de renda** de um país pode ser avaliada com base no índice de Gini, que tem por objetivo avaliar o grau de concentração da renda, podendo variar entre zero e um. Quanto mais próximo de um for o índice, mais concentrada é a renda do país; quanto mais próximo de zero, menos concentrada.

5. Apesar de sua posição ter melhorado ao longo da primeira década do século XXI, o Brasil ainda detém um dos piores índices de Gini do mundo (índice de 0,533, o que o coloca no grupo dos 10 piores em termos distributivos). Isso indica que, apesar de não poder ser considerado um país pobre, pois ocupa a 77ª posição em termos de produto *per capita*, possui uma enorme concentração de renda, um problema estrutural que pode ficar ainda mais grave em momentos de crise conjuntural, com recessão e aumento do desemprego.

6. A relação entre o PIB *per capita* e o índice de Gini permite-nos estabelecer dois conceitos correlatos, mas bem diferentes: **pobreza** e **desigualdade**. Um país pode ser pobre (produto *per capita* reduzido), mas pouco desigual (por exemplo, a Índia), ou rico (produto per capita elevado), mas profundamente desigual,

como é o caso do Brasil. Da mesma forma, o fato de um país estar crescendo a taxas elevadas não quer dizer que ele esteja ao mesmo tempo reduzindo a desigualdade. Ao contrário, como foi o caso do Brasil nos tempos do chamado "milagre econômico", o país pode estar experimentando elevadas taxas de crescimento do PIB, mas com crescimento também do índice de Gini.

7. A desigualdade gera pobreza, mesmo em países considerados ricos em termos de produto *per capita*. E, independentemente do perfil distributivo, há também, é claro, pobreza em grande quantidade nos países de produto *per capita* mais reduzido. Mas como mensurar o tamanho dessa pobreza? Uma das formas para determinar o grau de pobreza de um país é a construção de **linhas de pobreza** ou de um **limiar para a pobreza de rendimento**, nos termos do PNUD. Em seus últimos relatórios, o PNUD definiu esse parâmetro como US$ 1,90 PPC por dia *per capita*. No Brasil, segundo dados de 2017, 3,4% de sua população (mais de sete milhões de pessoas) vive diariamente com recursos inferiores a esse.

8. Tendo por objetivo mensurar o bem-estar das sociedades e a qualidade de vida das populações para além da mera avaliação do produto e do produto *per capita* de cada país, o PNUD vem divulgando, desde 1990, o IDH, que hoje é estimado para 189 países. Esse índice considera não apenas o **rendimento** mas também variáveis ligadas à **saúde** e à **educação**.

9. Os indicadores que entram no cálculo do IDH são os seguintes: **RDB *per capita***, para a variável *rendimento*; **esperança de vida ao nascer** ou **expectativa de vida** para a variável *saúde*; e a média de outros dois indicadores – a **média de anos de escolaridade** e os **anos de escolaridade esperados** – para a variável *educação*. Portanto, o IDH considera indicadores mensurados em diferentes unidades (dólar PPC e anos). Para poder integrá-los e calcular o IDH, o PNUD transforma todos esses diferentes **indicadores** em **índices** que variam entre 0 e 1. Assim, o próprio **IDH é um índice** que varia entre 0 e 1.

10. O *Relatório do desenvolvimento humano de 2018* classificou os países pelos seguintes critérios: IDH menor que 0,550 são países de **baixo desenvolvimento humano**, de 0,550 até 0,699 são países de **médio desenvolvimento humano**, de 0,700 até 0,799 são países de **elevado desenvolvimento humano** e acima de 0,800 são países de **muito elevado desenvolvimento humano**.

11. O Brasil está classificado como país de desenvolvimento humano elevado, apresentando um IDH (2018) de 0,759 e ocupando a 79ª posição no *ranking*

mundial. Trata-se de uma posição bastante desconfortável para o país que, segundo dados de 2018, é a 9ª maior economia mundial e a 77ª em termos de produto *per capita*. Tudo indica que esse resultado pouco favorável se deve à enorme concentração de renda existente no país, como demonstra o elevado valor de nosso índice de Gini.

12. Para captar a importância que a questão distributiva pode ter para efeito da classificação do desenvolvimento humano de um país, o PNUD utiliza o IDHA. O IDHA corrige os valores encontrados para o IDH de cada país impondo-lhe uma perda que é tanto maior quanto maior a desigualdade distributiva. A desigualdade mensurada pelo IDH não se reduz à desigualdade de rendimento, estende-se também às condições relacionadas à saúde e à educação.

13. Como igualdade plena não existe, todos os países sofrem perdas em seus IDHs quando eles são ajustados à desigualdade. Assim, em termos absolutos, os IDHAs são sempre inferiores aos IDHs, mesmo para os países menos desiguais. O que importa verificar é a perda relativa que o país sofre por conta desse ajuste. Quando ajustado pela desigualdade, o IDH do Brasil passa para 0,578, enfrentando uma perda, significativa, da ordem de 24%.

14. No mesmo sentido de qualificar o valor de IDH obtido pelos diferentes países, o PNUD passou a divulgar, a partir de 2010, o Índice de Pobreza Multidimensional (IPM), que veio substituir os antigos Índices de Pobreza Humana. Pobreza multidimensional significa a existência de diversas privações na mesma família quanto à educação, à saúde e ao padrão de vida. Partindo da ideia de que a pobreza é, por definição, multifacetada, o PNUD mensura dois indicadores relacionados à saúde (ter pelo menos um membro da família que sofra de má nutrição e uma ou mais crianças que tenham falecido), dois relacionados à educação (não ter nenhum membro da família que tenha concluído seis anos de escolaridade e ter pelo menos uma criança em idade escolar – até o 8º ano – que não esteja frequentando a escola) e seis relacionados ao padrão de vida das famílias (não ter eletricidade; não ter acesso à água potável; não ter acesso a saneamento adequado; usar combustível "sujo" para cozinhar – estrume, madeira ou carvão; ter uma casa com piso, paredes ou teto inadequados; e não ter carro, caminhão ou veículo motorizado semelhante, e possuir no máximo um dos bens seguintes: bicicleta, motocicleta, carroça, rádio, computador, refrigerador, telefone ou televisor).

15. Além da enorme desigualdade distributiva, o Brasil apresenta também fortes **disparidades regionais**. De acordo com as estimativas realizadas pelo Ipea, em conjunto com outras instituições, os IDHs das diversas unidades da Federação mostram que nenhuma unidade é classificada como de baixo desenvolvimento humano. A maior parte delas (20) está classificada como de elevado desenvolvimento humano. Apesar dessa aparente homogeneidade, as desigualdades regionais são evidentes. Se dividirmos as 27 unidades da Federação em três grupos de nove unidades (26 estados mais o Distrito Federal), veremos que todos os sete estados das regiões Sudeste e Sul se encontram no primeiro bloco (o dos mais bem classificados), e, dos nove estados nordestinos, seis se encontram no último bloco (o dos mais mal classificados).

16. A despeito de sua posição bastante confortável em termos de produto agregado e produto *per capita*, a não resolução desses dois problemas – a enorme desigualdade regional e a imensa desigualdade distributiva – tem impedido o Brasil de entrar no rol dos chamados países desenvolvidos.

Questões para revisão

1. Explique as vantagens e as desvantagens de utilizar a renda agregada de um país para refletir sobre seu desempenho econômico.
2. Explique o que você entende por crescimento econômico e as diferenças entre esse conceito e o de desenvolvimento econômico.
3. Quais são as variáveis que devemos investigar quando se trata de analisar o estágio de desenvolvimento de um país?
4. Qual é a diferença entre pobreza e desigualdade? Como se relacionam essas duas variáveis?
5. O que significa o índice de Gini? Como ele é mensurado?
6. Se um país experimenta, por um período razoável, um crescimento substancial em seu produto *per capita*, mas, ao mesmo tempo, seu índice de Gini também cresce, o que poderíamos dizer sobre a evolução de seu processo de desenvolvimento? Quais outras variáveis poderiam ser investigadas?

7. Que tipo de argumento se utilizou no Brasil, na época do chamado "milagre econômico", para justificar um período de elevado crescimento econômico com concentração de renda?

8. O que é o IDH? Como ele é mensurado? Por que é importante sua mensuração?

9. Qual é a diferença entre indicadores e índices?

10. Explique o que são e como se mensuram o IDH ajustado à desigualdade (IDHA) e o Índice de Pobreza Multidimensional (IPM). Qual é a importância de se estimar esses dois índices? Que relação eles têm com o IDH?

11. Que tipos de problemas podem ocorrer num país com grandes desigualdades socioeconômicas entre suas regiões?

Anexo 1: O índice de Gini

O método mais conhecido para se avaliar o grau de concentração de renda de determinado país é o índice de Gini. Para entendermos o significado desse indicador, considere a Tabela 10.14, que apresenta dados para uma economia hipotética, referentes à renda recebida pela população, dividida em estratos.

Tabela 10.14 – Distribuição da renda para uma economia igualitária

Estrato	Variáveis por estrato		Variáveis acumuladas	
	População	Total da renda ($)	População	Total da renda ($)
I	20%	20	20%	20
II	20%	20	40%	40
III	20%	20	60%	60
IV	20%	20	80%	80
V	20%	20	100%	100

Fonte: elaborada pelos autores.

Nessa tabela, temos os estratos da população e o total da renda, em unidades monetárias, que cada um deles recebe. Ou seja, o primeiro estrato, que compõe 20% da população, recebe $ 20 do total da renda, que é de $ 100; o segundo estrato, também de 20%, recebe igualmente $ 20 da renda; e assim por diante. A tabela apresenta também as mesmas variáveis em termos acumulados. Assim, 20% da população recebe 20% da renda, 40% recebe 40% e assim por diante. Sendo assim, a distribuição da renda nessa economia hipotética é igualitária, visto que cada estrato recebe, da renda total gerada, uma parcela que é exatamente correspondente a sua participação na população. Se colocarmos os valores acumulados em um gráfico, obteremos o resultado apresentado no Gráfico 10.1.

Gráfico 10.1 – Distribuição de renda para uma economia igualitária

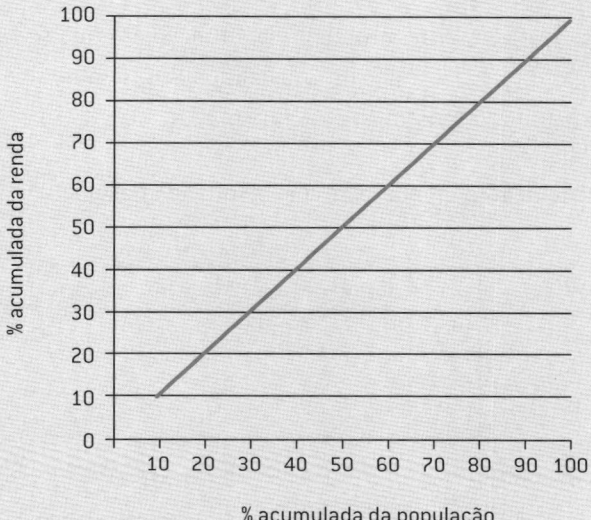

% acumulada da população

Fonte: elaborado pelos autores.

Consideremos agora uma situação diferente e mais realista, tal como a apresentada na Tabela 10.15, na qual a distribuição da renda não é absolutamente igualitária como a apresentada na Tabela 10.13 e no Gráfico 10.1.

Tabela 10.15 – Distribuição da renda para uma economia desigual

Estrato	Variáveis por estrato		Variáveis acumuladas	
	População	Total da renda ($)	População	Total da renda ($)
I	20%	3	20%	3
II	20%	5	40%	8
III	20%	9	60%	17
IV	20%	18	80%	35
V	20%	65	100%	100

Fonte: elaborada pelos autores.

Nessa nova situação, percebe-se que o primeiro estrato, que representa os 20% mais pobres da população, recebe apenas 3% da renda, ao passo que os 20% mais ricos recebem 65% da renda. Trata-se, portanto, de uma situação em que se verifica um razoável grau de concentração da renda. Colocando os dados acumulados mais uma vez em um gráfico, obtemos o resultado mostrado no Gráfico 10.2.

Gráfico 10.2 – Distribuição de renda para uma economia desigual

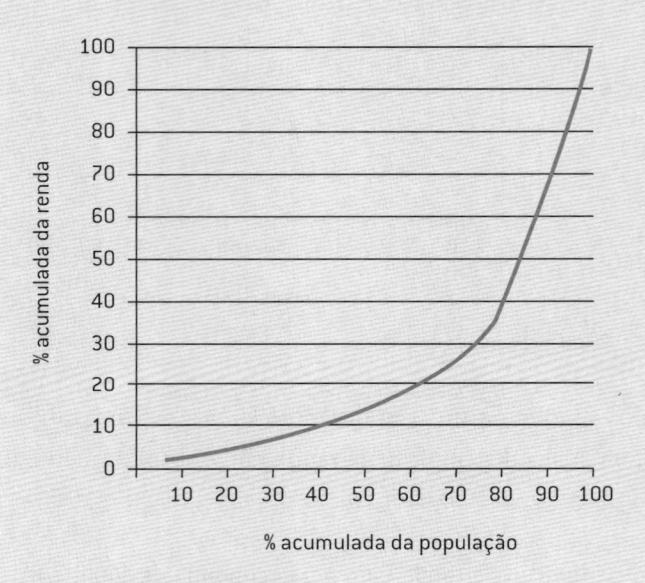

Fonte: elaborado pelos autores.

Os Gráficos 10.1 e 10.2 são conhecidos como **curvas de Lorenz**. Essas curvas relacionam faixas da população acumulada, dos mais pobres para os mais ricos, com a participação acumulada na renda. É com base nela que se obtém o índice de Gini.

O Gráfico 10.3 mostra as curvas de Lorenz para uma sociedade igualitária e para uma com concentração de renda.

Gráfico 10.3 – Curvas de Lorenz: teóricas

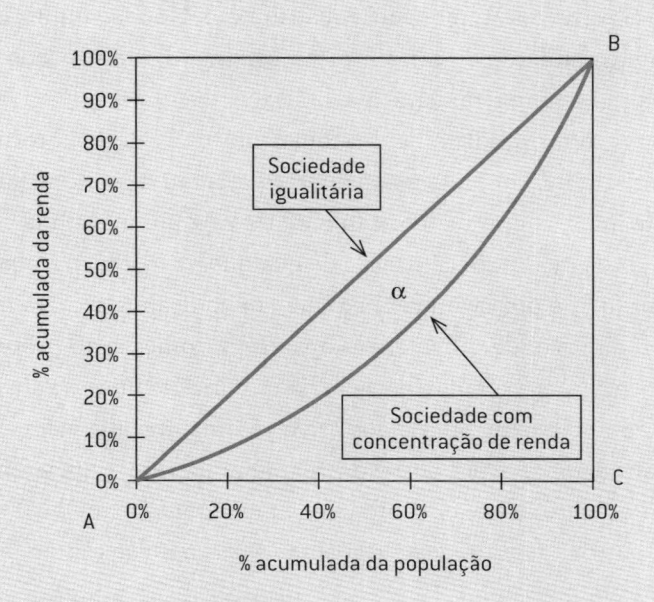

Fonte: elaborado pelos autores.

No caso de uma distribuição igualitária, tal como a apresentada no primeiro exemplo, ela se relaciona com uma curva de Lorenz, representada pela reta que liga os pontos A e B, com 45° de inclinação. No caso de uma distribuição desigual, semelhante à apresentada no segundo exemplo, teremos uma curva de Lorenz com concavidade voltada para cima. Em um caso hipotético extremo, em que toda a renda gerada ficasse concentrada nas mãos de um único indivíduo (concentração máxima), a curva de Lorenz seria representada pelo segmento ACB (que forma um ângulo de 90°). Isso significa que, quanto maior a diferença entre a curva de Lorenz do caso em estudo e a reta AB, ou seja, quanto maior a área α (definida como área de concentração), maior será o grau de concentração da renda, pois mais próxima estará da situação de máxima concentração da renda. Define-se, então, o índice de Gini como a relação entre a área de concentração, indicada por α, e a área do triângulo ABC (igual a 0,5), ou seja:

$$G = \frac{\alpha}{0,5}$$

Uma vez que $0 \leq \alpha \leq 0,5$, temos que $0 \leq G \leq 1$. Podemos, então, concluir que, quanto mais próximo G estiver de 1, pior será a distribuição. No caso limite, quando $G = 1,0$ ($\alpha = 0,5$), temos uma situação de concentração máxima. Por outro lado, quando $G = 0$ ($\alpha = 0$), a distribuição é completamente igualitária.

Aproveitamos a oportunidade para retomar um tema no qual tocamos de passagem na nota 5 deste capítulo. Trata-se da questão do grau de concentração da riqueza. Conforme antecipamos, apesar de teoricamente isso ser possível, uma vez que o índice de Gini pode medir o grau de concentração de qualquer distribuição, quando se fala em mensurar riqueza (que é uma variável Estoque em contraposição à renda, que é uma variável Fluxo), toda sorte de dificuldades aparece, a começar do próprio conceito de riqueza (uma bicicleta, por exemplo, deve ou não ser incluída nessa rubrica?), passando pela questão de como atribuir preços aos ativos (como atribuir valor, por exemplo, a determinada quantidade de ações possuída por algum agente, se esse valor hoje é um e amanhã pode ser o dobro disso, ou a metade, ou qualquer outro?). No entanto, nesse, como em vários outros casos, pode-se trabalhar *proxis* para se tentar ter uma ideia do grau de concentração.

Alguns pesquisadores brasileiros têm feito esse tipo de exercício para o Brasil e os resultados são estarrecedores. Eles não só confirmam a ideia intuitiva de que a concentração de riqueza é maior que a de renda como mostram que ela chega perto do grau de concentração máxima. O professor Nelson Prado Alves Pinto apresentou, em 2007, os resultados de um estudo no qual buscou estimar a composição e a distribuição da riqueza pessoal no município de Campinas, no ano de 1996.[26] Para tanto, estudou os inventários desse ano naquela localidade e estimou o índice de Gini, encontrando para ele o incrível valor de 0,94. Desenhou também a curva de Lorenz dessa distribuição, chegando a um gráfico mais ou menos como a que segue.

---

26 PINTO, N. P. A. A distribuição da riqueza e o multiplicador de inventário. *Revista da SEP*, n. 20, junho de 2007.

Gráfico 10.4 – Curva de Lorenz de riqueza construída com base em inventários, de 1996, de Campinas

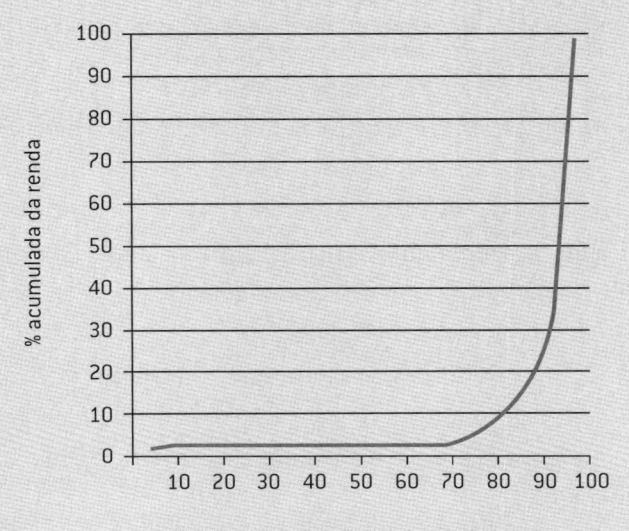

% acumulada da população

Fonte: PINTO, 2007.

Como se percebe, a curva de Lorenz do estudo do professor Alves Pinto quase coincide com o segmento ACB da curva de Lorenz teórica que mostramos anteriormente, ou seja, aquela que expressa o grau máximo de concentração. Existem também estudos em torno do grau de concentração de um único tipo de riqueza, a terra. Da mesma maneira que no caso dos inventários, a distribuição da terra revela um grau de concentração extremamente elevado. Um estudo apresentado em 2010, realizado pelos professores Rodolfo Hoffmann e Marlon Gomes Ney para o Ministério do Desenvolvimento Agrário, investigou o período 1975-2006 e encontrou, para ele, um Gini de concentração da propriedade fundiária sempre em torno de 0,83.[27]

Esses poucos exemplos são suficientes para mostrar que, apesar de extremamente elevada, a concentração da renda não chega nem perto da concentração de riqueza que existe em nosso país. Sendo assim, apesar de os programas focados na redução da pobreza extrema serem relativamente bem-sucedidos, como é o caso do Bolsa Família, uma solução mais permanente para o problema da inaceitável desigualdade que existe no Brasil terá de passar também pela desconcentração da riqueza.

---

27 HOFFMANN, R.; NEY, M. G. *Estrutura fundiária e propriedade agrícola no Brasil:* grandes regiões e unidades da Federação. Brasília: Ministério do Desenvolvimento Agrário, 2010.

Anexo 2: O cálculo do IDH

Como vimos na **Seção 10.4**, o IDH é um índice composto de outros três índices, a saber:

i) um indicador de rendimento, que é a Renda Nacional Disponível Bruta (RDB) *per capita*, ajustada para refletir a paridade do poder de compra entre os países (portanto, renda avaliada em US$ PPC);

ii) um indicador das condições de saúde, que é a esperança de vida ao nascer; e

iii) um indicador das condições de educação, que é uma média ponderada de outros dois indicadores: a média de anos de escolaridade e os anos de escolaridade esperados.

Esses indicadores, uma vez estimados, são variáveis que apresentam diferentes unidades de medida: a primeira é medida em **dólares PPC**, enquanto a segunda e a terceira são mensuradas em **anos**. Para que seja possível combiná-las, a fim de obtermos uma única medida do desenvolvimento, é preciso expressar todas elas na *mesma unidade de medida*, no caso, em números puros, que variam de zero a um. Em outras palavras, é preciso transformar todos esses diferentes **indicadores**, mensurados em suas unidades de medida originais, em **índices**, ou seja, números puros, que variam de zero a um. Para fazer, isso se utiliza a seguinte expressão:

$$\text{Índice}_{ij} = \frac{V_{ij} - Vi_{min.}}{Vi_{max.} - Vi_{min.}}$$

em que:

V_{ij} = valor do componente **i** no país **j**;

$Vi_{min.}$ = valor mínimo do componente **i**;

$Vi_{máx.}$ = valor máximo do componente **i**.

Os valores mínimos e máximos admitidos para cada uma das variáveis componentes dos índices são determinados previamente e têm caráter normativo. Por isso, nessa determinação há também uma dimensão temporal, ou seja, trata-se, para cada variável, de valores observados e esperados em período que engloba tanto os 30 anos anteriores quanto os 30 anos futuros, no total de 60 anos. Os valores paramétricos necessários para a transformação dos indicadores em índices estão definidos da seguinte forma para cada uma das variáveis:

i) 85 e 20 anos para a esperança de vida;

ii) 15 e 0 para a média de anos de escolaridade;

iii) 18 e 0 para os anos de escolaridade esperados;

iv) 75 mil e 100 dólares PPC para a RDB *per capita*.

Antes de entendermos exatamente como esses parâmetros vão funcionar, cabe assinalar que boa parte dos valores máximos e mínimos assim definidos se baseia em valores efetivamente observados na longa série de informações coletadas há mais de três décadas, na maior parte dos países do mundo, pelo próprio PNUD. Isso significa que esses valores podem se alterar à medida que novos máximos e/ou mínimos apareçam na série. No que diz respeito à esperança de vida, o valor máximo é considerado pelo PNUD uma "aspiração realista",[28] uma vez que vários países do mundo já estão perto disso (Japão, Hong Kong, Suíça, Singapura). Quanto ao valor mínimo, ele baseia-se em estudos históricos que mostram que, ao longo do século XX, nenhum país teve esperança de vida inferior a 20 anos.[29] Já a variável anos de escolaridade esperados teve o valor de 18 fixado como limite, na suposição de que esse número de anos é suficiente, com as variações de escolaridade formal existentes em cada país, para que uma pessoa conclua um curso superior, enquanto o valor zero indicado como mínimo se deve ao pressuposto de as sociedades poderem subsistir mesmo na inexistência de educação formal. Já o valor máximo indicado para a média de anos de escolaridade (15) se refere ao valor máximo projetado para ser atingido em 2025. Finalmente, o valor mínimo de US$ 100 PPC para a RDB *per capita* foi fixado pelo PNUD, a fim de refletir o considerável volume de produção não comercializada e de produção de subsistência não mensurada existente em economias próximas dos níveis mínimos de renda e que, por conseguinte, não é captado nos dados oficiais. Já o valor máximo foi estabelecido com base nos estudos de Kahneman e Deaton, de 2010, que demonstram que não há virtualmente nenhum ganho adicional

---

28 PROGRAMA DAS NAÇÕES UNIDAS PARA O DESENVOLVIMENTO (PNUD). *Human development indices and indicators 2018:* statistical update, p. 2. Disponível em: http://hdr.undp.org/sites/default/files/2018_human_development_statistical_update.pdf. Acesso em: 16 jan. 2020.

29 MADDISON, A. *Historical statistics of the world economy 1-2008*. Paris: OCDE, 2010; RILEY, C. *Poverty and life expectancy*. Cambridge: Cambridge University Press, 2005.

em termos de desenvolvimento humano ou de bem-estar por conta de uma renda superior a US$ 75 mil PPC (de qualquer forma, segundo os dados de 2018, apenas quatro países, que detêm condições muito especiais, ultrapassam essa marca em sua RDB *per capita*: Qatar, Liechtenstein, Singapura e Brunei Darussalam).

Dados, então, os parâmetros máximos e mínimos que transformarão em índices os valores encontrados para os indicadores em cada país, para produzir o valor do IDH é calculada a média geométrica dos três índices (saúde, educação e renda), tal como mostra a equação 2:

$$I_{saúde}^{1/3} * I_{educação}^{1/3} * I_{renda}^{1/3} = IDH$$

Um exemplo nos permitirá visualizar melhor como esse cálculo é feito, mas, antes disso, alguns passos adicionais são ainda necessários. O primeiro é produzir um único índice de educação com base nos dois índices existentes: o índice derivado da variável Média de anos de escolaridade e o índice derivado da variável Anos de escolaridade esperados. Em outras palavras, esses dois índices devem passar por um processo de agregação para gerar um único índice de educação (assim como os três índices componentes do IDH são agregados para gerar o valor do IDH propriamente dito). A agregação é efetuada calculando-se a média aritmética simples dos dois índices.

O segundo passo é aplicar o logaritmo natural aos valores encontrados para as variáveis relativas à renda. Esse ajuste pode torná-los maiores ou menores do que efetivamente são, e é só depois desse ajuste que se calcula, pela equação 1, o índice de renda que vai entrar no cálculo do IDH feito por meio da equação 2. A ideia que está por trás desse ajuste é que, para países com níveis muito baixos de renda, qualquer acréscimo que ela sofra, mesmo pequeno, é extremamente importante e pode melhorar a qualidade de vida da população, e o mesmo não acontece nos países que desfrutam de um nível de renda mais elevado. Portanto, a importância dessa variável deve ser tanto maior quanto menor for seu nível em cada país. Mas em que proporção essas variáveis devem ser ajustadas e qual é o parâmetro que indica se a renda *per capita* de um dado país é alta ou baixa? Comecemos pela última questão. Um parâmetro que pode ser utilizado é o valor alcançado pela renda *per capita* média mundial. Assim, os países com renda inferior à média seriam considerados países de renda baixa, enquanto aqueles com renda igual ou maior que essa média seriam considerados países de renda elevada. Até 1997, o ajuste no produto *per capita* fazia-se utilizando esse parâmetro e uma fórmula conhecida como **fórmula de Atkinsons**. Essa fórmula mantinha inalterado o valor da renda *per capita* se ele estivesse abaixo da média mundial e o ajustava para menos se ele estivesse acima desse nível. Quanto mais distante, para mais, do nível médio, maior o ajuste para menos. A partir do referido ano, essa fórmula de ajuste foi alterada a fim de tornar menos abruptas as mudanças de situação. De fato, pela fórmula de Atkinsons, o índice de renda mantinha uma relação linear com a renda *per capita* do país até que ela alcançasse a média mundial. A partir de então, estabelecia-se uma relação crescente entre taxas decrescentes do índice de renda e a renda *per capita*. Com a utilização do **logaritmo natural** (**ln**), não há mais o trecho da relação linear. O uso de uma função logarítmica termina com a linearidade e torna menos abruptas as mudanças provocadas pelos ajustes (além de dispensar a utilização de um parâmetro capaz de separar os países de baixa renda daqueles de renda elevada). O princípio que provoca a necessidade desse ajuste, porém, permanece o mesmo: quanto menor o nível da renda *per capita* da sociedade, maior a importância dessa variável, importância que vai paulatinamente perdendo força à medida que a renda cresce. Reduzindo-se sua importância para países com nível já médio de renda, como é o caso do Brasil, os outros dois componentes ganham importância relativa, o que atende à filosofia que está na origem da ideia de se construir um índice como o IDH.

Para mostrar como o índice é de fato calculado, vamos utilizar o exemplo do IDH brasileiro em 2018. Os valores encontrados em nosso país para as variáveis que compõem o IDH estão apresentados na Tabela 10.16.

Tabela 10.16 – Componentes do IDH – Brasil – 2011

Indicador (unidade de medida)	Valor
Esperança de vida (anos)	75,7
Média de anos de escolaridade (anos)	7,8
Anos de escolaridade esperados (anos)	15,4
RDB *per capita* (US$ PPC)	13.755

Fonte: elaborada pelos autores.

Aplicando a fórmula 1 a esses indicadores e considerando os passos adicionais anteriormente apontados, teremos os seguintes valores para os índices componentes do IDH.

Tabela 10.17 – Cálculo do IDH – Brasil – 2018

Índice	Cálculo	Valor obtido
Índice de saúde =	$(75,7 - 20)/(85 - 20)$	0,8569
Índice da média de anos de escolaridade =	$(7,8 - 0)/(15 - 0)$	0,5200
Índice de anos de escolares esperados =	$(15,4 - 0)/(18 - 0)$	0,8556
Índice de educação =	$(0,5200 + 0,8556)/2$	0,6878
Índice de rendimento =	$(\ln 13.755 - \ln 100)/(\ln 75.000 - \ln 100)$	0,7438
IDH =	$0,8569^{1/3}*0,6878^{1/3}*0,7438^{1/3}$	0,7596

Fonte: elaborada pela autora.

Uma última observação que vale a pena fazer com relação à fórmula de cálculo do IDH é que, até 2010, os três índices que o compõem eram agregados de forma linear, ou seja, com a utilização da média aritmética ao invés da média geométrica. Isso produzia críticas aos valores obtidos pelo IDH, uma vez que, dadas as características da média aritmética, havia aquilo que se chama de substutibilidade perfeita entre os três índices. Assim, se, por exemplo, a renda *per capita* de determinado país crescesse muito, enquanto os outros índices permanecessem nos mesmos níveis, seu IDH subiria mais que o razoável para justificar essa elevação da renda, fazendo com que parte do peso dos outros dois índices acabasse sendo substituída pela renda, agora muito maior. Para um índice com os propósitos que tem o IDH, esse é um efeito indesejável, pois as três dimensões avaliadas devem ser igualmente importantes. A substituição da média aritmética pela média geométrica atenua em muito esse efeito.

Índice remissivo

C

D

E

Economia
    aberta, 48, 92, 194
        com governo, 52-59, 84, 94, 103
        sem governo, 45-52
    de escambo, 267, 268, 270, 280, 282
    de troca pura, 280
    do meio ambiente, 185
    fechada, 34, 47
        e sem governo, 33-44, 80, 85, 92
    informal, 141, 154, 174, 179-181, 190
    monetária, 270, 284
    subterrânea, 179-181, 190
Economistas
    heterodoxos, 336
    ortodoxos, 333, 356
Efeito multiplicador, 83, 86, 97, 343
Eficiência marginal do capital, 10, 82, 84, 89, 338
Emissão de dívida, 342, 358
Emissão de moeda, 68, 286, 297, 298, 312, 322, 333, 343, 349, 357
Empresas familiares, 132
Empresas financeiras, 113, 120, 127, 129, 130, 132, 134, 136, 138, 141, 144
Empresas não financeira, 113, 126, 129, 130, 131, 132, 134, 136, 138
Emprestador de última instância (*lending of last resort*), 301, 311, 325, 327, 328
Empréstimos
    ao Tesouro Nacional, 312, 323, 333, 343
    de regularização, 209
    e financiamentos externos, 209
    intercompanhia, 206
    internacionais, 195, 198
Encaixe(s)
    compulsórios junto ao Banco Central, 299
    em moeda corrente (CMSDM), 299, 300, 304, 310, 324
    voluntários junto ao Banco Central, 299, 301
Entidades criadoras de moeda, 290, 291, 295, 304, 305, 307, 309, 310, 314, 315, 316, 320, 321, 322, 323
Equação quantitativa da moeda, 3, 333, 334, 335
Equilíbrio
    externo do sistema de contas, 4, 27, 39, 51, 58, 145
    geral, 3, 283
    interno de uma conta, 4, 5, 9, 39, 49, 59, 66, 68, 116, 145
    parcial, 3

Erros e omissões do BP, 198, 211, 214, 219, 253
Escambo, 267, 268, 280, 282
Escola clássica, 2, 283
Esperança de vida ao nascer, 382, 383, 387, 404, 414
Estabilização monetária, 244, 274, 360
Estado mínimo, 87, 97
Estados de bem-estar social, 260
Estoque
    de capital, 38, 40, 42, 69, 186, 371
    formação de, 35
    variação de, 26, 35, 36, 37, 38, 39, 41, 43, 44, 51, 57, 58, 59, 62, 64, 68, 80, 85, 103, 115, 121, 122, 175
Estrutura de preços relativos, 271, 272, 280, 281
Evolução tecnológica, 76
Exaustão dos recursos, 186
Excedente Operacional Bruto (EOB), 26, 62, 63, 64, 70, 88, 111, 112, 117, 118, 119, 132, 133, 141, 145
Expectativa de vida, 382, 383, 388, 390, 404
Exportação
    de bens e serviços, 26, 115, 124
    de bens e serviços não fatores, 48, 49, 50, 56, 57, 62, 63, 85, 123, 126, 131, 175
Externalidades negativas, 185, 186, 187, 191

F

Famílias, 20, 21, 22, 23, 24, 32, 34, 36, 40, 42, 43, 52, 62, 63, 64, 65, 69, 81, 83, 85, 86, 92, 103, 109, 111, 113, 120, 128, 130, 132, 133, 134, 135, 136, 137, 138, 140, 144, 164, 165, 180, 181, 182, 205, 287, 291, 395, 405
Fatores de produção, 16, 17, 18, 19, 20, 21, 23, 24, 27, 40, 42, 43, 45, 46, 47, 48, 49, 50, 55, 56, 69, 81, 83, 89, 90, 91, 95, 97, 194, 198, 201, 203, 253, 259
Fidúcia, 227, 270, 276, 277, 279, 281, 286, 327, 332
Financiamento do setor público, 341
Fisiocratas, 3, 17, 282
Fluxo(s)
    circular da renda, 6-26, 28, 29, 182
    de bens e serviços, 20, 22, 23, 36
    de capitais, 256, 259, 325
    e estoques, 204
    financeiro, 195, 229
    migratórios, 399
    monetários, 22, 23, 198
    real, 195
Formação bruta de capital, 39, 51, 59, 64, 65, 66, 67

Referências

BECKERMAN, W. *Introdução à análise da renda nacional*. Rio de Janeiro: Zahar, 1979.

BIER, A., PAULANI, L.; MESSENBERG, R. *O heterodoxo e o pós-moderno*: o cruzado em conflito. Rio de Janeiro: Paz e Terra, 1987.

CARVALHO, M. A.; SILVA, C. R. *Economia internacional*. São Paulo: Saraiva, 2000.

CHESNAIS, F. (Org.). *A mundialização financeira*. São Paulo: Xamã, 1998.

CORAZZA, G. *A interdependência dos bancos centrais em relação ao governo e ao setor privado*. 1995. Tese (Doutorado em Economia) – Instituto de Economia, Universidade Estadual de Campinas (Unicamp), Campinas, 1995.

FEIJÓ, C. A.; RAMOS, R. L. O. *Contabilidade social*. 3. ed. Rio de Janeiro: Elsevier, 2008.

FINAMORE, E. B. *As contas nacionais e os multiplicadores de impacto de insumo-produto*: mensurando o desenvolvimento brasileiro. Curitiba: Appris, 2018.

FROYEN, R. T. *Macroeconomia*. São Paulo: Saraiva, 1999.

GREMAUD, A.; VASCONCELLOS. M. A.; TONETO Jr. *Economia brasileira contemporânea*. 7. ed. São Paulo: Atlas, 2008.

GUILHOTO, J. J. M. *Análise de insumo-produto*: teoria e fundamentos. São Paulo: FEA-USP, 2004.

HOFFMANN, R.; NEY, M. G. *Estrutura fundiária e propriedade agrícola no Brasil*: grandes regiões e unidades da Federação. Brasília: Ministério do Desenvolvimento Agrário, 2010.

INSTITUTO BRASILEIRO DE GEOGRAFIA E ESTATÍSTICA (IBGE). *Censo demográfico 2010*. Rio de Janeiro: IBGE, 2011.

_____. *Pesquisa anual de serviços 2010*. Rio de Janeiro: IBGE, 2010.

_____. *Pesquisa de orçamentos familiares 2088-2009*. Análise do consumo alimentar pessoal no Brasil. Rio de Janeiro: IBGE, 2011.

_____. *Sistema de contas nacionais*: Brasil. Rio de Janeiro: Diretoria de Pesquisas: Coordenadoria de Contas Nacionais, 2004. (Série Relatórios Metodológicos, n. 24).

INSTITUTO BRASILEIRO DE GEOGRAFIA E ESTATÍSTICA (IBGE). *Sistema de contas nacionais*: Brasil. Rio de Janeiro: Diretoria de Pesquisas: Coordenadoria de Contas Nacionais, 2008. (Série Relatórios Metodológicos, n. 23).

KEYNES, J. M. *A teoria geral do emprego, do juro e do dinheiro*. São Paulo: Abril Cultural, 1936-1984. (Coleção Os Economistas).

KRUGMAN, P.; OBSTFELD, M. *Economia internacional*: teoria e política. 4. ed. São Paulo: Makron Books, 1999.

MADDISON, A. *Historical statistics of the world economy 1-2008*. Paris: OCDE, 2010.

MOTTA, R. S. *Contabilidade ambiental*: teoria, metodologia e estudos de casos no Brasil. Rio de Janeiro: IPEA, 1995.

OLIVEIRA, R. G. Economia do meio ambiente. In: OLIVEIRA, R. G. *Manual de economia* – Equipe dos professores da USP. 3. ed. São Paulo: Saraiva, 1998.

PAULANI, L. M. Brazil in the crisis of finance-led regime of accumulation. *Review of Radical Political Economics*, v. 42, p. 363-372, 2010.

_____. *Do conceito de dinheiro e do dinheiro como conceito*. 1992. Tese (Doutorado em Teoria Econômica) – Instituto de Pesquisas Econômicas, Universidade de São Paulo (IPE-USP), São Paulo, 1992.

PAULANI, L. Teoria da inflação inercial: um episódio singular na história da ciência econômica no Brasil? In: PAULANI, L. *50 anos de ciência econômica no brasil*: pensamento, instituições e depoimentos. Petrópolis: Vozes, 1997.

PINDYCK, R. S.; RUBINFELD, D. L. *Microeconomia*. 4. ed. São Paulo: Makron Books, 1999.

PINTO, N. P. A. A distribuição da riqueza e o multiplicador de inventário. *Revista da SEP*, n. 20, junho de 2007.

PROGRAMA DAS NAÇÕES UNIDAS PARA O DESENVOLVIMENTO (PNUD). *Relatório do desenvolvimento humano 2010*. Washington, DC: PNUD, 2010.

_____. *Relatório do desenvolvimento humano 2011*. Washington, DC: PNUD, 2011.

RILEY, C. *Poverty and life expectancy*. Cambridge: Cambridge University Press, 2005.

SANTANA JÚNIOR, E. C. *Dinheiro e poder social*: um estudo sobre o bitcoin. 2018. Tese (Doutorado em Sociologia) – Instituto de Ciências Sociais, Universidade de Brasília, Brasília, 2018.

SIMONSEN, M. H.; CYSNE, R. P. *Macroeconomia*. 2. ed. São Paulo: Atlas/Fundação Getulio Vargas, 1996.

SINGER, P. *O que é economia*. São Paulo: Brasiliense, 1998.

WRAY, L. R. *Modern money theory:* a primer on macroeconomics for sovereign monetary systems. London: Palgrave Macmillan. 2012. 294 p.

Na internet

BANCO CENTRAL DO BRASIL (BACEN). *Demonstrações financeiras*. Brasília: Bacen, 2018. Disponível em: https://www.bcb.gov.br/content/acessoinformacao/balanceteslai/Demonstra %C3%A7% C3%B5es%20financeiras%20cont%C3%A1beis%20-%20Banco%20Central%20do%20Brasil.pdf. Acesso em: 15 jan. 2020.

_____. *Estatísticas do setor externo* – adoção da 6ª edição do Manual de balanço de pagamentos e posição internacional de investimento (BPM 6), 2014. Disponível em: https://www.bcb.gov.br/ ftp/infecon/nm1bpm6p.pdf. Acesso em: 15 jan. 2020.

_____. *Estatísticas do setor externo* – adoção da 6ª edição do Manual de balanço de pagamentos e posição internacional de investimento (BPM 6). Nota Metodológica n. 2, 2015. Disponível em: https://www.bcb.gov.br/content/estatisticas/Documents/notas_metodologicas/balanco_pagamentos/ bpm6/nm2bpm6p.pdf. Acesso em: 15 jan. 2020.

BANCO CENTRAL DO BRASIL. *Comunicado n. 31.279, de 16 de novembro de 2017*. Disponível em: https://www.bcb.gov.br/estabilidadefinanceira/exibenormativo?tipo=Comunicado&numero=31379. Acesso em: 15 jan. 2020.

_____. Disponível em: http://www.bcb.gov.br. Acesso em: 2 jan. 2020.[1]

_____. *Histórico de metas para a inflação no Brasil*. Disponível em: https://www.bcb.gov.br/Pec/ metas/TabelaMetaseResultados.pdf. Acesso em: 6 fev. 2020.

BANCO NACIONAL DE DESENVOLVIMENTO ECONÔMICO E SOCIAL (BNDES). Disponível em: https://www.bndes.gov.br/wps/portal/site/home. Acesso em: 2 jan. 2020.

_____. Disponível em: http://www. bndes.gov.br. Acesso em: 14 jan. 2020.

BANK OF ENGLAND. Disponível em: http://www.bankofengland.co.uk. Acesso em: 15 jan. 2020.

BANK OF JAPAN. Disponível em: http://www.boj.or.jp/en/index.htm. Acesso em: 15 jan. 2020.

BOARD OF GOVERNORS DO FEDERAL RESERVE SYSTEM. Disponível em: http://www.bog.frb. fed.us. Acesso em: 15 jan. 2020.

BRASIL; TESOURO NACIONAL. Resultado do tesouro nacional. Disponível em: http://www. tesouro.fazenda.gov.br/resultado-do-tesouro-nacional. Acesso em: 15 jan. 2020.

COINMARKETCAP. Disponível em: https://coinmarketcap.com/all/views/all/. Acesso em: 15 jan. 2020.

CONFEDERAÇÃO NACIONAL DA INDÚSTRIA (CNI). Disponível em: http://www.cni.org.br. Acesso em: 2 jan. 2020.[2]

CONSELHO MONETÁRIO NACIONAL (CMN): Disponível em: http://www.fazenda.gov.br/portugues/ orgaos/cmn. Acesso em: 1º mar. 2020.

---

1   Uma das fontes mais completas de informação sobre a economia brasileira.

2   Apresenta indicadores mensais da atividade produtiva e comercial das empresas e da evolução do mercado de trabalho.

DEPARTAMENTO INTERSINDICAL DE ESTATÍSTICA E ESTUDOS SÓCIO-ECONÔMICOS (DIEESE). Disponível em: http://www.dieese.org.br. Acesso em: 14 jan. 2020.

DEUTSCHE BUNDESBANK. Disponível em: http://www.bundesbank.de. Acesso em: 15 jan. 2020.

EUROPEAN CENTRAL BANK. Disponível em: http://www.ecb.int. Acesso em: 15 jan. 2020.

FEDERAÇÃO DAS INDÚSTRIAS DO ESTADO DE SÃO PAULO (FIESP). Disponível em: http://www.fiesp.org.br. Acesso em: 16 jan. 2020.

FEDERAL RESERVE BANK DE NOVA YORK. Disponível em: http://www.ny.frb.org. Acesso em: 15 jan. 2020.

FOOD AND AGRICULTURE ORGANIZATION (FAO). Disponível em: http://www.fao.org. Acesso em: 16 jan. 2020.[3]

FUNDAÇÃO INSTITUTO DE PESQUISAS ECONÔMICAS (FIPE). Disponível em: http://www.fipe.com. Acesso em: 15 jan. 2020.[4]

FUNDAÇÃO SISTEMA ESTADUAL DE ANÁLISE DE DADOS (FUNDAÇÃO SEADE). Disponível em: http://www.seade.gov.br. Acesso em: 16 jan. 2020.

_____. *Indicadores do Estado de São Paulo*. Disponível em: http://www.seade.gov.br. Acesso em: 14 jan. 2020.

INSTITUTO BRASILEIRO DE GEOGRAFIA E ESTATISTICA (IBGE). Disponível em: http://www.ibge.gov.br. Acesso em: 15 jan. 2020.[5]

_____. *Sistema de contas nacionais:* Brasil – ano de referência 2010. Rio de Janeiro: Diretoria de Pesquisas: Coordenadoria de Contas Nacionais, 2016. (Série Relatórios Metodológicos, n. 26). Disponível em: https://biblioteca.ibge.gov.br/visualizacao/livros/liv98142.pdf. Acesso em: 14 jan. 2020.

INSTITUTO DE PESQUISA ECONÔMICA APLICADA (IPEA). Disponível em: http://www.ipea.gov.br. Acesso em: 15 jan. 2020.

INTERNATIONAL MONETARY FUND (IMF). Disponível em: http://www.imf.org. Acesso em: 16 jan. 2020.

_____. *Balance of payments manual*, 1993. Disponível em: https://www.imf.org/external/np/sta/bop/bopman.pdf. Acesso em: 15 jan. 2020.

_____. *Balance of payments manual*, 2009. Disponível em: https://www.imf.org/external/pubs/ft/bop/2007/pdf/bpm6.pdf. Acesso em: 15 jan. 2020.

_____. *Data and statistics*. Disponível em: http://www.imf.org/external/ data.htm. Acesso em: 28 fev. 2020.

_____. Disponível em: https://en.wikipedia.org/wiki/List_of_countries_by_public_debt. Acesso em: 6 fev. 2020.

---

3 Traz informações estatísticas e sobre os programas especiais da FAO.

4 Possibilita acesso aos Indicadores de Movimentação Econômica no Estado de São Paulo (IMEC/SP).

5 O mais completo *site* de informações estatísticas sobre o Brasil.

INTERNATIONAL MONETARY FUND (IMF). *Monetary and financial statistics manual and compilation guide.* Washington, DC: IMF, 2016. Disponível em: https://www.imf.org/en/Publications/Search?series=IMF%20Working%20Papers&when=During&year=2016. Acesso em: 15 jan. 2020.

_____. *World Economic Outlook,* out. 2019. Disponível em: https://www.imf.org/en/Publications/WEO/Issues/2019/10/01/world-economicoutlook-october-2019. Acesso em: 16 jan. 2020.

_____. *World Economic Outlook Database 2019.* Disponível em: https://www.imf.org/external/pubs/ft/weo/2019/02/weodata/index.aspx. Acesso em: 10 fev. 2020.

IPEA; PNUD; FUNDAÇÃO JOÃO PINHEIRO. *Radar IDHM:* evolução do IDHM e de seus índices componentes no período 2012-2017. Brasília: Ipea, 2019. Disponível em: http://www.ipea.gov.br/portal/images/stories/PDFs/livros/livros/190416_rada_IDHM.pdf. Acesso em: 16 jan. 2020.

IPEADATA. Disponível em: http:// www.ipeadata.gov.br. Acesso em: 14 jan. 2020.

MINISTERIO DA EDUCAÇÃO. Disponível em: http://www.mec.gov.br. Acesso em: 16 jan. 2020.

MINISTÉRIO DA FAZENDA. Disponível em: http://www.fazenda.gov.br. Acesso em: 15 jan. 2020.[6]

MINISTERIO DA SAÚDE. Disponível em: http://www.saude.gov.br. Acesso em: 16 jan. 2020.

MINISTÉRIO DO TRABALHO. Disponível em: http://www.mtb.gov.br. Acesso em: 14 jan. 2020.

MINISTÉRIO DO TRABALHO. Disponível em: http://www.trabalho.gov.br. Acesso em: 2 jan. 2020.

ORGANIZAÇÃO DAS NAÇÕES UNIDAS PARA A EDUCAÇÃO, A CIÊNCIA E A CULTURA (UNESCO). Disponível em: http://www.unesco.org. Acesso em: 16 jan. 2020.

ORGANIZAÇÃO INTERNACIONAL DO TRABALHO (OIT). Disponível em: http://www.ilo.org. Acesso em: 16 jan. 2020.

PROGRAMA DAS NAÇÕES UNIDAS PARA O DESENVOLVIMENTO (PNUD). Disponível em: http://www.pnud.org.br. Acesso em: 16 jan. 2020.

_____. *Human development indices and indicators 2018:* statistical update. Disponível em: http://hdr.undp.org/sites/default/files/ 2018_human_development_statistical_update.pdf. Acesso em: 16 jan. 2020.

_____. *Ranking IDHM municípios 2010.* Disponível em https://www.br.undp.org/content/brazil/pt/home/idh0/rankings/idhm-municipios-2010.html. Acesso em: 16 jan. 2020.

SISTEMA DE CONTAS NACIONAIS (SCN). In: FUNDAÇÃO IBGE. São Paulo: IBGE, 2017. Disponível em: https://www.ibge.gov.br/estatisticas/economicas/servicos/9052--sistema-de-contas-nacionais-brasil.html?=&t=resultados. Acesso em: 2 jan. 2020.

UNITED NATION POPULATION INFORMATION NETWORK (POPIN). Disponível em: http://www.undp.org/popin. Acesso em: 16 jan. 2020.27

UNITED NATIONS (UN). *System of National Accounts* [SNA-68]. New York: UN, 1968. Disponível em: https://unstats.un.org/unsd/nationalaccount/docs/1993sna.pdf. Acesso em: 14 jan. 2020.

6   Apresenta *releases,* informações e análises econômicas e institucionais sobre o Ministério da Fazenda.

UNITED NATIONS (UN). *System of National Accounts 1993* [SNA-93]. New York: UN, 1993. Disponível em: https://unstats.un.org/unsd/nationalaccount/docs/1993sna.pdf. Acesso em: 14 jan. 2020.

_____. *System of National Accounts 2008* [SNA-2008]. New York: UN, 2009. Disponível em: https://unstats.un.org/unsd/nationalaccount/docs/SNA2008.pdf. Acesso em: 14 jan. 2020.

UNITED NATIONS DEVELOPMENT PROGRAMME (UNDP). Disponível em: http://www.undp. org. Acesso em: 16 jan. 2020.

UNITED NATION POPULATION INFORMATION NETWORK (POPIN). Disponível em: http:// www.undp.org/popin. Acesso em: 16 jan. 2020. [7]

UNITED STATES CENSUS BUREAU. Disponível em: http://www.census.gov. Acesso em: 15 jan. 2020.[8]

WORLD BANK. Disponível em: http://data.worldbank.org. Acesso em: 16 jan. 2020.

_____. *World economic indicators 2011*. Disponível em: http://siteresources.worldbank.org/ DATASTATISTICS/Resources/wdi_ebook.pdf. Acesso em: 16 jan. 2020.

WORLD HEALTH ORGANIZATION (WHO). Disponível em: http://www.who.int/es. Acesso em: 16 jan. 2020.

---

7   Apresenta informações relativas à população e às tendências populacionais.

8   Apresenta os mais diversos censos, além de informações sobre negócios e geografia.